赢在
正面管教

儿童敏感期

成长指南

贺特山 /编著

应急管理出版社

·北京·

图书在版编目（CIP）数据

赢在正面管教：全五册／贺特山编著． -- 北京：应
急管理出版社，2020

ISBN 978 - 7 - 5020 - 7822 - 5

Ⅰ.①赢…　Ⅱ.①贺…　Ⅲ.①家庭教育　Ⅳ.①G78

中国版本图书馆 CIP 数据核字（2019）第 270394 号

赢在正面管教（全五册）

编　　著	贺特山	
责任编辑	高红勤	
封面设计	月婷设计	

出版发行　应急管理出版社（北京市朝阳区芍药居 35 号　100029）
电　　话　010 - 84657898（总编室）　010 - 84657880（读者服务部）
网　　址　www. cciph. com. cn
印　　刷　北京一鑫印务有限责任公司
经　　销　全国新华书店

开　　本　880mm×1230mm¹/₃₂　印张　25　字数　600 千字
版　　次　2020 年 3 月第 1 版　2020 年 3 月第 1 次印刷
社内编号　20192974　　　定价　125.00 元（全五册）

前　言

从孩子出生的那一刻开始，父母就陪伴着孩子走上了一条充满欢喜与迷茫的成长之路。

古语有云"父母之爱子，则为之计深远"，可见，爱并非是简单地满足孩子的温饱，更要关注孩子的内心和未来成长。

为什么原本乖巧听话的孩子突然变得叛逆？为什么凡事都听自己安排的孩子突然开始以自我为中心？为什么喜欢一直问"为什么"的孩子突然沉默寡言？为什么原本喜欢上学的孩子突然变得厌学，甚至开始撒谎不做作业？

……

孩子们的一切改变，其实都是他成长过程中处在不同敏感期的正常表现。如果父母加以正确引导，那么孩子就能安然度过，健康成长，否则很可能形成偏激的性格或行为，不利于孩子的成长。

"敏感期"指的是孩子成长的某个阶段，会本能地受内在欲望驱使，试图尝试或学习自己感兴趣的事物以满足其内在需求。敏感期是孩子成长的关键节点。比如，孩子突然喜欢听音乐，并跟着节奏手舞足蹈；孩子突然喜欢画画，常常到处涂鸦；孩子突然喜欢问问题，"为什么"一个接一个让家长招架不住……其实都是受敏感期的影响。这也是孩子成长路上的必然经历。

如果孩子敏感期的内在需求受到阻碍，就会丧失最佳的成长时机。所以，捕捉孩子的敏感期才是对孩子最好的教育。

孩子的发育和成长都是不可逆的。抓住敏感期这段"黄金时期"，让孩子把握最佳的成长机会，是家长不可推卸的责任。

编　者

2019 年 10 月

目录 CONTENTS

第六章 习惯敏感期：好习惯受益终生

第七章 自我敏感期：孩子"长大了"的前兆

第八章　人际关系敏感期：脱离以自我为中心的观念

第九章　秩序敏感期：孩子似乎有些"偏执"

第一章

感官敏感期：认识世界的开始

孩子从出生开始，就会凭借听觉、视觉、触觉等身体感官来熟悉环境、了解周围环境和事物，这就是「感官敏感期」。

孩子初识世界的敏感期

当孩子呱呱坠地时，他们最先用于表达自己的就是他们的嘴巴，从某种程度上说，口就是连接孩子自己和这个世界的一个最直接的通道。

我们经常发现最初阶段的孩子都是用口来认识周边的一切的，而他们认识的过程，也是那么的简单而直接——拿什么东西都往嘴里塞。事实上，全世界的孩子都是通过这个过程，一步步地走向我们这个可触摸的五彩斑斓的世界的。可以毫不夸张地说，孩子是用口来打开世界这扇大门的，也是用口来和这个世界建立密切联系的，这是每一个幼儿成长中都必不可少的过程，而这也恰恰是生命初始的"神奇力量"。

我们可能永远都无法知道这些举动究竟会给幼儿带来怎样的感受和认知，但是，有一点是可以肯定的：这并不是因为孩子饥饿，而是因为孩子是用口来认识世界的。

婴儿3个月左右是口的敏感期最明显的时候，此时他们很容易抓到物品送到自己的嘴巴里。多数儿童首先要使口的功能建立并完善起来，其次才用口来认识世界。直到孩子的手被完全地唤醒，并随着手的敏感期的到来，又进一步地帮助和加快了口的敏感期的发展。最终，随着孩子无时不刻地到处触摸，口的敏感期也就这样逐渐过去了。

假如在孩子的成长过程中，没有这一阶段，那么，未来的成长之路很有可能会出现许多缺陷。对于那些口的敏感期严重得不到发展的孩子来说，他们很有可能会随意拿别人的东西、捡掉在地上的食物、抢别人的东西、因注意力固定在食物上而难以专心学习。

因此，家长在发现孩子进入口的敏感期或尚未顺利度过这个敏感期时，一定要为孩子提供自由选择和享用食物的机会。

如果儿童的敏感期被延误，有的敏感期会因为孩子的年龄已大而不会再出现，但有的敏感期却总要出现，如口的敏感期。因此，口的敏感期一旦出现，父母就一定要予以足够的重视，以免影响孩子未来的发展。

什么都往嘴里塞

1～3岁的孩子有个明显的特点，那就是喜欢吸吮和咬东西，无论是什么东西，只要是能拿到的，马上就往自己的嘴里放，好像什么东西都想要尝一下似的。这一问题常常困扰着不少家长，一些家长想了很多方法，但孩子照样我行我素，似乎没什么改变。其实，在这个年龄段，孩子喜欢吸吮和咬东西是正常的，家长应该正确地看待，在必要时再采取一些适当的措施，帮助孩子纠正不良习惯。

这个年龄段的孩子之所以喜欢将什么东西都放到嘴里尝一尝，

主要是由孩子的生长天性决定的。因为才出生不久，周围的一切在孩子看来都是新奇而有趣的，但由于行动能力有限，孩子就只能用手和嘴来进行最初的探索，这个时期也就是人们通常认为的孩子"口腔期"和味觉敏感期。在这个时期内，孩子常会为了满足好奇心而将能抓到的东西都放在嘴里尝一尝，通过吸吮、舔、咬等方式来满足自己的探索欲。另外，除了生理的原因之外，环境和心理因素也会使孩子变得喜欢尝东西，比如，当孩子的感知能力有所提高之后，其来到陌生的环境时也容易吸吮和咬东西；当孩子觉得缺乏安全感或是无聊时，常常也会有这一举动；当孩子在成长中缺乏锌元素，或是受到周围人的不良影响时，这一情况也会加剧。

1岁多的敏敏最近什么都喜欢往嘴里塞。吃饭时，他喜欢玩勺子，先是把勺子放在嘴里咬来咬去，然后不停地从嘴里伸进拿出，拿出伸进；他也喜欢咬勺子把儿的前端，也是不停地伸进拿出，拿出伸进；最后敏敏还会把整个勺把儿塞进嘴里，感知勺把儿的长度，有几次，这个专注的小家伙竟然把刚吃下的饭菜都给呕了出来。不过即便如此，在整个过程中，他的表情始终是放松的。

午睡时，敏敏的举止也很令人好奇。他喜欢先用一只手背不停地轻轻拍打自己的嘴唇，接着把大拇指塞进嘴里有滋有味地吸吮着，这个动作持续几分钟之后，他又拿出大拇指，把食指塞进嘴里，做同样的动作，就这样，他将小手指一个接着一个地轮流塞进小嘴巴里。"玩"得开心时，他还会一口气地把五个小手指统统塞进嘴里。最让我们吃惊的是，在整个过程中，他的表情并没有什么异样。

当然，敏敏的"喜好"还不止这些。有一次，他竟然在大人不注意的时候，咬起了自己的脚丫和袜子。

对于敏敏的举止我们无须质疑，此时的他正在尝试用嘴来帮助自己辨别眼前所有的物体。通常，5~6个月的孩子已经能够主动伸手抓住眼前的东西了，这是孩子身心发育的一大进步。但是，光靠抓和看，他们还不能确定物体的其他性质，在他们的小脑袋瓜里，一定在琢磨：这到底是什么东西呢？这时，孩子与生俱来的好奇心就会激发他们用"口"来帮忙，于是，在接下来反反复复的尝试中，他们渐渐学会用舌头、用嘴唇来帮助自己确认各种物体。可以说，这是孩子的一种本能，反过来这种活动也能促进其口部感觉的发育。

一般来说，如果是由生长特点而导致的行为，那么通常会随着孩子的成长而逐渐消失，家长不用刻意地去帮忙矫正，只要注意将一些可能会带来危险的东西拿出孩子的视线就可以了。体积较小的物品、尖利的物品、有毒物、易碎而不能吃的物品等都属于危险品，家长应该放在孩子够不到的地方。

如果是因后天环境、心理问题等因素的影响而导致孩子喜欢将东西放在嘴里的情况加剧，那么家长可以人为地进行干预，帮助孩子纠正这些行为，积极引导。在平时，家长应给予孩子充分的关爱，尽量多陪陪孩子，不要让其产生不安全感，而且，家长最好能让孩子远离可能引起其不安全感的环境，让其保持心情舒适。

孩子一言不合就咬人

有研究显示，有大约一半的孩子曾经在幼儿园做出过咬人的行为。很多父母表示，孩子在 1 岁左右的时候会忽然变得喜欢咬人，经常把其他小朋友咬得哇哇大哭，到底怎么办才好呢？想要让孩子改掉咬人的坏习惯其实并不难，首先需要父母弄清楚孩子为何会喜欢咬人。

小佩到了上幼儿园的年龄了，妈妈此时却有些担心，因为小佩最近总是喜欢咬人，若是在幼儿园把别的小朋友咬坏怎么办？

怀着忐忑的心情，妈妈把小佩送到了幼儿园。果然没过几天，老师就说小佩在幼儿园把其他小朋友咬了。听到这一消息，小佩妈妈惊慌不已，一时不知如何是好，急急忙忙地跟单位请假，去幼儿园给被咬的小朋友的父母赔礼道歉，也让小佩给对方道歉。那个被咬的孩子看到小佩都感觉很害怕。看到小佩给别的小朋友造成这样的伤害，小佩的妈妈感到非常愧疚。回家之后，妈妈问小佩为什么咬人，并告诉她以后不能再咬人了，小佩点头答应，但妈妈仍然有点儿担心。

为什么孩子会喜欢咬人？第一种可能是想要炫耀，因为自己可以咬人，觉得自己这个本领很厉害。这个年龄段的孩子，对周

围的一切事物都满怀好奇。一旦学会某一项本领，便想要展示给
周围的人看，连咬人也被他们当作了不起的本领。第二种可能是，
孩子仅仅觉得有趣，第一次咬父母后，听见父母疼得嗷嗷叫的时候，
孩子会觉得很有趣，他们把这当作一种非常好玩的游戏。第三种
可能是用咬人这种方式来发泄情绪，孩子着急生气的时候，往往
会通过咬人、喊叫、拍打等方法来表达内心的激动情绪；第四种
可能是想要吸引父母的关注，如果孩子感到父母忽视了自己的需
求，就可能会通过咬人或打人的行为来吸引父母关注自己。

1. 教育孩子咬人会对他人造成伤害

当孩子咬了父母或者其他小朋友的时候，父母要先用简单易
懂的语言告诉孩子，咬人这个行为会对别人造成伤害，使别人痛苦；
等到孩子明白自己的错误并且情绪稳定以后，要教他向被咬的小
朋友当面道歉，求得对方的谅解；然后还要告诫孩子，以后再也
不能这样做了。

2. 允许孩子适度发脾气

任何一个人都会有脾气，即使是小孩子也不例外，只是每个
人的表达方式不同而已。孩子突然开始喜欢咬人，一定是存在某
些原因的。这个年龄段的孩子往往较为敏感，会很容易觉得自己
遭到了别人的冒犯。例如，在玩耍的时候感到不高兴、被其他小
朋友抢走了玩具、自己需求没有得到满足等，都会让孩子做出咬
人或者打人的行为。在这样的情况下，父母就应该允许孩子适度
地发脾气。当孩子的情绪得到宣泄后，自然就不会去咬人或者打

人了。

3. 及时阻止并教育

发现孩子有咬人的行为，父母一定要及时阻止并加以教育，改变孩子不良的行为习惯。但是，如果孩子因此而变得特别爱发脾气，甚至攻击别人，父母就必须及时加以制止，并严肃教育，以免将偶然的行为变成日常习惯。

捕捉孩子手的敏感期

孩子是用手来思考的，而手的自由使用不仅表达了他们的思维，也表达了他们思考的过程，因此，人为地阻止他们用手去探索，很可能会影响他们的思考能力。

刚出生的孩子已经能够把小手半张开并尝试吮吸手指，投入地玩弄自己的小手；1岁左右的孩子会用拇指和食指将小颗粒捏起来；2岁左右的孩子已经用手在感受水和泥巴；3岁以上的孩子则又热衷于用手去改变或创造，用手开始堆起沙堡……

这些皆由孩子的天性趋使——由儿童的年龄和不同阶段的敏感期决定。简单地说，此时的孩子正在探索手的能力。对于刚出生的婴儿，唯一能使用的"工具"就是嘴。后来，又是伟大的"口"唤醒了"沉睡"的手，当孩子第一次把手伸进嘴里时，感觉的重心也从口转移到了手。

之后，当手的敏感期到来时，孩子急切地用手感受事物，见方的就捏，见到圆的就按，见到线就拽，见到扁的就扔，这使他们所感受的事物多了许多。再后来，对于稍大点儿的孩子来说，用手抓物品已然成为一件再普通再容易不过的事，而对这个充满好奇心的"探险者"来说，整个屋子就是一个没有被探索的新大陆。把手是转动的，门是可以被打开的，抽屉是往外拉的，垃圾箱是可以倒空的……在他们看来，走得到的一切地方、够得着的一切东西都是新奇的游戏。

所以说，我们实在没有必要去做让几个月大的孩子远离玩弄手指，让两岁多的孩子不去感受泥和水的触感这样的蠢事，因为那样只会破坏孩子的成长规律，给孩子的认知造成混乱。

事实上，每一个健康的孩子天生都有用自己的双手反复探索并体验外面世界的本能，玩水也好，抓沙也罢，这都是孩子与环境的真实接触。他们正在试图通过自己双手的探索来协调想象和现实之间的关系，发现外在的世界并构建属于自己的内在世界，而这也正是每一个孩子在发育过程中，最为重要的认知过程。

每位家长在养育孩子之初就该认识到：手是儿童最好的感知工具，手的活动绝非简单的动作，而是幼儿有目的地探索世界的行为，只有认识到这一点，我们才能更好地理解孩子、教导孩子，这样世界在他们的眼里才会真正鲜活起来。

新生儿小手呈握拳状，许多动作出自本能的反射，会反射性地抓住放入手中的物品，此时的抓握反射是最强的。

可遗憾的是，在现实生活中，我们仍然能看到一些不会用手，或者不会拿筷子，不会按琴键，不会用手指夹围棋子，不会拴线绳的孩子，这往往是因为在他们成长发育的阶段，手被束缚了，手的能力没有被完全地开发。

随着孩子慢慢长大，他们对周边世界的探索逐渐变为用手去碰触，而灵巧的双手能刺激大脑的进一步发展。一个在成长早期被允许通过双手探索世界的孩子，长大后势必会拥有一双灵巧的双手和一个聪慧的头脑。

孩子喜欢打人

宁宁今年2岁了，从上个月起，宁宁竟然时不时地有打人的行为。好多时候都会一边说"打你"，一边用小手"啪"的一下朝对方打过来，不是打在脸上，就是打在身上，而且下手很重。

遇到这种情况时，妈妈经常对宁宁说："孩子，妈妈爱你，你可以打别的东西，比如枕头、沙发，但是不要打人。"几次下来，宁宁还真是改了许多，有时忍不住打妈妈一下，但马上就改过来，转而去打旁边的东西几下。

不过，最近妈妈又发现了宁宁的这个迹象。当他和家人或邻居小朋友玩得高兴时，会突然扬起小手打人家的脸，严重时还会发出"啪啪"的响声，被打者甚至躲都躲不过。

从孩子的举止，妈妈猜想到可能是有人开了他的玩笑，他试图用打人的方式表示自己的不满；也可能是有人想抢他的玩具，他试图用打人的方式来自卫；也可能是为了显示自己的"威严"，他试图用打人的方式向对方挑衅。

但是，妈妈又没办法天天盯着孩子。面对这么一个喜欢伸手打人的孩子，妈妈犹豫了，是要坚决制止他的打人行为，还是像宁宁爸爸那样，抓着他的小手打几下，让他知道被人打的感觉呢？现在，这件事几乎成了妈妈的一块心病。

从孩子的角度来说，打人也是其成长阶段敏感期的一种正常表现。通常，孩子9个月左右时，手部的功能开发会有一个突然的发展，手腕到上臂的支配能力会有一个很大的突破。这时的打人行为只是在进行手臂肌肉运动的练习，这种行为会让他们体验到一种前所未有的乐趣，这就好比我们学会了某种技能，很愿意去使用它一样。

孩子为什么会有"打人"这种行为？可能是为了吸引父母的注意力，让父母给予更多的关爱；也可能是想通过肢体动作来表达内心的真实想法，比如，"我不想让他玩我的玩具""我想和别的小朋友交朋友"；也有可能是孩子太过兴奋而无法控制自己。

值得注意的是，当孩子过了1岁，他的表达能力有了很大的进步，会来到能够发出"哒哒哒"的，类似"打"的发音这么一个阶段，而且手部也会随之做出相应的拍打动作，这是孩子语言发育的一个必经过程。在这种情况下，如果家长给予了错误的引导，或是是强化了这个动作，那么反而会变相地鼓励孩子这种打人的行为。

所以，作为家长，无论如何都不能把孩子的打人行为视为一种暴力倾向，更不能因此给孩子贴上"打人"的标签。其实，很多孩子所谓的"打"只是拍打，而非真正意义上的"打"，这是他们目前表达的一种方式。想想看，在你面前，只是一个语言表达能力还不够完善的孩子，当他根本无法用语言正确地传递自己的真实想法时，只能本能地通过"打"这种行为来表达自己的情感，而不明就里的家长往往把这种行为看成是带有攻击意味的"打"。殊不知，父母在没有读懂孩子内心的情况下，又没能给予真诚的理解与关怀，这只能让孩子更加感觉不被尊重、不被理解、不被关心。

这么看来，作为家长，一定要善于观察孩子，引导他们把真实的想法表述出来。有的时候，一句简单的"孩子，是不是受委屈了？""你是不是哪里不舒服？"或是"你有自己的想法，对吗？"往往就能在亲子之间架起沟通的桥梁。当然，父母也要注意自己的言行举止，毕竟榜样的力量是不容忽视的。

孩子的听觉敏感期

现实生活中，充满着各种各样的声音，如果一个人的世界中少了声音，就总会觉得少了些什么，生活可能就没那么丰富多彩了。其实和我们一样，孩子也不喜欢非常安静的环境，而喜欢生活在有声的环境中。

刚出生的孩子已经可以听到外界的声音了，他们有时无法分辨出各种声响，不知声音从何而来，所以常常会产生简单的"惊吓反射"，从而引起苦恼。

我们有时会刻意避免在孩子面前吵闹，尽量给孩子制造安静的环境，其实这样是不正确的。我们应当在正常环境下让孩子接触身边的声音，来刺激他们的探索欲望。

接触有声音的环境，是孩子感知世界和理解世界的重要途径，也是孩子学习各种本领的重要方式，尤其是在 1～2 岁时，此时正是孩子从聆听语言到学会自己说话的关键时期，如果总是让孩子生活在安静的环境中，那么不仅会影响孩子的听力发育，还会影响孩子其他潜能的开发和培养。

我们一生很大一部分学习都是通过听觉系统来完成的。孩子听觉系统的发育在胚胎时期就已经开始了，随着年龄的增长和丰富的听觉刺激，孩子的听觉会变得越来越敏锐。

在 3 岁左右，孩子的听力就逐步发育成熟了。此时的孩子不仅能清晰地听到来自各个方向的声音、找出声音的来源，而且还具备了一定的听觉辨别能力和听觉记忆能力，生活中任何的风吹草动似乎都逃不过孩子的小耳朵。

比如，孩子能够很好地区分小猫、小狗、小鸡等各种动物的叫声，能够听得懂简单的音乐旋律，即使是闭上眼睛也能分辨出一些熟悉的声音，同时也能试着模仿自然界的一些声音，学唱一些简单的儿歌。

此外，孩子还学会了将各种感官的功能结合起来，进行一些较为复杂的活动，如此时的孩子可以边看着图画书，边听大人的故事，过后还能自己进行复述。孩子听力的健康发展，与其脑部对所听到的东西如何进行处理和分配会直接影响着孩子学习语言、运动及社会交往的能力，进而影响到孩子一生的发展。

父母应该趁着孩子正处于听力发展的黄金时期，有意识地为孩子提供丰富的听觉环境，对孩子的听觉进行培养和训练，为孩子日后听觉及感官能力的发展打下良好的基础。

家庭生活中常见却又丰富的声音是刺激孩子听力的最易得到的良好资源。父母在正常生活中产生的关门声、扫地声、走路声、说话声等所有来自环境当中的声音对孩子都是十分有益的刺激。

有些父母担心外界的声音会影响孩子睡觉或是损伤孩子稚嫩的鼓膜，这种担心实际上是不必要的。一般来说，孩子都睡得很香、很沉，不容易被吵醒。

如果能从小训练孩子在有自然声响的环境中睡觉，对于培养其良好的睡眠习惯会很有帮助；如果总是为孩子营造安静的环境，久而久之孩子就会习惯这样的环境，一旦环境有所改变，或是周围发出一些轻微的声响，孩子就很容易被吵醒。

因此，父母要让孩子经常听来自环境的各种正常的声音，接受来自外界的刺激，而不是将孩子封闭在一个无声的环境当中。

多种触觉感知

周六早上，妈妈正在客厅里看电视，菲菲独自跑到洗手间，半天也没出来。"女儿在储物室这么久做什么呢？"妈妈决定去探个究竟。

一进储物室，她看到女儿竟然在玩水。她把脸盆里装满水，然后把各种塑料小玩具扔进水里，接着把它们捞出来放在另外一个脸盆里。然后把刚才那盆水又倒进放球的脸盆。如此循环往复地玩着她自己发明的小游戏。

妈妈在旁边看了菲菲半天，专注于玩水的菲菲竟然没发现她的存在。突然，菲菲在向另外一个脸盆倒水的时候，一不小心把水洒了出来溅了自己一身。但这仍然阻挡不了菲菲玩水的热情，她重新接了盆水，继续自己的游戏……

孩子天生喜欢玩水玩沙，这是大自然赋予的玩具，可以给孩子带来无穷的乐趣。水和沙对孩子的吸引是惊人的，而且是巨大的，从出生开始会一直持续到 12 岁。沙子和水都是流动的，变化无常但又特别容易得手，因此会给孩子带来巨大的空间感和流动感。孩子可根据自己的意愿随意玩耍，充分发挥自己的动手能力和想象能力，还可以锻炼手部肌肉。

孩子用手的探索需要反复去体验，去抓水、去抓沙。孩子与环境有个真实的连接，他们是通过手的探索来协调想象和具象之间的关系的。孩子通过手的探索发现外在的世界并建构自己内在的世界，这是他们很重要的认知过程，但是这个过程很容易被父母所忽略。父母应了解，手是孩子最好的感知工具，手的活动不是一个简单的动作，而是孩子有目地探索世界的行为，通过手的探索会让世界在他们面前变得丰富多彩起来。

有些父母不喜欢孩子玩水玩沙，觉得这样不卫生，会弄脏衣服和手。但是如果父母回想起自己的小时候，可能就会找回自己玩水玩沙的记忆。即便是现在，我们到了海边和江边，也喜欢脱下鞋子在水边走一走，感受水和沙之间的美妙。所以我们要理解孩子玩水玩沙的行为，不但要允许他们玩，还要鼓励他们玩。衣服和手弄脏了可以洗，但千万不要错过水和沙这两样大自然赐予孩子的最好玩具。

口和手的敏感期是孩子通过口和手去了解探索世界的重要时期，也是形成对世界认知的重要时期。父母要尽可能地在这个时期为孩子提供条件，让孩子去发展，不要去阻碍他，过于担心卫生问题，应帮助孩子顺利地度过这个敏感期。

初识色彩

蒙台梭利指出，孩子通常在 3 ~ 4 岁的时候进入色彩敏感期。这个时期，他们会对各种色彩异常感兴趣，最常用的方法就是涂色。

专家表示，孩子在色彩敏感期的涂色行为实际上是在为以后的书写打基础，只有经过了最早期的任意涂鸦，孩子们才能够规矩地书写。

当孩子进入色彩敏感期之后，我们应该有意识地为孩子创造认识更多色彩的机会。我们可以从最基础的三原色教起，分别告诉孩子这是什么颜色，重叠搭配能出现什么颜色，同时在纸上画一下，加深孩子对色彩的印象，激起孩子的兴趣。

4岁的小梅最近半年对色彩格外感兴趣，最喜欢做的事就是涂色。在幼儿园的时候，她总是拿着一块儿分成不同图形的涂色板，非常专心地对不同区域的图形涂色，从开始涂色到作品最终完成，小梅没有借助任何人，完全是自己一个人完成的。

在幼儿园，她的色彩感知能力和色彩搭配能力是最强的，老师经常夸赞她。周末在家的时候，小梅也不忘记涂色，不过这一次她却是自己先用尺子和铅笔在纸上画出不同的形状，然后再一点儿一点儿地涂色。

妈妈过来喊小梅吃大虾，平时最喜欢吃虾的小梅却一点儿都不着急，说："我涂完再吃！"妈妈也不说话，而是等着小梅。过了一会儿，终于将作品完成的小梅，开开心心地洗手吃饭了。吃过饭之后，小梅没有出去玩，而是又跑到自己的画板前，继续自己的涂色大业。

色彩敏感期是孩子必须经历的一个阶段，然而孩子并不是天生就会涂色，他们出现涂色行为是需要家长和老师的引导的。孩子色彩敏感期的主要表现体现在日常生活之中，最常见的就是喜欢色彩鲜艳的玩具和衣服等。

我们该如何合理引导并陪伴孩子度过这一阶段呢？下面的一些建议，也许可以为您提供帮助。

1. 引导孩子的涂色行为

我们说过，如果没有父母或者老师的引导，孩子是不会出现涂色行为的，但是这并不意味着父母为了能够让孩子提早接触色彩就要采取强制措施。

虽然说孩子在 3 ~ 4 岁的时候会进入色彩敏感期，但是有些孩子可能会提前进入，也可能会延后进入。在孩子没有进入色彩敏感期的时候，父母要学会等待，适当地引导，不要强迫孩子，以免适得其反。

2. 通过游戏增强孩子的色彩认知

玩游戏是孩子的天性，父母可以利用孩子喜欢玩游戏的天性来增强他的色彩感知力，最常见的道具就是光盘。父母可以改变光盘角度让孩子看光盘上的不同颜色，还可以利用光盘将颜色反射在墙上，让孩子去抓这些颜色，但是需要注意，在利用光盘进行反射的时候绝对不要反射到孩子的眼睛里。

此外，父母还可以准备一些填色的道具。这些道具可以是一些花朵的剪纸，也可以是蓝天、白云等，父母应该让孩子自由地去填色，不要在乎对与错。这个时候的孩子还没开始懂得观察生活，所以填错了也没关系。

3．为孩子创造认识色彩的机会

随着孩子年龄的增长，父母还可以为孩子准备一些绘画工具，让孩子自己去涂抹。如果父母能够和孩子一起涂抹最好，因为这样不仅能够增加涂抹的兴趣，而且能够增进亲子关系。

只有在家长和老师的合理引导下，孩子才能逐渐提升对色彩的兴趣，从而开阔他们的思想。一个对色彩感兴趣的孩子会在艺术方面有所建树。

音乐天赋

刘珠今年 4 岁，她特别喜欢音乐，但是家里没有钢琴，也没有电子琴，可是刘珠却有自己的方法，那就是敲碗盘制造音乐。

在幼儿园的时候，她特别喜欢听老师弹琴，并且非常注意老师是如何弹奏的，有时候会因为听琴忘记了回家的时间。在听老师弹琴的那段时间里，刘珠回到家，也会在碗盘上敲出一首首带着旋律的"小曲"，一边敲一边唱，能够连续玩上一个多小时呢！

4 个多月之后，刘珠就不再像以前那样每天敲碗盘了，但她极强的乐感和节奏感却是所有老师公认的。

每个孩子都具有一定的音乐天赋，当音乐响起的时候，孩子的身体会自然出现反应。但是孩子对于音乐优美与否并不敏感，只对节奏的变化极其敏感。所以在孩子音乐敏感期的早期，父母应该尤其注意孩子的节奏训练。随着年龄的增长，孩子会逐渐学会用心和身体去感觉和理解音乐，并且形成最初的音乐概念。在这期间，孩子还会加入一些自己的创造，比如说故事中的刘珠在没有钢琴的前提下就使用了碗盘作为替代品，来满足自己对音乐的追求。每个孩子都是天生的艺术家，能够通过音乐的方式展现自我，来培养自己的兴趣。面对喜欢音乐的孩子父母应该做到：

1. 给孩子学音乐的自由

当孩子进入音乐敏感期之后，父母应该仔细观察孩子的动向，给孩子充分学习音乐的自由。很多父母认为孩子听到音乐就会扭来扭去是有音乐天赋的表现，这种想法其实并不准确。孩子会随着音乐的节奏去舞动，其实只能说明孩子对节奏是有反应的。但是，对于父母来说，最大的责任就是将孩子潜藏的音乐天赋激发出来，而最合理的方式就是给孩子充分学习音乐的自由，让孩子尽情去发挥自己的音乐天分。

2. 为孩子选择经典音乐

父母的引导不同，孩子的起点也就不同。如果父母给孩子选择的是经典音乐，那么孩子的起点相对来说则要高一些；如果父母给孩子选择的是儿歌或者是其他流行歌曲，孩子的起点就会低一点。所以，父母在发现孩子进入音乐敏感期之后，就应该有意识地为孩子播放一些优秀的经典音乐。

3. 认清孩子学习音乐的不同阶段

孩子在刚开始的时候只是喜欢节奏；在两岁左右的时候能够

把握节奏；在 3 ～ 4 岁的时候开始喜欢简单的音律；5 ～ 6 岁的时候开始选择自己喜欢的音乐，并且能够理解音乐的内涵；7 ～ 8 岁的时候，孩子就能够体会到音乐之中的情感。父母可以在不同的阶段为孩子寻找适合的音乐，培养孩子对音乐的理解、创造能力。

4. 陪着孩子一起进行音乐表演

进入音乐敏感期后，孩子会主动学习音乐，在这个时候，父母就可以在家里和孩子一起进行音乐表演。但是，父母一定要注意，在进行音乐表演的时候，一定要让孩子做主角。也就是说，孩子是那朵娇艳的花，而父母只是陪衬的绿叶。这样不仅有利于树立孩子学习音乐的信心，而且还能够激发孩子学习音乐的兴趣。在家庭音乐表演中，父母应该鼓励孩子按照自己的想法去表演，可以演奏乐器，也可以边唱边跳。除此之外，父母也要及时给予孩子鼓励与表扬。

第二章

语言敏感期：孩子
语言培养的关键期

从孩子能够发音的那一刻开始，他的语言敏感期就开始了，起先是咿呀学语，接着是叠词的出现"妈妈""爸爸"，然后是"词—短语—短句—完整的长句—灵活运用语言"，一直到发现语言的美妙，孩子的语言表达能力逐渐发展完善。

多对孩子讲赞美的话

当俊俊喊出第一声"妈妈"的时候，胡婷激动得差点哭出来。自己怀胎10月，辛辛苦苦生下来的孩子，终于叫了自己一声"妈妈"。

她把这个好消息告诉老公的时候，老公又高兴又嫉妒地说："孩子怎么不先叫爸爸呢？从小就这么偏心，哎……他什么时候能叫我一声'爸爸'啊！"

胡婷骄傲地对老公说："哼，还不是因为我整天照顾孩子，而你整天在外面工作？他每天和我接触，当然和我最好了！我家孩子最乖了！"说着，她又冲着孩子说："来，孩子，叫妈——妈——。"

"妈——妈——。"孩子非常乖，很认真地望着爸爸妈妈说出了"妈妈"这两个字。虽然孩子的发音并不准确，还险些把"妈妈"念成"闷闷"，但孩子的爸爸已经羡慕得不得了了。他把孩子举过头顶，对孩子大喊道："快叫爸爸，爸——爸——"这次，孩子不但没有顺利地叫出来，还差点被爸爸的举动吓哭。这可让爸爸尴尬了一番。爸爸心有不甘，想：我一定要让他尽早喊出"爸爸"！

第二天一大早，爸爸就跑到孩子的身边说道："今天是周末，我专门来教你叫'爸爸'。小家伙，我今天非要让你学会不可！来，跟我学，爸——爸——。"

孩子的妈妈洗漱完赶紧跑过来对孩子的爸爸说道："你可真够勤快的，一大早就开始教孩子说话了！看来你是不会罢休了。反正今天是周末，不如你来带孩子吧！"

"真的吗？太好了！我要带着我家宝贝学说话！快叫爸——爸——"。孩子的爸爸一板一眼地教孩子，可孩子直瞪着两只大眼睛，不知道爸爸在说什么。爸爸并不气馁，又是给孩子讲故事，又是一个发音一个发音地教孩子。

一上午很快就过去了，可孩子除了"妈妈"还是什么都不会说。妈妈安慰爸爸道："你也别太心急了，我觉得孩子学习说话需要一个过程，总不能这么小就一股脑地把所有的词都塞给他，他也记不住。你可以先跟他聊聊天，等到他和你亲近了，没准儿就叫你了呢！"

听了孩子妈妈的话，下午陪孩子时，爸爸开始改变策略，不再强迫孩子学词语，而是跟孩子玩起了游戏。"你拍一，我拍一，一个小孩儿坐飞机……"爸爸的语气十分搞笑，逗得孩子直笑。孩子似乎也跟爸爸熟络起来，老是要跟爸爸玩。

爸爸一会儿扮成大牛"哞哞"地叫，一会儿又扮成小绵羊"咩咩"地叫。孩子特别高兴，一直笑个不停。然后，爸爸对孩子说："你看爸爸是不是万能的？想变成什么就变成什么！一会儿爸爸再给你变个猪怎么样？"

孩子"咯咯"地笑着，嘴里蹦出来个模糊的发音："爸……"

"你叫爸爸了？你竟然真的会叫爸爸了！"爸爸激动得不知

道该做些什么，他赶紧把胡婷喊了过来，高兴得就差手舞足蹈了。

但是，当他再让孩子叫"爸爸"时，孩子又只是"咯咯"笑。胡婷说："你就别着急啦，干什么事总得有个过程，他不是刚才叫你了嘛，还不熟练呢，以后就好啦！"

"好吧，我的儿子肯叫我'爸爸'了，我太开心了……他都会说话了，转眼就长这么大了！"爸爸激动得眼泪在眼眶里直打转。

不到4个月的时间，孩子不仅能熟练地叫"爸爸""妈妈"，而且连"奶奶""爷爷""姥姥""姥爷"都会叫了，甚至还会讲一些简单的句子，比如"我吃饭""我要喝水"……虽然孩子的发音还不是很准确，但已经可以与家人对话了。

孩子学习语言的阶段是大人最关注的一个阶段，相比其他敏感期，"语言敏感期"这个词倒不是很陌生。大人都知道孩子学习讲话时，要多与其交流、沟通、讲故事和做游戏。所以，一般家庭的孩子在学习说话的时候都会获得良好的学习环境和父母的正确引导。说话能力相较于其他能力往往会早一些，一般孩子短短几个月就能学会很多表达方式，并能流畅地交流和沟通。

当孩子发出第一个音之后，接二连三地就会发出很多的音调。刚开始的时候，孩子并不知道自己发的音是什么意思，只是胡乱地出声。直到有一天，他讲出一个词语并得到大家的肯定，他才明白语言的作用。

在此之后，他开始通过自己的言语来表达自己的思想，通过言语来表达需求，他会发现语言这东西非常神奇，通过表达能满足自己的需求。所以，作为家长一定要鼓励孩子说话，不要在他想要表达的时候打断他，也不要在他讲错话的时候斥责他。要让孩子自己去体会语言的力量，从而更加主动地去学习。

其次，家长一定要多与孩子进行交流，用一些简单的词句跟孩子聊天。如果家长总是重复地说一句话，那么孩子便会记住这句话。另外，不管孩子说得对还是错，发音准不准，都不要一味地去纠正错误。要多讲些赞美的话语，从而鼓励他去表达。家长偶尔也可以模仿他说话，这样会使孩子更乐意开口。

家长的言行要得当

刘陶陶特别喜欢说脏话，"垃圾人""什么玩意儿""滚蛋"……这些词语总是挂在嘴边，就算是跟爷爷、奶奶讲话，也避免不了这些词语。

陶陶很早就学会说话了，1岁多的时候，聪明的她就能够流利地和别人交流了。很多来家里做客的朋友都非常喜欢跟陶陶聊天。不仅是因为她表达清晰，还因为她对每件事情都有自己的看法，往往就是这些天真的想法惹得大家哄堂大笑。陶陶倒也个介意，每次都非常乐意跟大家聊天，发表自己的看法。

不过，不知道从什么时候开始，陶陶开始讲脏话了。那天，陶陶的小姨来家里玩，看到陶陶在客厅玩玩具，就逗她："陶陶，你干吗呢？"

"玩积木呢，你没看见吗？笨蛋！"陶陶头也没抬，张口就回答了小姨。

小姨略显尴尬，为了缓解气氛她又继续问："你这是要搭什么呀？能不能让小姨也玩一会儿？"

"滚！能不能别问我啦，我都快忙不过来啦！"陶陶小眉头一皱，说道。

坐在沙发上的小姨愣是没反应过来，这小家伙竟然还会说脏话！她看了看陶陶的父母，三个人面面相觑，显然，父母也没想到陶陶会说这样的话。

妈妈赶紧说："陶陶，你不可以这么没有礼貌！不能说脏话！"

"狗屁！"

果然，妈妈也被陶陶的回答吓了一跳。她心里突然起了怒火，抱起陶陶就往卧室走，打算好好"教育"她一番。等她看着陶陶可怜巴巴的样子，又决定换种方式。她蹲下来，抱着陶陶问道："陶陶，你告诉妈妈，是谁教你说这些话的？"

"哪些话啊？妈妈，我不明白你说的是什么意思？"陶陶疑惑地问。

"就是一些"狗屁"啊什么的，这样的话是谁教你的？"妈妈觉得自己都不好意思说出口。

"我看电视上，大人们都这么说话啊，而且，以前爸爸的同事来玩的时候，也会说这样的话。爸爸有时也会说。"

"听妈妈说，这样的话都是不文明的脏话，以后我们不要讲了！"

"为什么？为什么爸爸可以讲，电视里面可以讲，我却不能讲？"

"因为这些话说出来是会伤害别人的。爸爸说脏话也不对，晚上我们告诉爸爸，让他不要再说脏话了。如果爸爸改正了，你也改变好吗？"

"好。"

"那以后不要再说这样的话了，不然以后没人愿意跟你玩了。那你是不是不开心？"

陶陶点了点头，对妈妈说："妈妈，以后我不说了。"

"我们去找小姨道歉，好不好？"

陶陶打开房门，对小姨说了"对不起"，小姨马上就原谅了她。陶陶知道自己说的那些话会给别人带来伤害，可她还有一个小小的疑问，于是她又把妈妈拉进卧室，小心翼翼地问道："妈妈，如果脏话可以伤害别人的话，那我是不是可以对我讨厌的人讲？这样我就可以用脏话来攻击他了！"

妈妈摸摸她的头说："好孩子从来都不会说脏话。在喜欢的人面前要多说好听的话；在不喜欢的人面前，要多讲道理，而不是用脏话来解决问题。"

"可是，说脏话可以直接表示我对他的讨厌，难道这样不好吗？"

"乖宝贝，你讨厌他，是不是永远都讨厌他呢？你说的是不是昨天和你抢玩具的小明？"

陶陶点点头。

妈妈继续说："那你会一直讨厌小明吗？如果小明一会儿把玩具给你送来，你还是不是他的好朋友？"

"如果他把玩具给我送回来，我们就是好朋友。"

"那你是不是就不讨厌他了？但是因为你讨厌他的时候，对他说过脏话。伤害了他，他还会跟你一起玩吗？"

"那他还会跟我玩吗？他会原谅我吗？我是不是不该对他说脏话？我昨天对他说'你给我滚'，这算不算脏话？"

"当然算啦！如果你还希望和他成为好朋友的话，那就等下次遇到他的时候先跟他道歉。以后不许说脏话伤害别人了，知道吗？如果遇到你不喜欢的小朋友，就跟他讲道理。如果他不听，就不要理他了。"

"妈妈，我知道了。我下次还想跟小明一起玩呢！我不会再说脏话了。"陶陶恍然大悟。

其实在小孩子的世界里，并不能自动区分脏话和好话。他们都是根据父母和周围人的言行举止来判断好坏的。所以当孩子处在"语言敏感期"的时候，家长就要树立良好的榜样，一定要注意自己的言行举止。如果孩子明白脏话的危害，那么他自然就不会说脏话了。

孩子说脏话，都属于无心之过，大人也不要放在心上。他是通过脏话来体会语言所带来的刺激，并不是发自真心地想辱骂他人。如果自家孩子已经学会说脏话，千万不要斥责他。不要用过激的反应和愤怒来试图改变他。这种方法，并不能帮他改掉说脏话习惯。最好的方式就是帮助他脱离脏话的环境，多读一些可爱的小故事，通过故事让他明白一些道理。

孩子喜欢自言自语

这个阶段的孩子喜欢自言自语，偶尔喜欢哭泣，甚至在许多时候他们似乎有很多心事。在生活中，这类孩子大都心思细腻、想法很多，并且顾虑重重。每个孩子都是父母的宝贝，家人往往对孩子有所迁就，尤其是老人，对孩子的事情大包大揽，于是造成了孩子较强的依赖思想和自我意识，任何事都要以自己为中心，稍有不满就哭泣，甚至大发脾气。

不可否认，孩子性格的形成与家庭教育有非常大的关系。如果父母很敏感，孩子往往也会一样；如果父母热情开朗，孩子一般也会非常阳光乐观。因此，父母应尽量不当着孩子的面吵架，为孩子创造一个温馨的家庭环境。

另外，父母凡事都要乐观一点，保持积极向上的心态，以免孩子产生悲观消极情绪。父亲应多陪陪孩子，因为和父亲相处较多的孩子往往更坚强、更勇敢。虽然母亲的言行也会对孩子产生影响，但是并不如父亲的影响大。因此，父亲最好多多陪伴孩子。

怎么才能帮助孩子摆脱悲观心理呢?

1. 为孩子营造和谐的家庭氛围

日常生活中,父母需要努力创造快乐、轻松的家庭氛围,为孩子提供一个温馨舒适的家庭环境。比如,父母常常说笑,聊些轻松有趣的事;如果发生了令人伤感的事,父母切记不要在孩子的面前表现出浓烈的悲伤情绪,以免影响到孩子。如果孩子出现了伤感的情绪,父母最好想办法转移他的注意力,让孩子痛苦的情绪得到缓解。

2. 转移孩子的注意力

对于发生在家中的某些事情,如养的花凋谢了、养的小狗死了、养的小仓鼠跑掉了,等等,有些父母可能当着孩子的面表现出了难过、痛苦、惋惜的情绪,这样会影响到孩子。如果孩子产生这种情绪,他就会很痛苦。此时仅用语言安慰是远远不够的。比较好的处理方法是转移孩子的注意力,如陪孩子去超市逛逛,买些零食带回家吃;去书店看看,买些书带回家读;去玩具店转转,买些玩具带回家玩,这样有助于缓解痛苦。过一段时间以后,孩子的心情就会逐渐好转。

3. 让孩子明白哭不能解决问题

当孩子因为多愁善感而哭泣时,父母需要让孩子明白哭是毫无用处的,不能解决任何问题,就算哭得惊天动地也于事无补。应该让孩子知道,面对不幸的事情,要擦干眼泪,坚强勇敢地去迎接新生活。

4．用欣赏的语气鼓励孩子

那些心思细腻、敏感的孩子往往会害怕遭到别人的否定，因此，父母要多多关注孩子的优点、长处，并常常加以赞赏和鼓励。孩子受到表扬和肯定，会感到信心倍增，性格也会因此而变得乐观开朗。在日常生活中，父母还要留意孩子的兴趣爱好，尽力激发孩子的各项潜能，并为孩子创造自我表现、自我展示的机会。当孩子体验到成功以后，内心会逐渐变得强大。

5．不要总是指责孩子

心思细腻、敏感的孩子往往表现为不自信，因此父母不应过多地批评责怪孩子，这样教育孩子是不正确的。因此，如果孩子学不会做某事，父母应该向孩子讲解和示范怎样做才是对的，直到孩子学会做为止。这样，孩子就可以少一些担忧，多一些自信，同时他也会更加乐于去做事情。

6．心平气和地安慰孩子

心思细腻、敏感的孩子总是想得太多，顾虑重重。当孩子产生忧虑的情绪时，父母最好温言细语地安慰孩子，告诉孩子父母的感受是和他一样的，让孩子在感情上与父母产生共鸣，明白父母会与自己一同分担忧愁。当然，父母也可以把握恰当时机，以令孩子悲伤的事情作为突破口，对其进行科学、理智的教育，这样做有利于孩子学会如何沉着冷静地应对人生中的困苦和挫折。

7．多征求孩子的意见

要想让敏感多虑的孩子变坚强，做父母的就不要过多地干预孩子，强迫孩子按照父母的意愿去做事。家中的事情要尽量征求孩子的意见，尤其是关于孩子的事情，更需听取孩子的想法，尊重孩子的选择。

孩子总喜欢问"为什么"

有些孩子善于思考，常常向老师提出各种各样的问题；有些孩子即使心里知道老师的一些话说错了，也不会给老师指出。前者属于思考型的孩子，后者属于情感型的孩子。思考型的孩子崇尚的是公平、正义和逻辑，喜欢用客观的眼光去发现问题，思考问题，但是这样的孩子有时会被看作太冷漠无情。在他们看来，事情必须符合客观实际，否则就是错误的，而错误的事情必须要指出。而情感型的孩子喜欢从情感角度考虑问题，做事会给别人留情面，考虑别人的感受，不会做出令别人难堪的事情。不同类型的孩子对事情的处理方式和表现是完全不一样的。

请看下面这则案例。

儿子的很多行为都让我感觉不大对劲儿。例如，拿一个苹果给他，他接过来就开始吃，从来不给别人尝尝。但是，我的女儿拿到苹果以后总要先给奶奶吃一口，再给妈妈吃一口，最后自己才开始吃。我认为儿子比较自私，不愿意将苹果分享给别人。这么小的孩子就这样，长大以后说不定会更自私。

正在读小学三年级的儿子总喜欢向老师提问。孩子爱提问题原本是好事，但是儿子提问的时候就好像在跟老师找碴儿，让老师觉得非常不舒服；不仅如此，我批评他的时候，他也总是与我顶撞甚至争吵。真不知道这孩子是怎么回事，这么小的年纪就有这么多奇奇怪怪的想法。

在上面这则案例中，"我"的儿子就是典型的思考型孩子，他拿到苹果就开始吃，因为他认为这个苹果就是给他吃的，自己吃很合理，为何要给别人吃呢？

在语言表达方面，思考型的孩子总喜欢说："为什么要这样做？""为什么要让我做？"使用的语言往往令人感觉带有挑衅性质。他们提出的问题听起来总像在找碴儿。不过，这样的孩子往往天生喜欢思考，这是他们的优点，父母要做的是努力发掘孩子的优点，并且不断地发扬孩子的优点，而不应批评、责怪，更不应试图改变孩子的天性。

心理学家告诉我们，孩子在 3～6 岁的时候已经掌握了一些生活常识和知识经验，思想上不再完全依赖成人，会表现出一定的自主思维。他们会常常说："我要自己想一想。"同时，他们也乐于将自己的思维成果分享给大家，渴望得到他人的认同，由此获得成就感。

独立思考有助于孩子更好地认识世界。父母在日常生活中要努力培养孩子善于发现问题，敢于提出问题的习惯；对于一些不善于提出问题的孩子，要注意教给他们更多的知识，引导他们在日常生活中勤于观察；也可以针对一些事物向他们提问，启发他们独立思考。对于年龄稍大的孩子，父母可以引导他们将自己平时的所见所闻、所思所想加以归纳分析。例如，在一些物品中，区分出哪些是玩具，哪些是家具，哪些是生活电器，等等。

那么，父母应该怎样培养孩子的思考能力呢？

1. 培养孩子的兴趣

兴趣是孩子最好的老师，如果孩子对某些事情十分感兴趣，就会集中精力，运用才智，克服困难做好它。不过，即使孩子喜欢思考，如果父母不加以妥善引导和鼓励，孩子也总有一天会失去思考的兴趣。父母作为孩子人生中的第一个老师，会对孩子产生很大的影响。所以，父母应该用良好的思想和行为去影响孩子，同时，父母也应该经常向孩子提出一些问题，激发孩子的求知欲，引导孩子独立地思考问题、解决问题。

2. 启发孩子积极思考

3～6岁的孩子很难理解一些较为抽象的理论。所以，对这个年龄段的孩子，父母不能仅仅依靠语言进行教育，还要创造一个利于孩子自主思考的家庭环境，组织一些有利于启发孩子思维的活动，并在活动中鼓励孩子独立思考。例如，开展家庭数学竞赛、家庭猜谜语比赛、家庭智力问答，等等，让孩子在活动中养成勤于思考的好习惯。

3. 进行有效的亲子互动

即使孩子的进步非常小，父母也不能予以忽视，而是应该及时给予肯定和鼓励。父母在日常生活中也应该努力创造一个利于启发孩子独立思考的家庭环境，让孩子在这种求知的氛围中成长；通过一些亲子活动，激发孩子独立思考的欲望，使孩子逐渐养成勤于思考的良好习惯。

4. 循序渐进地增加难度

如果孩子不善于思考，那么父母就不要对孩子提出过高的要求，而是应该根据孩子的实际情况，从最简单、最直观的问题入手，循序渐进地启发孩子独立思考。例如，让孩子去观察两个东西，比较它们的异同；然后逐渐增加难度，让孩子的思考越来越深入，通过思考去解决具体问题。

5. 恰当保留思维空白

父母需要使孩子解放思想，让他们建立自主性思维，适当地保留一些思维空白区域。对于孩子能够独立思考的问题，父母就不要主动提供指导和帮助。通过这种方法，可以有效激发孩子的潜力，促进孩子思维能力的提高，使孩子敢于独立思考，更可以使孩子对知识的理解更加深入、更加透彻。

孩子为什么抢着接电话

莎莎已经三岁半了，最近她爱上了接电话，只要电话一响，她就要跑过去接。无论是谁打来的电话，她都要凑到旁边将耳朵贴到听筒上，否则就会哭闹个不停。有一天，一家人正在吃午饭，电话铃突然响了起来，大人们还没有反应过来，莎莎就跑过去接起电话："喂，你好，请问找谁，好的，好的，拜拜，再见！"接着不管不顾就把电话给挂掉了，然后回到餐桌高高兴兴地吃起了饭，仿佛刚刚做了什么了不起的事情。

孩子长到3～4岁的时候就开始思考语言的不同表达途径，在成人眼中，不懂事的小孩子接电话乱说一通根本就是捣乱，其实这是孩子在语言探索阶段的又一个大发现。因为他们发现声音不仅能够从身体中发出来，而且还能够从奇怪的机器中发出来。他们自然会为这个发现惊奇不已，会因为兴趣而不断去探索，从而模仿成人的样子打电话。

对于处于语言敏感期的孩子来说，一切与众不同的说话方式都会引起他们极大的兴趣，而电话里能传出不在身边的人的声音，这种神奇新鲜又超乎想象的工具自然会引起他们很大的兴趣。他们之所以会抢着接电话，正是他们本身探索的需要，他们需要接触任何一种可能的表达途径来认识世界，所以父母应该正确对待喜欢抢着接电话的孩子。

1. 正确看待孩子喜欢抢电话的行为

孩子喜欢接电话只是兴趣使然，他们并不懂得接电话应该有的礼貌，只是通过观察成人接电话来认知，不懂得如何与电话对面的人进行沟通，所以他们才会像莎莎一样一连串地把话说出来然后就挂掉电话。对于孩子这种看似调皮的行为，父母一定要正确看待，不要因为孩子的行为可能会耽误自己的工作，或是导致自己错过了非常重要的电话就对着孩子发火。

2. 引导训练孩子正确礼貌地接电话

父母可以有意识地引导孩子正确地接电话，礼貌地和对方交流沟通，这不仅能够训练孩子的语言表达能力，还能够训练孩子的人际交往能力。

3. 教会孩子如何打电话

父母在教会孩子如何接电话之后，还应该有意识地教导孩子如何给别人打电话。比如可以鼓励孩子给爷爷奶奶或者外公外婆打一个问候电话，开着免提全程由孩子来操作，自己只是提醒并解释，这不仅能够增强家人之间的感情，还能够很好地培养孩子接受新事物的能力，锻炼孩子的学习能力，提升孩子与他人沟通的能力。

第三章

动作敏感期：锻
炼肢体的协调性

动作敏感期其实就是在锻炼自
己肢体的协调性，使自己的肢体更
加灵活，完全开发肢体的相应动作，
逐渐完善肢体功能。孩子在进入动
作敏感期之后，父母除了要给予孩
子适当的刺激使其功能尽早觉醒与
锻炼的同时，还要为孩子挑选合适
的游戏或玩具，这不仅有助于孩子
肢体的发育与灵活性，还能极大地
促进孩子智力的发展。

教孩子使用筷子

为了促进孩子肌肉的发展，爸爸妈妈可以为孩子提供一些训练肌肉，尤其是手眼协调能力的玩具，如皮球、积木、橡皮泥、拼图、七巧板、珠子、剪纸等，让孩子通过拍、插、捏、揉、摆、拼、穿、拔、剪等动作来操作玩具，锻炼动手能力。同时还可以在学习使用筷子、勺子等生活用品中锻炼其肌肉。

用筷子夹东西是一种牵涉肩部、胳膊、手掌、手指等30多个大小关节和50多条肌肉的手眼协调的精细动作，爸爸妈妈应该在孩子两三岁的时候就教会他们正确使用筷子。对于刚刚学习使用筷子的孩子，圆柱形的筷子太过光滑，他们的小手很难抓住。最好选用四方形的筷子，因为四方形的筷子夹东西不容易滑落，有助于帮孩子树立信心。在练习使用筷子吃饭的过程中，先让孩子夹一些较大的、容易夹起的食物，等到他动作比较熟练之后，再去夹一些比较小或者光滑的食物。要注意的是，不必强求孩子按特定的姿势拿筷子，不妨试着让孩子自己去摸索，逐渐学会筷子的正确使用方法。

孩子开始喜欢扔东西

小米已经两岁多了，最近特别喜欢扔东西，看到电视柜上摆着一碟瓜子，她就会走上前去将碟子推到地上；看到椅子上的靠枕，她就会把靠枕扔到地板上……看到东西被自己扔在地上，她会开心得手舞足蹈。

当小米的妈妈将东西全部捡起来放回原位之后，她就会重新将它们扔到地上，总之，不允许自己所能触及的范围内有任何物品。被小家伙折腾得够呛的妈妈十分奇怪，女儿这是怎么了？

有研究发现，当小孩子发现一个物体能和另一个物体分离时，他们就喜欢将手里的物体扔出去，借此来体验物体与物体分离的变化所带来的欢乐。在这一过程中，小孩子开始对空间有了感觉，并且会在扔东西的过程中构建自己的空间思维。有相当多的小孩子会不断尝试着将东西越丢越远，这是因为他们在通过这样的方式来判断自己所处空间的大小，这其实与小孩子的自我意识有关。在扔东西的过程中，小孩子的体力得到了很好的锻炼，自我意识也会得到发展。

面对爱扔东西的孩子，父母应该做到：

1. 欣赏孩子

孩子在进入动作敏感期之后，也意味着孩子进入了空间敏感期。如果父母希望孩子的潜能得到最大的挖掘，想让孩子健康成长，父母就应该学会欣赏孩子。值得注意的是：在这一阶段，父母需要提高警惕，将危险的因素提前排除，确保孩子的人身安全。

2. 鼓励孩子

孩子做任何事情都希望得到父母的鼓励，如果父母能够在孩子扔东西的时候鼓励孩子，孩子就会非常高兴，会扔得更加起劲，而手臂的力量也会得到更好的发展与锻炼，孩子的心情也会变得更好，这对孩子的心理成长是非常有帮助的。

3. 杜绝呵斥

很多父母在看到孩子把东西扔得到处都是的时候就会大声地呵斥孩子。摆在父母面前的选择有两个：一是让孩子自由地扔，家里就会变得很凌乱，但是孩子的空间探索能力和手臂能够得到很好的锻炼，心理也能够得到健康的发展。二是禁止孩子乱扔，家里会显得很整齐，但是孩子的空间探索期可能会提早结束，孩子的心理也可能会蒙上阴影，以后对类似的游戏可能再也不会去触碰。

什么玩具都要拆毁

景润两岁多了，在家里他就是一个十足的"破坏王"，好好的遥控汽车，他玩着玩着就拆了。看到拖把，他就会不停地拽来拽去，仿佛不把它拽坏就不肯罢休。妈妈新买的化妆水被他洒了一地，雪白的墙面被他画得乱七八糟，简直不忍直视。小家伙总在变着法地破坏东西，爸爸妈妈都快愁死了。

孩子在进入动作敏感期之后，内心深处就会迸发出一股强烈的热情。这种热情促使着孩子在周围的环境中寻找可以锻炼自己的工具，他们迫切地想要满足自己的需求。故事中的景润实际上就是将布娃娃、门把手和口红等当成了自己锻炼的工具，通过这些破坏行为，他在锻炼拧、插、剪这些手部精细的动作。所以父母应该认清，孩子的破坏行为并不是故意为之，只是出于本身锻炼的需要。

孩子手部的精细动作包括塞、插、舀、敲、涂、穿、拧、倒、剪等，这些动作都需要手臂小肌肉的配合，孩子寻找一些工具所实施的各种破坏行为，实际上也在不经意中开发了自己的手部动作。面对喜欢破坏的孩子，父母应该：

1. 不要管制太多

孩子出现破坏行为，完全是顺应自己生长发育的需求，父母不要管制太多。否则，孩子会逐渐成为权威家长手下的"听差"。这种家长专制下的孩子，短期来看是手部动作的灵活性和准确性受影响，长期来看则会给他一生留下阴影。

2. 给孩子寻找替代品

孩子在寻找可以锻炼自己的工具，但是身边又没有相应的教具或者玩具，于是就将自己的注意力放在门把手、床单这些日常生活用品之上。父母可以为孩子准备一些替代品，这样孩子在自己的需求得到满足、肢体得到锻炼之后就不会再破坏家里的物品了。

培养孩子的平衡能力

孩子的平衡能力是逐渐发展的，2～3岁时，是培养孩子平衡能力的关键时期。在孩子出生两三个月时候，可能就会出现第一个平衡动作——抬头，如果此时爸爸妈妈能重视训练，让孩子尽量地多做抬头动作，让他逐渐体会肢体平衡的感觉，这对日后其平衡能力的发展是非常有利的。而且，当孩子能熟练地完成这一动作之后，其将身体直立的欲望就会逐渐增强，如此一来，孩子就能在这一动作的基础上逐步学会翻身、坐起来、爬动，然后是学会行走、跳跃和跑动等，这些技能发展，也就标志着孩子的平衡感在逐步增强。

在孩子平衡感发展的关键时期，爸爸妈妈可适当进行辅助，以帮助孩子培养良好的平衡感。如对才出生后不久的孩子，爸爸妈妈可以多多抚摸，或帮其做一些按摩，这样能充分刺激孩子身体表皮的神经末梢，增强其神经的灵敏度；当孩子稍大一些之后，爸爸妈妈可以逐步教孩子学会爬行，并鼓励孩子多多爬行，这对于增强其平衡感是很有好处的；当孩子能走会跳了之后，爸爸妈妈还可以陪孩子玩一些能增强平衡感的游戏，如荡秋千、玩跷跷板、走平衡木等。

游戏让孩子的动作更灵巧

3岁的苗苗最近总是喜欢拉着爸爸妈妈一起玩游戏。这天，一家三口选择了一个开阔的场地，玩一个新的游戏——学小动物跳，看看谁学得最像。苗苗喊着："我先来，我先来！"然后学着小鹿在地上蹦蹦跳跳。妈妈在一旁鼓掌说："苗苗学得真像！"妈妈学的是小青蛙跳，看着妈妈蹲在地上跳，苗苗笑得可开心了："妈妈，你学得不像，小青蛙应该是这样跳的。"苗苗主动给妈妈做示范，可是却不小心摔倒了，爸爸妈妈还没来得及扶她，她就自己站了起来，脸上还带着笑。

大多数孩子都会非常喜欢玩游戏，学小动物跳、踢毽子、扔沙包、跳房子……孩子们是通过这些游戏让自己的身体更加强壮，让自己的肢体更加灵活敏捷的。游戏应该是伴随着孩子成长的，童年中缺乏游戏的孩子是不幸的，能够自由玩游戏的孩子是幸福的。游戏不仅能够让孩子的身体得到锻炼，让孩子的肢体更加敏捷，更能够促进孩子心理的健康发展。

游戏能够让孩子无比快乐，更能够让孩子在快乐中得到锻炼；游戏能够锻炼孩子身体的灵活性，锻炼孩子的心理，锻炼孩子承受伤痛的能力。父母应该利用好孩子喜欢玩游戏的特点，帮助孩子健康快乐地成长。面对喜欢玩游戏的孩子，父母应该做到：

1. 了解游戏的意义

当今，太多的孩子沉迷于网络游戏这种不利于身心健康的游戏，但是处于动作敏感期的孩子需要玩的游戏是生活中的游戏，是能够锻炼身体的游戏。所以，父母在给孩子选择游戏的时候，一定要选择生活中的游戏，比如说扔沙包、踢毽子这样有助于身心健康的游戏。

2. 和孩子一起玩

每一位父母都希望自己和孩子的关系更加亲密，而通过游戏的方式增进亲子关系就是一个很好的选择。只要父母全身心地投入游戏，不对孩子的游戏进行过多干涉，孩子们通常都会非常高兴地和父母一起玩。在陪孩子玩游戏的过程中，父母应该有意识地树立孩子的信心，比如说故事中的学动物跳的游戏，父母可以故意摔倒或者一会儿快一会儿慢，让孩子有一定的成就感，这样孩子的下肢动作和身体平衡能力就会得到很好的锻炼。当然在玩游戏的时候，父母最好选择比较宽敞的地方，也要叮嘱孩子注意安全。

3．不断鼓励孩子

在陪孩子玩游戏的过程中，或者是看孩子玩游戏的过程中，父母要鼓励孩子，这样就能够充分调动孩子的积极性，让孩子玩得更加开心，亲子关系也会在不知不觉中变得更加亲密。

第四章

小脾气大怎么办

执拗敏感期：人

不少孩子在三四岁时，会突然变得爱发脾气，喜欢哭闹。原来"萌萌的、乖乖的"孩子，现在蛮横不讲理，事事都得依他，否则就会情绪失控、大吵大闹。遇到这种情况时，家长不要紧张，这是孩子进入了儿童执拗敏感期。儿童在这一时期常常难以变通，有时会固执到不可理喻的地步。应对儿童执拗敏感期，家长一要能理解，二要善于变通。

可以闹腾，不可耍脾气

处于执拗敏感期的孩子，喜欢闹腾，并且一闹就是"疯闹"，谁的话都听不进去。有些家长把握不住孩子"疯闹"与耍脾气之间的区别，常常错把孩子耍脾气的行为当成闹着玩，也就听之任之，这是不可取的。

孩子可以适度"疯闹"，但绝不可以耍脾气。耍脾气是一种不假思索的反应，具有强烈的破坏性。

对一个人来说，耍脾气很容易毁坏学业、事业、家庭，爱耍脾气的人容易被朋友疏远，爱耍脾气的人容易情绪失控而做出终身后悔的事。如何理性地面对脾气，如何适当地控制脾气且让自己的"气"健康地发泄出来，这也是孩子必修的一门功课。

在孩子的执拗敏感期，家长不要让其认为"暴躁是允许的，生气会让对方妥协"，否则，长大后的孩子会动辄暴躁与耍脾气。

好脾气的人受人欢迎，坏脾气的人令人厌烦。当孩子发脾气时，家长应采取适当的方法予以引导。当然，有效"制怒"的方法有很多，要因人而异，不能一概而论。下面就介绍几种方法，供家长参考。

1. 冷处理

"当孩子发脾气的时候，最要紧的是父母不能发脾气。"美国辛格门博士说，"培丽亚是我4岁的女儿，她常常会感情用事。

有时我实在受不了了，就告诉她我需要离开房间静一会儿。我会告诉她，她感到悲伤或愤怒是正常的，然后我让她的愤怒自个儿慢慢地消失。"

也就说，不是孩子每一次生气，家长都需要介入处理。有些时候，可以让孩子自己去消化他的负面情绪。

2. 转移注意力

当孩子生气时，家长可以引导他将注意力转移到愉快的事情上去，比如可以放孩子最喜欢的音乐，和孩子交谈他感兴趣的话题，等等。

但切忌"做交易"，这是很多家长容易犯的错误。看到孩子生气了，马上许诺给他买玩具之类的让其开心。殊不知，这样做会给孩子造成奖励耍脾气的错觉，反而强化了他闹腾、发脾气的不当行为。

3. 有约在先

如果你掌握了孩子执拗的一些规律，那么就可以事先"约法三章"以预防其"不合作"。比如孩子一进超市就要买各种玩具，不买就各种哭闹，这时可以在出门前就跟孩子商量好："这次去超市不准买玩具，要不下次不带你去了。"等孩子答应了才带他去。

孩子年龄小，自制力差。因此，这种"有约在先"的方法未必有效。常常是他应承得好好的，但一到超市就控制不住。这时，家长可以努力说服孩子。如果说服不了，那么下次就不带他去超市，直到他认错。如此反复多次，就会有较好的效果。

4. 激将法

利用三四岁孩子的好胜心理，激起他的斗志去克服困难。"轩轩最勇敢了，打针从来不哭不闹，比爸爸小时候更勇敢！"类似的激将法，对三四岁的小孩非常有效。

5. 适当的惩罚

有时，只靠正面引导是不够的，适当的惩罚也是一种有效的教育手段。比如，孩子发脾气不吃饭，过了吃饭时间就把食物全部收走。

坦白地说，这一点大多数家长都做不到。多数家长生怕孩子饿着，导致营养不良，于是各种劝说，好话坏话轮番上，只是为了孩子开"尊口"吃饭。实际上，孩子少吃一顿饭，除了会感觉肚子饿，对他今后的成长发育并不会有什么不良影响。

6. 倾听孩子的心声

耍脾气是因为孩子心里难受，需要发泄。这时，家长可以有意识地做一个倾听者，让孩子倾诉自己的不满，把坏情绪宣泄出来。只要孩子把不满说出来，他的怒气也就会减少一大半了。

生而为人，不论是大人还是小孩，都会有受委屈、不开心的时候。面对这种情况，家长要引导孩子控制自己的情绪。达尔文说过："脾气暴躁是人类较为卑劣的天性之一，人要是发脾气，就等于在人类的阶梯上倒退了一步。"

可以有个性，不可以太任性

所谓个性，是指有自己的主见，在碰到问题时，能坚持自己的正确观点与合理行为，不违心屈从，不随风摇摆。

任性虽然也表现为坚持自己的想法与行为，但往往不分对错与轻重，恣意放纵，以求满足自己的欲望或达到自己某种不正当的目的。

从心理学的角度分析，人的性格有多血质、胆汁质、抑郁质和黏液质等先天类型。受遗传因素的影响，有的孩子天生气质就属于较兴奋的类型，情绪表现较强烈，属于那种"有个性"的。家长如果在执拗敏感期不帮助孩子优化性格，孩子长大后很容易变得任性妄为。

小兔子长大要成立自己的家庭了，离开原来的家之前，兔妈妈反复叮嘱："无论如何，都不要吃窝边的草。"小兔子在山坡上建造了自己的家。为安全起见，它给自己的家建造了三个洞口。

小兔子牢记母亲的叮咛，总是到离洞口很远的地方吃草。秋天过去了，一切安然无恙。

这一天刮着很冷的西北风，小兔子走出洞口时不禁打了个冷战，它实在不想顶着大风到很远的地方觅食。"我只吃一点儿，明天天气好了，我就出去觅食。"小兔子安慰着自己，在洞门口把肚子吃了个滚圆。

过几天，下起了大雪，小兔子又在家门口填饱了肚子。不过这一回，它换了一个洞口。"我有三个洞口，每个洞口都有很多草。我不过是在天气不好的时候，在每个洞口吃一点儿草而已。"于是，每当天气恶劣的时候，小兔子都会去吃洞口的草。

一天，睡梦中的小兔子突然觉得有些异样。它睁开眼睛，发现一只狼堵在它的家门口，正试图把洞口挖开。小兔子连忙跑向别的洞口，它惊讶地发现：另外两个洞口已经被岩石牢牢地堵住了！

"在你第一次吃窝边草的时候，我就知道这里有只兔子了。可我知道狡兔三窟，不清楚另外两个洞口的位置，不好下手。"看着将要到口的美食，狼得意地说。这时，小兔子才明白母亲的教诲是多么正确。

人们常说"兔子不吃窝边草"，是因为吃掉窝边草，很容易暴露自己，给自己惹上麻烦。故事中的小兔子因为任性不听妈妈的话而最终被狼吃掉。

现实生活中，有些任性的孩子也像这只小兔子一样，喜欢我行我素，听不得别人的劝阻。这样的行事方式是十分危险的。家长可以将以上故事讲给孩子听，跟他一起分析小兔子身上存在的问题，引导孩子认识到任性的害处。

有关研究表明，在三四岁的男孩子中，有60%以上存在不同程度的任性行为。女孩的数据偏低，但也达到了40%。可以说，任性是孩子在这个年龄段的显著特征，是他们可以用来要挟家长、满足自己某种需求的一种手段。

面对孩子的任性，很多家长往往分外宽容。这些"90后"家长，大多是被宠爱着长大的，他们认为自己孩子的任性是一种个性。有位年轻的父亲直言不讳："现在的社会都崇尚个性，有个性的孩子才会引起别人的注意，才会有出息。"基于这样的心理，才会出现这样的现状：孩子要什么，家长就给什么，可谓百依百顺。事实表明，如果家长对孩子的要求总是无原则地满足，就等于助长孩子任性、专横的毛病。

法国教育家卢梭曾指出："你知道不知道用什么样的办法一定能使你的孩子得到痛苦？这个方法就是：百依百顺。因为有种种满足孩子欲望的便利条件，所以他的欲望将无止境地增加。迟早有一天，你会因为无能为力而表示拒绝。但是，由于孩子平素没有受到过你的拒绝，突然碰了这个钉子，将比得不到他所希望的东西还感到痛苦。"因此，家长一定要正确对待执拗敏感期的孩子的任性行为，切不可把任性当个性。在这个阶段，务必注意以下几点。

第一，只满足合理要求，不合理的坚决不妥协。对孩子的要求不能按"闹"分配，要分清合理与否。合理要求可以满足，无理要求不能答应。不要为了安抚孩子而轻易让步，也不要用打骂去逼他就范，要耐心地给孩子讲道理。虽然很多时候，孩子根本就不会听你讲道理。但是不要紧，先不管他能不能听得进去，首先态度上要明确：吵闹是解决不了问题的，只有好好沟通才能解决问题。他现在听不进，等他冷静了，再跟他讲道理，最好是通过一些有趣的小故事去启发他。

第二，家长要耐得住性子，不能孩子一哭闹就方寸大乱。家长要修炼"淡定"的能力。有一首禅诗云："他强由他强，清风拂山岗。他横由他横，明月照大江。"不妨改几个字，家长在孩子哭闹时默诵："他哭由他哭，清风拂山岗。他闹由他闹，明月照大江。"熬一熬，孩子就会自觉没趣，渐渐安静下来。

可以自我，不可自私

自私自利的孩子喜欢说这样的话：

——"我才不管呢，我就这么做，我就喜欢这样！"

——"凭什么要把这个给他玩（吃）？"

——"我要我要，我现在就要，不给我就不吃饭（不上幼儿园）！"

处于执拗敏感期的孩子，占有欲、自我意识都比较强。他们喜欢把"我"挂在嘴边，如果别人没有满足"我"的要求，"我"就不高兴，但你别想"我"去分享、去付出。三四岁的孩子，有这些问题很正常，甚至比较可爱。但在这一两年里，家长需要引导孩子正确认识自我，否则很容易固化成一种自私自利的性格。

要想孩子远离自私自利，家长应做到以下几点。

1. 让孩子与家人一起分享

家里有什么好东西，不要自己舍不得吃、舍不得用，全留给孩子。这虽然能体现拳拳爱子之心，但收获的未必是孩子的感恩，更大的可能是让孩子养成吃独食的意识，继续发展下去就会演变成自私自利。因此，父母一定要让孩子学会分享。让孩子学会分享，就要从小做起，从小事做起。例如，孩子从小最在乎的就是美食了，如果孩子独占，父母就要把食物拿过来公平地分开，不能任其独享。

2. 父母不应给孩子太多的关注

有位母亲非常疼爱她的孩子，她总是把自己的全部注意力都放在孩子身上——"宝宝不要乱跑！""宝宝，你没摔伤吧？""宝宝，妈妈帮你把扣子扣好！"……

仿佛全天下就她有一个宝宝，仿佛服务于宝宝是她的全部工作。结果，她的宝宝越来越调皮，越来越难管，初中就开始旷课瞎混，高中没读完就辍学了。

教育专家认为，如果孩子从小在家庭中处于中心地位，父母给予过多的关注与无微不至的呵护，那么这个孩子长大以后并不能意识到自己是大人了，依然会对父母表现出很强的依赖性。他们像一个巨婴，只考虑自己，不考虑他人。这样的孩子，最终会反噬家庭与社会。

所以，当孩子抢夺、独占别人东西的时候，父母应当反省一下自己是否给了孩子过分的关注。

3. 让孩子学会给予

真心给予的礼物，无论价格高低，无论有效期是长还是短，它都是世界上最永恒、最珍贵的宝物。父母应当让孩子体会到"给予"的快乐。

例如，在奶奶过生日时，带孩子一起选一个小礼物，用孩子的压岁钱买来送给奶奶。无论孩子选的礼物是什么，是否贵重、实用，都不重要，重要的是孩子要真心"给予"，并且不期待回报。

4. 给孩子提供关心他人的机会

例如，爷爷回到家，爸爸帮爷爷倒杯茶，可以让孩子给爷爷拿拖鞋；奶奶生病了，妈妈给奶奶拿药，让孩子为奶奶揉揉疼的地方；爸妈头痛时，让孩子帮着按摩太阳穴……

日子久了，孩子能学会许多他应该做的事情。再如，上街买菜时，让孩子帮忙拿一些他拿得动的小东西；有好吃的东西，让他送给家人吃。以后孩子每碰到类似情况，就会如法炮制，慢慢就会养成关心他人的习惯。

5. 让孩子做力所能及的事

不要让孩子养成衣来伸手、饭来张口的坏习惯。只有勤快的孩子才会关心、体贴别人。一般情况下，勤快是培养出来的。所以，父母要教孩子循序渐进地做一些力所能及的事。

6. 不要偏袒孩子

当孩子在交往中遇到矛盾和纠纷时，父母千万不要偏袒自己的孩子，这样做会让孩子错误地认为自己的地位是特殊的，别人都比不上自己，都要让着自己。

总之，三四岁的孩子自我一点并不算什么，但是千万别自我过了头演变为自私。

如何让孩子为他人着想

一位母亲在网上发帖称："我那四岁的儿子每天都有使不完的劲儿，不是爬楼梯就是爬桌子，不是与伙伴吵架就是与家长顶嘴，把生活弄得一团糟。我们不知说了多少遍，可他就是听不进去，从来不懂得为别人着想。真拿他没办法。"

还有一位母亲为自己8岁的女儿大伤脑筋，她经常跟同事诉苦："女儿聪明漂亮，学习成绩非常好，但她有个很大的毛病，就是非常执拗。她想要的东西，或要做的事情，一定要达成目的，从来不会考虑别人的感受。"

孩子为什么执拗到"冷漠无情"？

现在的孩子，不少都被大人们的爱紧紧包围：好吃的尽让孩子吃，孩子要求什么也尽可能满足，孩子听到的都是好听的。在孩子的内心世界里，从不知道"不"字的意思。在这样的"顺境"中，久而久之，孩子就会变得狭隘、冷淡，不会关心自己以外的人和事，见到好吃的，抓到手就吃，不关心别人能不能吃到；看到好玩的玩具，就任着性子要，不管家长能不能承受得起高昂的价格；

听到不顺耳的话，就不耐烦，任性发脾气，不管别人如何看他，一切以我为中心，只知有我，不知有他。

但孩子终归要长大成人，离开家长，走出家庭。孩子进入社会的第一件事就是学会与别人相处，得到别人的支持和帮助。只有那些关心别人、在别人遇到困难时能主动伸出援手的人，在自己遇到困难时，才会得到别人的关心、支持和帮助。如果孩子不会关心、支持和帮助别人，他们又如何能适应社会而不被社会所排斥呢？如果孩子成人后思想狭隘，社会适应能力和社会心理承受能力差，即使智力水平高，也很难成为栋梁之材。

所以，家长一定要纠正孩子"以自我为中心"的坏毛病，教育他们从小学会关心他人。

1. 为孩子营造换位思考的环境

孩子做人的品行是父母教育出来的，要求孩子做到的，父母首先要做到。作为家长，如果希望你的孩子懂得换位思考、替人着想，就应该给孩子营造一个换位思考的环境，让换位思考、替人着想潜移默化地根植在孩子的心底。

2. 从小事做起，从身边事做起

叶圣陶先生很重视教育儿女。他反复告诫儿女，我是生活在人们中间的，在我以外，更有他人，要时时处处为他人着想。譬如，他让儿子递给他一支笔，儿子随手递过去，不想把笔头交到了父亲手里。父亲就对儿子说："递一样东西给人家，要想着人家接到了手方便不方便。你把笔头递过去，人家还要把它倒转来，倘若没有笔帽，还要弄人家一手墨水。刀剪一类物品更是这样，绝不可以拿刀口刀尖对着人家。"又如，冬天时儿子走出屋子没把门带上，父亲就在背后说："怕把尾巴夹着了吗？"次数一多，不必再用这么长的句子，父亲只喊："尾巴，尾巴！"就这样，渐渐养成了儿子冷天进出随手关门的习惯。另外，父亲还告诫儿女，开关房门要想到屋里还有别人，不可以"砰"的一声把门推开或带上，要轻轻地开关，这样才不会影响到别人。

可见，想让孩子学会为他人着想，要教育孩子从小事做起，从身边事做起。

3. 引导孩子体会别人的感受

在生活中，有很多孩子习惯了养尊处优的生活，所以难免自命不凡，不能理解别人的苦衷，不能体谅弱者的难处。这时候，家长必须让孩子学习体会别人的感受。这不仅能培养孩子一颗美好的心灵，更能让孩子具备良好的教养。

小荣从小跟着爷爷奶奶在镇上长大，渐渐养成了骄横、任性的个性。爸爸妈妈把小荣接来和自己一起住时就发现了他的这些缺点。

有一次，小荣和别人家的孩子一起在外边玩。路边有一个盲人一边拉手风琴一边唱歌。他的面前摆着一顶帽子，路过的人们觉得他唱的歌好听，就往他的帽子里扔一些钱。

孩子们围着这个盲人，觉得很好奇，纷纷叫嚷："瞎子，瞎子！快来看瞎子唱歌！"

小荣也跟着喊。

看到这一幕，小荣的爸爸很生气，把小荣叫了回来，狠狠批评了他一顿。

小荣低着头，心里想：他们都在喊，为什么我不能喊？

爸爸看出他的心思，想起小荣前些天因为牙齿掉了，就语重心长地说："今天你围着一个盲人嘲笑他的眼睛瞎了，如果哪天有人对着你喊'豁牙子，豁牙子'，你会怎么想？"

小荣听了，脸一下就红了。

在以后的生活中，爸爸总是这样教育小荣，让他体会一下别人的感受。小荣渐渐变成了一个善解人意的孩子。

其实，每个孩子都是单纯而善良的。当他们意识到自己的一句话、一个举动可能伤害到别人，给别人带来烦恼的时候，就会觉得很不安。作为家长，应抓住这样的教育契机，告诉孩子注意自己的言行，因为自己如果有同样的遭遇，也一样会受伤，会不高兴。只有如此，孩子才能学会换位思考，从而懂得体谅别人、尊重别人，并因此而得到别人的尊重。

4. 让孩子理解他人的处境，学会关心与体贴他人

教育家卡尔·威特回忆父亲时讲述了这样一个故事：

有一次，叔叔一家要去波尼那河做一次沿河旅行，他们也请了卡尔一家参加。不巧的是，那天卡尔的父亲要去参加一个会议，母亲的胃病也犯了。为了让卡尔能安心出门，母亲尽量装着没事的样子，但父亲却看出了母亲的不对劲儿。当时卡尔只顾着自己

高兴，根本没注意到母亲的异样。

父亲叫卡尔留下来照料母亲，但卡尔好不容易才得到这样一个机会，当然不想放弃。父亲生气地说："你不能把生病的妈妈一个人丢在家里，你必须在家里陪妈妈。"

卡尔听了大哭，叫道："明明是你不想让我去，生病的人怎么能笑得出来，刚才妈妈不是笑着叫我好好去玩吗？"父亲质问道："你难道真的看不出妈妈病得有多严重？她装出快乐健康的样子，就是害怕你会担心她，不能安心地出去玩。你真的忍心把这样爱你的妈妈一个人丢在家里吗？"

卡尔终于恍然大悟，怪不得妈妈从早上起来就脸色苍白，不吃饭，还说自己没有什么胃口，这一切都是因为她生病了呀！卡尔难过地说："爸爸，你说得没错，妈妈确实病了。可是，我真的没有看出来。"

卡尔的父亲说："卡尔，你不能只在口头上说爱妈妈，而是要在实际行动中表现出来。你要像妈妈爱你一样去爱她，从妈妈的眼神、说话的语气和一些行动中去感受妈妈的需要，去爱她、帮助她。"

父亲的话让卡尔想到：他在生病时，妈妈整日整夜地照顾他；他有什么不高兴，他不说，妈妈也会知道。但妈妈病了，他却不知道，这真是太过分了。卡尔觉得很惭愧，忙跟父亲道歉。

父亲说："懂得改过就是好孩子，现在你打算怎么做呢？"

"我不去旅行了。我在家陪妈妈、照顾她，陪她去看医生、吃药、打针，陪她说话解闷。等您回来时，妈妈的病一定全好了。"卡尔回答道。

"那我就把妈妈交给你了。"父亲说完就出门了。

就这样，通过日常生活中的小事，并在父亲的教育下，卡尔·威特懂得了怎样去体贴别人。

5. 让孩子切身体验为他人着想的可贵

盼盼妈妈给盼盼买了一本《米老鼠》杂志。下课了，盼盼拿出杂志高兴地翻阅，这时，她的同桌起身时不小心把墨水瓶碰翻，墨水洒到了杂志上，把崭新的《米老鼠》杂志染得脏兮兮。盼盼很生气，不但让同桌赔她新的《米老鼠》，还把这件事告诉了班主任。结果，盼盼的同桌被老师批评了一顿。

当盼盼把这件事告诉妈妈时，妈妈想告诉她要宽容别人、多为别人着想，但妈妈还是决定让女儿亲身体验一下被人苛责的滋味。当天晚上，盼盼不小心把一碗饭打翻了，妈妈知道教育女儿的时刻来了。于是，妈妈大声对她喊："你怎么搞的，吃饭也不好好吃，浪费粮食，罚你今天晚上不许吃饭了！"

盼盼看到妈妈这种态度，伤心地哭了起来："我又不是故意的。"

这时，妈妈温柔地对盼盼说："谁都有不小心犯错误的时候，妈妈只是想告诉你，因为不小心犯了错误而不被人原谅是很不舒服的。这就如你不原谅你的同桌，还让老师批评他一样。你说，是吗？"

盼盼不好意思地低下了头。

对于孩子来说，唯有切身体会，才能意识到为他人着想的可贵。因此，必要的时候，家长也应该让孩子受点"教训"，这对孩子来说印象会特别深刻。在今后的生活中，他们也能努力做个不过分苛责别人的人。

肯为他人着想的孩子，都有一颗善良的心、一颗会同情别人的心。华盛顿大学的斯托特兰德博士通过研究发现，鼓励孩子去想象别人的感受或是设身处地为他人着想，是有效培养孩子爱心的良方。

可适度放肆，但不可有攻击行为

在心理学中，把攻击行为定义为：他人不愿接受的、出于故意或工具性目的的伤害行为。这种攻击包括直接身体伤害（殴打）、语言伤害（辱骂、嘲讽），和间接的、心理上的伤害（如背后说坏话、造谣诬蔑）。有伤害他人的意图但未造成后果的也属于攻击行为，但孩子们在一起玩耍时无敌意的推拉动作则不属于攻击行为。

每个人生来都具有一种内在的攻击倾向，但随着生理与心理的发展，这种攻击倾向会指向一些有意义的目标，如征服外部环境、在驾驭环境中取得成功。朝这个方向发展的"攻击行为"，会变成人心理中的积极成分，如坚韧、顽强等品质。但是如果这种与生俱来的攻击倾向指向一些不被社会所容忍的目标，如伤害别人，那就是有害的。从一些完全不能与别人和睦相处的成人以及某些犯罪者身上，可以明显地感受到这种咄咄逼人的攻击性。

那么，家长应该怎样做才能有效地控制孩子的攻击行为呢？

在孩子攻击倾向的影响因素中，遗传因素大约占50%，剩余50%的因素中又有一部分是家长与孩子相互作用所致。所谓遗传，并不是说家长把打人、骂人这些具体行为遗传给了孩子，而是他们遗传了情绪容易激动等自然特征给孩子，这些自然特征遇到合适的土壤，就会滋生出攻击性行为。

因此，如果孩子刚刚出生，就比别的孩子爱哭、脾气大，家长就应该明白：父母正是孩子这种行为特征的"制造者"。有些做妈妈的可能会抱怨：我的脾气并不是这样，怎么能说是我遗传给孩子坏脾气呢？要知道，妈妈脾气好，爸爸可能脾气坏，爸爸妈妈脾气都好，爷爷奶奶、姥姥姥爷可能脾气坏——遗传可能是隔代的。

美国心理学家杰拉德·帕特森观察了一些由于家长的不正确教育方式而培养了攻击性孩子的家庭内部相互作用特征，据此提出一套"对攻击性孩子"的家庭教育原则。

第一，不要对孩子的暴力行为让步。

第二，孩子反抗时，不要让自己的高压方式升级。

第三，监控孩子那些不好的行为，建立一套分数体系：孩子做得好，便可得到好分数、奖励或某些特许；表现不好，就得不到这些鼓励。对年龄大些的孩子，家长可以和他们订立"行为协定"，明确地告诉孩子，在家、在校应如何表现，表现不好会受到什么惩罚。要尽可能让孩子参与行为协定的讨论。

帕特森进行了几年的追踪，他发现：绝大多数家长采用了这些原则之后，不仅问题儿童的攻击性和偏常行为大大减少，母亲的忧虑也逐渐减少，她们对自己、对孩子的感觉都好多了。有一些问题家庭很快得到改善，另一些改变则稍慢些，需要费更大的精力。帕特森认为，孩子行为失控，根源在于家庭，在于家长与子女之间不正常的、充满敌意的相互作用。因此，仅仅关注问题孩子的失控行为是不够的。

怎样才能有效地控制孩子的攻击性行为呢？国内心理教育专家对这一问题也已研究了多年，他们提出了很多方法，下面介绍其中的几种。这些方法与杰拉德·帕特森提出的家教原则有重合的地方，但侧重点有所不同。

第一，消除攻击性的强化物。判别并消除攻击行为的强化物，是降低攻击行为的可行办法。例如，4岁的强强在和荣荣一起玩时，蛮不讲理地抢走了荣荣手里的玩具，惹得荣荣大哭起来。对强强来说，他的攻击行为的强化物就是玩具，这时，让强强把玩具还给荣荣，就等于消除了强强攻击行为的强化物。如果不把强强手里的玩具要过来，反而鼓励他，以后他就还会抢别人的玩具。同样，如果孩子打了人，家长不制止、不批评，那么，这种不制止、不批评的态度，就成为孩子打人行为的强化物，让孩子觉得打人并没有什么不对，以后还会打人。所以，当孩子表现出攻击性行为时，家长应该查明原因及时处理，并且鲜明地表示自己的态度，使孩子认识到，什么行为是错的，怎样做才对。

第二，鼓励孩子的友善行为。鼓励孩子的友善行为，如分享、合作、帮助别人，也是消除孩子攻击行为的一种好办法。在一项研究中，心理学家让幼儿园教师鼓励孩子的所有非攻击行为，特别奖励那些友善行为，如分享玩具、合作，等等。两周之内，这种方法有效地减少了儿童之间的身体攻击和言语攻击行为。这就是说，对孩子的攻击行为，并不一定要惩罚，成人可以对这种坏行为视而不见，而对他们的好行为大加赞赏，这种办法同样可以降低孩子的攻击性。这种无惩罚方法的好处是，不给孩子提供"反攻击"或"报复"的示范。因为惩罚孩子的攻击行为，实际上也是一种攻击行为，它可能使孩子在受到别人攻击时采取报复手段。因此，只奖励、不惩罚的教育方式可以避免惩罚带来的消极影响。

第三，冷处理。如果孩子有非常严重的侵犯行为，家长和教师就不能采用只鼓励、不惩罚的方法了。在这种情况下，冷处理也是一种有效的做法。所谓冷处理，就是暂时不理睬，对孩子表示冷漠，在一段时间里不理他，用这种方法来"惩罚"他的攻击性。如把孩子一个人关在安全的屋子里，直到他自己平静下来。尽管这种做法会产生一些怨恨，但不会向孩子提供呵斥、打、骂等攻击示范。这种方法与鼓励友善行为的方法配合使用，效果会更好。

第四，树立榜样训练。同伴之间发生冲突怎么办？通常的方法无非是反攻击（报复）、自己缓解、别人劝解。后两种方式是好的，但孩子并不能自觉地采取这种方法，必须通过训练来学会。如果孩子经常看到大人或别的孩子采取这两种方法来解决冲突，或家长、教师经常训练他们采取这两种方法解决冲突，他们以后可能也会采用这些方法来解决问题。

第五，提供非攻击环境。有一种常用的方法能消除孩子的攻击性：提供非攻击性的环境，尽量减少发生冲突的可能性。例如，提供充足的游戏空间，避免因偶然的身体碰撞而导致攻击性冲突。研究证明，缺少游戏材料会引起攻击性行为。如果玩具丰富，更多的孩子便可以不引起任何冲突地加入游戏中。另外，玩具本身的攻击性定向（如枪、刀之类）也会导致攻击性倾向。在一个对儿童的研究中发现，被鼓励使用攻击性玩具的儿童比使用中性玩具的儿童更容易发生争斗。因此，对那些天性好斗的孩子，要少给他们买刀、枪等攻击性强的玩具。

第六，培养孩子的移情能力。心理学家指出，无论是小学生、青少年还是成年人，在受害者明显表现出痛苦时，都会停止攻击。然而，学龄前儿童和高攻击性的小学生则不然，他们会继续攻击。心理学家对此的解释是，他们之所以这样做，是因为他们缺乏移情能力，不会同情受害者，在伤害别人时，他们一点都没感到羞愧或不安。

研究表明，培养孩子的移情能力，能有效地降低攻击性。小学生在移情能力上得高分，教师评定的攻击性行为就很少。而移情能力得分低的则表现出很高的攻击性。在一项研究中，高攻击性的 11～13 岁的少年犯参加了为期十周的移情训练后，他们的敌意和攻击性明显减少了，对 3～5 岁儿童的移情训练也得到了同样的结果。

第五章

学习敏感期：家
长千万别错过

孩子成长过程中有个学习敏感期。此时，孩子学什么都会很快，有时看似不经意的一些小举动，其实是在努力地探索世界、感知外界。因此，父母需要格外留意孩子的学习敏感期，进而有效开发孩子的潜能。

培养孩子的想象力

培养孩子的想象力和创造力，是其成长过程中必不可少的一个重要步骤，也是需要父母格外关注的一项家庭教育内容。任何科学发现与科技创造都离不开想象力，培养想象力是孩子成功之路的起点。孩子在成长的过程中有着较为强烈的好奇心，对于新鲜的事物往往怀有非常强烈的兴趣，这时候，父母就要注意孩子想象力的培养了，让孩子能够在梦想的天空中自由翱翔。

小宇小时候，妈妈已经给他讲过《丑小鸭》的童话故事了，小宇太喜欢这样的童话故事了，这会儿，他再次把那本书找出来，自己读了起来。妈妈看着小宇在看书，忍不住凑了过去，两个人一起看。

"当我还是一只丑小鸭的时候，我做梦也没有想到会有这么多的幸福！"小宇大声念出了最后的结局，妈妈忽然想到一个问题："小宇，这个故事你看过几遍了，妈妈来问你一些问题好不好？""问吧，妈妈，我一定可以答上来。"小宇信心满满地拍着自己的胸脯。妈妈开始问了："如果丑小鸭没有离开老奶奶的房子，会发生什么情况呢？"小宇有些语塞："这……这……"妈妈看见小宇吞吞吐吐，知道了孩子的确缺少想象力。

爱因斯坦说过："想象力比知识更重要，因为知识是有限的，而想象力概括着世界上的一切，推动着进步，并且是知识进化的源泉。"有些父母在讲完故事以后会给孩子提问题，事实上，这就是在有意识地拓展孩子的想象力。想象力会使智慧插上翅膀，产生无与伦比的创造性。因而，想象力是孩子不可或缺的一项基本能力。

1. 鼓励孩子大胆想象

人们经常说的"异想天开"其实是想象力丰富的表现。在孩子的眼睛与心灵里，世界总是五彩斑斓的。比如，孩子在听童话故事的时候，会想象出一系列有趣的场景，甚至会说一些看似不着边际的话，这时候，父母不应该批评孩子，而是应该鼓励孩子展开想象。在日常生活中，父母应该为孩子创造一个能够激发想象力的氛围，让孩子的想象力得以充分发展。例如，父母给孩子讲完故事以后，可以鼓励孩子自己编一个故事，允许孩子大胆想象，这样既可以培养孩子的想象力，也可以提高孩子的语言表达能力。

父母应该认真对待孩子不着边际的想象，例如，有的孩子可能会说："将来我要发明一种食物，只要吃一点儿，就可以一年都不用再吃饭。"对此，父母不要批评指责，应该告诉孩子，这个想法棒极了，让他们体验想象的乐趣。

如果孩子每天都待在家里，思维必然受到限制，这时父母就要想办法开阔他的眼界，丰富他的头脑。例如，带着孩子走入大自然，观察草长莺飞；带孩子走入社会中，参加一些集体活动。

长此以往，必能拓展孩子的视野，丰富孩子的知识，打开孩子想象的闸门。

2. 鼓励孩子多提问

孩子常常用充满好奇的目光观察周围的事物，向父母提出一些奇奇怪怪的问题。其实，处于这一年龄段的孩子，往往好奇心强，充满求知欲，他们提出的问题常常涉及很多方面，有些时候父母甚至不知该如何解答。父母有时候会被孩子的问题搞得很烦，可能会生气地说："你哪来这么多'为什么'？""小孩子不要想那么多！"就这样，无形当中扼杀了孩子的想象力和创造力。

因此，当孩子提问的时候，父母应该认真予以解答，积极进行引导。即便孩子提出的问题太过荒谬，父母也应该正确引导，而不能胡乱搪塞孩子。有时候，孩子会提出一些十分怪异的问题，对此父母不应批评责备，应该明白提怪异的问题恰恰表明孩子的想象力十分丰富。面对新鲜事物的时候，父母也要鼓励孩子提出问题，启发孩子的想象力。

3. 鼓励孩子实现梦想

德国的莱特兄弟小时候是一对富有想象力的孩子。一次，兄弟二人在大树下面玩耍，抬头见一轮明月静静地挂在树梢上。于是，两人快速地爬到树上去摘月亮，结果不但没有摘到，反而被树枝钩破了衣服。一旁的父亲见到这一情景，不仅没有批评他们，还耐心地鼓励他们，教导他们。最后，兄弟二人终于发明出世界上的第一架飞机。所以，孩子的一些看似荒诞的想象，只要加以正确引导，就有可能创造出奇迹，甚至对世界做出积极的改变。

鼓励孩子的好奇心

即使是同龄孩子，他们对知识的掌握程度也大不相同，有些孩子对比较简单的知识都理解不了，但是有些孩子却可以轻易掌握更多复杂的知识，根本原因就在于孩子对新事物是否有足够的好奇心。

外婆来了，在立鹏家住了好些天。早上，外婆戴着老花镜在看菜谱，睡眼惺忪的立鹏坐在沙发上观察着外婆。一会儿，妈妈端上早餐，外婆放下了报纸，摘下老花镜，拉着立鹏一起吃早餐。

立鹏看着放在桌上的眼镜，心里很好奇，想知道它们有什么不同。他匆匆吃了两口就溜下了桌子，拿着眼镜在沙发上摆弄了起来，没过多长时间，他就好奇地戴上外婆的老花镜。他顿时感觉眼前模糊，看不清楚东西。于是，他连忙摘下眼镜，眼前的一切又恢复了正常。他又看到了姐姐写字台上的眼镜，又拿了下来戴上，觉得眼睛有些疼，看近处的东西似乎没有什么变化，但是看远处的东西却比较清晰一些。

后来，立鹏尝试把两副眼镜叠在一起观察，他一手拿着外婆的老花镜，一手拿着姐姐的近视镜，这样他发现远处大楼上面的一只麻雀出现在自己眼前。这一发现让立鹏很吃惊，他在客厅叫了起来："妈妈，你快看，我看到了那栋楼上的麻雀！"正在吃饭的妈妈没好气地说："快把眼镜放下，弄坏了你姐姐怎么上学啊！"立鹏默默地放下眼镜，走开了。

立鹏显露出来的是好奇心，只可惜并没有受到妈妈的关注。在平时的生活中，父母应该对孩子的好奇心加以保护，鼓励孩子不断探索新领域，以便学到更多知识。要想充分激发孩子大脑的潜能，就一定要培养孩子的好奇心。

如果孩子遇到不明白的问题，或者见到不寻常的事物，他心里就会出现像案例中立鹏那样"心痒痒"的感觉，这说明他已经具备了非常强烈的求知欲和好奇心。如果问题得不到解答，孩子就会寝食难安，直到寻求出问题的答案为止。因此，父母一定要注意培养孩子的好奇心。要想让孩子的好奇心永不枯萎，父母平时就要培养孩子对新鲜事物的兴趣，而且在这个过程中一定不要打击孩子，以免挫伤孩子的积极性。

1. 和孩子共同"探索"未知

有些父母经常抱怨，孩子总是把家里的东西拆坏。其实，这正是孩子好奇心强烈的表现，他们是在用自己的方式探索未知的事物。作为父母，应该对此予以正确的引导，让孩子的好奇心朝着正确的方向发展。例如，可以帮孩子一起把拆坏的东西重新拼装好，还可以跟孩子一起研究东西的内部结构，启发孩子主动思考。这样既可以充分满足孩子的好奇心，也可以让孩子在探索的过程中学习新的知识。

好奇心有利于孩子的学习和成长，父母应用包容和鼓励的态度看待孩子的行为，保护好孩子的好奇心，给孩子创造探索的空间，给孩子支持和鼓励，不断促进孩子好奇心的发展。

2. 耐心倾听孩子的问题

在孩子上学以后，他们可能会逐渐掌握一些知识，但是他们头脑中依然会有许多疑问，比如，"爸爸，为什么太阳落山后天就会黑？""飞机为什么可以在天上飞？"几乎每一个做父母的都会被孩子问到这些问题。这些看似寻常的事物和现象，对孩子来说却是无比神秘的，他们迫切希望寻求答案。这时，父母一定要耐心倾听，认真解答。

有些父母面对孩子提出的幼稚问题会表现出不耐烦的样子，或是敷衍了事。其实，这个时候孩子已经开始产生自主思想，他们可以感受出父母的敷衍和不悦，这会让孩子感到自尊心被伤害，下次遇到不懂的问题他就会不愿意向父母提问。在这种情况下，很多孩子的好奇心就被无情地扼杀了。所以，无论孩子提出多么幼稚的问题，父母都应该耐心地倾听，认真地予以解答。

关注孩子的阅读敏感期

我们常说，通过观察孩子的一些特殊行为往往可以断定他们进入了某一敏感期，但是阅读敏感期不同。在这一敏感期，尤其需要家长为孩子提供相应的环境刺激，只有这样，阅读的敏感期才能被很好地利用。

在孩子的任何一个敏感期，他们都会积极主动地去学习、去探索，不会觉得这是件枯燥乏味的事。孩子在 5 ~ 6 岁时会进入阅读敏感期。此时的孩子特别喜爱阅读，也是非常积极。

一个孩子的阅读敏感期，往往会呈现两条清晰的轨迹：第一条轨迹是他人阅读阶段，这条轨迹出现在孩子 3 岁左右，此时他们因为还不识字，所以常常要求成年人读书给他们听；第二条轨迹是自己阅读阶段，出现在孩子五六岁时，此时他们已经有独立阅读简单图画书的能力。

如果一个孩子从小没有接触图书，或是很少接触图书，那么他的阅读敏感期往往不会出现或是出现得很晚。反之，在孩子很小的时候，家长就有意识地让他接触书，为他读书，那么这个孩子的阅读敏感期很有可能会提前出现。

不过，对于学龄前儿童来说，他们的意志力往往比较薄弱，自控能力也很差，因此，这个时候，培养他们的阅读兴趣就显得尤为重要。而且人的兴趣也并不是天生就有的，而是在一定客观环境的影响下，通过生活经验形成与发展起来的。

当孩子拥有了阅读的兴趣之后，就会发现读书是那么轻松而愉快。阅读是让孩子受益一生的好习惯，优秀的书本也能帮助我们解决好多问题，所以把握好这一敏感期，帮助孩子养成阅读的好习惯自然可以让孩子终身受益。

在我们激发、引导孩子的阅读兴趣时，一定要善于根据孩子独特的心理特点和阅读的兴趣，采取恰当的方式有意识地培养和激发孩子的阅读兴趣。

关注孩子数学的敏感期

案例一：1岁多的洋洋，手里攥着一块蛋糕，还不停地对妈妈嚷嚷"还要，还要"。妈妈不想让洋洋多吃甜食，于是就把她手里的那块蛋糕掰成两半，一眨眼工夫，一块蛋糕变成两块，洋洋心满意足地吃了起来，那时的她哪里知道其实蛋糕并没有变多。

案例二：老师问3岁的森森："你家里一共有几个人啊？"森森回答说："家里有爸爸、妈妈，还有我自己。"但是她却回答不出"一共有3个人"。这时的森森虽说能够从1数到100，但是她还不能理解数字和事物之间的联系。

案例三：在元旦前，某幼儿园的老师和小朋友们正在用彩色气球装饰屋顶，而且在彩色气球上还挂了些字条。这时，有人发现气球疏密不一，很不美观。6岁的嘉和想出了一个好主意。他拿来一根塑料棒说："先用它来量一下长度，然后再挂气球，这样气球之间的距离就一样了。"老师对这位小朋友的主意十分认同，连连表扬他能够用课堂上学到的数学知识来解决实际问题。

很显然，上面故事中的孩子都已经开始接触数学这一学科了。数学能力是人类文明体系中最重要的基础技能之一。而人类认识自然的一个重要方面就是认识自然的各种数量关系和形状、空间概念，并通过利用这些数量关系和形状、空间概念改造自然。然而，优秀的数学能力并非天生，而需要后天适时的科学系统的训练，其中最重要的就是在数学能力的发展关键期得到理想的培养。

当孩子到了五六岁的时候，在与有形世界经过充分的接触之后，会自然而然地在智力方面上升一个层次，这时他们开始对抽象的符号产生兴趣，开始接触数学这一学科，这意味着他们已经进入了数学的敏感期。帮助孩子度过这一敏感期，会深深地影响孩子的一生。也许有的家长会有这样的疑问：孩子很小就已经会数数、会写数字，而且会识字了，我也没有刻意强迫，是不是说通过早期开发就可以将这个敏感期提前呢？

不会！孩子的敏感期如同任何一个自然发展一样，其过程是不能逾越的，虽说孩子之间存在个体差异，而且敏感期的出现也是在一个时间段之内，但是即便如此，也不能通过人为的手段提前。孩子之所以能提前学会数数和写数字，是因为在大人不断地强化中，暂时记住了这些抽象符号，事实上，他们并没有真正理解和吸收。通常孩子在 5 岁前还不具备永久性记忆的能力，如果这种强化不再持续，他们很快便会忘记。

从另一方面来看，我们看到的是一个喜欢"学"的孩子，他们之所以会有如此表现，是因为孩子发现如果自己记住这些东西了，家人就会非常高兴、非常疼爱他。从心理学的角度来说，出于生存的需要，在主观意识的控制下，孩子会做出这种有意讨好看护者的事情。这么来看，孩子的这种喜欢"学"，而且能"学会"，只是单纯的记忆，是为迎合大人做出的。

因此，面对孩子的这一成长规律——数学敏感期，作为家长，一定要，懂得尊重孩子的成长规律，懂得保护孩子的数学兴趣和探索欲求，同时，还需懂得在现实生活或是游戏的真实情景中，逐步引导孩子学会解决问题，毫无疑问，这对培养孩子逐渐感知数学，进而形成数学思维具有非常重要的意义。走好这一步，孩子自然也就能够顺利度过数学敏感期了。

孩子开始喜欢认字

海燕已经5岁了，小家伙最近特别喜欢认字。跟着爸爸妈妈到游乐园去玩，小家伙看到了游乐园的大门上写着字，就问："妈妈，那上面写的什么？"妈妈抱起海燕指着上面的文字说："欢乐谷！"吃零食时，海燕看到饼干袋上写着一行字，指着饼干包装上的字问："这是什么呀？"妈妈说："康师傅3+2苏打夹心饼干。"回家的路上，海燕又发现了广告牌，妈妈就一点一点地给她解释，并且告诉她写的是什么。听完后，海燕立刻模仿妈妈，将上面的字读了出来，小脸上挂满了笑容。

阅读对任何一个人来说都非常有意义，都是非常重要的。古语有云："开卷有益。"但是任何的阅读都是建立在认识足够多的字的基础上的，总不至于在阅读的时候抱着一本字典，边查边读吧！这样不仅大大降低了阅读的乐趣，而且也非常麻烦。所以在阅读敏感期之前，孩子会有一个识字的敏感期。孩子在进入认字敏感期之后，会对认字非常感兴趣，他们的认字渠道也是千奇百怪的，有喜欢读街上的广告牌和店铺名称的，有喜欢读书的封面的，还有喜欢读衣服标签的，总之孩子只要有兴趣，哪里都可以成为他认字的场所。

一旦孩子进入认字敏感期之后，就会走到哪儿认到哪儿。在这个时候，父母一定要鼓励孩子，并且抓住这个重要的时机，为孩子提供良好的学习环境，满足孩子的认字欲望，为以后的阅读打下坚实的基础。

1. 满足孩子的认字欲望

任何一个孩子都会有一个强烈想认字的阶段，遇到认识的字，他们可能会非常高兴地读出来。如果是自己不认识的，就会向父母请教，然后一遍又一遍地重复，直到自己完全记下来。等到下次再看到同样的字的时候，他们就会非常高兴地读出来。如果父母表现出非常不耐烦的神情，呵斥孩子不准说，孩子就会感觉非常委屈，他们的兴趣就会遭受重大的打击，认字的速度也可能会比其他孩子慢许多，这对孩子的成长是非常不利的。

2. 为孩子创造良好的认字环境

孩子走到哪里都喜欢认字的习惯是他们独有的学习方式，父母应该有意识地为孩子创造一个良好的认字环境。比如，可以在家具、家电、生活用品和学习用品上都为它们贴上名字，标注上拼音，这样孩子既能认字又能够很好地将物品与文字对应起来。孩子向父母请教的时候，父母最好使用普通话，因为这个时候正是孩子养成发音习惯的一个阶段。如果孩子学习到的是不标准的发音，那么其在日后的生活中可能会很难改正过来。

3. 及时给予孩子鼓励与表扬

孩子是缺少定性与耐力的，做事都是基于自己的兴趣，一旦兴趣消失，他们可能再也不会碰以前非常感兴趣的东西。认字也是一样。孩子在认字的过程中，会多次向父母提出疑问，如果孩子从父母那里得到了答案，他就会一遍又一遍地重复，直到自己完全记住。等到下次再遇到同一个字的时候，孩子的表现往往是兴奋的，因为他认识这个字，他在为自己喝彩，这个时候父母就应该及时给予鼓励与表扬，让孩子保持认字的兴趣，激发孩子学习的热情。

和孩子一起观察大自然

当孩子逐渐长大，家长会发现有时候孩子会盯着树下或是墙角等一些地方发呆和沉思，当我们走近的时候往往会发现几只小虫子或是几株植物，此时的孩子对大自然充满了兴趣。

子望的妈妈发现子望这两天特别喜欢在小区的那棵大树下蹲着，而且一蹲就是半天。从幼儿园回来，子望连平常最喜欢的动画片都不看了，而是直接跑去那棵树下。小区里的小朋友喊她一起做游戏，她也不愿意搭理，身心都系在那棵大树下。有好奇的小朋友跟她一起蹲在树下，她还指着地上和人家说着什么。

妈妈感到很奇怪，就问："子望，你每天都在看什么？"子望一脸郑重地说："我每天都在研究蚂蚁，很快就要有研究成果了！"看到孩子对大自然有着这样的兴趣，妈妈觉得应该鼓励她。

于是妈妈便对子望说："真棒，子望是个小科学家呢！妈妈也觉得小蚂蚁很有意思，但是妈妈没有时间去看，你能把你的研究成果和妈妈分享吗？"听到妈妈的夸奖，子望有点儿不好意思，她答应妈妈每天分享她的"科研成果"。

于是，从那之后的每一天，子望都向爸爸妈妈讲蚂蚁们的故事。

"妈妈，我发现小蚂蚁搬食物就像我们在幼儿园一起搭积木一样。今天，月月把面包渣掉在了大树下，不一会儿，小蚂蚁们就来搬食物了。开始的时候它们伙伴太少了，我就看到有一只小蚂蚁特别快地爬回了它们的家，回来的时候它后面跟着好多小伙伴。面包渣太大，它们就好几个一起抬着，不一会儿就把面包渣都搬走了……"

"妈妈，小蚂蚁见到了小伙伴，总是互相触碰触角，它们是在干什么呀？它们是在打架吗？"看着一脸困惑的小姑娘，妈妈温柔地回答："你想一想，小蚂蚁没有手臂，不能说话，它们能用什么和小伙伴们打招呼呀？""哦，它们原来是用触角打招呼呀！我要赶紧告诉帅帅，他总是以为小蚂蚁在打架，还把小蚂蚁分开，吓得小蚂蚁都跑光了。"

除了观察蚂蚁，子望还经常问许多关于蚂蚁的问题，常常把子望妈妈问得不知所措。

"妈妈，小蚂蚁也分男孩儿女孩儿吧？它们都长得一个样，怎么知道它是男孩儿还是女孩儿呀？"

"妈妈，为什么我看到的蚂蚁都一样大，它们都是大人吗？那小孩儿都去哪了？蚂蚁的小孩儿吃什么，和蚂蚁大人吃一样的食物吗？它们能吃下去吗？"

"蚂蚁的敌人是什么动物？蚂蚁那么小，它们的敌人抓得到它们吗？"

……

为了挡住子望的"攻势"，妈妈查了好多关于蚂蚁的资料，来回答子望的问题，还和子望一起看蚂蚁的图片，时间长了也就成了一个"蚂蚁通"。

虽然蚂蚁很吸引人，但是子望在观察了好长一段时间的蚂蚁，知道了好多关于蚂蚁的知识之后，对蚂蚁的兴趣逐渐减少。她的注意力逐渐转移到了妈妈养在阳台的花盆上。

有一天晚上，子望在给小花浇水时，在花盆里发现了一条蚯蚓。刚看见蚯蚓的时候，子望吓得直叫，丢下水壶就往屋子里跑，一边跑一边喊："妈妈，妈妈救命，花盆里有一条小蛇……"妈妈一听，也吓了一跳，赶紧拿起扫帚跑到阳台上。

但是左看看，右看看也没有发现蛇在哪里，于是回头问子望蛇在哪里。子望小心翼翼地挪到了阳台的门边，告诉妈妈那条小蛇在那个红色的花盆里，没准儿现在已经逃跑了。妈妈看向那个花盆，不一会儿看见一条蚯蚓慢慢地从土里钻出来。

子望紧紧地抱住妈妈，害怕地说："就是它，刚才我看到的那条小蛇！"妈妈松了一口气，笑着对子望说："这不是蛇，这叫蚯蚓，是益虫，它在松土呢！松完土之后，花才能开得更好。"子望听完松了一口气，靠近花盆观察起了蚯蚓。

从那天开始，子望每天一放学就奔向阳台去观察蚯蚓。但是在白天的时候，子望总是看不到蚯蚓，只有到了晚上才能看到蚯蚓出来透气。子望在观察几天之后，兴奋地把这个发现告诉了妈妈。

没过两天，子望的小伙伴去她家看蚯蚓。几个小家伙看着蚯蚓一遍一遍地辛勤耕地，发出了惊叹的声音。有的小朋友因为好奇，伸出手想要摸一摸蚯蚓，都被子望这个"蚯蚓守护者"果断地拦了下来。

小朋友们不光一起观察蚯蚓，还相互比赛，看谁知道的蚯蚓知识多。自从开始了这场比赛，子望每天都沉迷于妈妈给她买的科学知识故事书中。她看得津津有味，等到了小朋友展示自己的学习成果的时间，子望既兴奋又紧张，生怕别的小朋友比她知道得多。但是子望的担心显然是多余的，她总是说得头头是道，在一众小朋友中遥遥领先，每次都享受着小伙伴们羡慕而钦佩的目光。

"有一个像我们一样研究动物的科学家叫达尔文，他说过，'蚯蚓是地球上最有价值的动物'，蚯蚓是没有骨头的动物，它还可以当药吃，可以治病。"

"蚯蚓怕被太阳晒，所以它白天在土里睡大觉，晚上才出来干活、耕地。它喜欢湿湿的土，所以我们不要忘了给花盆浇水，要不然蚯蚓该搬家了。"

"蚯蚓还不喜欢和小伙伴一起玩，它总是一个人干活、一个人玩，因为它喜欢安静，所以我们以后要小声说话，不要吵到它。"

一天，子望像往常一样，在天刚黑的时候就来观察蚯蚓，但是，蚯蚓却迟迟不出来。这样的情况持续了两天，子望非常着急，她怕蚯蚓嫌太吵偷偷搬家了。太过忧心的子望顾不上为蚯蚓保持安静，执意要妈妈把花盆的土挖开，看看蚯蚓在不在。拗不过子望的妈妈不得不把花盆翻个底朝天。

结果，花盆里的蚯蚓倒是还在，但是已经没有生命迹象了。确认蚯蚓"过世"的消息之后，子望觉得是自己害死了它，自己不应该带那么多小朋友打扰蚯蚓，不应该天天去看它。她伤心得大哭，怎么劝都不管用，一直到累得睡着了才停止。妈妈想，如果不找到蚯蚓死亡的原因，子望还得继续伤心下去，于是就查资料找原因。查完资料才知道这只蚯蚓是正常死亡。

第二天，子望妈妈向子望解释蚯蚓的死因："蚯蚓就像我们人一样，会变老，之后就不能工作了。子望的蚯蚓也是这样，它老了，于是就在它住的地方永远休息了。把自己融化在它曾经工作过的土壤里，继续无私奉献。"子望听了妈妈的话，虽然没有那么难过了，但还是因此伤心了两天。慢慢地，子望的注意力又被别的小动物吸引了，蚯蚓也被她抛在了脑后。

当我们发现自己的孩子对大自然的动植物产生浓厚兴趣的时候，千万不要打消了他们的积极性，而要合理引导孩子从自然中学会知识和道理，让他们对自然产生兴趣，这样才能让他们养成勤于思考的好习惯。

第六章

习惯敏感期：好

习惯受益终生

中国有句古话『三岁看小，七岁看老。』孩子处在习惯敏感期时，需要父母有意识地引导他们养成良好的习惯。要知道，好习惯的养成可以让孩子受益终生。

帮孩子养成主动做事的习惯

很多父母总是抱怨孩子太懒了，做很多事情都要父母提醒和催促，否则他就会在那里坐着不动。其实，出现此类情况的原因很多。有些孩子是因为没有主动去做事的习惯；有些孩子因为注意力不容易集中，兴趣很容易转移，因而做事容易虎头蛇尾，或者毛毛躁躁。例如，他们写作业时，一会儿去吃东西，一会儿去喝水，一会儿又去窗边看看。有些孩子会受周围环境所影响，注意力难以集中。

有的孩子非常聪明可爱，大家都非常喜欢他，可让父母不满意的就是孩子太懒了。妈妈经常训斥他："你怎么这么笨，我不催着你，你就不往前走。"最初听到这话，孩子不禁疑惑：难道我真的这么笨？

孩子放学回家后，父母总是不断催促："该写作业了。""写完作业再玩，否则不准吃饭。""宝贝，快写作业吧，别玩了。""乖，听话，快过来写作业。"结果是，孩子总是要玩很久，才不情不愿地写完作业，有时甚至直到深夜才写完。对于这种情况，父母感到非常头疼。

孩子的这种行为习惯，往往是父母教育不当导致的。有时候，孩子没有把事情做好，父母不去教孩子怎么做，而是代为完成，由此导致孩子不再愿意做事，继而产生依赖感，逐渐养成做事拖拉的坏习惯。

　　这时，若是父母不加以正确引导和教育，孩子的不良行为习惯就会愈演愈烈，甚至发展到不可收拾的地步。所以，父母一旦发现孩子有做事拖拉、不主动的苗头，就应该及时加以制止，进行正确的教育，帮孩子改掉不良的行为习惯。

　　1. 鼓励孩子主动做事

　　在平时的生活中，很多孩子都不愿意主动做事。这个时候，父母就应该及时进行正面引导，并且在适当的时候给予孩子鼓励。例如，当孩子做某件事的时候，父母可给予方法上的指导；孩子独自做完一件事后，父母应该及时给予表扬，使他获得成就感。总之，父母应从日常生活中的小事入手，逐渐让孩子养成主动做事情的习惯。

　　2. 提高孩子做事的积极性

　　有些时候，孩子做事做得不太好，父母就会批评责怪："做了还不如不做！"这样的话很容易打击孩子的积极性，以后他可能不会再主动做事了。父母不能用批评的话语打击孩子，这样才能帮孩子养成积极做事的好习惯。

　　3. 用鼓励性的语言来激发孩子

　　培养孩子做事的主动性，父母的态度起着十分关键的作用。当孩子产生偷懒的想法时，父母要站在孩子的立场考虑问题，用积极正面的话语来鼓励孩子，激发孩子主动做事的信念。这样，孩子才会乐于尝试主动做事，逐渐发现主动做事并没有那么困难，甚至很多事情反而因为自己的主动而变得简单。

4. 用实际行动影响孩子

父母是孩子人生中的第一个老师，因而，父母教育孩子最好的方法就是以身作则。父母不仅要鼓励孩子自觉主动地做事，还要用实际行动来给孩子树立榜样，让孩子明白主动做事是一种良好的习惯，会使自己从中获益。例如，父母在日常生活中就要积极主动地做事，让孩子在耳濡目染中养成主动做事的习惯。有了父母做榜样，孩子也一定会受到正面的影响，学会主动做事。

勤俭节约让孩子受益终生

爱默生曾说："节俭是你一生中食用不完的美丽宴席。"但是在我们的周围，总有太多这样的声音："这个玩具太旧了，扔了！""我要洋娃娃、芭比娃娃，我要买很多的漂亮玩偶。""我觉得我的鞋子没有肖战的好看，我要买很多新鞋子。"虽然孩子还很小，但是铺张浪费的习惯却已经养成。其实，父母应该让孩子明白，即使经济条件再富裕，也应该保持勤俭节约的优良传统。

晓敏爸爸妈妈收入颇丰，生长在这样富裕的家庭里，晓敏可谓是衣食无忧。当然，爸爸妈妈希望把最好的东西给晓敏，所以每次给晓敏买东西从来都是眉头不皱。晓敏一两岁就自己选鞋子，一双几百元的童鞋，妈妈也会大方地当场买下。爸爸对她更是宠爱有加，每次出差都要带回名牌衣物或者新款玩具送给她。

在这样的家庭里成长的晓敏，习惯了奢侈的消费，非名牌衣服不穿，非美味珍馐不吃，还每年都要去旅游。如果父母不满足她的要求，她就大发脾气，甚至以绝食相逼。

事实上，让孩子从小就养成勤俭节约的好习惯是非常重要的。要让孩子懂得金钱来之不易，应该花在重要的事情上，不能过度挥霍。

随着社会的不断发展，人们物质生活水平的不断提高，消费意识也空前高涨，而孩子恰恰是家庭消费的重要力量，俗称"人肉碎钞机"。孩子们的消费欲望也在不断攀升，无节制地盲目攀比现象蔚然成风。现在，很多孩子属于独生子女，被父母视为"掌上明珠""小皇帝"，父母的溺爱无形中对孩子的身心发展产生了消极影响。其中最显著的影响就是使孩子养成了不良的消费习惯，缺乏节约意识，铺张浪费，等等。对此，需要引起全社会的关注，尤其是为人父母者，更应着力培养孩子的节约意识，培养孩子正确合理的消费观。

那么，父母应该怎样培养孩子勤俭节约的习惯呢？

1. 以身作则

要想让孩子养成勤俭节约的好习惯，父母就必须以身作则。如果父母花钱大手大脚，也就难以教育孩子勤俭节约了。孩子天生就是习惯模仿也善于模仿的，孩子的很多行为都是通过模仿学来得。父母的言行举止都会对孩子的性格、思想、品德、行为等方面的发展产生潜在的影响。因此，父母在日常生活中就需要勤俭节约，为孩子树立一个良好的榜样，例如，节约水电、爱惜粮食，等等。父母用自己良好的行为去影响孩子，可以使孩子真正养成勤俭节约的好习惯。

2. 引导孩子做些力所能及的事

父母可以让孩子进行一些简单的劳动，让孩子在劳动中懂得一切东西都来之不易。例如，在农忙季节，父母可以带孩子一起去田里拾稻穗，让他们切身感受"谁知盘中餐，粒粒皆辛苦"的意义，继而帮孩子树立热爱劳动、勤俭节约的意识。父母还可以让孩子将家中不用的废旧物品卖掉，将得来的钱存起来，以后捐助给家庭贫穷的孩子。另外，父母还可以教孩子将废旧物品改装再利用，例如，用废旧的易拉罐做成一个漂亮的花篮，用于美化家居环境。通过这种活动，可以让孩子体验劳动的辛苦与乐趣，也可以让孩子明白劳动成果要好好珍惜，不能随意浪费。

3. 为孩子灌输勤俭节约的意识

父母可以给孩子讲述一些有关勤俭节约的小故事，通过故事让孩子明白勤俭节约的重要意义。如果家庭经济条件比较优越，给孩子提供舒适的生活环境、学习环境，让孩子吃好一点、穿好一点都是无可非议的，但不能丢掉勤俭节约的传统美德。父母应该教导孩子勤俭持家的重要性，使孩子明白"一粥一饭当思来之不易，半丝半缕恒念物力维艰"的道理。这是塑造孩子良好品德不可或缺的一部分。

4. 教育孩子合理使用金钱

平时父母都会给孩子一些零花钱，但是应该根据孩子的年龄和实际需求来给予。并且一定要有计划地给，适当限制数额，不能要多少给多少。另外，还要教会孩子如何记账，让孩子记录自己零花钱是如何花掉的，买了什么东西。然后，父母可以和孩子讨论，哪笔钱是应该花的，哪笔钱是不应该花的，让孩子懂得如何合理使用金钱。

让孩子学会珍惜时间

"时间就是金钱，时间就是生命"，这是流传至今的名言。我们要知道，每个人一生的时间是有限的，在有限的时间内做尽可能多的有意义的事情，是我们要传输给孩子的道理。

从小为孩子灌输珍惜时间的道理。一个人最不应该做的事就是浪费宝贵的时间，因为时光不可倒流，而别人的时间更不能随意占用和浪费。所以，时间对每个人来说都是很重要的。

时间是实现个人价值的基础，有着无限的利用价值，假如一个人可以完美地利用时间，那就可以时刻提升自己的知识。父母在自己珍惜时间的同时，也要教导孩子从小养成珍惜时间的良好习惯。所谓"一寸光阴一寸金，寸金难买寸光阴"，时间比金子还宝贵，父母都明白这个道理。

凡事都应设定一个最后期限，效率就会更高。很多孩子都存在做事拖沓的习惯，他们常常会因为贪玩而耽误作业，父母问他原因，他还会搬出很多借口。

其实，孩子有这样的习惯对他的成长是相当不利的，习惯虽然不能决定一切，但在一定程度上可以影响他做事的效率和风格，尤其是对于小孩子来说，一个小小的坏习惯就有可能会成为其一生的阻碍。

中午，琪琪妈妈打电话回家，问琪琪作业完成得怎么样了，琪琪兴奋地告诉妈妈"马上就写完了"。可是，晚上妈妈回家了，琪琪却不好意思地跟妈妈说："我下午吃了一会儿零食，作业没写完，但没剩下多少，明天我肯定能写完。"

妈妈太了解琪琪了，明天她也许会说累了不想写，因此，妈妈很生气："昨天晚上和今天早上，你都向妈妈作了保证，今天的作业必须写完。不能拖到明天，既然你今天的事情没有做完，那么晚上继续写。你也可以不写，那么明天去公园的计划就取消。"看到妈妈这样严厉，琪琪晚上"加班"写完了作业，第二天妈妈也兑现承诺带她去了公园。

自这次之后，琪琪就明白了一个道理：做任何事情都不要拖沓，今天的事情必须今天做完，否则就会影响到明天的计划。

其实，早在以前，琪琪妈妈就意识到了琪琪的坏习惯——做事喜欢拖拉，问她为什么没有完成，她就找借口，琪琪妈妈觉得这样的习惯很不好，于是采取最严厉的方式让琪琪改掉了坏习惯。

现在，琪琪每天都会把该写的作业做完。假期的时候，还会提前写完作业，这样她就有更多的时间来玩了。不仅如此，琪琪还成了爸爸和妈妈的监督者，当爸爸和妈妈宣布今天要完成哪些事情后，如果他们没有完成，琪琪就会搬出妈妈的理论来监督他们。

在监督爸爸妈妈的过程中，琪琪也明白了"今日事今日毕"的重要性，也学会了克制自己的惰性和贪玩心理。她把这句名言贴在自己的房间，以此来勉励自己。

孩子为什么做事拖沓，为什么不能主动规划本来属于自己的事情？主要原因在于父母把所有事情都做好了，孩子形成了依赖性，就会养成做事拖沓的不良习惯。

根据以往的经验，孩子一旦自己做不好事情，父母总是急着指责，这时孩子就索性想："我就是不会做，所以你全部替我做了吧！"

当孩子养成了做事拖沓的习惯之后，父母应该怎么做呢？

1. 让孩子体会磨蹭的后果

孩子只有体会到磨蹭给自己带来的损失后，才会自觉主动地快速做事。所以，父母应该让孩子知道磨磨蹭蹭浪费时间将导致什么样的后果。假如孩子早晨喜欢赖床，父母不必着急，也不必催促，只需要提醒孩子"再不起床上课就要迟到了"。如果孩子继续磨蹭，不妨让他亲身体验一下上课迟到的后果。孩子因为迟到挨了老师批评以后，就会明白磨磨蹭蹭浪费时间会给自己带来怎样的坏处了，以后想必也能主动改掉磨磨蹭蹭的坏习惯。

2. 适当为孩子增加压力

缺乏紧张感是大多数孩子做事情磨磨蹭蹭的一个重要原因，针对这一点，父母可以在日常生活中适当给孩子施加一些压力，让孩子适度绷紧神经，这样可以让他们不自觉地将做事的节奏加快。例如，可以根据孩子的实际情况，规定孩子吃饭、穿衣、写作业等的时间，这样孩子在做这些事的时候就会有紧迫感，会主动加快速度，逐渐改掉做事拖拖拉拉、磨磨蹭蹭的坏习惯。

3. 教导孩子交替学习

要想提高孩子的学习效率，就需要教会孩子科学地使用大脑。

一般来讲，孩子连续学习同一科目 1 小时左右，大脑就会感到疲倦，难以集中精力，这时如果继续学习，效率就会比较低。所以，父母可以指导孩子将不同科目交替学习，这样大脑的各个部分就可以交替休息，避免出现用脑疲劳，借此提高学习效率。

引导孩子正确使用零花钱

作为父母，应该教孩子如何正确使用金钱，合理消费。近年来，我国社会经济飞速发展，人民群众的物质生活水平日益提高。父母的收入增加了，给孩子的零花钱自然也越来越多。此时，父母需要让孩子从小树立理财意识，懂得如何合理使用自己的零花钱，不要大手大脚随意乱花，也不用过度节约，要将每一分钱都花在刀刃上，花在有切实需要的地方。这才是正确合理的消费观念。例如，可以鼓励孩子用零花钱来买课外书、买文具；还可以鼓励孩子将零花钱捐献给贫困山区的小朋友，或者用零花钱为灾区捐款。通过多种多样的方式，让孩子认识到将金钱花在什么地方更有意义。

父母要让孩子知道，金钱不是天上掉下来的，而是用劳动换来的。例如，可以带孩子到自己的单位参观，让他看看父母平时的工作，懂得父母上班的辛苦，赚钱的不易，不能乱花钱，要珍惜父母为自己创造的良好生活条件，努力读书，不与同学攀比；还可以带孩子到街上走走，告诉孩子保安人员是如何工作的、售货员是如何工作的、出租车司机是如何工作的，等等，让孩子认识到各行各业都有自己的艰辛之处，每个人都要付出劳动才能赚到金钱，让孩子懂得劳动与金钱的关系，尊重金钱，更要尊重每一个人的劳动成果。

犹太人有一个教育孩子的传统，父母会要求孩子通过完成家务劳动来赚取零花钱，如洗碗、收拾桌椅、擦地板、整理物品、倒垃圾、取牛奶、去街上买报纸，甚至粉刷墙壁，等等。这样，家里的孩子们总是抢着干活，有的孩子抢不到活，就得不到零用钱，只得想办法节省自己的开支。但是犹太人会告诉孩子，不要想办法省钱，而要想办法赚钱。于是孩子们开动脑筋，想到更多可以做的家务活，于是赚到的零用钱渐渐多了起来。我们也可以适当学习这种方法。

此外，父母还应该教孩子储蓄，比如可以买个存钱罐，将每天零花钱的一部分放进存钱罐，日积月累，就会攒下一笔数目不小的钱；当零用钱积攒到一定数额，便可以带孩子去银行开一个账户，将这笔钱存进去。长此以往，孩子看到自己账户上的钱不断增多，就会获得成就感，也更加乐于节约金钱，乐于储蓄。

在日常生活中，父母要注意自己在孩子面前的表率作用，应该对自己严格要求，做到有计划地合理消费，为孩子树立一个好榜样，让孩子在潜移默化中受到有益的感染，从小养成合理消费的好习惯，培养正确理性的金钱观。

总的来说，在教育孩子理财方面，父母应该做到以下几点。

1. 要适当限制零用钱的数额

不论孩子多大，父母经济收入如何，都不应该没有节制地给孩子花钱。父母给孩子零用钱要做到心中有计划，明确孩子每天大约需要用多少钱，有计划、有节制地给。例如：午餐需要花多少钱，买零食需要花多少钱，买学习用品需要花多少钱，等等。不同年龄的孩子每天需要花的钱也是不一样的，年龄大的孩子一般需要花的钱更多一些。此外，还要给孩子一些备用金，以防出现意外状况，可以有钱应急。

2. 教育孩子合理规划金钱的使用途径

孩子一般花钱没有节制，也不懂得合理规划，往往是有多少零用钱就花多少，花光了再找父母要。结果，孩子花钱越来越多，越来越没有节制，总觉得钱不够用。因此，父母需要教会孩子有计划地使用金钱。

比如，每一天，或者每个星期拿到零花钱以后，先列出明确计划，有哪些需要花钱的地方，有什么东西需要买。如果预计要花的钱超过零用钱的总数，就要想想其中有没有哪些消费是不必要的，可以减掉的；如果预计需要花的钱比零用钱的实际数额少，就将余下的钱存起来，不做额外消费。

作为父母，不要强行干涉孩子零用钱的具体用途，只要做适当的指导即可，将最终的决定权留给孩子。这样既可以培养孩子的自主意识，也可以让孩子意识到自己对零用钱负有责任，应该将钱花在正确合理的地方，不能大手大脚地肆意挥霍。

3. 教育孩子理智购物

平时可以带孩子一起去买东西，让孩子观看父母是如何货比三家的，通过这种方式教会孩子如何花更少的钱买到性价比高的东西。孩子有了这样的学习经历以后，会更懂得在日常消费过程中理智思考，避免奢侈消费的行为产生。

做个诚实的、不说谎的孩子

开封大学曾经对全国七省市的 5600 户家庭的 3 ～ 9 岁儿童的社会性发展进行调查，其调查表上有这样一个问题："你是否发现孩子在家里说谎？"下面有 4 种答案：没发现，发现较少，发现较多，发现很多。结果显示，3 ～ 9 岁孩子的家长认为，在家里从不说谎的孩子的比例越来越低。

这个调查结果有点令人吃惊。首先，在人们心目中完全属于"天真烂漫"时期的儿童，就已经有 52% 开始在家里说谎了。而且这种趋势随着年龄增长而增长。从 3 岁到 9 岁，在家里不说谎的儿童比例，从 48% 下降到 34%。其次，较多说谎和经常说谎的儿童比例，在各年龄都在 5.5% 以上，其中 7 岁最高，达 8.7%。

一个家长是这样对待孩子说谎的："狠狠揍一顿让他长记性。我儿子第一次被发现撒谎时，我狠狠地揍了他。虽然有点野蛮，但绝对有效。"

体罚或许会有些效果，但并非好的办法，体罚极可能导致更严重的对抗，或者"逼迫"孩子以后把谎话说得更圆满。

不是所有的谎言都必须严厉禁止的。说谎有道德和非道德之分，道德意义上的说谎涉及个人品质，是不可宽恕的；非道德意义上的说谎，是可以忽略的。那么如何区分这两者呢？

不妨举一个例子：

4岁的菲菲吃早饭时煞有介事地对妈妈说："昨天，七个小矮人来到我的房间，还有白雪公主，我们玩得开心极了。"

菲菲所说的肯定不是真实的，但并非有心的谎话。三四岁的孩子，正是创造力萌芽的时期，他们容易把想象和现实相混淆。例子里的菲菲，只是将想象当作了现实。遇到这种情况，家长要做的不是怒斥，而是抓住这个时机，启发孩子的创造性思维。比如问她："你看到的小矮人长什么样？""你有没有向白雪公主问好？"

明明早上起床时，床上湿了一大片，妈妈问这是怎么回事，他回答："我没有尿床，是我睡觉时出的汗。"明明所说的也不属于道德意义上的说谎，只是孩子为了摆脱尴尬而为自己找到的一个小小的理由，是一种自我保护。当然，对这种谎言也不能任其发展，家长应该以一种温和、幽默的态度对待孩子所做的错事，而不是让孩子因犯错误而产生心理压力和恐惧。这样，在宽松的环境中，孩子才有可能讲出真话。

东东在学校说："我奶奶给我买了一把漂亮的冲锋枪，会冒火的，哒哒哒……"可是老师向东东的妈妈问起这事才知道，东东的奶奶并没有给东东买冲锋枪，奶奶原来答应要买，但因为有事还没买成。

东东说的话也不能算是道德意义上的说谎，因为他不是为了掩盖错误去欺骗别人，只是在表达一个没能实现的美好愿望罢了。

红红非常喜欢同桌的玩具，她趁他不注意，把玩具放到了自己兜里。老师在她兜里发现了玩具，一再问她，她就不承认玩具是自己拿的。她说："我也不知道是谁放在我兜里的。"

红红的话则属于道德意义上的说谎，然而即使这样，我们也不要认为孩子犯了什么滔天大罪，应该用更多的耐心与善心，让孩子认识到自己的错误。比如跟红红谈心："你很喜欢这个玩具对吗？"步步引导她说出实话或默认事实——注意是"引导"而非"引诱"，再告诉她那样做是错误的，下次不要再做了。

三四岁的孩子，在心理和身体各个方面发展还不够成熟，犯这样或那样的错误在所难免。有的家长以为孩子好"哄"，一旦"哄"出实话，要么摆出兴师问罪的架势，横眉呵斥；要么立即让孩子屁股"开花"。这样做的后果非常糟糕，对孩子的打击和伤害也非常大。

培养孩子讲卫生的好习惯

卫生和健康密切相关，习惯与生活环环相扣。所以，作为父母，我们要让孩子知道讲卫生的重要性，让孩子养成良好的卫生习惯。

那什么才是讲卫生呢？主要包括日常生活中吃干净的食物，喝干净的水，穿干净的衣物，用卫生的器具，出入干净的场所以及进行必要的卫生防护。

讲卫生既包括讲究个人卫生，又包括维护环境卫生。说起来简单，但是做起来却是不容易的，而要养成讲卫生的习惯更难。

如果不讲卫生，没有养成良好的卫生习惯，那么身体就很容易被各种细菌侵袭，从而染上疾病。卫生习惯关系到孩子生活的方方面面，尤其对于保持孩子的健康、树立孩子的个人形象等都是必不可少的。

曹士伟是个讲卫生的好孩子，手、脸，包括穿着等总是干干净净的，因此很受大家的喜爱。

曹士伟的妈妈是一名护士，因为职业的关系，她十分注意培养儿子的卫生习惯，时常叮嘱儿子要勤洗手脸、勤洗澡、勤换洗衣服等。

妈妈还告诉曹士伟，如果不讲卫生，就容易感染疾病，自己的心情也会不好。而且与人交往时，脏兮兮的样子也会让人敬而远之，所以曹士伟从小就讲卫生，养成这种良好的习惯后，他也很少生病。

虽然现在提倡孩子从小要讲究卫生，但是在生活中还是有很多孩子存在着不讲卫生的行为，譬如乱倒垃圾、随地吐痰、饭前便后不洗手等，这跟孩子是否养成了良好的卫生习惯是分不开的。现在是文明社会，处处都在讲究公德，其中就包括卫生公德。讲究卫生不单是某个人的事情，更关系着整个国家和社会的发展。

生活在社会这个大环境下，总要与他人打交道的，自身的行为都要与他人、社会发生联系，产生影响。所以说每个人不仅要为自己的健康负责，更要为生活的环境负责。孩子年龄还小，还没有完全在脑海中建立起讲究卫生这样一种意识。所以作为父母，就要多教育、多指导、多督促孩子，让孩子在日常生活中逐渐养成讲究卫生的良好习惯。

1. 让孩子养成勤洗手、勤洗澡的习惯

病从口入，让孩子养成饭前洗手的习惯，才不容易生病。平时，父母要多督促孩子，让孩子饭前、便后、玩耍后洗手，并且要教他们学会正确的洗手方法。

同时，人体运转时会有各种新陈代谢，于是总有一些排泄物需要通过正常途径排出体外，其中最主要也最常见的就是汗液。如果不及时清洗掉，就会附着在身上，从而滋生细菌，发出难闻的气味。所以说父母要帮助孩子养成勤洗澡的习惯，这样不仅能洗掉细菌，还会使孩子在洗澡的过程中感受到讲卫生的好处。

让孩子养成讲卫生习惯根本不难，关键是父母要下定决心帮助他们坚持到底。父母可以告诉孩子，只有做一个讲卫生的好孩子，拥有良好的个人形象，才会吸引更多的朋友。

2. 让孩子养成刷牙、漱口的习惯

俗话说，"牙疼不是病，疼起来要人命"，因此一定要注意保护牙齿。只有养成了早晚刷牙、勤漱口的习惯，才能预防口腔方面的疾病。

张雷是个伶俐的孩子，但是因为喜欢吃甜食，又不爱刷牙，小小年纪就总是牙疼，好几颗牙都出现了黑黑的虫洞，爸爸妈妈只好带着他去医院补牙。

此后，他不用父母督促，自觉养成了爱刷牙、勤漱口的好习惯，牙齿也就再没有坏过。因此，乳牙换完后，父母要及时指导孩子正确刷牙，在孩子头脑中树立早晚刷牙的意识，并且鼓励他们时常漱口，这样就能有效地减少牙齿疾病，避免细菌的滋生。

3. 让孩子定期剪发、剪指甲

头发长，不及时清洗很容易出现油污；指甲长，指甲缝里容易藏污垢，这些不仅会影响孩子的外在形象，稍不注意还可能引起疾病。所以为了孩子的健康考虑，父母应指导孩子定期剪发、修剪指甲。让孩子养成一个好的习惯，以一个清爽干净的形象出现在大家面前，会更受大家欢迎。

4. 让孩子讲究公共卫生

父母一定要告诉孩子时刻谨记讲究公共卫生的重要性，并且告诉他们不乱扔垃圾，要进行垃圾分类，鼓励他们主动维护公共场所的卫生。

第七章

自我敏感期：孩子『长大了』的前兆

到了某个阶段，你会发现，孩子突然有了自己的思想和观点，面对某些困难时可以自行处理了。换句话说：「自我意识敏感期」的到来，就意味着孩子真的长大啦！

什么是自我意识敏感期

刚出生的孩子并没有"你、我、他"的意识。一般从 1~2 岁开始，孩子逐渐有了自我意识，最明显的是到 2 岁多、3 岁，对于"我"非常重视。比如，"我"的玩具不允许"你"和"他"玩。在这个时期的孩子眼里，自己的东西就是自己的，而且不喜欢与他人分享。

为了保护自己的某个东西，两三岁的孩子往往会表现出执拗的行为，有些家长认为这是一种"不听话"，其实这正是孩子自我意识敏感期的表现。

自我意识敏感期发生于小孩出生后 1 岁半到 3 岁，主要表现是区分我的和你的、我和你的界限，而且也会对别人说"不"。有些行为在家长看来是不正确的、没礼貌的，但这正是小孩在建立你、我、他三者关系，确立物权关系的过程，并且判断和开始确定自己的人际关系交往方式，而且在这个过程中他们需要得到尊重。这个时期，家长还会发现，如果没有满足孩子的要求或不合他们的心意，他们就会大哭大闹。另外，家长会发现孩子开始喜欢照镜子、在照片上看到自己时会叫出自己的名字、情绪变得更多了等小变化。

总而言之，孩子们自我意识敏感期的表现就是完全以自我为中心、把自己与其他人和事物区别开来。自我意识敏感期主要包括自我认识、自我情绪体验、自我所有权意识、自我控制四个方面。

不要强迫孩子做任何事

星期天，叔叔一家来周旋家做客，妹妹欢快地跑到周旋的房间，急着要看看好久未见的姐姐。妈妈见状便招呼说："周旋，妹妹来了，你陪妹妹玩一会儿！昨天不是刚给你买了个洋娃娃吗？正好跟妹妹一起玩。"

周旋今年3岁了，是个聪明的小大人儿。她急忙站起身来，把洋娃娃从柜子上拿了下来。妈妈直夸周旋乖巧，懂得分享，并嘱咐两个小家伙好好玩耍。说完，她便转身招呼客人去了。

妹妹刚伸手要摸洋娃娃，周旋眼疾手快一把抓了起来，拿到了另外一边。妹妹又跑到另外一边继续摸，周旋又拿回去，翻来覆去几次，妹妹终于没了耐心："我要玩！"周旋也不甘示弱："这是我的！凭什么给你玩！"妹妹立刻哭闹起来："我就玩，我就玩！你给我！"大声嚷嚷着还要去抢夺。周旋挡住妹妹，一把将她推到地上。

"哇……姐姐打我！不给我玩洋娃娃！"妹妹干脆坐在地上哭闹起来。听到声音的周旋爸妈和叔叔婶婶都跑了过来。周旋妈妈着急地问："怎么回事？周旋，你是不是欺负妹妹了？"说完还拍打周旋两下。其实妈妈这样做完全是为了面子，不至于在叔叔婶婶面前下不来台，毕竟自己的孩子要大一些，还把妹妹弄哭了，显得太不懂事。

可是，不打不要紧，一打周旋也哭了起来。周旋心里非常委屈："虽然把妹妹推倒了是我不对，但凭什么妹妹要玩我的洋娃娃，我就得立马给她？难道我自己的玩具也不能由我说了算吗？凭什么妈妈不问来由就打了我！她这是在冤枉我！"

两个小朋友都大声地哭了，搞得两家父母都很尴尬。周旋妈赶紧对叔叔婶婶赔笑说："孩子还小，不懂事，回头我肯定好好教育她，让她好好照顾妹妹！"

叔叔婶婶也忙赔不是："嫂子，您看您说的，是我家孩子不听话，在家就她一个人玩，什么玩具都是她的，习惯了！以后不能惯她这毛病，太霸道了。什么都想玩玩。那个，我们要不先带孩子回家，反正离得近，改天我们再来看您和大哥吧！"

周旋妈点了点头说道："也好，回去给小家伙吃点好的，老是哭可就不漂亮了哦。"说着，还用手摸摸妹妹的头，周旋见状哭得更厉害了！

送走了叔叔婶婶，周旋也不哭了。她闷闷不乐地坐在凳子上，玩弄着自己的洋娃娃。妈妈拿了一瓶周旋最爱喝的酸奶，走了过来递给周旋，然后说道："周旋，刚才是怎么回事？不是说让你跟妹妹一起玩的吗？你怎么把妹妹弄哭了？"

周旋看了一眼酸奶，也不接着，依然噘着嘴不说话。妈妈见周旋真生气了，便换了一种语气说道："周旋，你是不是有什么事情要告诉妈妈？”周旋这才一边掉眼泪一边委屈地说道：“我的洋娃娃为什么要给妹妹玩，明明是我的，我想给谁玩就给谁玩，不想给谁玩就不给谁玩！而且，你为什么打我！难道妹妹就没有错吗？您还没问我，就说我不懂事！我以后再也不理您了！”

妈妈恍然大悟，原来是自己不明白女儿的心意，犯了错误呀！她开始后悔刚才当着那么多人的面斥责了自己的女儿，而且是在没有询问原因的情况下就打了她。

于是妈妈轻拍着周旋的后背说道：“宝贝，别哭了，妈妈错了。妈妈不应该不问原因就指责是你的错。更加没有想到，这件事伤害了你。对不起！不过，妈妈还是要批评一下你的行为，虽然洋娃娃是你的，但妹妹比你小，你应该有当姐姐的样子，让着点妹妹。她想玩你就给她玩会呗，又不能玩坏了！”

“可是，这是我的洋娃娃，我想让它属于我。没经过我的同意，不能让其他人玩！”

“周旋，我们可不能这么自私呀，你要懂得分享，懂得礼让，那样才是好孩子呢！”

周旋还是不愿意接受妈妈的意见，噘着小嘴说：“反正这是我的，不想给别人玩！”说完，就把洋娃娃放回了柜子里。

妈妈指责周旋自私，又一次触犯了周旋的底线。周旋不理妈妈，甚至还把妈妈赶出了自己的房间。妈妈坐在客厅看电视，好长时间也没见周旋出来，她偷偷地透过门缝看女儿，周旋正在和自己的洋娃娃玩过家家呢！

　　妈妈见女儿玩得正欢，便到厨房里做饭了。没过一会儿，周旋就拿着洋娃娃走到妈妈身边说："妈妈，我想跟您约定一个事情。以后我的洋娃娃和玩具可以给别人玩，但必须经过我的同意才行。不然的话，谁也别玩。"

　　妈妈边摘菜边说："行，行，我的女儿长大了，有自己的空间和权利啦！"周旋这才笑着跑开了，就好像刚才没有发生不愉快的事情一样。

　　其实，这是周旋的"自我意识敏感期"到了。她在构建"自我意识"。她会在心里打小算盘：这个是我的，那个是我的，这些是爸爸的，那些是妈妈的。她会有强烈的欲望去控制自己的东西，不经允许，谁也不能动她的东西。孩子这样的行为并不是自私的表现，而是"自我意识"的体现。如果别人在用她的东西之前，询问她一声，她也是会欣然分享的。

　　所以，作为家长，在孩子"自我意识敏感期"的时候，一定不要再强迫孩子做任何事情，随意拿孩子的东西或者要求孩子把东西拿出来。因为对孩子自我意识的培养关乎他未来人格的形成，如果孩子没有自我意识，长大之后就不知道保护自己的利益，不知道维护自己的合法权益。

　　家长最好给孩子充分的权利，并且给他充分的自由。这样，孩子就会成长得更快。如果家长能在做事情之前，询问一下："我能用你的这个东西吗？"那就再好不过了！

对于自我意识开始萌芽的孩子，爸爸妈妈要仔细观察，了解到孩子的特点，尽量遵循孩子的意愿，满足他们的要求。这个时期的孩子会很坚定自我信念，爸爸妈妈能够尊重孩子的意愿，反而能够促使孩子变得乖巧起来，变得不那么抵触。

这个时期，切忌强迫孩子做事情，要学着理解孩子，尊重他们的意愿，只有这样，孩子才会顺利度过这个敏感期。如果长期对抗下去，对孩子的健康成长是非常不利的。

孩子对"完美"的执着

我们做任何事情、选任何东西都力求完美，不光我们如此，我们的孩子也是一样。完美的东西能让孩子感觉到精神愉悦，不完美的东西会让他们情绪低落，甚至产生抵触心理。

当孩子出现这样的情况就说明他们的精神世界正在逐渐丰富。在很多成人眼里，有些不完美的东西是完全可以接受的，因为我们已经具备这种控制自己情绪的能力，只要不影响正常的使用就可以了，但是在孩子的眼中不完美就是不完美。

当孩子进入完美敏感期之后会变得异常"挑剔"，父母应该理解孩子这种追求完美的心理，并且保护孩子追求完美的心。

芸芸马上就要 5 岁了，妈妈最近发现芸芸在写字的时候，稍微有一点错误就会把整张纸给扔掉。即使已经写了满满一篇，最后一个字不小心画歪了或者字不够漂亮，失误了，她还是会毫不犹豫地将纸撕下来扔掉。

面对完美敏感期的孩子，父母应从以下几个方面应对：

1. 给孩子找个参照物

我们经常会说完美是相对的，这个相对都是在有参照物的条件下，可是孩子的认知并不像成人那样完美，在没有参照物的时候，他们往往会按照至善至美的要求来衡量自己和身边的事物。

例如，有时孩子因为画不好画而焦躁不安的时候，父母可以画一幅更丑的，或者说自己当初还不会画呢，来帮助孩子树立信心。给孩子找一个参照物，能够让孩子不再过分追求完美，能够将自己的目标定得更加合理恰当。

2. 及时给予表扬

孩子喜欢追求完美是非常正常的表现，但是有些事情并不能够做得很好，这个时候孩子就会感到焦虑不安，会产生自己是不是很笨的想法。

父母在发现孩子因为追求完美而出现焦虑的时候，就应该及时给予表扬，帮助孩子消除焦虑，让孩子用积极的心态去面对自己，让孩子相信自己能够做得更好。

孩子有自己的审美观，有自己的判断标准，对完美的追求能够促使他们在一个领域中做到尽善尽美，父母应该保护孩子这种追求完美的心。

孩子开始变得"臭美"了

蓉蓉今年 4 岁了，最近，妈妈发现她开始变得"臭美"起来。

一天，蓉蓉要求戴帽子，还没等妈妈同意，她就自己翻箱倒柜地找出一个兔耳朵的帽子，美滋滋地戴在头上，站在客厅里秀了又秀。当时正值夏季，妈妈觉得这个帽子太热了，就执意要求她把帽子换下来，可蓉蓉竟然难过地哭闹起来。妈妈实在弄不明白蓉蓉为什么这么固执，非要自己挑选帽子？后来，妈妈还发现蓉蓉的新习惯——喜欢头天晚上准备好第二天穿的衣服，照着镜子不厌其烦地搭配着装。

每次蓉蓉去幼儿园前，总喜欢偷偷地拿着妈妈的化妆品有模有样地给自己描啊涂啊，从口红、眼影到眉笔，一个都不少，这个爱"臭美"的小丫头简直迷恋上了化妆品。当然，很多时候，她还是把自己画了个大花脸，但是即便如此，她依旧美滋滋的，看那神态仿佛她是世界上最漂亮的公主。

可能在妈妈眼中，夏天戴兔耳朵帽子，把自己描画得一塌糊涂等行为都是滑稽可笑的，然而，看着孩子照着镜子认真涂抹自己的小脸蛋，那股子劲儿又会让你忍俊不禁。

随着孩子年龄的增长以及审美敏感期和追求完美敏感期的持续发展，她们开始将注意力从关注外在事物转移到关注自身的完美上，特别是女孩子，转身就会变成令人啼笑皆非的化妆师。此时她们如同青春期的少女一样格外关注自己的妆容和衣着。

其实，这个时期儿童的发展是一种意识，而并非为了化妆本身。因为处在这个时期的孩子拥有强烈的完美主义倾向，衣橱里各色的衣服、放在妈妈梳妆台上的瓶瓶罐罐都可以引起她们追求完美的心理，而且追求完美是很多人的特质，完美能带给人精神上的愉悦，而这种感觉在儿童时期就会拥有，所以，在孩子的眼中，衣服合不合身、化的妆是否得体根本不是她们关注的重点。实际上，随着孩子审美感的逐渐提升，等到她们6岁左右时，对衣服颜色的搭配就会有自己的想法，对化妆品的涂抹也会非常到位。

孩子的这种尝试是她们将来形成审美观的基础，对孩子未来的气质及个人魅力的形成都有一定的影响。孩子为自己挑选衣服、为自己化妆的这些行为既是在追求自身完美，更是在发展自己的审美意识。

可见，在这期间，家长根本不用担心孩子的做法会产生什么不好的影响，也不必因此随意批评孩子，而是要告诉孩子，这个年龄还不适合化妆，出门时要把它洗掉，如此才能确保孩子在审美敏感期的顺利成长。

主动"交换物品"的行为

随着孩子自我意识的发展，他们会逐渐对物品的主权存在意识，知道自己与他人的物品都是不可侵犯的。孩子会尝试着把自己的东西和别人的东西进行交换。

交换是孩子之间的一种交流，孩子之间的交流经常通过交换物品、食物、玩具来进行，在跟别人交往的过程中，来划分他们之间的界线。

最近豆豆每天从幼儿园回来后都会"丢"一点东西，再带回来一点新的小玩意儿。疑惑的妈妈一问才知道，原来是孩子的东西要么送人了，要么拿去和别的小朋友交换了。

一天，豆豆放学回家，兴奋地跟妈妈说："妈妈，快看快看！我有一只会跳舞的小毛驴！"妈妈一看，他手里抱着一只毛驴玩具。一问才知道，这是豆豆拿自己新买的电子琴和同桌换的。看着孩子兴奋的表情，妈妈担心自己家的孩子在这种不等价的交换中吃了亏。

由于物品的价值不同，有贵有便宜，很多爸爸妈妈不太愿意孩子之间的交换。他们常常用"占便宜"和"吃亏了"来衡量孩子换东西的行为。其实这个时期孩子的观念中没有"金钱"和"价值"这两个词语，也不懂得什么叫作等价交换。因此常常会发生故事当中那种不等价交换的行为。用一个铅笔刀换一只漂亮的折纸星星，用一个洋娃娃换一本白雪公主贴纸，常会令家长感到哭笑不得。

所谓的等价交换只是大人以金钱来衡量物品价值的一种体现。孩子在与他人交换物品的过程当中，自有自己的衡量标准。他们之所以会进行交换，是因为他们认为对方的东西是自己所需要和喜欢的，在他们眼中这两样物品是等价的。

因此，我们切莫用成人的眼光来干涉孩子的交换行为，要知道，在这种交换过程中产生的成就感会让孩子的内心变得非常强大和自信，这种宝贵的体验是千金难买的。在孩子成长过程中，他们自然会了解金钱和价值的概念，也就能够学会以成熟的方式进行等价交换了。给孩子足够的自主权是孩子赢得友谊的一种方式，孩子正是在这种看似不平等的交换中摸索和构建着与他人交往的尺度与方式的。

接下来孩子又会在交往过程当中体会到，玩具也不是真正维系一段长久友谊的有效手段。那么他们对人际交往的意识又会上升一个层次，孩子会在不停变换的角度与角色中摸索出真正健康的人际交往状态，最终找到能够彼此理解关爱、志趣相投的朋友。

家长应该明白以下道理：

1. 交换是孩子的正常行为

交换是孩子的正常行为，孩子不会交换反而显得有点异常。爸爸妈妈不仅要理解孩子的交换行为，还要为他创造交换的条件。要知道，交换或赠送也是孩子进行人际交往和满足需求的方法。所以爸爸妈妈平时要给孩子一些小玩具和零食，鼓励他用交换、赠送的方式赢得友谊。

一位妈妈为了鼓励孩子和同龄小朋友一起玩，她和小区里其他妈妈商量，把周日定为孩子们的玩具交换日。到了星期日，这个小区的同龄小朋友就会在一起分享玩具，互相赠送。还有一位妈妈发现自己的儿子喜欢往幼儿园带动物饼干和其他小朋友一起分享，于是就主动给他买好些动物饼干，鼓励他和其他孩子进行分享。在这个过程中，爸爸妈妈不要干涉孩子的行为，也不要随意进行指点，而是让他自己做决定，根据自己的意愿交换和赠送。

2．交换之后不能反悔

当孩子换来了与自己原来拥有的物品明显不等价的东西时，爸爸妈妈不要向他灌输"占便宜"和"吃亏"的概念。一位妈妈知道自己的孩子用贵的东西换来一个便宜的小玩意儿时，就跟她的老公说："孩子会和别人换东西了，但是吃了亏，拿贵的换了便宜的。"但孩子的父亲并没有觉得自己的孩子吃亏了，而是非常骄傲地认为孩子成长了，懂得与人交往了。我们都要向这位父亲这样，让孩子的自我意识得到自由的发展。当然，当孩子"吃亏"了，爸爸妈妈也不要说孩子"笨""傻"之类的话，即便是开玩笑也不可以，以免打击孩子的自信心。

一个3岁的男孩答应送给班里的小朋友一辆遥控汽车，然后从他那得到一套漂亮的蜡笔。可是回家一想觉得不合算，就对妈妈说："我现在不想换了。"可是妈妈却郑重地对他说："你说过的话要算数，答应别人是不能反悔的。"

一些孩子在交换玩具后后悔了，把玩具弄丢了或者玩坏了，然后希望要回原来的玩具。这个时候爸爸妈妈要告诉孩子交换后的物品已经有了新主人，那个东西已经属于别人，不再是自己的了。要让孩子明白，以后再交换物品要考虑好，一旦进行交换，就不要反悔。这样孩子就会明白，通过交换，物品已经有了新的主人，他也就懂得了遵守交换守则。

第八章

人际关系敏感期：

脱离以自我为中心

的观念

两岁半的孩子会逐渐脱离以自我为中心的观念，开始对结交朋友、群体活动产生正确倾向。此时，父母应与孩子建立明确的生活尝试和日常礼节，使其日后能遵守社会规范，拥有自律的生活。"人际关系敏感期"，在孩子成长和发展的过程中发挥着非常重要的作用，将为孩子成人以后的生活奠定重要的基础。

给孩子完整的友谊发展过程

蒋彬彬和沈燕文是一对非常要好的小伙伴，他们在同一所幼儿园里上学，又在一个小区里住，所以两个小伙伴经常在一起玩。不过，两个孩子在一起玩闹时，难免会有矛盾。

有一次，燕文到彬彬家里做游戏。两个人约定好玩一个公主与王子的游戏，彬彬想当里面的王子，燕文也想当里面的王子。就这样，两个小朋友为了角色争来争去，没个结果。

"是我说要玩这个游戏的，王子就应该由我来当。"彬彬说道。

"那也不行，我今天就想当王子！"燕文反驳道。

"不行不行！我当！"

"我当！"

眼看着两个小朋友就要吵起来了，燕文的妈妈赶紧协调："彬彬是男孩子，男孩子当王子吧；燕文是女孩子，就当小公主吧！这样分配起来也合适呀！"

可是，这个建议并没有得到燕文的认可。她对妈妈说："不行，凭什么男孩子就可以当王子，女孩就必须当公主啊？我就不，偏不！"妈妈的意见也被否定了，就只好任由两个小朋友自己解决了。但是，没过多久，两个闷闷不乐的小朋友又玩到一起了，并且还找到了两个人都非常满意的解决方案。

几天之后，两个孩子又在一起玩王子公主的游戏，场面非常和谐。彬彬的妈妈很疑惑，于是就问道："你们之前不是因为谁当王子的事情吵架了吗？为什么现在又在一起玩了呢？"彬彬抬头看着妈妈回答道："我们已经约定好了，如果我到她家玩，她就是王子；如果她到咱们家玩，我就是王子。"

他们在相互交往的过程中，找到了一种双方都能够接受的方法。在孩子们的概念当中，还没有明确性别界限。因此在分配角色的问题上，他们不会介意谁是男谁是女。但是在某种问题上，他们仍然存在分歧，比如为什么这个最好的角色由他来当而不是我？于是，相互在交往过程中他们学会了放弃一些东西，然后满足对方一些需求的心理。最后，他们就很轻松地解决了这一问题。

后来，燕文的妈妈问她："你和彬彬虽然是好朋友，但是有时候你们也会吵架，是什么让你们一会儿吵架一会儿又和好了呢？"燕文认真地说："我们两个在一起做游戏，他总是想什么事情都要听他的。可是我有自己的想法，所以我就会和他吵架，让他知道我的想法，最后他没办法了，我们就会约定好到底怎么办；有时候我也想让他听我的，但是他也有自己的想法，所以他也跟我吵架，然后我们再约定怎么办。我们约定好一种规矩之后，谁也不许犯规，这样就又成好朋友了。"

当孩子的人际关系发展到了这种状态，他的"认知人际关系"就形成了。"人际关系敏感期"到来时，孩子还不懂什么是"人际"，只是会单纯地从一对一交换玩具和食物开始，然后寻找有着相同兴趣的朋友相互陪伴或者玩耍。一般情况下，这种关系是年龄相同或相似的孩子之间的一种交往活动，可以说是一种相互协作的关系，是孩子除了父母、教师及亲属以外的另一个重要的社会关系。

随着孩子年龄的增长以及认知水平的日益提高，孩子对父母的依恋行为可能会逐渐减少，也可能被其他依恋所补充，但依恋是会贯穿他的整个人生的，几乎没有一个人不受早期依恋的影响。

最早，孩子只是对事物感兴趣，对人之间的交往还没有形成一个基本的概念。但是后来在生活当中，逐渐与其他人进行接触，才开始了解人际关系的含义。但这个时期仍然处在最懵懂的初级阶段，是一对一的连接关系。许多家长总是认为如果让孩子生活在一个集体环境中，便可以轻易地学会人际交往，但事实上并非如此。因为当孩子开始学习人际交往时，只会对一个人产生反应。

人际关系的顺序开始是，孩子会先通过食物的关系形成初步友谊。他们会主动表示："我把好吃的东西带来跟你分享，你要跟我做好朋友。"不过，在这样的前提下相处的友谊并不能长久，很快孩子便会发现，如果自己没有好吃的东西，那么曾经的好朋友马上就变成了普通朋友，那段友谊也会结束。因此他们会再次寻找维系友谊的东西，食物行不通便用玩具来诱惑。一个小朋友有非常新颖的玩具便会拥有许多好朋友，但是很快，他便会发现当这个玩具并不稀奇或者其他小朋友得到了这个玩具之后，他们的关系仍然难以维系，随后友谊再次结束。

但是这个时候，孩子已经体会到了友谊所带来的快乐及独特的体验，因此他会再次寻找能够获得友谊的东西，来帮助他吸引更多的小朋友，如从食物、玩具、共同爱好、学习成绩等方面来提高自己的吸引力。

于是，到四五岁的时候，孩子们会惊喜地发现，食物和玩具不能维系的友谊还可以通过共同爱好和兴趣来维系，而且可以维系很长一段时间。而且，久而久之，他们还会发现，交朋友往往需要彼此之间相互理解才可以。因此，每个孩子所交的朋友都很相似，甚至很了解对方。

最终孩子会发现，真正的朋友是建立在志趣相投、彼此关爱、相互理解和相互倾听的基础上的，如果可以达到这种状态，孩子和伙伴之间的关系，就达到了一种平衡，从而获得长久的友谊。

不过，在教育专家的研究中观察到，在人际关系交往过程中，孩子可以其实分为两种类型：对物体充满兴趣的孩子、对人性充满兴趣的孩子。

对物体充满兴趣的孩子，他们维持友谊的介质便是对某个事物所产生的兴趣，比如说一起玩小汽车，一起玩机器人，一起玩飞机模型等，他们对人与人之间发生的关系并不感兴趣，但这并不妨碍他们友谊的契合。这些孩子相处的方式就像成年人经常参加的社交活动一样，比如说绘画比赛活动、羽毛球等。

对人性充满兴趣的孩子，他们非常善于观察人与人之间的关系，并且以此为自己的优点来发展友谊。在与他人相处过程中，也许会产生矛盾甚至是争执，但经过他们恰当的处理，友谊仍然会处于进步状态，双方的关系也会变得平稳并最终达到和谐。这种关系往往依靠彼此之间的约定和承诺来实现。

在建立友谊关系的时候，孩子对约定的事情很在意，所以他们一起玩是会建立规则的，如果对方同意才可以加入游戏中来。这保证了孩子之间良好的游戏体验。

由于孩子在"人际关系敏感期"时，可以自主感受并处理相应的关系。因此，家长要给予孩子一个完整的友谊发展过程。让孩子自己处理问题，除非遇到孩子解决不了的难题，急需父母出面解决的情况。不过，父母不应该直截了当地解决问题，应该告诉孩子如何处理，让孩子说出内心的疑惑和难处，让他请求孩子给出自己的看法和意见。在这个过程中，虽然孩子并没有完整地处理好这件事，但从中却学习了许多应对问题的能力，而且也培养了孩子的思维能力。

孩子拥有发现问题、提出问题、解决问题的能力和方案的自由与权利。这正是培养孩子应变能力的好时机，家长不能剥夺孩子形成良好应变能力的机会。如果孩子在"人际关系敏感期"与其他小伙伴相处得非常顺利，那么在未来的人际关系当中，他就会很好地解决生活中出现的问题。

但在现实生活中，我们会经常看到许多孩子性格内向、容易闪躲、爱哭、不敢与人接触，有些孩子甚至患有自闭症。这与家庭的影响有很大关系。这些孩子的爸爸妈妈往往在其"人际关系敏感期"的时候，因怕自己的孩子吃亏，所以过分保护，使孩子从小就养成了胆小怕事，遇事就退缩的性格。更有甚者，爸爸妈妈怕孩子在幼儿园受委屈，干脆就不让孩子上幼儿园，在家里学习文化知识。孩子直到上小学了才开始与其他小朋友交往，这样成长起来的孩子与人相处起来就更加困难。孩子的社会行为和人际关系对他今后的学习和事业都有着深远的影响。

一般的孩子都是非常热情的，他们对待事物或者人都很热情，也愿意和其他小伙伴进行交往与合作。家长为孩子创造一个和谐的社交环境，让一切人际关系自然而然地发生，让孩子在日常生活中去感受而不是强制的沟通和交流。这个环境一定要是友善的，是基于相互尊重的基础之上的。自由平等、友善沟通、团结协作等良好的品质也在此过程中得到了培养。

鼓励孩子和其他小朋友交往

唐瑛是幼儿园里的小霸王，她的玩具别人不能碰，她的零食从来不与人分享，如果她喜欢别人的玩具，别人就必须给她玩。时间一长，其他小朋友都对唐瑛敬而远之，全都不愿意跟她玩。最后，幼儿园里的其他小朋友都可以融洽地在一起玩耍，只有唐瑛是一个人玩。唐瑛的小车只有她自己骑，她从来不给别人玩，别人也不愿意理她；唐瑛的零食，只有她自己吃，不管自己爱吃不爱吃都不会分享给别人，当然别人也从不会和她分享零食。

唐瑛总是一个人一边骑车，嘴里还一边小声地说："我的小车子可好玩了，才不给你们玩。哼！你们谁都别想骑我的车子……"虽然她嘴上这么说着，但她的目光总是时不时地投向另一边小朋友们聚集的地方。

唐瑛的妈妈给唐瑛准备了许多零食，希望她可以分享给其他小朋友。但唐瑛始终将装着零食的书包紧紧抱在怀里，谁来都不让看。虽然她非常蛮横，但她的目光又总不由自主地落在别的小朋友的零食上，孤零零的唐瑛真是又可气又可怜。

幼儿园的老师为了让唐瑛和其他小朋友愉快地相处，总是在唐瑛的旁边指导她，鼓励其他小朋友和唐瑛交往。

一天，老师发现炎炎特别想骑唐瑛的自行车。于是老师便鼓励炎炎去请求唐瑛让他骑一会儿车子。炎炎犹豫着靠近唐瑛，看起来非常紧张，唐瑛发现炎炎靠近之后也紧张起来，整个人都处在备战的状态。只听炎炎小声地对唐瑛说："唐瑛，我能骑一会儿你的车子吗？"话音还未落，就被唐瑛果断地拒绝了："不行，你走开！"说完还狠狠地推了炎炎一把。炎炎本来就很紧张，经唐瑛这么一推，就哭着跑开了。那些看见这件事发生的小朋友，离唐瑛更远了。安慰完伤心的炎炎，老师走到了唐瑛身边。唐瑛以为老师是来抢车的，推着车子跑开了。后来她见老师似乎没有要抢车的意思，又放松下来，自顾自地玩了起来。老师见唐瑛放松了下来，就慢慢靠近唐瑛，跟唐瑛说话。

"唐瑛，你刚才推了炎炎，你那样做是不对的，是不礼貌的。你有没有向炎炎道歉呀？"

唐瑛无动于衷。

老师没有放弃，继续和唐瑛说话："如果其他小朋友那样推你，你会高兴吗？"

唐瑛似乎还是没有反应，但是过了一会儿，回答道："不高兴。"

老师又问道："那你为什么还推炎炎呢？"

"他要抢我的车子！"

"可他并没有抢你的车子呀！他在有礼貌地问你可不可以让他骑会儿车子。如果你不答应，可以直接拒绝他呀，为什么还要推他呢？你想，如果你是炎炎，现在心里会不会很难过呢？"

这次，唐瑛不玩车子了，而是皱着眉头陷入思考，过了好一会儿，唐瑛问老师："那我应该怎么做？"

"你应该向炎炎道歉，说'对不起'。"

小家伙虽然没有马上行动，但没过多长时间，唐瑛还是跑去向炎炎道歉了。小孩子的情绪来得快，去得也快。炎炎虽然脸上还带着泪痕，但他仍然接受了唐瑛的道歉，并没有把唐瑛推他的事情放在心上。

道完歉的唐瑛并没有马上离开，因为她想和炎炎一起玩。站在一旁的老师鼓励唐瑛："唐瑛，你可以问炎炎，可不可以和他一起玩。"

这次，唐瑛没有犹豫多长时间。她走向炎炎，说："我可以和你一起玩吗？"这回炎炎答应得没有那么痛快，而是提出了条件："你给我玩你的车子，我就让你跟我玩。"

唐瑛太渴望有个朋友了，所以她爽快地把车子给了炎炎，并和炎炎一起玩了起来。经过这件事情，唐瑛逐渐懂得了如何与小朋友相处，很快就有了一些朋友。她与别的小朋友交往的方式也变了。但在某些问题上，她仍然很自我。

幼儿园里的小朋友经常分享彼此的零食，但唐瑛不希望与小朋友们分享自己的零食，却希望吃到其他人的零食。她记住了老师教给她的相处方式，做任何事都要有礼貌地请求别人。于是她四处对别的小朋友说："我想吃你的零食，你能给我一点吗？"

起初，其他小朋友都乐意给她零食吃，可是当其他小朋友希望得到她手里的饼干时，她却说："我不想给你吃我的饼干。"而且，她每次吃了其他小朋友的食物也不说谢谢。因为她总是拒绝分享自己的零食，所以最后小朋友们大都不愿意和她分享自己的零食。

唐瑛感觉很委屈，于是她跑到老师面前问："我已经很有礼貌了，为什么他们不愿意把零食给我吃了呢？"老师看着满脸困惑的小女孩，问她："你去商店里买东西，不把钱给售货员阿姨，阿姨会把东西给你吗？"唐瑛摇了摇头。

老师又接着说："所以，你跟其他小朋友要零食，就像去商店里买东西一样。你不付出自己的零食，又怎么能够得到其他小朋友的零食呢？"

唐瑛似乎明白了老师讲的道理，但她还是不想分享自己的零食。老师又接着劝唐瑛："你的零食，自己又吃不完，为什么不分享给其他小朋友呢？你用分享出去的一份零食获得了一次品尝其他小朋友零食的机会，这样多好呀！"听完老师的话，唐瑛低下头思考了一会儿。

想通了之后，唐瑛走向在幼儿园里和她玩得最好的炎炎。"炎炎，我把我的棉花糖给你吃，你能把你的小熊饼干给我吃吗？"只唐瑛愿意分享自己的零食，炎炎很干脆地把手中的饼干袋子递给了唐瑛，然后接过唐瑛手中的棉花糖。其他的小朋友看见了唐瑛和炎炎的"交易"，也纷纷和唐瑛交换手中的零食。

唐瑛在那天吃到了好多她想吃的零食，她的好心情一直持续到放学时。妈妈来接她，发现唐瑛比平时看起来开心很多，于是妈妈问唐瑛："在幼儿园里发生了什么事情，让你这么开心。"唐瑛便一五一十地把交换零食的事情告诉了妈妈。妈妈听唐瑛讲完，直夸唐瑛懂事。

在发生了骑车事件和交换零食的事件后，唐瑛在幼儿园里便有了越来越多的朋友，唐瑛不懂得与人分享的缺点也改掉了许多。在家里，妈妈发现唐瑛的性格也变得越来越好，与家人之间的相处也越来越和谐。

眼看着唐瑛发生了这些可喜的变化，幼儿园里的老师和唐瑛的爸爸妈妈共同合作，在幼儿园和家里对唐瑛进行"改造"。在幼儿园里，老师引导唐瑛学会与朋友分享，让唐瑛不再一个人霸占玩具，霸占桌子。

唐瑛经历了和小伙伴们一起分享，一起玩耍的体验之后，再也不是以前的小霸王了，她逐渐学会了与人和谐相处，与人分享。在家里，爸爸妈妈、爷爷奶奶、姥姥姥爷也不再一味顺从她，不再没有原则地宠溺她，而是所有人都跟唐瑛讲道理，引导唐瑛学会在意别人的感受，学会与人分享。昔日的小霸王唐瑛，终于有了自己的"闺蜜"和"死党"。

孩子们之间的感情通常是可以通过零食和玩具等联系在一起的。我有玩具给你玩，你有零食给我吃。在这种交换与分享中，友谊便产生了。

在彼此交往的过程中，孩子懂得了要想获得朋友、获得友谊，就必须学会分享、学会理解他人、学会关心他人。于是孩子在对物品感兴趣的同时，也对人性有了认识，产生了自己的看法。

所以当孩子处于"人际关系敏感期"时，家长要鼓励孩子与其他小朋友交往，不要怕孩子被欺负。让孩子在与人交往的过程中，感受挫折与喜悦，逐渐领悟到与人交往的方法、态度。而要做到这一点，就要求家长不能一味地溺爱孩子。我们必须时刻牢记：没有经历过挫折，孩子是永远无法真正成长的。教育孩子养成谦让与分享的良好品德，家长与老师的责任都非常重大。

幼儿园才是最有趣的地方

幼儿园和家里大不相同，在家里，孩子大多以做游戏为主要生活内容，每天都在玩玩闹闹中度过。但是，在幼儿园要过集体生活，这就要求孩子必须遵守秩序，听老师的话，接受一些基础教育，学习一些知识。孩子的生活从自由、松散逐步转向规范、严格，这一根本性的转变必然使孩子感受到一定程度的压力。为了帮孩子减轻压力，尽快适应幼儿园的生活，父母需要帮助孩子培养学习兴趣，让孩子认识到幼儿园的有趣之处。

比如，在晚上睡觉之前，妈妈可以给孩子讲一些具有启发性的故事：从前，波兰有一个小姑娘叫玛丽亚。玛丽亚非常热爱学习，无论身处怎样的环境，都能够认真读书，从不会分散注意力。有一天，玛丽亚正在做功课，她的姐姐和朋友们在她旁边嬉闹、唱歌、跳舞、做游戏。玛丽亚好像没看见一样，仍旧专心地读书。姐姐和她的朋友们想逗她一下。她们悄悄地在玛丽亚身后搭起了几张凳子，只要玛丽亚动一下，凳子就会掉下来。时间一分一秒地过去，玛丽亚读完了一本书，凳子依然竖在那儿。从此以后，姐姐和她的朋友们再也不打扰她了，而且也开始像玛丽亚一样认真读书，专心学习。玛丽亚长大以后，成为一位伟大的科学家——她就是著名的居里夫人。

讲完故事以后，孩子睁着大眼睛问道："妈妈，谁是居里夫人？"妈妈说："幼儿园的老师会告诉你居里夫人是谁的。像这样的故事，你的书里还有许许多多，幼儿园的老师那里也有许许多多，等你认识字以后，你还可以自己读书，看有趣的故事。你说好不好？""好，我要认真读书，学识字，以后自己就可以读故事了。"孩子高兴地说道，然后进入了甜美的梦乡。

我们都知道，做自己感兴趣的事情，才能做得更好，对于孩子来说更是如此。孩子一般没有足够的自控意识，注意力难以长时间集中，如果他对学习没兴趣，就会不可避免地产生厌学情绪。而作为孩子的父母，当然最清楚孩子喜欢什么。父母可以根据孩子的兴趣，为孩子报一些兴趣班，如绘画、舞蹈、书法、球类运动、乐器、跆拳道，等等。父母也可以时常与孩子交流学习方面的问题，告诉孩子学习的重要意义，并提供机会让孩子利用所学的知识解决日常生活中出现的问题，使孩子获得成就感，从而更加热爱学习。此外，父母还可以利用讲故事、猜谜语、做游戏等形式和方法，帮助孩子学习新知识，或复习已经学过的知识，寓教于乐。

1. 给孩子讲述自己在幼儿园时的趣事

父母可以向孩子讲述自己儿时在幼儿园的快乐时光，以及曾经发生在幼儿园的趣事，告诉孩子幼儿园的生活是多么有趣而难忘，让孩子对幼儿园心生憧憬之情。这样，孩子会期盼自己的幼儿园生活也如此美好，进而减少对幼儿园的抵触情绪。

2. 让孩子觉得新环境将更有趣

有些孩子习惯了与邻居家的小伙伴一起玩耍，不能够适应幼儿园陌生的环境和陌生的同学。这时，父母可以告诉孩子，在幼儿园里可以交到许多新朋友，大家可以在一起学习知识、一起做游戏，幼儿园的生活要比家里丰富得多，也快乐得多。这样可以使孩子克服对幼儿园的抵触心理，逐渐喜欢上幼儿园。

正面引导孩子的模仿行为

孩子在模仿过程中逐渐构建了自我，梦想着自己是神通广大的。超人、蜘蛛侠、孙悟空等很多经典形象都会成为他们的偶像，当然，爸爸妈妈也是备选项。

韩月特别喜欢看《喜羊羊与灰太狼》。有时候大家正吃着晚饭，小家伙却突然来一句："妈妈，灰太狼好像进了屋子，我要去赶走它。"然后放下筷子在屋里走了几圈，做了几个打灰太狼的动作，然后才继续坐到饭桌前吃饭。

韩月特别喜欢吃肉，不喜欢吃青菜，不论妈妈怎么劝她就是不听，最近妈妈发现她喜欢大力水手，就说："你看大力水手那么厉害，就是因为平时多吃菠菜。"韩月听了妈妈的话，看看妈妈指的那盘菠菜，吃了一大口，似乎感觉味道不是特别好，皱着眉头。

妈妈见状立刻说："菠菜里面有很多营养，大力水手每次吃完之后就超级厉害。"听完妈妈的话，韩月又吃了一大口，并且说："我也要像大力水手一样。"

在孩子进入"社会敏感期"之后，父母应该做到以下几点：

1. 尊重孩子对于偶像的崇拜和模仿

孩子在进入"社会敏感期"之后，会将视野从家庭拓展到更大的舞台——社会。在生活中，孩子的一言一行都可能会模仿自己的偶像。父母应该尊重孩子对于偶像的崇拜与模仿，不要因为孩子总是模仿偶像，就制止、嘲讽与打击他。

比如说有些孩子喜欢模仿孙悟空，结果妈妈一遍又一遍地告诉他这个世界没有妖怪也没有孙悟空，孩子就会非常失望，情绪也会因此而低落，"社会敏感期"自然也会因此而提早结束，这样的情况对孩子的心理成长是非常不利的。

父母应该理解这是孩子在这一特殊阶段的特有表现，想想自己曾经也是如此，为什么不能够给孩子充分的自由呢！

2. 最好可以配合孩子的模仿行为

孩子内心深处其实是非常渴望父母能够陪着自己一起玩的，比如说孩子喜欢模仿喜羊羊，父母就可以模仿村长，这样不仅有助于孩子顺利地度过"社会敏感期"，而且还能够极大地促进亲子关系。

父母应该清楚，孩子之所以会进入"身份敏感期"就是因为他们的自我意识不够清晰，所以他们会选择自己看到的某个形象作为自己的偶像，通过模仿偶像来让自己的性格逐渐完善，从而接纳自己。

等到孩子通过模仿，认为自己已经足够强大的时候，他就会自己走出这个幻想的阶段。

3. 利用孩子崇拜偶像的特点帮孩子改掉缺点

父母都知道，每个孩子的身上都多多少少存在这样那样的问题，想要孩子完全改掉这些问题是非常不容易的。

其实，父母完全可以利用孩子的偶像崇拜心理来帮助孩子改掉缺点。

此外，如果父母发现孩子身上存在某个缺点，可以事先准备好不具备这种缺点的卡通人物，让孩子多看引导其变成孩子的偶像，并顺水推舟地让孩子改掉这些毛病。

每个孩子在成长的过程中都会经历一个模仿偶像的特殊时期，在这个过程中孩子会逐步建立自己的内心形象，确认自己是谁，实际上就是在塑造自我，所以父母应给予孩子自由模仿的权利。

孩子对男女差异的初识

当孩子进入"人际关系敏感期"，会对性别有了朦胧的概念。这时，家长千万不要嘲笑他们的敏感，更不要因为有些话难以启齿而对孩子闭口不提。我们要做的是把事情讲清楚，通过合理的引导，让孩子学会自己判断。

这天，杨洋是从幼儿园里哭着出来的，尽管他试图抑制自己的情绪，不让眼泪掉下来，可他见到妈妈的那一刻，还是忍不住哭了出来。

妈妈急忙抱过自己的儿子，轻声问道："孩子，怎么了？你怎么哭了？谁欺负你了？还是哪里不舒服？"妈妈关切地检查杨洋的身体。

杨洋忍住眼泪，摇了摇头，但还是很不开心。他委屈地说："妈妈，我为什么是男孩子？我不要当男孩子了！"

原本还很担心杨洋身体出问题的妈妈，听了杨洋的话，心里的石头放下了。原来，杨洋得的是"心病"呀！妈妈又关心地问道："当男孩子不好吗？"

"当然不好了，当男孩子不能玩洋娃娃，也不能生孩子！"杨洋噘着嘴，依然觉得很委屈。

妈妈领着杨洋步行回家，路上妈妈继续问道："这些都是谁告诉你的呀？"在妈妈的引导下，杨洋才慢吞吞地讲出了事情的原委。

原来，下午小朋友们都在一起玩游戏。杨洋、小花和茹玉一起玩过家家的游戏。他们有一个洋娃娃、一个铲子、一个钱包。杨洋非常喜欢那个可爱的洋娃娃，于是就一把抢过洋娃娃说道："我要这个洋娃娃！"

茹玉和小花并没有马上理他，而是继续询问谁当爸爸、谁当妈妈的问题。杨洋抱着洋娃娃说道："我要当妈妈！我当妈妈，茹玉当爸爸，小花当宝贝。"

茹玉一听，就不高兴地说道："男孩子只能当爸爸，不能当妈妈！"

"凭什么我不能当妈妈，我就要当妈妈！"杨洋生气地说。

小花一把夺过他的洋娃娃，说道："男孩子也不能玩洋娃娃，洋娃娃是女孩子才能玩的玩具。妈妈说了，只有女孩子才能当妈妈，因为只有女孩子才能生孩子。我就是妈妈生的，妈妈就是女孩子。"

"男孩子也能生孩子！爸爸说我是他亲生的！"杨洋不服气地说。

"那也不行，他是你的爸爸，不是你的妈妈，所以你还是不能当妈妈。"茹玉继续补充道。

"那我不做男孩子了。我也要做女孩子！"杨洋非常严肃地说。可是，茹玉和小花看到他的样子，嘲笑他不像个男子汉。最后，不但过家家的游戏没玩成，还惹了一肚子的气。

妈妈听完杨洋的表述，心里也有了打算。她突然意识到，孩子正处于"社会敏感期"，对于性别有了粗浅的认知，她决定晚上回去就给杨洋解释这些他应该知道的"秘密"。

不过，她也有点犯难了。因为两性关系本来就难以启齿，何况是对一个小孩子呢？要怎么说才能让杨洋容易接受呢？

吃过晚饭，妈妈就给宝贝上了一堂课——"我是小小男子汉"。

妈妈不紧不慢地说："杨洋，你能告诉我什么是男子汉吗？"

"男生呗！"杨洋不在意地回答。

"什么是男生呢？"妈妈紧接着又问。

"不知道。"杨洋疑惑了一下，摇了摇头。

妈妈趁机对男生女生都有什么样的区别进行了分析。杨洋似懂非懂地点着头，还不时地问一些问题。最后杨洋终于明白了，性别是天生的，不是后期可以改变的。杨洋也明白了，当个男子汉挺值得自豪的。他主动跟妈妈表示，以后要当个男子汉，保护妈妈和爸爸。

　　在开始这个话题的时候，妈妈还有点犯难，因为两性关系又包括一些身体上的区别和心理上的区别。不过，当妈妈开始讲这个问题的时候，杨洋倒是表现得非常自然，这让妈妈舒了一口气。

　　从那天开始，杨洋再也没说过自己要当妈妈，也没说过不当男孩子的话。他越来越多地意识到自己作为男孩子的优势与责任。

　　孩子们之间谈论的"男女关系"只是很单纯的性别区分，作为家长千万不要大惊小怪。如果父母需要拥抱，也不用对孩子躲躲闪闪，要让孩子知道，拥抱其实就是一种对心爱的人表达爱的行为，而不是什么遮遮掩掩的害羞的事情。

　　如果父母想要亲吻，那就亲吻好了。在孩子眼中，只有父母相亲相爱，才是最幸福的。当他看到自己的父母相互亲吻，也会感受到父母之间的爱，这并不是什么见不得人的事情。

　　在这段时期我们务必要合理地引导孩子，让孩子知道这些想法都是正常的，都是自然发展的规律，让孩子的思维更健全，也更健康地成长。

第九章

秩序敏感期：孩子
似乎有些『偏执』

总有那么一段特殊时期，孩子似乎有些『偏执』，喜欢给物品找『主人』和『归位』，会因为事情没有合自己的心意或顺序不按自己的要求而『重来』，不要觉得此时的孩子是在跟父母『作对』，那是因为他们处在『秩序敏感期』。

满足孩子的合理要求

在与孩子长期相处的过程中，家长会发现每个孩子从上幼儿园开始，就知道自己的位置，比如座位、书包的位置、衣服的位置、鞋子的位置等。知道自己什么时间该做什么，而且专注于自己的事情。家长不用过于担心，这是孩子发展的秩序敏感期，其对于孩子后期的发展大有益处。

莉莉3岁多时，突然从某天开始出现一些奇怪行为，她在玩自己的数字小火车时，会执着地按0～9的顺序一个个排好，要是妈妈给她换了位置，她就会重新按顺序排好。每次出去玩完回家之后，都会把自己的鞋放在鞋架上的固定位置，而且还会告诉自己的爸爸妈妈鞋子要放在固定的位置。有时候妈妈随便放了鞋子，她就会重新摆放一遍。在很多事上都是如此，让人感觉孩子有点强迫症。

有一次，妈妈带着莉莉一起去叔叔家做客，她非要自己下楼梯，可是当时叔叔的车已经在楼下等他们了，为了赶时间，莉莉的妈妈直接抱着她往楼下走。莉莉在妈妈身上一直扭个不停，非要自己下来走，妈妈气得在她的屁股上狠狠拍了两巴掌，这使莉莉反抗得更激烈了。上车后，妈妈刚把她放下，她就独自气冲冲地坐在座位上哭，不让妈妈抱。叔叔看她这么伤心，就问她哪里不舒服。她哽咽地说："我……我要下车。"叔叔平时很疼爱小侄女，就把她放下了车，她直接跑到了楼上，自己又下楼梯走了一遍，当她的脚刚走到楼下的最后台阶时，立刻破涕为笑了。

案例中的莉莉其实就是处在"秩序敏感期"，无论做什么事情，她都会依据自己内心的秩序来完成，如果家长擅自替她做主，她就会吵闹不停，而且哭着要将事情再重新做一遍。因为秩序的破坏会让他们缺乏安全感，秩序的混乱、情绪的混乱、心理的混乱，会让孩子将所有的精力花在和无秩序环境的对抗上。家长应该理解这个时期的孩子，要站在孩子的角度看问题。对孩子的合理要求应该尽量满足；一些无法满足的要求，应该跟孩子讲道理，让孩子明白其中的缘由。

让孩子做些有秩序感的工作

杨芳芳是一个聪明可爱的小朋友。但3岁的芳芳却有着成年人一般的严谨态度。她做什么事情都井井有条，从来不被琐碎的事情干扰。虽然这看起来是个好现象，但是他的爸爸妈妈却因此愁闷起来，因为她做任何事情都太认真了。

星期六，芳芳睡醒后便要求爸爸妈妈带着她去公园玩。虽然爸爸妈妈很想在家里休息，但是看到芳芳期待的眼神，便点头同意了。一家三口高高兴兴地牵着手出了门。

往常，芳芳总是跑在前面，爸爸妈妈走在后面。但是爸爸因为急着排队买门票走得快了些，芳芳立刻不开心了。她停住脚步，两眼直盯着爸爸匆忙的背影。妈妈拉着她往前走，她却一下甩开妈妈的手，继续站在原地。妈妈疑惑地问："怎么了，芳芳，为什么不走呀？"

芳芳喘着粗气，大声地说道："我应该走在爸爸的前面，可爸爸却不等我，自己一个人走了！"说完皱了皱眉头，指着前方爸爸的背影表示不满。

"因为爸爸走在了芳芳前面，所以芳芳生气了，对吗？"妈妈微笑着说。芳芳点了点头，说道："对。"

"爸爸不是不等芳芳啊，爸爸是为了让芳芳早点进公园，到前面买票去了。如果爸爸不给我们买票，门口的检票员就不允许我们三个人进公园门口啦，如果不能进公园，怎么陪芳芳玩呢？"妈妈解释道。

"可是，爸爸可以等我陪他一起去买票呀！为什么非要走在我的前面！我就是不高兴！"

"如果爸爸不走在芳芳前面，走到那里时，还排很长时间的队。现在我们走过去，爸爸刚好买上票，我们就可以一起进公园啦！"妈妈耐心地劝芳芳。

芳芳想了想，点了点头说道："那好吧，那让爸爸一会儿给我买爆米花吃！"妈妈拉着芳芳的手往爸爸的方向走去，回答："好。"

刚走到售票处，芳芳就看到爸爸拿着门票走了过来，一家人走到了检票口。公园门口的人很多，芳芳非要自己拿门票。妈妈担心她会弄丢票，便对芳芳说："芳芳乖，妈妈帮你拿着就可以了。一会儿你只要进去玩就行了。"

芳芳却一本正经地说："为什么给我买的票却要让妈妈拿着？我自己的应该自己拿着才对呀？"

"可是，你衣服没有口袋呀！"妈妈指了指芳芳的衣服说道。

"我用手拿着就好了！妈妈你就给我吧！"说着，芳芳就把妈妈手里的票拿过来看了看，挑走了自己的儿童票。

公园里有一个游戏是"儿童大摆锤"，这项游戏有些刺激，很多小朋友都不敢单独玩，都是父母陪着一起玩。芳芳走到儿童过山车的门口，看着大摆锤很神奇地一上一下，觉得非常好玩。她立即对妈妈说："妈妈，我要玩这个，我要玩这个！"

妈妈笑着说："好呀，好呀，芳芳爸，你快去买票，我们一起去玩'儿童大摆锤'！"爸爸拿着钱包便准备去卖票口。

芳芳小脑袋一歪，看了看过山车，又看了看妈妈，问道："爸爸，你先别买。我是不是儿童呀？"

爸爸回道："是呀。"

"那爸爸妈妈呢？"

"爸爸妈妈当然不是儿童了，爸爸妈妈都是大人啦！"爸爸听到芳芳问这个问题，觉得很好笑。

"那爸爸你只给我买票就可以了，你们是不能玩这个'儿童大摆锤'的，因为你们不是儿童。"芳芳认真地说道。

"我们当然要和你一起玩了，不然你在上面害怕了怎么办？如果遇到危险怎么办？"妈妈听到芳芳要求单独上过山车，立刻紧张起来。

可是，无论妈妈怎么解释，芳芳就认准了爸爸妈妈不是儿童这个道理，坚持要求自己上过山车。没办法，妈妈只好妥协了。最后，只能提心吊胆地看着芳芳独自坐上过山车。

一圈下来，芳芳便吃不消了。她脸色惨白，赶紧抱住妈妈说道："妈妈，吓死我了。我还以为我要摔下去了呢！可算是下来了。"

妈妈抚摸着芳芳的小脑袋说道："不怕不怕，芳芳非常勇敢地独自完成了这次挑战，虽然刚开始我还有点不放心，但是芳芳这次真的很棒。"

其实芳芳并非真正的勇敢，她只是因为处于"秩序敏感期"，所以对任何事物都比较偏执。如果不是听到了"儿童"两个字，她也不会较真，不会独自一个人去挑战过山车这项游戏，结果下来之后整个人都吓傻了。

"秩序敏感期"陪伴着孩子成长，几乎不会缺席。也正因为如此，孩子的成长需要更多的秩序来约束其行为，给孩子良好的秩序感和安全感。

在这一段时间内，孩子对秩序的要求尤为固执，甚至到了父母难以理解的地步。不管是运动的顺序，还是某个事物比例的大小关系，又或者是节奏的快慢都会受到孩子的关注。如果他们所认可的秩序规律遭到了破坏，那么他们便会焦躁不安，表现出激烈的反应。

对于孩子来说，秩序象征着安全感，只有在平和且不出现任何意外的环境中生活，孩子才可以获得平静，赢得安全感。因为在孩子心中，能够清楚地知道自己所能把控的方面少之又少，所以一旦出现意外，他们所想的事情便很有可能遭到破坏，因此，他们一定要按照自己的秩序执行下去。

但是，世事多变，有些事情就连成年人都掌控不了，又如何提供给孩子一个绝对的秩序环境呢？如果孩子提出的要求是家长力所能及的事情，就一定要满足孩子的要求。如果孩子的要求听来不过分，但是作为家长却很难实现，那么就要给予孩子充分的理解和关爱，要让孩子清楚地知道，这件事为什么不能按照他心中所想的样子去实现。如果孩子提出过分的要求，家长就要耐心地向孩子解释这件事，并且及时阻止孩子去做这件事。

在"秩序敏感期"中，孩子往往会把内心的情绪明显地表现出来，比如乱发脾气、耍小性子，家长不要不问缘由地批评和教育孩子，因为这样反而会挫伤孩子的表达欲。错误的做法必然会引起错误的结果，往往会给孩子造成心灵上的创伤，或者阻碍了他敏感期的发展，影响孩子的成长。

重视对孩子的许诺

有的父母为了哄孩子常常随口许诺，事后却不履行，引得孩子大哭大闹。处于"秩序敏感期"的孩子会认为，大人答应要做的每一件事都是要实现的，这件答应要做的事情绝不是随随便便的一句话，而是必须信守的承诺。比如幼儿园小班的老师说下节课给大家带糖果吃。到了下次上课的时候，老师很可能没把自己随口说的话放心上，忘记带糖果了，但小朋友们却会牢牢地记住这件事。

许多人抱怨孩子不懂事，但是爸爸妈妈和老师平时的言行举止、生活态度、是否信守诺言会深深地影响到孩子。父母在向孩子许诺之前一定要三思，不能言而无信，答应孩子的事情就一定要做到。如果兑现不了，应及时给孩子解释，向孩子道歉，让孩子有一种被人尊重的感觉。

因为孩子对大人说的话一向是当真的。否则，久而久之，孩子会对父母不信任，并认为说了话可以不算数，慢慢地，他们也会学着这样做。

许多父母喜欢用物质来激励孩子，比如买玩具、吃大餐。但如果父母常常因为忙于工作而没有足够的时间来满足孩子的需求，就不要轻言许诺。况且这种把孩子的表现与物质利益挂钩的做法会让孩子觉得自己听不听话、好不好好学习只是为了得到父母的奖赏，久而久之形成做什么事情都要有利可图的坏习惯。其实，一个人除物质需求外，还有被人尊重、被人爱、被社会认可、被人理解等多方面的精神需求。因此，父母在鼓励孩子的时候，不妨多给孩子一些精神鼓励。承诺是双向的，一方面是父母对孩子的承诺，另一方面是孩子对父母的承诺。父母在对孩子许下诺言的时候应该注意以下几个方面：

（1）不轻易许诺。自己不能做到的事情不向孩子许诺，不是必须许诺的事情不要许诺。许诺一定要适度，有些事情是孩子应该做的，而且容易做到的，不要附加条件许诺，如早上睡懒觉不肯起床，不愿于去幼儿园等。

（2）一旦许诺就一定要兑现。父母要做到讲信用、说话算话、不哄骗孩子，否则只会让孩子感到失望。只有兑现了诺言，才能起到激励孩子的作用，也能增强父母在孩子心中的威信，获取孩子的信任。

那么许诺是否应随着孩子年龄的增长而逐渐减少呢？答案是肯定的。因为年龄小的孩子，控制能力差，许诺可以多些。随着孩子长大，他们有了较好的自控能力，许诺次数可以逐渐减少。

对于孩子对父母的许诺，比如做错事后孩子许诺以后肯定改正，父母也不要当耳旁风。要认真对待孩子的承诺，帮助孩子分析事情的性质和危害，使孩子的许诺能真正兑现，培养孩子讲诚信的美德。

为孩子创建井然有序的环境

我们要在孩子尚处在婴儿时期的时候，就开始给孩子提供一个有秩序的环境来帮助其认识事物、熟悉环境，同时满足其内心对安全感的需要。

一个孩子将来做事是否能井井有条并且不拖沓，取决于父母对其所营造的环境，这不是一时能够改变的，是在长期的耳濡目染和共同生活中所习得的。

影响孩子秩序感的因素主要是家庭环境和家人的影响，父母可以在这些方面多下些功夫。

1. 为孩子营造舒适、整洁的家庭环境

平时，爸爸妈妈需要将家里打扫干净，将物品摆放整齐，尤其是孩子的东西，最好是整齐有序地放置，东西用完了之后再放回原处。

这样不仅能给孩子舒适感和安全感，还能培养孩子良好的秩序感。当孩子看到父母坐的座位不对或戴错帽子而要求更换的时候，父母应当满足孩子的要求，尽量配合他们。

2. 让孩子养成良好的生活规律

父母可以控制孩子的进食时间，从一日多餐到一日三餐定时进餐，最终让孩子学会白天进食和活动，晚上安静地睡觉。

大多数的物品，如家具、玩具、衣服等，尽量放在固定的位置，玩完了玩具后物归原处。

只有当父母先养成生活规律的习惯，才能影响孩子也形成这种好习惯，如果父母都无法以身作则，也就无法要求孩子达到这个目标，所以家长在这个过程中起到了榜样的作用。

对某件事情乐此不疲

重复是孩子建立秩序感最重要的方式之一，他们通过不断地重复来强化自我的内在秩序感。

人类作为一个生命体，以秩序化的结构系统存在着，所产生的无形的内在心理活动、认知活动和精神活动也彰显着秩序和结构。

刚满 3 岁的娇娇常常坐在自己的小床上专注地玩耍。她把自己的全部精力都集中在了这样一个游戏上——她将很多五颜六色的千纸鹤从大玻璃罐中倒出来，再一个个地装回罐子里。反复地倒，反复地装，这个游戏看似很单调，但娇娇却玩得很投入。

娇娇一直重复着这个游戏，快到吃饭时间了，妈妈喊了娇娇好几次，可她根本就听不见。直到妈妈过来把玻璃罐和千纸鹤都收走了，娇娇才恋恋不舍地结束她的游戏。

人的认知活动是以逻辑的标准表现的，精神是以法则的秩序表现的，心理则是以上秩序体现的结果，这些都可称为内在秩序。可以说我们的内在秩序由智慧和心灵所决定。

而外在秩序是人们所生存的环境，指的是物质环境的秩序、人文环境的秩序、社会环境的秩序。如果人的内在是秩序的，那就一定需要外在秩序的匹配，结果造就了秩序的人和秩序的环境，然后这个秩序的人又会创造一个秩序的社会。

如果秩序是大自然的定律，那么环境的秩序在教育中的意义就是配合孩子，帮助孩子发展内在的秩序，并和孩子内在的秩序配对。孩子一旦有了良好的秩序感，自我的认知与人品也就得到完善，内在就和谐了。

如果孩子对环境的印象与经验是建立在一种秩序的形态上，那么他对世界的看法将具备稳固的基础，并在此基础上形成有条不紊的生活模式。

换言之，外在的秩序感有助于发展孩子内在的秩序感。当孩子的秩序敏感期到来时，我们应该保护孩子、尊重孩子、理解孩子、协助孩子，尽可能给孩子提供一个有秩序的外在环境。

满足孩子的固执要求，在孩子的成长过程中会在一段时间内持续地出现。反复要求父母讲同一个故事，重复做一个再熟悉不过的游戏，重复地猜同一个谜语。有时候父母会觉得孩子的这种行为很无聊、很没意思，殊不知孩子正是通过这种重复行为来构建和强化内在的秩序感。

重复是生命赋予孩子的一种本能，处于秩序敏感期的孩子需要靠重复来获得内在的安全感。对孩子来说，这可不是简单的重复，因为在重复做同一件事情的过程当中，他们每一次都会有新的体验。

所以父母如果想让孩子健康快乐地成长，就要耐心一些，认真地讲已经讲过很多遍的故事，重复猜早就知道答案的谜语，尽可能满足孩子的重复要求。如果父母对此表示不耐烦，不理睬或拒绝孩子，就会破坏孩子的秩序感，对其成长造成不利影响。

重复只是孩子成长过程当中的一个短期现象，说明他们喜欢一切都按顺序进行，每次面对的都是相同的环节和内容。当孩子重复到一定程度的时候，他就会走出这一阶段，喜欢重复的偏好在他们身上就会自然而然地消失。

这个过程也是十分重要的，是孩子成长过程中必须经历的。父母不要过多干预，要正确引导孩子度过这个阶段。

赢在
正面管教

别让孩子
伤在
坏性格上

贺特山 / 编著

应急管理出版社
·北京·

图书在版编目（CIP）数据

赢在正面管教：全五册 / 贺特山编著 . －－北京：应
急管理出版社，2020

ISBN 978 - 7 - 5020 - 7822 - 5

Ⅰ. ①赢… Ⅱ. ①贺… Ⅲ. ①家庭教育 Ⅳ. ①G78

中国版本图书馆 CIP 数据核字（2019）第 270394 号

赢在正面管教（全五册）

编　　著	贺特山
责任编辑	高红勤
封面设计	月婷设计

出版发行	应急管理出版社（北京市朝阳区芍药居 35 号　100029）
电　　话	010 - 84657898（总编室）　010 - 84657880（读者服务部）
网　　址	www. cciph. com. cn
印　　刷	北京一鑫印务有限责任公司
经　　销	全国新华书店

开　　本	880mm × 1230mm^1/$_{32}$　印张 25　字数　600 千字
版　　次	2020 年 3 月第 1 版　2020 年 3 月第 1 次印刷
社内编号	20192974　　　　　定价　125. 00 元（全五册）

前　言

　　性格是指表现在人对现实的态度和相应的行为方式中的比较稳定的、具有核心意义的个性心理特征，它是一种与社会最密切相关的人格特征。性格表现了人们对现实和周围世界的态度，并表现在他的行为举止中。性格主要体现在对自己、对别人、对事物的态度和所采取的言行上。

　　心理学家根据个人对社会的适应性将人的性格分为5类：摩擦型、平常型、平稳型、领导型和逃避型。摩擦型性格的人，表现为性格外露，人际关系紧张，处理问题欠妥，容易造成摩擦。平常型性格的人，态度、情感、意志、理智均表现为一般，平平常常。平稳型性格的人对环境有较好的适应性，但往往是被动适应，善结人缘，人际关系好。领导型性格的人，对社会的适应性好，而且能主动适应社会环境。逃避型性格的人表现为性格内向，不善交际，与世无争。

　　著名心理专家郝滨认为："性格可界定为个体思想、情绪、价值观、信念、感知、行为与态度之总称，它确定了我们如何审视自己及周围的环境。它是不断进化和改变的，是人从降生开始，生活中所经历的一切总和。"

简单地说，性格就是个体独有的并与其他个体区别开来的整体特性。具有一定倾向性的、稳定的、本质的人格差异，我们称之为性格差异。性格是在后天社会环境中逐渐形成的，它是人的核心的人格差异。性格有好坏之分，能最直观地反映出一个人的道德风貌。

每个孩子的性格都不相同，性格会影响孩子成长的很多方面，有些孩子在性格方面也会存在一些缺陷，作为家长，我们要学会教育和引导，而这正是本书的写作初衷。

全书从多角度、多侧面剖析了常见的不良性格因素，并加以分析总结，提出了塑造孩子良好性格的具体方法，以帮助家长们正确有效地教育、引导孩子，使孩子从小养成良好的性格，为未来打好基础。希望本书能够对孩子的性格养成有所助益。

编　者

2019 年 9 月

目录 CONTENTS

第九章　别让悲观占据孩子的心灵

第十章　别让狭隘禁锢孩子的心灵

第一章

别让性格毁掉孩子的一生

我国有古语云：「积行成习，积习成性，积性成命。」西方也有名言：播下一种行为，收获一种习惯；播下一种习惯，收获一种性格；播下一种性格，收获一种命运。

可见中西方对性格形成的看法都一样，那么什么是性格？尧谷子认为人的性格就是人性决定的人格，性格是人格的表现。作为家长，需要从小培养孩子良好的性格，为孩子未来的发展打好基础。

性格弱点有哪些

哲学家说每个人都有性格弱点，看透并克服弱点，是人类的最高级进步。

目前，很多孩子身上存在许多性格弱点，主要表现在以下几方面。

1. 自私自利

孩子自私自利，往往表现在只顾自己，不管他人。对于他们来说，自己是这个世界的中心，周围的一切都是为了满足他们的需要而存在的。他们凡事只关心自己，对于别人的付出丝毫没有感激之情。这样的孩子常常令人生厌，不易与人相处。

2. 自卑胆小

自卑的孩子，凡事不敢去尝试，自己否定自己。不用谁来宣布他是失败者，他自己用行动已证明了自己是失败者。

3. 懒惰怕苦

懒惰分为两种，一种是身体懒，另一种是大脑懒。身体懒的孩子喜欢指挥别人，不亲自做任何事情；大脑懒的孩子做任何事情都不加考虑，从来不问为什么要做，怎样做会更好。如果这两种懒惰集中到同一个孩子的身上，对他（她）将来的发展将是十分不利的。因此，要改变这种性格，家长必须让孩子变得勤奋一些，鼓励他们既要勤于动脑，也要勤于动手。

4．依赖性强

依赖性强的孩子表现出许多不成熟的迹象：胆小、怕事；遇事退缩、没有主见；总是要别人帮助，屈从他人；逆来顺受，无反抗精神；进取心差，意志薄弱，害怕困难，在困难面前惊慌失措，经受不住挫折和失败；人际交往能力差，孤僻、自我封闭。他们往往表现得没有主见，缺乏自信，总觉得自己能力不足，甘愿置身于从属地位。

5．怯懦畏缩

怯懦的孩子胆小怕事。他们总是这也担心，那也害怕，遇到一点点挫折和失败就退缩。他们不善于把握机会，更不懂得把握机会的重要性。因此，总眼睁睁地看着别人收获成功与希望，自己只能躲在小小的角落里唉声叹气。

6．任性骄纵

生活中，任性、骄横的孩子比比皆是。他们往往目中无人，以自我为中心，对自己的行为不加约束，对自己的情绪不加控制，想怎样就怎样，爱做什么就做什么，不分是非，固执己见，明明知道自己不对还要继续做下去。从心理学角度讲，任性是个性偏执、意志薄弱和缺乏自我约束能力的表现，对孩子的成长会产生负面影响。

7．过于内向

过于内向的孩子通常不敢与人交往，家里来了客人，他们不是躲到父母的身后，就是藏到自己的房间里不肯出来见人。遇到熟人，不到万不得已，他们是不肯招呼的。这样的孩子，往往缺乏朋友，孤独无援，这不但影响到孩子的身心健康，更影响到孩子今后的发展！

8. 郁郁寡欢

在我们的周围，经常看到这样一些孩子，他们总是眉头紧锁，一副郁郁寡欢、心事重重的样子。长期陷于这样的情绪之中，对孩子来说是非常不利的，因为，它将可能固化为孩子的一种性格，使孩子丧失前进的动力。

9. 虚荣心强、死要面子

虚荣心重的孩子不能正确看待自我。他们总想让别人对自己刮目相看，受到别人的尊重。这种自欺欺人的心理，往往与自卑和自负的心理同时存在，对孩子健康心理的培养有害无益。

10. 冲动

喜欢冲动的孩子很难把控自己的情绪，冲动的时候往往失去判断，会轻易许下诺言，尤其是不经考虑地草率做决定。这样，当许诺没法实现时，就会让同学认为说话不算数，最终在同学们中间产生不好的影响。

孩子的这些不良性格，会影响他们的心理健康，更会影响他们今后的发展。家长对孩子的不良性格的严重性认识得越早，改正起来就越容易。

优秀的性格特征

成功者一般都拥有哪些优秀性格？什么样的性格才算是优秀的呢？

当今社会是一个飞速发展的高淘汰率、高选择率的时代，一个人要想在这个时代中取得成功，需要具备以下几种优秀性格。

1. 充满自信

自信是人生的脊梁，拥有自信，孩子将在挫折面前永不言败；自信是天使的翅膀，让孩子去自由地翱翔人生；自信是一种无悔的执着，让孩子守护自己的使命；自信是一种生存的智慧，让孩子在成功与失败的夹缝中傲雪凌霜；自信是一种无穷的力量，可以让孩子从失败的对面发现成功。

盖茨的父亲老盖茨在谈及"儿子最令您骄傲的地方"时回答的第一点：盖茨是个很自信的人。虽然老盖茨还诉说了盖茨的其他优点，如明白事理，洞察力强，工作很拼命，而且他有很好的判断力及幽默等特点。但是他把盖茨的自信放在了第一位，不能不令人深思。由创业带来微软的飞速发展，中间经历了许许多多的挫折。但盖茨是自信的，再加上他的聪明，他的善于审时度势、抓住机会、果断决策，这才让我们看到了今天的微软帝国。盖茨有个很大的长处，就是一旦他想做什么事，就必有把握给自己找出一条路来。正是这种了不起的自信，成就了比尔·盖茨非同寻常的成就……

因此，要想你的孩子获得成功，家长首先要培养孩子充满自信、永不言败的性格。

2. 独立进取

独立，既创造了自我，也成就了社会。独立向上的性格，是社会发展的一种认同、一种提示、一种动力。它是健康人格的表现之一，对孩子的生活、学习质量以及成年后事业的成功和家庭生活的美满都具有非常重要的影响。

从心理学的意义上讲，独立是性格意志特征的一种，反映一个人在智力活动和实际活动中独立自主地发现问题和解决问题的水平。通常，独立性强的人，遇事总喜欢自己动手，自己思考，能够标新立异，对传统的习惯、陈腐的观念采取怀疑和批判的态度；而不具有或缺乏独立性的人，则总是循规蹈矩，人云亦云，一味地服从和依赖他人。

从个体心理发展的进程看，具有独立性格是青少年心理发展的一个重要内容，也是个性成熟的标志，更是衡量一个人能否有所成就的尺度。汉字激光照排技术的开创者王选院士曾说："在科学上有所成就，就绝不能总跟在别人后面，而要处处争取领先。"长时间生活在被人照顾、受人支配的环境中，慢慢就形成了习惯于依附、安于依附的心理态度，这种依赖感一旦形成会逐渐扼杀一个人的聪明才智，使之变成一个毫无主见的人。一个缺乏独立性、毫无主见的人，何谈成才？

3. 开朗随和

人是社会的人，良好的与人交往和相处的能力亦是现代人成功的必备素质。它不仅能够满足个性内在的心理需要，而且也会提高社会的适应水平。通常，具有合群性格的人，大多乐于与人交往，他们不封闭自己，愿意敞开心扉；他们往往是善解人意的、热情友好的，更能建立良好的人际关系。

对于孩子来说，在孩子成长的过程中，开朗、合群的性格不仅有利于孩子接受知识，提高语言表达能力和与人交往的能力，而且成年后较易形成和谐的人际关系、良好的社会适应能力。简言之，一个开朗、合群的孩子未来更容易获得成功。

4．积极向上

我们正生活在一个头脑竞争的时代。越来越激烈的竞争压力让人们认识到只拥有知识是远远不够的，因为知识是一个动态系统，时间的流逝的同时，也在老化着已有的知识。如何让知识常有常新，其唯一的选择就是学习——终身学习。

5．乐观开朗

传说有这样一种药物，人吃了以后会大笑不止。我们无法考证这种神奇的药物是否真的存在，但"笑对人生"却是我们每个人的追求和渴望。在纷繁芜杂的人生苦旅中，挫折、失败、沉沦也同样是路边的风暴，常会遮心累目。快乐的人可以一笑了之，忧伤的人却难脱重负。

6．坚忍顽强

著名的音乐家贝多芬曾说："卓越的人的一大优点是'在不利与艰难的遭遇里百折不挠'。拿破仑也说过"胜利，是属于最坚忍的人"。软弱、动摇、悲观、自弃，只能使人走向堕落与平庸；只有培养坚韧的人格，才能战胜彷徨，走出逆境，获得成功。

如鲁迅、保尔、柯察金、霍金等，他们具有很强的性格魅力，面对人生的沧桑、生命的磨难或者是际遇的不幸，他们性格中那种坚强不屈的个性，会让一切困难束手无策。因而，性格本身就是一种所向无敌的力量，这种力量是他们征服世界的基础。

7．果断勇敢

果断，是一种性格，也是一种气质，它会让身边的人体验到雷厉风行的快感。果断更是一种境界，只有果敢行事、当机立断的人，才会让人钦佩、羡慕、信赖并从中获得安全感。

8．冷静自制

一个拥有冷静、自制的性格的人，才能拥有平和的心态。因为平和，所以，即便无端地受到了指责和误解，或者一时不慎迷失了方向，也能够做到看尽千山而心如止水，阅尽千帆而波澜不惊。拥有了沉静就拥有了人生的沉稳宽厚；拥有了沉静、自制就拥有了人格的芬芳。

影响性格的因素

心理专家经过研究发现，人的性格是在先天因素的基础上，在后天诸多因素的共同作用下，通过主体的实践活动逐步形成的，是先天因素与后天因素的合金。在性格的形成过程中，先天因素与后天因素各有侧重。先天因素是性格形成的自然前提，而后天因素则对性格的形成起决定作用。

所谓先天因素，是指孩子出生前的一切因素，其中包括孕前夫妻的身体状况与孕后准妈妈的心理状况、食物营养和生活环境，因为这是孩子今后性格形成的最根本的时期。此外，父母双方的性格也在一定程度上决定了孩子的性格，从某种意义上来说，性格是可以遗传的。

不过，相对于先天因素的影响而言，后天的因素对孩子性格的形成影响更大。一般来说，影响孩子性格的后天因素有以下几个方面。

1. 家长的态度

家长的态度对孩子有直接影响。从心理和教育的角度看有以下关系：家长是支配型的，孩子是服从、无主动性，消极、依赖、温和的；家长对孩子过分照顾，孩子幼稚、依赖、神经质、被动和胆怯；家长对孩子保护，孩子缺乏社会性，但深思、亲切、非神经质，情绪是安定的；家长对孩子溺爱，孩子就任性、反抗、幼稚和神经质；家长对孩子顺从，孩子就会无责任心，不服从，并有攻击的特点；家长常忽视孩子，孩子的性格就会变得冷酷、攻击，情绪不稳定，但创造力强；家长常拒绝孩子，孩子的性格有神经质的、反社会的、粗鲁的，企图引起人们注意及冷淡的特点；家长的态度是残酷的，孩子的性格是执拗的、冷酷的、逃避的、独立的；家长是民主型的人，孩子的性格是独立的、直爽的、协作的、亲切的、有创造力的；家长是专制型的，孩子的性格就是依赖的、反抗的、情绪不安的、以自我为中心的、大胆的。

家长对孩子的态度直接影响着孩子的性格形成，年龄越小影响也就越大，为此，作为家长一定加强自身修养，为孩子的成长奠定良好的心理基础。

2. 家庭环境

家庭环境是孩子性格养成的摇篮气氛。在宁静愉快的家庭气氛中长大的孩子与在气氛紧张、冲突家庭中长大的孩子在性格上有很大的不同。一个家庭，夫妻之间相敬如宾，兄弟姐妹之间互敬互爱，与邻里和谐相处，往往易使孩子形成谦虚、礼貌、随和、诚恳、乐观、大方等良好的性格特征。反之，一个家庭，父母之间、兄弟姐妹之间经常打骂争吵，往往会使孩子形成粗暴、蛮横、孤僻、冷酷等不良性格特征。

3. 家长的言行

家长的言行对孩子的性格有重要影响。心理学研究发现，模仿是孩子学习的重要形式之一。孩子的许多态度和行为不是直接从书本上学来的，而是通过对周围环境中的榜样的模仿获得的。家长是孩子模仿的最直接、最经常的榜样。一般来说，孩子会无意学习家长的言行举止：家长爱打扮，孩子也爱打扮；家长脾气暴躁，举止不文明，孩子也不例外。家长待人接物的态度，家长的情感、意志、理智等特征都是儿童早期学习的对象，在孩子身上能看到家长的影子。

4. 家长的教育方式

家长的教育方式影响孩子的性格发展。娇生惯养是最常见的一种错误的教育方式。现在的家庭，独生子女较多，全家人都围着孩子转，一切都顺着孩子来，这种娇生惯养的孩子，容易形成什么样的性格呢？

（1）胸无大志，安于享受，不求进取；

（2）任性、自私，脾气暴躁；

（3）怯懦、娇气，不能吃苦；

（4）胆小怕事；

（5）懒惰、依赖，独立性差。

有些家长认为："棍棒底下出孝子。""不打不成才。"所以对孩子常常施之以"棍棒教育"，其结果同样给孩子的性格发展带来不好的影响。有的孩子在体罚之下，长期在压抑和畏惧的精神状态中生活，致使从小性格就变得抑郁、颓唐，精神难以振作起来；有的被打怕了，失去了儿童应有的天真活泼的天性，变得呆滞又怯懦；有的为了逃避挨打，学会了撒谎，不诚实，对大人察言观色，投其所好；有的甚至寻找发泄对象，以缓解自己内心的痛苦和憎恨。

此外，家长的文化程度、家庭成员间的关系不融洽等因素对孩子性格的形成同样有着不良影响。

改变孩子的坏性格

家庭教育在孩子性格培养方面乃至一生都起到了关键作用，如果孩子的家庭教育是不完善的，那么这对孩子来说，不能不算是一大遗憾。在全面实施素质教育的今天，家庭教育、学校教育、社会教育是现代人成才的三大支柱，家庭教育是基础性的，只要家长树立正确的教育观、人才观、亲子观，必定会创造一个有利于孩子健康成长的家庭环境。作为家长，要改变孩子的性格弱点，应该注意以下几个方面。

1. 做出表率

国外某研究机构，历经数年通过对千百万孩子的成长历程进行问卷调查，也得出了一个惊人的结论：孩子90％以上的素质，是由父母决定的！

在孩子们认识世界的时候，最常见到的是父母！父母的言行正表达着他们自己的人生态度。父母总是最先被孩子无条件认定的，因此，作为家长必须事事以身作则，给孩子树立良好的榜样。

父母如果贪婪、自私、斤斤计较、欺善怕恶、吹牛、违犯法纪、缺乏爱心，这种形象印入孩子心中，不但难以磨灭，而且还是今后他们和父母产生情感障碍的诱因。同时，这也是导致孩子自卑、自我封闭、自暴自弃等病态性格的原因之———他因为有这样的父母而感到羞愧，自觉低人一等。另外，家长还要敢于在孩子面前认错。那种认为认错就意味着降低威信，于是强词夺理，甚至以打骂等方式镇住孩子的做法是最愚蠢的、最失诚信的，并且容易使孩子形成自卑、封闭的性格。因此，父母要塑造好自己的形象，做好孩子的"启蒙教师"。

2. 及时发现孩子的性格弱点并帮助改正

一棵参天大树，长了一个小枝杈，你想掰掉非常容易，可是当它长了一个粗大的枝叶，再想掰掉它就很困难。同理，当孩子的某个小毛病第一次出现时，就应及时把它扼杀在萌芽之中。如果你没有纠正，等到它已形成一种习惯再去纠正，往往会事倍功半。因此，当家长了解到孩子的性格弱点之后，就要下定决心，立即行动，把孩子的不良性格消灭在萌芽状态。

另外，家长不要总给自己找理由，说什么"我太忙了，没有时间管孩子""孩子都这么大了，性格是无法改变了"之类的话。很多时候，家长不是没有办法改变孩子的性格，而是孩子存在性格弱点，可总是行动不起来，导致孩子的不良性格固化了下来。

3. 帮助孩子改善性格要持之以恒，不能"三天打鱼，两天晒网"

家庭中对孩子成长的目标，需要一个统一的"定位"，因为每个孩子的性格、兴趣、爱好都有所不同，而全家人的意见有可能有所偏差。所以，有必要综合自己的成长经验，在全家人统一认识的基础上，给孩子一个"定位"。

4．不要把自己的意愿强加于孩子，要引导与启发并重

种子发芽需要空气、阳光和水；孩子的健康成长，需要家庭民主的氛围。因此，在家庭中必须尊重孩子，对其平等相待，尊重他的想法，认真聆听他的意见，哪怕其意见是幼稚的，要对孩子充满信任，相信他的上进心，相信他的是非判断，面对孩子的不当看法，家长要像对成年朋友一样，阐明其道理，表达自己的关爱。当孩子犯错误时，更要表现出家长的民主性，允许孩子申辩自己的行动理由和感受，在弄清楚后再理智地进行帮助和教育。纯发泄性的责备和带侮辱性的谩骂，只会让孩子变得更加叛逆，绝不会获得任何教育的收获。只有生活在民主氛围中，孩子才会产生自立意识。这样，他将变得善于独立思考，勤奋好学，其自信心和独立性也会随之而来。

5．允许孩子适当犯错误

孩子的错误可分两种，一种是必须立即纠正与引导的，如打人、骂人、乱丢垃圾、欺侮弱小等，这种错误一旦放任，以后就将难以纠正；另一种是允许孩子犯的错误，应让孩子在尝试和实践中自行纠正。例如，四五岁的孩子还经常要成人喂饭，跟他讲道理、鼓励、表扬等很多办法都用尽后还没效果时，我们可不喂饭，让其知道饿肚子的感受。孩子肚子饿了，自然会找东西吃。又如，孩子在第一次做家务的时候，不小心打碎了碗碟。这样的错误，在孩子多次实践后自然会不再发生。

孩子犯错误的过程是不断改正错误、获得正确认识的过程，假如不给孩子机会，而是一味地帮他或厉声怒骂地制止，不但剥

夺了孩子寻求正确方法的乐趣，也会使孩子变得懒于动手，不敢尝试，习惯于依赖别人。

6. 教育孩子不要口无遮拦

美国著名心理学家、教育家基诺特，曾把父母不宜对孩子讲的语言归为十大类：

（1）威胁的话，如"我再也不想带你了，你给我滚开吧！"

（2）哀求的话，如"我的小祖宗，我求求你，好不好？"

（3）抱怨的话，如"你这不争气的孩子，真叫人伤心透了！"

（4）许愿的话，如"假如你考了 100 分，我就……"

（5）讽刺的话，如"你可真了不起，能干出这种事儿！"

（6）恶语，如"你这个大笨蛋！"

（7）责备的话，如"你总是做错事，真是太糟糕了！"

（8）侮辱的话，如"你真是个没用的废物！"

（9）压抑的话，如"闭嘴，不许再说话！"

（10）强迫的话，如"我说不行，就是不行！"

你是否在不经意中，也曾说了这些话呢？如果曾这么说过，那么先从改变自己的言行入手吧。因为语言才是真正的魔法师。

好性格受益终生

爱略特说："性格，既不坚固也不是一成不变，而是活动变化着的，和我们的肉体一样也可能会生病。"

绪儒斯也说："一个人的性格决定着他的命运。"

　　放眼当今政坛或商界的风云人物，无一不拥有与人为善、温和、勇于进取、百折不挠、坚毅顽强的性格。我们无法想象，奥巴马如果没有坚毅顽强的性格，如何能够战胜麦凯恩登上总统的宝座；李嘉诚如果没有温和、吃苦耐劳、自强不息的性格，何以能够叱咤商场，成为商业街仰慕、员工乐于追随的对象……

　　对于孩子来说，性格是他们成就一切努力的基础。良好的性格，不仅能给孩子带来自信和融洽的人际关系，更能够引领孩子坦然积极地面对顺境或逆境，并且不懈努力，取得成功；不良的性格只会让孩子走弯路，受尽挫折，甚至会毁掉一个人的一生，造成悲剧性的结局。

　　现实生活中，就有这么一个故事——

　　有两个男孩，他们有着同样的社会背景和家庭环境，有着同样的聪明与才智。上学以后，他们也都不可避免地在生活和学习中经历一些挫折与失败。每当在学习中遇到困难、学习成绩不理想或者遭遇到老师的误解时，第一个孩子总会尝试着静下心来，寻找症结，找到解决问题的方法；而第二个孩子恰恰相反，他逃避失败，抑或狠狠地诅咒老师，认为是老师的不公平造成他成绩的不理想。

　　积极与消极的性格也给这两个孩子带来了不同的命运。

　　一次，发生了地震，两个孩子都被埋在废墟下。他们周围没有人，没有食物，只能等外面的救援。第一个孩子表现得很冷静，他尽量减少活动，保持体力和足够的氧气，然后用砖头不断地敲击楼板，发出救援的信号；而第二个孩子当时就吓蒙了，他绝望地哭了起来。等救援队找到他们时，第一个孩子还顽强地活着，第二个孩子却离开了这个世界。

事实上，这样的例子并不鲜见。性格决定行为，而行为则成就人生。因此，要想让孩子拥有一个精彩的人生，获得幸福、美满的生活，家长应该帮孩子从小克服自身的性格弱点，培养好性格。

第二章

别让任性影响孩子的成长

任性，孩子主要表现为固执、抗拒，不服从父母管教，不按照父母的要求去做等，或者表面上答应，内心不服，父母不在旁边时，就由着自己的性子来。孩子不听话，父母的要求和愿望难以实现，父母就会对孩子不满，就容易出现不理智的行为：有的会采用打骂的方式对孩子严加管教；有的对孩子放任自流；有的则对孩子的要求妥协，天长日久更助长了孩子的任性行为。

家长面对孩子的任性行为一定不能姑息纵容，要采取合理的方法引导孩子养成正确的行为习惯。

骄纵溺爱害孩子

当今，孩子成了家庭的中心，一大群大人围着"一颗小太阳"转，百般照管和满足孩子的要求，注意智力开发，认为这是把心里最美好的东西——爱奉献给孩子。孩子要什么家长就给什么，面对孩子的任性、骄横，大人采取百依百顺的态度；好东西留给孩子吃；孩子的事情，大人一手包办……家长这种非理性的宠爱、迁就、姑息孩子的行为，导致许多孩子骄横、任性，要什么就必须得到什么，稍不满足就大哭大闹，以此来达到自己的目的。这对孩子的成长是极为不利的。

自古以来就有"慈母败子"的说法。所谓"慈母"指的是一种过分的母爱，也就是溺爱。从字面上看，溺爱的"溺"字兼有过分和淹没的意思，过分地疼爱孩子等于淹没他们。古人云："虽曰爱之，其实害之；虽曰爱之，其实仇之。"这是对"溺爱"一词最好的注解。韩非子有言："人之情性莫爱于父母，皆见爱而未必治也。"这是说人与人之间的感情没有比得上父母爱子女之情的。但是只有爱，不见得就能教育出好孩子来。

在中国就流传着这么一则发人深省的故事。

中国古时候，有一个从小被母亲溺爱娇惯的少年。后来，因为滋事他被送到了法场。临刑前，这个死刑犯要求再喝一口母亲的奶。可怜的老母亲痛哭涕零地解开衣襟喂他，这个死刑犯一口把母亲的奶头咬下。他对母亲胸口淌着血的老母亲说："我咬下它，是因为你只懂得爱我，对我百依百顺，却没有教会我做人的道理。都是你的爱害了我呀！"

著名的《伊索寓言》里有则故事同样让人深思。

一个偷窃的少年犯被当场捉住，仅缚了双手，被牵到刽子手那里。疼爱孩子的母亲跟在后面，捶胸恸哭。儿子回转身来，说要对她说句心里话。母亲走近，想不到儿子却一口把她的耳朵咬了下来。母亲大骂儿子不孝，犯了罪还不够，又把母亲的耳朵咬下来。那少年犯说："假如我初次偷了同学的写字板拿去给你的时候，你惩罚我，那我何至于胆子越来越大，被牵来处死呢！"

法国教育家卢梭在《爱弥儿》一书中曾指出："你知道不知道，用什么样的办法一定能使你的孩子得到痛苦？这个方法就是百依百顺。"因为有种种满足孩子欲望的便利条件，所以他的欲望将会无止境地增加。当孩子的欲望膨胀到一定程度的时候，就是他们遭遇痛苦与挫折的时候。所以，骄纵、溺爱孩子的行为不可取。

现实生活中，因为家长的溺爱、骄纵，导致孩子任性、骄横的例子也有很多。

小波生活在比较富裕的家庭中。祖母特别大方，只要成绩好，要什么给什么，用多少钱都可以。父亲以自己经商的经验开导儿子，没有知识在外做事，是要吃亏的。母亲对小波说，只要好好读书，什么都不要你干。家长的愿望是良好的，可一味顺从，不惜重金投资学习，却忽略了孩子非智力因素的发展。结果使小波产生了特殊的优越感。他在家如小皇帝一般，口袋中装满零用钱，学会了吸烟、赌博、打架。学习没心思了，考试也开始不及格了。后来，他干脆不进校门，和一帮哥儿们玩乐，成了当地的一个小混混，一家人的希望成了泡影。

……

毫无疑问，溺爱与骄纵是孩子变得骄横、任性的主要原因。一些孩子因为任性惯了，忍受不了挫折与拒绝，最终走上了不归路。

苏姆林斯基曾经说过："娇纵的爱是最可悲的，它是一种本能的缺乏理智的爱。家长对孩子的百般宠爱，不仅给自己带来苦恼，而且使孩子的心灵受到腐蚀，任性和虐待的种子就这样从小播下。"正因为如此，苏姆林斯基劝诫我们，对孩子的爱必须是明智的，这就要求家长对孩子既要热情关怀，又要有严格而合理的要求，切勿因为对孩子娇生惯养，溺爱无度，而扭曲了孩子的心灵，损害了他们的心理健康。

孩子任性怎么办

一般来说，任性的孩子都以自我为中心，他们想干什么就干什么，不听劝告。即使明知道是自己不对，还是很任性地坚持，需求没有得到满足就大哭大闹，甚至哭叫着躺在地上打滚。这种情况下，多数家长总是无奈地顺从，以此来维护自己在公众场合的尊严，而孩子却从中获得了以哭闹来"要挟"就能够"胜利"的经验。这样的孩子，是很难讨人欢心的。

晓栋的父母为孩子的任性感到非常苦恼。

晓栋是爸爸妈妈的心肝宝贝，在他还小的时候爸爸妈妈因为初为父母，不懂得如何教育他，所以他要什么爸妈就给他买什么，从来不拒绝。慢慢地，他就养成了任性、自私、无理取闹的性格。

妈妈答应星期天带晓栋去游乐园玩，晓栋非常高兴，他很早就想去坐游乐场新添的摩天轮了。但是到了下午，忽然下起了大雨，晓栋趴在窗户上看了好一会儿，跑来问妈妈："妈妈，这雨会停吗？"妈妈知道，如果晓栋不能去游乐场，他一定会非常失望。于是安慰他说："再等等看，也许会停的。"

一个小时过去了，雨还是没有停，甚至还刮起了大风。于是晓栋开始吵闹起来，一边吵闹一边哭泣。妈妈劝慰晓栋："游乐场我们都去过好几次了，也不在乎这一次。等大雨停了，妈妈再带你去，你看好不好？"晓栋吵闹着对妈妈说："谁知道雨什么时候能停！你都答应我了，现在又反悔，就是不行。"晓栋越吵越厉害，连邻居都惊动了！为此，晓栋的妈妈觉得非常难堪。她实在搞不明白，为什么自己的孩子如此蛮不讲理。

美国心理学家威廉·科克研究表明：任性是一种孩子普遍存在的心理现象。由于儿童的思维是以自我为中心的，对许多事情缺少认识和判断力，他们常常根据自己的意愿、兴趣，向家长提出这样或那样的要求。如果家长对孩子的要求总是无原则地满足，孩子慢慢地就滋长出任性、专横的毛病。这对孩子今后的学习、生活都是不利的。同时，也会影响到孩子健康人格的塑造。

任性的孩子"偏要那些不可能得到的东西，从而处处遇到抵触、障碍、困难和痛苦。成天啼哭，成天不服管教，成天发脾气，他们的日子就是在哭泣和牢骚中度过的"。这样的孩子肯定是不幸福的。

任性的孩子常常用一些手段来威胁他人，如不吃饭、大哭大闹、离家出走等。这些行为对吓唬自己的亲人也许还有一些用处，但用在他人的身上也许就行不通了。因为没有人愿意为他的任性"买单"，他们在今后的人生中往往会四处碰壁，因为没有办法顺心如意，为了达到目标，他们不惜铤而走险，甚至走上犯罪的道路。

任性的孩子因为在家里"顺心"惯了，他们以自我为中心，自私、无理，不懂得如何与别人合作。于是，在生活中难免受到他人的"冷落"与"不满"，这将影响到孩子今后的人际关系，对孩子的身心健康有很大的影响。严重的，甚至会引发抑郁症。

任性的孩子因为在家里感到了随要随给的乐趣，不停地要这要那，偶尔遭到拒绝就生气。因为心疼孩子，家长只好顺着他的意思去做。家长的"溺爱"助长了孩子贪欲的不断增长。这样的孩子以后很难得到满足。

任性的孩子的心理承受能力差，遇到一点点挫折就可能受不了，容易产生心理障碍。这样的孩子，很难想象他今后会有什么作为。

如果你的孩子有任性、不讲理的迹象，家长可以从以下几个方面对孩子进行教育与适时地辅导和纠正。

1. 理解孩子的心情，纠正孩子的行为

当孩子有霸道行为出现时，家长应先站在他的立场设想，试着了解他的心情。当孩子有比较好的表现时，要适时地给予鼓励和肯定，孩子一旦受到肯定，心中便会意识到何事可为；而当孩子有霸道行为时，则须给予辅导和纠正，孩子就明白何事不可为。

2. 培养和孩子讲理的习惯

父母要学着每一件事情都和孩子讲道理，让孩子慢慢了解和接受。如果孩子年纪小还不了解或听不进去，父母也不必太过着急或过分期待孩子马上接受，因为孩子每天都在成长，慢慢地，他就会变得较为讲理。做父母的千万要记住：切勿"以霸治霸"，以免让孩子以为武力可以解决一切问题。

3．学会对任性的孩子说"不"

适当的时候，爸爸妈妈可以对任性的孩子说"不"，让他们知道任性并不是每次都能得逞的。对孩子说"不"，并不是说用指责训斥的粗暴方法压制孩子，那样容易使孩子产生逆反心理，他们会以执拗来对抗粗暴、发泄不满，同样不利于孩子控制自己的情感和行为。

4．内心慈爱，处理事情态度坚定

处理孩子的任性行为时，父母态度要一致并且要坚决，同时，爷爷奶奶外公外婆也一定要与孩子的父母保持一致的态度。如果对孩子的任性要求，父亲坚决不给，而母亲却给；父母坚决不给，爷爷奶奶却给，这样也就让孩子有了选择的机会，他的任性行为就永远不会得到彻底纠正。同时，这样做还会使孩子形成不良的双重人格（父母面前是个乖孩子，爷爷奶奶面前则是个极端任性的孩子），这不利于孩子的心理健康。所以，要想彻底纠正孩子的任性行为，家长就要采取一致的态度。只有这样孩子才会自觉改掉其任性的行为。

5．采用"不予理睬"的方式

所谓"不予理睬"的方式就是面对任性的孩子，只说一句警告的话，然后通过以下几个步骤纠正他。

（1）面对孩子的种种理由与各种胡闹行为，采取不解释、不劝说、不争吵、不理睬的方法，不要在孩子面前表露出心疼、怜悯或迁就，更不能和他讨价还价，否则就会强化他的争吵、胡闹行为，使他的目的得逞。可以先保持一段时间的沉默，做你正在做的事。

（2）如果孩子进一步胡闹，且使你难以忍受时，可以暂时离开现场。这时仍然保持不批评、不与之讲道理、不打不骂的态度。

（3）等孩子情绪稳定后，告诉他："你刚才胡闹是不对的，现在你情绪稳定了，可以做你自己的事去了！以后你再这样，我们仍然不会理你。"然后简单而认真地说明这件事不能做的原因，并对他说"相信你以后会听话的"之类的话来鼓励他。

6. 适当惩罚

对于年龄小的孩子，只靠正面教育是不够的，适当的惩罚也是一种极为有效的教育手段。如孩子任性不吃早饭，家长既不要责骂，也不要威胁，只需饭后把所有的食物都收起来。孩子饿时，告诉他肚子饿是因为早晨不吃饭，孩子尝到饿的滋味后就会按时吃饭了。

任性对孩子来说有害无益，因此，家长应从小纠正孩子任性的行为，因为任性一旦成为孩子的习惯，再去纠正就来不及了。

告诉孩子要谦让

现代社会尊重个人的选择，个人活动的自由度大了，然而对人的文明礼让要求也更高了，因为文明礼让是社会文明程度的重要标志。

因此父母必须教育孩子懂礼貌，而礼貌又是通过动作与语言的运用来表现的，如果只让孩子知道"应该"尊敬别人、对人有礼貌，而不懂得"如何做"才能体现礼貌，结果可能会适得其反。

在教育孩子待人接物方面，父母应成为孩子的老师，比如，在宴席上让孩子坐在椅子上默不作声地吃大人夹的饭菜；如果不小心把饭菜掉在桌子上或地上时，赶忙说"对不起"，并采取正确的处理措施。

提醒孩子不要随意让别人帮自己做事，若是非麻烦不可，一定要说"请""对不起""麻烦您""谢谢"等礼貌用语。

告诉孩子，在与人交往的时候，不要总是认为自己的想法是对的，要多倾听他人的意见，要学会接纳他人的建议，与同学相处时不要斤斤计较等。

萌萌今年9岁，念小学四年级。有一天，萌萌的同学金明到家里玩，萌萌热情地接待了他，并邀请金明一起玩赛车。萌萌的妈妈看在眼里，喜在心里，她想：孩子总算是长大、懂事了。不想，萌萌的妈妈高兴得过早了。萌萌和金明刚玩了不大一会儿，就吵了起来。原来，金明不小心把萌萌的赛车摔坏了，萌萌急了，就拉住金明，要他赔赛车。

萌萌的妈妈一看不对，连忙对萌萌说："赛车坏了，改天妈妈再买一个，同学难得一起玩，别闹得不开心。"

可是，萌萌依然不依不饶，最后，金明哭着离开了萌萌家。为此，萌萌的妈妈心里非常过意不去。

生活中，像萌萌这样的孩子并不鲜见。他们总会因为一些事情斤斤计较，在面对一些矛盾时不懂得如何处理，以至于破坏了朋友之间的友情。对于这种情况，家长们一方面不忍心责备孩子，另一方面又为孩子的处境苦恼，担心因此影响到孩子的心理健康与今后的发展。其实，孩子之所以这样，是由于他们的心智还没成熟，不懂得体谅、理解、谦让别人造成的。因此，家长应从小让孩子学会礼让。一个文明、礼让的孩子总是受人欢迎的。杨沫就是这样一个孩子——

杨沫和同学们一起到严聪家做客，临走时大家都忙着拿书包、穿鞋子，只有杨沫留在了最后，他把自己坐过的椅子认真摆好，把弄乱的东西放回原处。

这一瞬间的行为被严聪的父母看在眼里，他们很受感动。严聪的母亲赞赏道："这反映了一个学生良好的习惯，说明这个孩子很有教养。"

杨沫之所以如此彬彬有礼、落落大方，这完全是他的父母辛勤付出的结果。在早期教育当中，他的父母除了开发他的智力、培养他的能力之外，也对他进行文明行为的训练。正是因为父母的努力，才使杨沫养成了文明礼让的好习惯，成为一个人见人爱的孩子。

英国教育家洛克说："习惯一旦形成，用不着思索就能很容易、很自然地发生作用。"因此，父母只要让孩子养成文明礼让的好习惯，这些习惯就会在孩子身上发挥作用，孩子也很容易成为一个有教养、懂礼貌的人。

"少成若天性，习惯成自然"，文明礼让要从小培养。有些父母认识片面，对培养孩子文明礼让的习惯不够重视，还有一些父母认为现代社会讲个人自由，懂不懂礼貌都没关系，只要学习好、有本事就行了。

其实只要留心一下周围的人物，注意一下大众传媒就会发现，那些事业有成的人都是有文明礼让习惯的人。

此外，家长还可以经常给孩子讲一些积极向上和人际交往的故事，让孩子从故事中明白体谅他人、不以自我为中心、不骄横、任性的好处，从而强化孩子的交际行为，让孩子变得更有人缘。

总之，只有让孩子从小学会礼让，才能让孩子走出以自我为中心的泥淖，不再骄纵、任性、自以为是，从而变得更受欢迎。

教育孩子常反思

苏格拉底认为："未经自省的生命不值得存在。"自省即自我反省，是一种自我道德修养的方法。通过自省，一个人可以提升自己的思想水准，完善自己的道德境界。自我反省的能力是人们一种内在人格智力，是认识自我、完善自我、不断进步的前提条件。对成人而言，具备自我反省的能力，就能正确认识自己的优缺点，自尊、自律，有计划地规划人生。遇到困难和挫折时，能够及时调整自己的情绪，积极进取，渡过一次次难关，一步步走向成功。

"金无足赤，人无完人"，犯了错误不要紧，重要的是态度。犯了错而不敢承认，是缺乏自信的表现。因为一个有自信、有实力的人，就不会因为一两次的失误，就完全否定了自己的价值和能力。如果知道那些错误，却不反思，看着错误一再上演，那对个人能力的提升，丝毫没有助益。因此，只有自我反省，才能修正缺失。一个具备反省能力的人，能主动接受批评和自我批评，认真反省自身缺点，从而不断改进自己、升华自己。

一个具备反省能力的人一定能够对自己提出严格要求。他们总是寻找自己的不足，力求改进这些不足；他们总是能够虚心听取别人的意见，从别人的建议中汲取营养，使自己变得更加完善；他们不害怕自我批判和自我否认，因为他们知道自我否认的目的是为了使自己达到一个更高的层次。

自省是认识自我、发展自我、完善自我和实现自我价值的最佳方法。心平气和地正视自己，客观地反省自己，既是一个人修身养德必备的基本功之一，又是增强人之生存实力的一条重要途径。因此，在自我否认的背后，他们实际上有着充分的自信，在不断的反省中获取前进的力量，让自己变得更优秀。

经常反省自己，可以去除杂念，对事物有清晰、准确的判断，理性地认识自己，并提醒自己改正过失。因此，每日反省自己是不可或缺的。通过经常反省自己的思想和行为，无情地自我解剖，严格地自我批评，及时地改正自己的过错，就能把过失和错误消灭于萌芽状态。

勇于面对自己，正视自己，对自己的一言一行进行反省，反省不理智之思、不和谐之音、不练达之举、不完美之事，并且要及时进行，反复进行，这样才能够得到真切、深入而细致的收获；疏忽了、怠惰了，就有可能放过一些本该及时反省的事情，进而导致自己一再犯错。所以，培养孩子反省的习惯非常重要！

培养孩子自我反省的能力，家长不妨从以下几点入手。

1. 让孩子学会接受批评

要教会孩子反省，就得让孩子学会接受批评。如果一个人能坦然接受批评，这对他的成长将会有很大好处。法国心理学家高顿教授通过一项专题研究证实，那些难以接受批评的孩子长大后，大多会对批评持"避而远之"或干脆"拒之门外"的态度。因此，父母应该让孩子在幼儿时期就学会接受批评，这不仅能够塑造孩子完整的人格，而且可以帮助孩子在其他方面取得成功。

2. 不直接对孩子的错误横加指责

当孩子做错事时，家长不要一味地斥责，这样容易引起孩子的反感，对家长产生抵触情绪，使孩子内在智力的发展受到限制。家长可采用冷静的态度，从侧面引导孩子进行自我反省，明辨自己的过失。

3. 让孩子自己承担犯错的后果

孩子做错了事，许多家长常常替孩子去承担犯错的后果，使孩子觉得做错了也没关系，丧失了责任心，不利于培养其自我反省的能力。所以，家长应该让孩子自己去承担犯错的后果，让孩子明白：一旦犯错，将会造成不良影响，甚至严重的后果。

4. 重视负面道德情感的效应

给孩子灌输正直、善良、勇敢等正面道德情感，可塑造其美好的心灵，而让孩子体验羞愧、内疚等负面道德情感也会使其受益匪浅，而且羞愧、内疚等负面道德情感与正面情感相比，更能在孩子的心中留下深刻的记忆，促使他不断自我反省，区分好坏，辨别是非、对错和美丑，改正错误。

因此，当孩子犯错时，应让他懂得羞愧和内疚。如孩子做错事时，家长可直接平静指出错误所在，促使孩子自我反省，激发起他的羞愧感和内疚感，以后不再犯此类错误。

纠正孩子不会反省的习惯时，家长应该注意的原则如下。

第一，不要惊慌或者整天唠唠叨叨。当孩子做错事之后，大部分父母都会以吃惊、慌乱或是终日唠唠叨叨的方式来责备他们。在这种情况下，孩子常以反抗、顶嘴甚至更强烈的态度去面对，丝毫不会有改错的诚意。

第二，不要不给孩子解释的机会。允许孩子做解释，不仅可以更全面地了解事情的真相，而且可以引导孩子进行自我反省。如果不给孩子解释的机会，孩子只会觉得你武断，没有根据，从而不服从管教。

第三，不要拿孩子与别人进行比较，如"你看你的某某哥哥现在过得多好，你就不能像他一样吗？"为此，孩子为了表现自己的不满，顶嘴"那你做他的家长好了"。这样，不但家长下不了台，还会让孩子觉得自己什么都不行，进而产生自卑心理。

每一个孩子都是父母的未来、父母的希望。作为父母，我们总试图包容孩子的一切，善的、恶的、好的、坏的。但这样无原则的包容只会让孩子身陷爱的泥潭，唯有让孩子学会反省，孩子才能成长。

家长适度泼冷水

对孩子任性的行为，家长应该做到既不卡又不纵，使其任性行为走上有节制、受制约的轨道。这样，孩子的任性行为才有可能逐渐成为理智的正常的行动。

一个从小就骄纵、自负、自以为是的孩子，往往没有办法客观地评价自我，也不能客观地评价他人，一旦受到"冷落"就可能因为觉得"不被重视"而变得自暴自弃。

一个从小就骄纵、自负、自以为高人一等的孩子受不了半点挫折与失败，一遭失败就可能毁了他的一生。

一个骄纵、自负、自以为是的孩子在他与外界之间竖起了一道无形的"城墙"。他们大多数时间生活在自己的世界里，对其他孩子不是贬损就是嫉妒，因此整日郁郁寡欢。

当然，这些"骄傲"的孩子有着让他们骄傲的优点：如成绩优秀等。然而正是他们的"骄傲"，把他们自己锁在"骄傲王国"里，逐渐变得狭隘、自私、跋扈、骄横，眼里容不下别人。这样的孩子不仅伤害了别人，也伤害了自己，最后甚至连一个朋友也朋友。因为，是没有人喜欢跟一个整天夸夸其谈，狂傲自大的人交朋友的。

专家建议，对于骄纵、自负、不听话的孩子，家长可以利用以下几种方式教育他。

1. 不要给孩子过多的关注

对于骄纵、自负的孩子来说，对付他们的最好办法就是不要对他太好，更不能对孩子的一些"聪明"表现沾沾自喜。在孩子无理取闹时，家长一定要制止。爸爸妈妈一定要坚持原则，他要哭就任凭他哭，不可因为求得一时安宁或者心疼其哭闹就放弃原则。

2. 不要给孩子太多的称赞

当今社会的普遍情形：孩子考得好了，孩子喜笑颜开，家长眉开眼笑。孩子阅历有限，在成功面前头脑容易发热，家长这时如果沉着，也会使孩子冷静下来。而这时，如果家长对孩子的优点百般追捧，对孩子的缺点却视而不见，长期下来，势必会滋长其骄傲自满的毛病。

3. 让孩子学会正确评价自己

家长应告诉孩子人各有所长，即使是看上去最弱小的人，也有其他人所不及的地方；同样，再强大的人也都有他自己的弱点。不可用自己的长处去与他人的短处进行比较。

4. 进行挫折训练，让他们尝试失败的教训

对骄纵、自负的孩子进行受挫折训练，让他们尝试失败的教训，这是对他们最实际的磨炼和提出的更高要求。骄纵、自负的孩子大多能力强，家长可以提出较难的问题，请他们回答或者让他们做一些较难的事情，使他们感觉到自己也有办不到的时候，也有需要别人帮助的时候，这对孩子的性格培养是有利的。

5. 树立榜样，培养孩子谦虚的品质

在家庭生活中，母亲时刻影响着孩子，所以，母亲要谦虚友善，不要在孩子面前表现出骄傲情绪，以免孩子受到不良影响。

因此，家长一定不要姑息孩子的骄纵与自负，必要的时候，应该向这些孩子"泼点冷水"。对这种孩子来说，只有在挫折与忍耐中学习，才能慢慢成长起来。

第三章

别让胆怯熄灭
孩子的梦想

现在的孩子大多是独生子女，受到家人的过多保护，过度依赖父母，缺乏独自面对问题的能力，因此往往会产生胆怯心理。家长应该多鼓励孩子和同伴交往。同时适当地教给他们正确的交往技能，例如，在游戏中要合作、不独占，同伴之间要分享、谦让，要善于倾听别人的意见等。当孩子感到自己能友好地与同伴相处，受人喜爱，那么，他以后就不会再害怕与他人交往了。

对待有胆怯心理的孩子，必须以尊重孩子的个性为前提，抱怨、强行扭转都有可能适得其反，使孩子无所适从。因为，只有通过正确的方法来引导孩子，才能让其充满自信地迎接挑战！

胆怯性格的成因

孩子之所以胆小、怯懦，是由多种原因造成的。当孩子已经表现胆怯性格之后，家长不能再无端抱怨孩子是个"胆小鬼"，这不仅不会让孩子变得不再胆小，而且还会给孩子造成更大的精神负担。我们应该认真审视自己孩子的情况，了解其怯懦性格产生的原因，然后采取有针对性的措施，帮助孩子战胜胆怯。

事实上，孩子胆怯性格的形成主要与家庭教育相关，具体说来有以下几方面的原因。

1. 家长保护太多

家长对孩子的保护太多是其变得怯懦的原因之一。如今，许多家庭都是独生子女，全家人对这宝贝呵护备至，无论是在生活中还是在学习过程中，一些本该让孩子自己解决的问题家长都大包大揽，对孩子的保护过多过细，怕磕着，怕摔着，怕有任何不适意，总把孩子带在身边，形影不离，这些习惯使孩子丧失了解和认识世界的机会，使孩子形成一种强烈的依赖心理和被保护意识。所以使他们对许多事物在心理上有抵触，变得胆小怕事。

2. 孩子曾经被吓唬，心理上留下阴影

有些家长见孩子要哭要闹，或者淘气调皮不听话，就用大灰狼、老虎、狮子等凶猛的野兽进行恐吓，想以此来唬住孩子；有的甚至用魔鬼、妖怪、狐狸精、雷公等迷信物来吓唬；有的家长索性关掉电灯，发出各种怪叫声，造成一种阴森可怕的气氛。恐吓对制止孩子一时的哭闹，会有一些作用，但它会给孩子带来长时间的心理创伤。因为孩子缺乏科学常识，家长随意杜撰出来的那些可怕的东西，会深深地烙在他们的头脑中，形成抹不掉的阴影，以致一到晚上或没有他人时，一想起就害怕。这种孩子不敢接触新奇的事物，不敢去陌生、偏僻的地方，心里经常有一种紧张恐怖的感觉，胆量自然很小。

此外，大众传媒中的一些画面、一些故事讲了可怕的内容，或者生活中某些偶发事件，如着火、跑水等吓着了孩子。这些经历，在孩子心理上留下可怕的阴影，导致孩子失去了安全感，形成胆小怯懦的个性。

3. 家长动不动就训斥孩子

有些家长"望子成龙"心切，对孩子的要求过于苛刻，孩子稍有差错，或稍有不顺眼之处，就大声训斥，严厉批评，甚至采用武力进行惩罚。相对于家长来说，孩子是弱者，动不动就批评、训斥、惩罚，使得他生怕犯错，因而什么事也不敢想、不敢做。即使家长同意，某件事孩子动手做了，也会担心因出差错而挨骂。

还有一些家长对孩子管得太严，一举一动都得经过其同意。胆量的形成与孩子从小的主动性和灵活性有着一定的关系。家长什么事都管得紧紧的，不给孩子一点自由，不准孩子越雷池半步，不准孩子有一点点差错，这样的孩子怎么会胆大呢？

4. 家长经常向孩子灌输"卑微"的思想意识

我们经常听见一些家长对自己的孩子说："我们家穷，没权没势，也没什么本事。你要少惹事，尽量少说话，吃点亏就吃点亏。"

在这种意识的诱导下，孩子就会产生强烈的自卑感，觉得自己各方面都比不上别人。自然就形成了胆小的性格。

5. 孩子交往太少，对陌生人和群体不适应

有些家长在日常生活中对孩子的限制过多，孩子从小很少与人交往，除了父母、长辈，极少与同龄小朋友一起玩耍，极少有走亲访友的机会。这样，孩子怕见生人，怕在众人面前讲话，交往能力较弱。

6. 家长想通过"以毒攻毒"的方式训练孩子的胆量

有些家长以为，孩子胆小，那是因为缺乏训练的缘故，因此就采用了极端且错误的方式训练孩子。他们原本以为这样能让孩子的胆子变得大一点，事与愿违，这种做法非但不能让孩子的胆子变大，反而会让孩子产生更深的恐惧感与心理阴影。这对孩子的成长是非常不利的。

恐惧羞怯可战胜

每个人都有他（她）所惧怕的事情或情景，如怕雷电、怕火灾、怕地震、怕生病、怕考试等。但是，在现实生活中，我们可以看到有许多孩子的恐惧心理异于正常人，如一般人不怕的事物或情景，他（她）怕；一般人稍微害怕的，他（她）特别怕。这种无缘无故的，与事物或情景极不相称、极不合理的异常心理状态，就是恐惧心理。这种不健康的恐惧心理将可能影响孩子一生，因此，家长应正确引导，帮孩子走出胆怯的阴影。只有这样，才能使孩

子避免错失发展机会。

当你的孩子经常在很多事情上表现出畏惧、退缩，不愿主动去尝试，不能表达自己的想法和观点时，家长不必不知所措，更不需要给孩子贴上胆怯的"标签"。这时唯一能做的就是帮助孩子逐渐摆脱胆怯、恐惧的困境。具体可参考如下建议。

1. 家长应正确看待孩子害怕的事物

生活中，有许多孩子胆子很小，有不健康的恐惧心理。比如，父母不在身边时就会感到害怕，怕黑、怕"鬼怪"等。

做父母的要正确对待孩子所害怕的事物。一种非常有效的方法是教给孩子关于某些事物的知识。有的孩子害怕猫、狗等小动物，父母就可以给孩子讲一些有关这些动物的小故事，并告诉他们这些动物一般不会伤害人，要知道与它相处的方法。这样，就可以帮孩子增强安全感。

2. 教孩子战胜恐惧

印度有一则故事：

一位懦夫极想使自己变得勇敢，就报名参加了"杀兽"学校。这所学校专门培养人的能力和胆量，使人敢于拿起剑去杀死吞食少女的怪兽。校长是印度有名的魔术师莫林。莫林对懦夫说："你不必担心，我给你一支魔剑，此剑魔力无边，可以对付任何一种凶恶的怪兽。"事实上，校长给懦夫的只是一把普通的剑。在培训中，懦夫以"魔剑"壮胆，杀死了不少模拟的怪兽。结业考试时，懦夫将面临吞食少女的真怪兽。不料冲到山洞口，怪兽伸出头露出狰狞面目时，懦夫却发现自己拿错了剑，"魔剑"丢在了教室里。这时懦夫后退已不可能，他硬着头皮挥动那把普通的剑，结果居然杀死了怪兽。莫林校长会心地笑了，他说："我想你现在已经知道了，没有一支剑是魔剑，唯一的办法在于相信你自己。"

这个故事告诉我们，要战胜恐惧，唯一可做的就是战胜自己，因此，家长要抓住一切可能锻炼孩子胆量的机会，循序渐进，以达到锻炼孩子胆量的目的。

3. 让孩子努力增加自己的科学文化知识

一位心理学家说："愚昧是产生恐惧的源泉，知识是医治恐惧的良药。"的确，人们对异常现象的惧怕，大都是由于对恐惧对象缺乏了解和认识引起的。因此，孩子只要通过学习，了解其知识和规律，揭去其神秘的面纱，就会很快消除对某些事物或情景的无端恐惧。

4. 鼓励孩子转移注意力，以战胜恐惧

这就要求家长鼓励孩子把注意力从恐惧的对象上转移到其他方面，以减轻或消除内心的恐惧。例如，对付在众人面前不敢讲话的恐惧心理，除了多实践、多锻炼外，每次讲话时把自己的注意力从听众的目光转移到讲话的内容上，再配合"怕什么"等积极的心理暗示，孩子会因此变得比较镇静，说话也比较轻松自如。

5. 注意身体语言

羞怯给人的印象是冷淡、闪烁其词等，但孩子自己往往并没有意识到这一点。实质上孩子的这种身体语言传递的信息是"我胆怯，我害怕，我不安"。可是，与之交往的人并没有注意这点，他们会把这种身体语言误解为冷淡、自负，从而避之千里。这使胆怯者更加迟疑不安。因此，家长应引导孩子学会掌握自己的肢体语言，通过肢体语言缓解内心的恐惧。

总之，家长可以从多方面培养孩子的健康心理，使孩子逐步战胜自身的恐惧感。此外，在让孩子具备勇敢性格的过程中，家长要树立榜样作用，经常与孩子进行沟通，了解他的真实想法，锻炼孩子的独立性。不需要太久，你会发现孩子越来越勇敢了。

值得注意的是，当孩子对某些事情表现出胆怯的时候，家长应避免这么做。

■强迫孩子否认令他们感到害怕的事物及掩盖他们的恐惧感

心理学家认为只有当孩子感到你承认他们害怕的东西是客观存在的时候，他才会相信你对解除他的害怕所做的解释。

■在孩子害怕的时候训斥他

有些家长，在孩子遇到事情退缩不前的时候，往往会训斥孩子，说孩子是"胆小鬼"，甚至给予处罚，这些都会对孩子的心理造成极大伤害。这不仅改变不了孩子的胆小状况，反而可能使孩子的惧怕心理加重。

战胜怯懦有方法

俗话说，"授人以鱼，不如授之以渔"，因此要想让孩子从内心战胜怯懦，家长应教给孩子战胜怯懦的具体方法。以下这些方法可供家长借鉴。

（1）让孩子径直地迎向自己害怕的人或者物，同时辅之以积极的自我暗示、自我激励。如"这点小事不值得害怕""别人能做到我也能做到"等话，为自己打气、壮胆。在困难与阻力面前要有一股敢斗的勇气和气势，从而战胜自己的畏惧怯懦，迎着困难与压力迈出关键的第一步，并义无反顾地大胆往前走。

（2）引导孩子训练盯住对方的鼻梁，让人感到你在正视他的眼睛。

（3）开口时声音洪亮，结束时也会强有力；相反，开始时软弱，那么结束时也就软弱。

（4）学会适时地保持沉默，以迫使对方讲话。

（5）会见一位陌生人之前，先列一个话题单子。

（6）如果孩子因不愉快的交往经验而将自己封闭起来，那就应该端正对社交的认识。一般来说在正常的社交中是不会出现嘲笑、冷落、暴力等现象的。所以，家长应该告诉孩子：不必"一朝遭蛇咬，十年怕井绳"，而应该学会在新的交往过程中努力调整自己的状态。

（7）告诉孩子，不要将对方估计过高，将自己估计太低，即使对方各方面都比自己强，也不应妨碍自己与他大大方方地接触。

（8）让孩子大胆走出个人的小天地，观察和模仿一些说话做事泰然自若的人的言谈举止，使自己养成镇定、从容、落落大方的习惯。只要能这样做，在今后的社交场合里，孩子就不会脸红心跳、瞠目结舌、词不达意了。

（9）让孩子重新树立信心。信心的力量就好像身体里的肾上腺素，可以在危机中发挥出其令人惊异的潜力来。恐惧之所以能打败我们，使我们不敢前进，自觉虚弱渺小，那是因为我们的心智受到了恐惧的左右。但一旦危机出现，信心就会使我们冒出一种以前一直隐藏着而没有发挥出现的超级力量，化解危机。

（10）教孩子正视自己畏惧的事物，认清它的真面目，并且坚定地抗拒它。坚定地采取行动，下定决心战胜它。

（11）鼓励孩子，在感到畏惧的时候，用勇往直前的行动，去攻击恐惧。攻击的力量愈大，畏惧消失得也就愈快。

（12）让孩子时刻保持内心的平静。以正确的心态对待恐惧。事先做一些准备和采取一些预防措施，相信自己，毫无畏惧地做自己该做的事。

（13）教孩子不要把忧虑和惧怕隐藏在心中。许多孩子在忧虑与不安时，总是将其深藏于心间，不肯坦白说出来，其实，这种做法是不对的。内心忧虑烦闷，应该尽量坦白讲出来，这不仅可以让其从心理上找出一条出路，也有助于其恢复理智，把不必要的忧虑除去，同时找出消除忧虑、抵抗恐惧的方法。

（14）鼓励孩子不要害怕困难。因为，人遇到困难，往往是成功的先兆，只有不怕困难的人，才可以战胜任何的忧虑和恐惧。

孩子只要掌握了以上的方法，就能逐渐战胜内心的怯懦，走向成功。

改掉依赖变勇敢

依赖只能让怯懦者更加怯懦，所以，一定要改掉这种不良习惯。依靠别人不如依靠自己。依靠自己就是勇于承担责任、承担风险。

自己决定自己想干的事情，这样可以最大限度地挖掘自身潜能，最大限度地调动自身的积极性、主观能动性，有效发挥自我潜能。

在残酷的现实面前，每个孩子都要学会勇敢地驾驭自己的命运，不要依赖他人。因为能够充分发挥自己潜能的，永远都不是外援，而是自身；永远都不是依赖，而是自立。只有自立的孩子，才能战胜怯懦，获得属于自己的生命体验。而家长的"帮扶"只会让孩子失去生存的能力和勇敢面对生活的能力——

在蛾子的世界里，有一种蛾子名叫"帝王蛾"。帝王蛾在幼虫时期是在一个洞口极其狭小的茧中度过的。当它的生命要发生质的飞跃时，这天定的狭小通道对它来讲无疑成了鬼门关。它娇嫩的身躯必须拼尽全力才可以破茧而出。太多太多的幼虫在往外冲杀的时候力竭身亡，不幸成了"飞翔"这个词的悲壮祭品。有人怀了悲悯恻隐之心，企图将那幼虫的生命通道修得宽阔一些。他拿来剪刀，把茧子的洞口剪大。这样一来，茧中的幼虫不必费多大的力气，轻易就从那个牢笼里钻了出来。

但是，所有因得到了救助而见到天日的蛾子都不是真正的"帝王蛾"。它们无论如何也飞不起来，只能拖着丧失了飞翔功能的双翅在地上笨拙地前行！原来，那"鬼门关"般的狭小茧洞正是帮助帝王蛾幼虫两翼成长的关键所在，穿越的时刻，通过用力挤压，血液才能顺利送到蛾翼的组织中去；唯有两翼充血，帝王蛾才能振翅飞翔。人为地将茧洞剪大，蛾子的两翼就失去充血的机会，生出来的帝王蛾便永远与飞翔无缘了。

现在的孩子需要的就是这种磨炼，他们惧怕那黑黑的隧道，总是渴望有人将他们一路护送；现在的家长也多是"怀了爱怜之心"

的父母，总是怕孩子吃苦受累，于是把孩子的"生命通道修得特别宽畅"，殊不知，这样培育出来的孩子永远也学不会勇敢与坚强。事实上，要想培养出勇敢、坚强的孩子，家长首先要让孩子扔掉依赖的拐棍。下面的这个例子说的正是这样的道理。

有一天，王先生带儿子去医院拔牙，儿子是性格怯懦的孩子，很害怕拔牙。

王先生就安慰儿子："别怕，爸爸会守在你的身边。"谁知进了诊疗室，儿子却抓住王先生的手不肯放，哭着闹着不让医生拔牙，医生拿着工具站在那里叹气。王先生使劲安慰儿子说"别怕，不疼"，但儿子依旧抓着他哭。

就在这时，有一位老医生走过来对王先生说："请你出去，离开你的位置。"王先生问："为什么要这样做？"

老医生笑着说："你出去一会儿就知道了！"

王先生说："那好吧！"

但儿子却嚷着说："爸爸，你别走，我好害怕……"

王先生志忑不安地在外等待着，过了一会儿，儿子平静地走了出来。王先生急切地问："儿子，疼吗？你哭了吗？"

儿子说："有点儿疼，可我一声也没哭！"

王先生又问："如果我在，你还哭吗？"

儿子笑着说："我想，我会哭的！"

带着疑问，王先生问了那位老医生，老医生回答说："你知道当时我为什么要你出去吗，你守在孩子的身边，孩子感受到依赖，就会撒娇、任性。我让你离开，是要让孩子自己去直面痛苦和磨难。孩子没有了依靠，自然会丢掉幻想，用自己的意志和毅力去战胜怯懦和疼痛。"王先生恍然大悟，说道："原来如此啊，我终于找到改变儿子怯懦性格的方法了！"

老医生的话含有深刻的哲理，令人深思。不但怯懦的孩子总是依赖父母，在生活中，那些怯懦者也习惯于去依赖别人，喜欢在别人的保护伞下生活，从而让他们失去了锻炼机会，变得越来越没有勇气，越来越没有斗志，成功也变得遥不可及。

依赖是怯懦者最常见的行为，这样的人，无论在何种情况下，做任何事情总是习惯把别人或者外界的帮助、支援考虑进去。这种依赖思想的恶果是让怯懦者更加逃避现实，总把希望寄托在别人身上，自己对任何事情都没有把握，更不敢尝试挑战。

依赖是懒惰思想在作祟，过分的依赖思想就是怯懦的具体表现。另外，依赖别人，就常常会受制于别人，而受制于别人是非常危险的。依赖思想要不得，遇到事情，不要让孩子老想着寻找别人的救助，要让他们想办法自己解决，这样你才能让他们变得更加勇敢。

突破极限来挑战

现实生活告诉人们，任何成功都离不开尝试，而且应当多试几次。从古至今，一切的成功都来源于勇敢尝试，有胆量去尝试是成功的基石。居里夫人由于敢尝试发现了镭，牛顿由于敢尝试发现了牛顿定理。做任何事都有第一次，但并不是每次都会成功。

只要敢于尝试，什么事都会有转机。因此，家长应从小培养孩子"敢"字当头的勇气，要勇敢地去做事，勇敢地去尝试。一个什么都不敢去尝试的孩子是不会有大的作为的。

那么，家长应如何鼓励孩子学会尝试呢？

首先，家长要为孩子提供尝试的机会。

如在做游戏、玩玩具、做手工、参加竞赛及做家务等活动中，鼓励孩子大胆尝试，适当引导孩子，让其通过努力品尝到胜利的喜悦。比如，当孩子想帮妈妈洗碗时，不要嫌麻烦，或是怕他打碎碗而拒绝他，不妨为他搬把高度适中的凳子，为他戴上围裙、套袖，告诉他怎样轻拿轻放，怎样冲洗干净。当孩子洗好一只碗时，大声夸赞他干得真棒，孩子会很快乐，对自己的能力充满自信！

孩子在尝试的过程中，并不会一帆风顺，他们会经历失败，所以家长要在孩子失败的时候给予支持。比如，孩子想试着自己剥蛋壳，结果，把鸡蛋都捏碎了，你可以鼓励他："不错，下次会更好的。"切忌在孩子失败的时候讽刺、挖苦他，那会把孩子的探索热情熄灭；也不要在孩子失败的时候可怜他，那会使他丧失克服困难的勇气。

家长还要在孩子尝试过程中表现出创造力时予以赞赏。比如，孩子拿西瓜皮当帽子，拿起手电筒当话筒，钻进纸皮箱里玩"坦克大战"等，这些都是孩子创造力的萌芽，你不但要表现出你的欣赏，还要表现出你有极大的兴趣来了解他是怎么做的。你的鼓励会使孩子继续创造、乐于创造。

其次，家长要教会孩子不要被定式的思想束缚，所有的事情只有在尝试过后，才能得以验证。不尝试，只按照定式的思维思考问题，是不会获得成功的。

有这样一个试验：

在鱼缸中间放一片玻璃，其中一边放一条大鱼，另一边放一条小鱼。开始，大鱼想吃掉小鱼，却被透明的玻璃挡住了。试了几次后，大鱼就不再有吃小鱼的念头了。后来，试验者将鱼缸中间的玻璃撤掉，这时小鱼自由自在地游到了大鱼嘴边，而大鱼却一点反应都没有。最后，大鱼竟死在了鱼缸中。

试验者认为，大鱼是被一种思维定式挡住了本能的欲望，或者说受阻于一堵无形之墙。大鱼放弃了再次尝试的机会，也就与实现自己的愿望无缘了。

如果你的孩子总被惯性的思维束缚、限制，家长要鼓励孩子放开顾忌，学会自己去尝试，唯有如此，孩子才有可能获得成功。

除此之外，家长还要让孩子尝试着维护自己的权益。

在生活中，我们往往教育孩子要学会谦让，或者通过成人的干预，为孩子解决难题，但我们忽略了孩子应该从小懂得维护自己的权利和尊严，并在这一过程中获得自信。其实，当孩子尝到维护自身权益给自己带来的好处后，不但会变得自信，更会因此变得勇敢而独立。这对孩子的发展而言意义重大。

值得注意的是，家长在放手让孩子尝试时要尽量避免一些误区。

一是强迫尝试。孩子成长是有时间表的，即什么阶段的孩子会做什么事，但也有个体差异，也许有的孩子两岁时已能独自入睡了，但胆小的孩子仍和父母挤在一起。如果父母不顾孩子的个性特点，强迫孩子独睡，那么孩子很可能长时间难以入睡，甚至会受到惊吓，在心里留下阴影！

二是盲目尝试。很多家长求胜心切，让两岁的孩子尝试着学这学那。如果不够了解孩子，对孩子进行盲目、不切实际的早教，可能导致孩子产生厌倦情绪，得不偿失。

著名教育家陶行知老先生说："不要担心挫折，应该担心的是，怕挫折而不敢让孩子做任何事情。"有胆量尝试对孩子是有益无害的。事实上，在孩子成长道路上，有很多第一次，如果家长不让孩子尝试，那么孩子永远长不大。

第四章

别让自私断送孩子的前途

自私是人的本性，但我们生活在社会中，人与人之间少不了交往，我们总有需要别人帮助的时候。

自私自利的孩子，在人际交往中往往不会受到别人的欢迎，长此以往，必然影响孩子各方面的发展。

作为家长，要随时观察孩子是否有自私的行为表现，及时发现，及时制止，别让自私断送孩子的前途。

自私性格的成因

自私自利是许多独生子女中普遍存在的一个问题。出现这个问题的原因是多方面的。归纳起来，有以下几个方面。

第一，在孩子心理发展未达到成熟阶段时，其往往单纯地认定"我即世界"，这种以自我为中心的想法虽然随着时间和经验的累积，逐渐成为接纳他人和减少利己的行为，但仍固执己见，不能接受公正、正确的意见。于是，孩子衡量外界的标准便是"是否有利于自我"，相应的行为也是如此。

第二，现在大部分的家庭只有一个孩子，家长对孩子关心过度、万般宠爱、处处迁就，使孩子不自觉地加重了自我意识，形成了以自我为中心的心理定式，导致孩子形成一种只顾自己、不考虑他人的错误思想和行为。于是，他们产生过分的占有欲望以及自大、独尊的心态，处处都要别人迁就，常常会提出一些无理要求。

第三，一些家长对待孩子的方式反复无常、表里不一，当孩子犯错时，便加以嘲讽、鄙视，使孩子产生畏惧心理，因此变得自我封闭，不愿与他人接触，躲到自己的小天地里，结果必然导致孩子自私。

第四，家长很少鼓励孩子关心自身以外的人和事，虽然偶尔也会因为孩子不肯为自己倒杯水之类的事情责备孩子一两句，但家长却没有足够重视这一点，因此，更没有意识去纠正孩子的这种不良行为习惯。

第五，孩子自私心理的产生，与其周围人的不良影响也有很大关系。例如，有的父母或家庭成员自私自利，爱贪图小便宜，或与人共事斤斤计较，过于"小气"；有的父母或家庭成员常常叮嘱孩子自己的东西不给别人吃，玩具不许别人玩等；还有的父母对孩子的自私行为不以为然，反以为乐事，认为孩子"从小护东西，长大不吃亏"。这些，都会助长孩子的自私心理。

第六，社会愈进步，物质生活愈丰富，随着生活质量的提高，家长在不断满足孩子需要中，助长了孩子的霸道、自私性格。例如，当孩子看到别人有好玩的，好吃的，而自己不能和其分享时，家长会说："别哭，咱们也买！"从而，滋长了孩子对物质的索取。孩子不断滋生的欲望是自私的根由，欲望无止境，自私便随之而生。

孩子的自私行为是受多方面影响而产生的，家长要从各个细微处着手，帮助孩子杜绝自私的行为，树立正确的价值观，以保证孩子健康成长。

勿以自我为中心

孩子以自我为中心的性格并不是一朝一夕就形成的。要纠正孩子以自我为中心的习惯，不是一件容易的事情，因此，家长一定要耐心、细致，既要做到教育孩子，又不要伤害孩子的自尊心。唯有如此，教育才是有成效的。具体做法有以下几种。

1. 帮助孩子正确认识自我

要改掉孩子以自我为中心的坏习惯，家长应该取消孩子在家中的"特殊"地位，合理满足孩子的需求，让孩子知道自己在家庭中与其他成员是平等的，对孩子不合理的要求，家长应坚决拒绝，以消除其"以自我为中心"的意识。家长应该通过各种方式使孩子懂得世界上的一切事物都需要分担共享，并使其懂得应该经常关心他人，而不能放任孩子以自我为中心的心理。同时应帮助孩子建立群体思想，这样可以使孩子以自我为中心的行为逐渐减少。

2. 培养孩子的社会意识

观察孩子时，不能只看自己的孩子是否精神饱满，是否能融入社会，一定要和别人家的孩子相比较来观察。如有可能，可以多带孩子参加一些公益性的活动，如捐款、帮助邻居倒垃圾等，培养孩子的社会意识。

3. 不要整天围绕着孩子转

家里人不要整天围绕着孩子转，万事不能以孩子为中心，当孩子习惯了以"我"为中心的性格，那么他是不知道如何去关心别人的。

4. 让孩子学会换位思考

"换位思考"就是转换与他人的位置，实际体会别人的需求、感受与悲欢苦愁。如孩子做了对不住别人的事，家长应要求孩子站在别人的角度想一想：如果另一方是自己会是什么感受，这样就会使孩子为自己的行为不安、羞愧。"换位思考"能很好地起到弱化"自我中心"的作用，帮助孩子从自己角度出发考虑别人的感受和需要。

让孩子知道，当他为别人着想的时候，你会很感到很欣慰，并表扬他，告诉他："你学会关心别人了，我感到很高兴。"有时，还可适当地奖励，久而久之，孩子将改掉以自我为中心的毛病。

5. 给孩子足够的爱和关注

有时候，孩子无理取闹仅仅是想要父母多陪陪他，如果是这种情况，父母可以尽量满足孩子的需求，给孩子足够的爱和关注。当然，在关注孩子的同时，家长还应该让孩子认识到，父母因为爱他，所以关注他，但他并不是这个世界的中心，其他人的需求也同样需要得到尊重。当孩子逐渐形成这一意识以后，他们"以自我为中心"的毛病就能慢慢得以克服。

6. 鼓励孩子踊跃参加集体活动，为他人服务

对于小学阶段的孩子来说，集体就是小组、班级、学校等。孩子在这些集体中学习和生活，与其他同学团结互助，共同完成集体活动，从而逐渐形成共同协作的集体意识。一般情况下，以自我为中心的孩子在集体中，往往与他人格格不入，做事斤斤计较，影响与他人的合作。因此，父母应与学校老师保持一定的联系，了解孩子在集体中的表现，耐心倾听孩子在集体活动中的感受，鼓励孩子踊跃参加集体活动，为他人服务，培养孩子谦让、守礼、乐于助人的良好行为。

如附近的露营、广播体操、放露天电影等集体活动都应该叫孩子参加，以增长孩子的社会知识。当然，孩子在活动的过程中难免会感到不如意，作为家长，不要想着孩子事事都不吃亏，其实让其经受些挫折会更加有利于孩子的成长，让孩子更

加成熟与坚强，没有经过挫折的孩子永远长不大。孩子在与人交往中受了委屈未必是坏事，那种担心孩子与人交往存在问题就阻止孩子与他人交往的做法只能使孩子"以自我为中心"的问题越来越严重。对于孩子来说，多参加社会活动，开阔眼界，意义重大。

因为孩子年纪小，心智发展尚不成熟，习惯"以自我为中心"。要想孩子走出"以自我为中心"的世界进入客观世界思考，家长需要学习并采取科学的教育方式，在正确认识孩子自我意识发展规律的基础上，努力帮助孩子改正"以自我为中心"的思想。

与人分享更快乐

分享是快乐的大门，学会分享、懂得分享的孩子就进入了快乐城堡；独享是痛苦的大门，只去独享、只会独享的孩子就走进了痛苦的泥潭。所以，让孩子学会分享，能让孩子逐渐改变自私的状态，变得无私、快乐起来。

那么，父母应该怎样让孩子学会分享，并乐于分享呢？

第一，家长要让孩子学会与朋友分享一些东西，尝试一下"给予"所带来的快乐。

第二，从孩子懂事开始，家长就要让孩子学着与别人分享东西。

比如，在饭桌上，家长可以让孩子学着给长辈夹菜；鼓励孩子给爸爸妈妈拿东西；教孩子给客人让座，让孩子做这些力所能及的事，从中品味做了有益于他人的事而带来的喜悦。

有位母亲是这样教育孩子与他人分享的：

周末，妈妈带小小去公园游玩。小小又累又渴，要求坐在路边的凳子上喝点东西。

妈妈给小小拿出了一袋饼干和牛奶。这时，妈妈看见一个小女孩也坐在旁边，正看着小小吃饼干。妈妈知道，小女孩也饿了，也许和她一起来的大人去给她买吃的了。

妈妈对小小说："儿子，给小妹妹吃点饼干，好吗？"

"不，我要自己吃！"小小显然有点不乐意了。

妈妈耐心地引导小小："宝贝，如果妈妈有事不在这儿，这位小妹妹有饼干吃，你想不想吃呢？"

"想吃。"小小几乎是毫不犹豫地回答。

"这就对了，现在你拿一些饼干给小妹妹吃，下次妈妈不在你身边的时候，小妹妹也会把好吃的东西分给你吃的。"

小小看了看妈妈，又看了看小妹妹，终于把自己的饼干送到了小妹妹的跟前。

大多数孩子不愿意把自己的东西分给别人，但他却希望能够分享到他人的东西。家长应该充分了解孩子希望获得他人东西的心理特征，通过换位思考，让孩子站在他人的角度去思考问题，引导孩子与他人分享自己的东西。

第三，家长可以让孩子多结识一些懂得分享的朋友，久而久之孩子就会向对方学习，也会变得懂得分享。

大人有大人的世界，孩子有孩子的世界。大人的榜样是很重要的，而同龄人的带领则会更加使孩子下意识地学习和比较。如果孩子身边的朋友大都是大方不计较的孩子，那么自己的孩子也不会太差！因为，环境是很重要的因素。

第四，教孩子与家人一起分享。

日常生活中，许多家长宁可自己受苦，也不愿让孩子吃苦，好吃的、好玩的、好用的统统都让给孩子。

我们经常会看到这样的一幕：孩子诚心诚意地请爸爸妈妈或者爷爷奶奶一块吃好东西，家长却坚决推辞，说："你吃，你是孩子，我们是大人，大人不吃！"就这样，孩子与人分享的好意被父母给扼杀了。久而久之，孩子也就没有了谦让与分享的习惯了。

因此，要想培养孩子与他人分享的习惯，最重要的是家长首先要学会坦然地与孩子分享，成为与孩子分享的伙伴，让孩子接受和别人分享的事实，让孩子去发现分享过程中的乐趣和成就感。比如，在家里，父母可以让孩子为每个家庭成员分苹果、分橘子等，教孩子学会尊敬老人，先分给爷爷奶奶，再分给爸爸妈妈，然后才分给自己。在分东西的过程当中，孩子不仅学会了与人分享，而且明白了应该尊敬长辈、关心父母的传统美德。

学会关心他人

孩子的良好性格是靠平时一点一点培养起来的，因此，作为家长，应对孩子的行为与性格的养成起到监督和指导的作用。一般来说，家长可以从以下几个方面引导孩子学会关心他人。

1. 做孩子的榜样

大家可能都记得中央电视台的一则公益广告：一个小男孩看

到劳累了一天的妈妈下班回家后，给奶奶洗脚，陪奶奶说话，于是，他也学着妈妈打来一盆水，端到妈妈跟前，轻轻地说了句："妈妈，洗脚。"这一则广告短片，让电视机前的家长唏嘘不已。是呀，对于孩子来说，父母是他们的镜子，而他们则是父母的影子。父母的一言一行对孩子起着示范的作用。如果父母自己的行为是自私的，那就难以要求孩子会有良好的行为方式。

因此，父母平时就要注意自己的言行举止，做到孝敬老人、关心孩子、关爱他人、乐于助人等，让孩子觉着父母是富有爱心的人，自己也要做一个富有爱心的人。比如，在公共汽车上，家长对孩子说："你看，那个阿姨抱着小弟弟多累呀！我们让他们坐到这里来吧！"邻居老人生病，家长带着孩子去探望问候，帮老人做事。新闻报道有人缺钱做手术，生命垂危，家长带孩子去捐款，献上一份爱心……经常看到大人是怎么同情、关心、帮助他人的，对于培养孩子的善良品质是有益的。

2. 让孩子学会关心他人

关心别人首先要学会关心自己的父母。做父母的，在为孩子的生活起居考虑的同时，也要让孩子体会父母的辛苦，帮忙做些力所能及的事，如帮着洗碗、扫地、擦桌椅等；父母在休息或学习时，不吵吵闹闹等。

在与人交往中，父母要注意引导孩子关心、帮助、尊敬别人。好吃的与人分享，好玩的大家一起玩，别人病了去关心，别人痛苦给予安慰体贴，别人休息不去打扰，别人收拾干净的房间不去弄乱等。总之，在日常生活中，父母应利用一切可能的机会在语言上和行动上教育孩子，让他逐渐学会关心别人，帮助别人。

3. 鼓励孩子参加劳动

开始可以让他做一些简单的事情，比如，帮着扫地、拿碗、拿筷子等事情，他做得好就要表扬他，让他有一种被肯定的满足感，让孩子在劳动中懂得，帮助别人很开心。

4. 鼓励孩子参加集体活动，关心集体，为集体出力

家长可以鼓励孩子多参加集体活动，关心集体，为集体出力，将自己融入集体中去接受锻炼和提高。家长也可以以孩子身边的关心集体、为他人着想的人为榜样教育孩子，因为这些人孩子比较熟悉，会让他们产生一种亲切感和自豪感，更容易激发孩子向其学习的兴趣。

5. 鼓励孩子多交朋友

日常生活中，家长应有意为孩子创设与同伴交往的机会，鼓励孩子和其他孩子交朋友，这是让孩子学会关心、学会谦让的一种有效的方式。

研究表明，5岁以下的孩子是非常需要友情、需要伙伴的，这样有利于培养孩子良好的性格和习惯。但是，现在的孩子普遍都没有兄弟姐妹，并且邻里交往也很少，许多孩子终日一个人学习、玩耍，时间久了，孩子的心里自然很少考虑到他人，孤独的环境促使了孩子"以自我为中心"心理的形成。要想改善这种情况，家长除了要多陪孩子交谈、玩耍外，更要鼓励孩子与同学、邻里发展友谊；要鼓励孩子带同学、朋友来自己家里玩，或鼓励孩子去别人家玩；也可以让孩子帮邻居家取报、送信，到邻居家借还物品等。在这些交往过程中，孩子就会体验到与朋友应怎样相处，逐步学会为他人着想、关心他人。

总之，对于家长来说，要改变孩子自私自利的性格，除了要纠正孩子"以自我为中心"的坏毛病以外，还应该教会孩子学会换位思考，关心他人。只有这样，才有利于帮助孩子形成正确的认识，帮助孩子改掉自身的不良习惯。

第五章

别让虚荣充斥孩子的内心

虚荣心强的人以追求个人荣誉为奋斗目标，为了"出人头地"，可以置社会道德规则和规范于不顾，违背社会道德，窃取他人的劳动成果等。他并不能从与他人交往中获取愉悦和帮助，反而时常和他的邻居、同事、好友，甚至亲人发生冲突。

这种人一旦得到荣誉，就会表现出骄傲自满的情绪，趾高气扬，独断独行，听不得同行或朋友的意见。这些人在得不到虚荣的甘霖滋润时，便会想方设法谋取自己的荣耀。有些人因喜欢盲目攀比富人，最终使自己的生活陷入窘境。

爱慕虚荣不可取

每个人都或多或少地有点儿虚荣心，这是正常的，因为大多数人都渴望自己被人尊重、被人敬仰，都希望自己能做得更好、更理想。恰到好处的虚荣心能够激发一个人的潜能，使其得到更好的发展，但是，如果虚荣心太重，就会影响心理健康，影响正常的学习和生活。

美美是个漂亮的小女生，圆圆的大眼睛，笑起来还有一对可爱的小酒窝，可讨人喜欢了。叔叔阿姨们看到美美，都不禁想捏一捏她粉粉的脸蛋。慢慢地，美美越来越喜欢听别人的赞美了。只要听到其他孩子受到表扬，美美就老不高兴了！她觉得只有她一个人才能得到别人的表扬。

在学校里，美美总喜欢出风头，抢着发言，抢着做好事。只要老师笑眯眯地摸着她的小脑袋，夸奖她真乖，美美就高兴的什么都忘记了！除此以外，美美还喜欢穿漂亮的新衣服，衣服稍微旧一点，她就觉得穿出去不漂亮，很丢脸……

为此，美美的爸爸妈妈没少操心。

有人说，虚荣心是一种扭曲了的自尊心，如果孩子沾染上"过于虚荣"的性格，对其有害无益。因为，虚荣心强的人，会因为一个羡慕的眼神神舒心悦，会因为一句大而无当的恭维眉开眼笑还会因为一句言过其实的赞誉沾沾自喜，更会因为一个毫无实质意义的头衔引以为荣……

虚荣心强的孩子可能有如下表现。

（1）讲派头，充"大款"。吃高档零食、穿名牌服装、用进口文具、玩新奇玩具都是追求虚荣的一种表现。有的同学虽然家境不好，却宁可吃咸菜而穿名牌，打肿脸充胖子。这种表现就是虚荣心在作祟。

（2）撒谎说大话。由于不能满足于自己的现状，许多孩子喜欢用撒谎、吹嘘来夸大自己或者自己的家人，以满足虚荣心的需求。

（3）争强好胜。有的孩子好强，做事情总想拔个尖儿。如果下棋输了等，就和人家吵闹不休，争得脸红脖子粗。这种表现也是虚荣心使然，是希望自己以强者、胜利者的姿态出现在众人面前，受到众人的瞩目。

（4）爱听赞扬的话。有的孩子听不得批评，只想听好话，谁批评了，他就跟谁反目成"仇"，这也是虚荣心在作怪。

（5）嫉妒别人的才能。嫉妒也是由虚荣心转化而来的，因为自己不如别人，得不到所需要的那种尊重，就转而嫉恨别人的才能。

（6）自卑心理严重。虚荣心强的孩子特别渴望得到他人的认可和表扬。如果他们得不到表扬和鼓励，便会产生严重的自卑心理。

虚荣心太强，还可能影响到孩子其他良好品质的形成。它不只是摧毁孩子勤劳、刻苦学习的美德的蛀虫，更因为孩子追求虚假，会让欺诈和不诚实滋长，伤害到其他人。

作为家长，我们应及时发现孩子这些不良的心理问题，把孩子过于"茂盛"的虚荣消灭于萌芽状态，这样才有利于孩子更加全面、健康地成长。

仔细观察，你会发现虚荣心太强的孩子活得非常累。这是由于他们不能展示"真我"，不能按自己的本来面目生活，而需要在别人面前乔装打扮、抬高自己。另外，虚荣心太强的孩子虽然在别人面前显得"自信"，但他们心里并不轻松，尤其在一个人独处时，便会感到更加自卑，因为他们了解自己，明白真相，他们骗不了自己。真相和假象的反差很易使孩子内心空虚、失落，最终导致心理颓废，不求上进。孩子过于爱慕虚荣，究其原因，大致有两个方面。

第一，孩子的自我认识能力差，不能客观评价自己。

幼儿时期，许多孩子往往过高评价自己，以为自己什么都比别人强，这是儿童自我意识发展中的常见现象。等到孩子更大一点的时候，为了表现自我，获得他人尊重，往往会自觉地强化"理想中的我"，出于害怕被别人看不起的自卑心理，于是便形成追求虚荣的心理障碍，产生信口开河、胡乱吹嘘的不良行为。

第二，家长教育方法不当。

有些家长认为只有一个孩子，又有经济承受能力，所以舍得买高档玩具、流行服装。有些家长不注意孩子的修养和教育，喜欢在吃穿打扮、玩具图书等方面与他人攀比，甚至给孩子大把零花钱以显示自己的富有和与众不同。家长对孩子一味"吹高""捧高"，让孩子在一片赞扬声中长大，从不受任何挫折，导致孩子的虚荣心越来越强。

孩子虚荣心太强不但有碍心理健康，更可能妨碍到他们的学习、生活及今后的发展。所以，家长要细心观察，防患于未然。

怎样消除嫉妒心

嫉妒不仅影响孩子间的团结，而且对自己也没有好处。应当认识到嫉妒的本质和危害，因为人人都需要与他人接触和交流，而嫉妒却有碍于人际关系的和谐和自己的进步，发展下去既会害别人，还会毁了自己。

如何消除嫉妒心呢？专家给出以下建议。

一是对孩子的赞扬要适当，态度、情感、方式、用语恰如其分。表扬和批评相结合，让孩子随时都清楚自己仍存在不足，以免由于盲目自满而滋生嫉妒心。

二是指导孩子进行分析判断，既要分析嫉妒对象成功的原因，又要进行自我分析，帮助孩子找出自身的缺陷和赶超别的孩子优势的途径。

三是帮助孩子进行情感调节，确保孩子精神健康，保持愉快舒畅的心态，促进孩子健全人格的形成和发展。这需要多方面努力。第一，要对孩子进行积极的精神鼓励；第二，要对孩子进行积极的情感暗示，包括父母的情感暗示和孩子的自我调节；第三，要转移孩子的注意方向。

四是父母不要溺爱孩子，因为溺爱是滋生嫉妒的温床。在日常生活中，父母应经常表现出对别人的宽容大度，这样，孩子在潜移默化中，就会学到如何正确对待比自己更成功的人，使个性朝着健康的方向发展。

五是培养孩子宽容的品质。有嫉妒心理的孩子，往往有自身的性格弱点。如与人交往时，喜欢做核心人物，当不能成为社交中心时，就会发脾气；同时，他们不会感谢人，易受外界影响等。对有性格弱点的孩子，父母要悉心引导。在孩子面前，要对获得成功的人多加赞美，并鼓励孩子虚心学习他人长处，积极支持孩子通过自己的努力去超越别人、战胜自己，使孩子的嫉妒心理得到正当的发泄。孩子学会了事事处处接纳他人、理解他人、信任他人，不仅会发现他人的许多优点，而且也会容忍他人的某些不足之处，求大同存小异。这样，孩子的人际关系就会变得融洽和谐。让孩子懂得"金无足赤，人无完人"，每个人都有自己的长处，也有自己的不足，帮助孩子形成正确的自我认识。

六是引导孩子树立正确的竞争意识。有嫉妒心理的孩子一般都有争强好胜的性格。所以孩子在交往的过程中，相互的竞争往往会使他们产生嫉妒心理。但嫉妒过于强烈，任其发展，孩子则会形成一种扭曲的心理：心胸狭窄，喜欢看到别人不如自己，并喜欢通过排挤他人来取得成功。所以，父母应该指导孩子进行分析判断，让孩子明白对手不是仇人，进而使孩子学会欣赏他人的成功，分享他人的快乐。另外，父母要引导和教育孩子用自己的努力和实际能力去同别人相比，以求更快地进步和取长补短。不能用不正当、不光彩的手段去获取竞争的胜利，以把孩子的好胜心引向积极的方向。

七是教育孩子承认差异，奋进努力。现实中的人必然是有差异的，不是表现在这方面，就是表现在那方面。一个人承认差异就是承认现实，要使自己在某方面好起来，只有靠自己奋进努力，嫉妒于事无补，而且会影响自己的奋斗精神。要设法使嫉妒的消极作用向积极方面转化，积极引导孩子把嫉妒心理转变为竞争意识，鼓励他们奋起竞争，以强者为"参照物"，形成力争超越强者的良好心态。

要让孩子摆正自己与别人的位置，世界上没有十全十美的人，每个人都有自己的长处和短处，自己在某一方面超过别人，别人又在另一方面胜过自己，这些都是常见的现象。让孩子正确地评价自己，从而找到与他人的差距，扬长避短，开拓自己的潜能。总之，家长要引导孩子加强自我意识，正确认识自我的潜能，珍惜自身的优点和长处，把它们转化为积极进取的内驱力，以此消除嫉妒心理。

教孩子欣赏别人

每个人身上都有优点与缺点，爱看到优点的人会比总看到别人缺点的人更快乐，也更受欢迎一些。所以，我们鼓励每个人多去看别人的优点，多去欣赏别人，它带给别人自信的同时也愉悦了自己。一个会欣赏别人的人，是自信的、快乐的、勇敢的、开放的。而这项本领是需要从小培养的。很多家长认为，让一个不懂事的孩子懂得欣赏别人，是一件不容易的事。其实并非如此，生活中的点点滴滴都是极好的素材，就看你怎么使用了。

一位幼儿园老师与班里孩子们谈话，她说："请你们说说其他小朋友的优点。"没想到，所有的孩子都绷紧小脸，紧闭小嘴，一言不发。她只好换了一个话题：请你们说说班里小朋友的缺点。这句话，犹如一石激起千层浪，孩子们一下子活跃起来，争先恐后地发言。有的说"××小朋友老是坐在地上"有的说"××小朋友洗手时总是不用肥皂"，有的说"××小朋友上课时老说话"。

孩子们的表现使人忍俊不禁，但细细想来，又不免让人感到担忧。能说出别人的缺点，说明孩子们懂得了关于孰是孰非的知识，有了判断是非的能力。但遗憾的是，这些知识和能力只运用到了对别人缺点的关注中，对于别人的优点，我们的孩子通常出于嫉妒心理，而忽略不计。因此，要想让孩子克服嫉妒的不良心理，家长应从小教育孩子学会欣赏他人。一个懂得欣赏与认同他人的孩子才能避免让嫉妒的毒液浸入肌体，伤害到自己。

看过一个寓言故事：

早晨，鹰怡然地在空中翱翔，忽然，鹰看到了一个鸡窝，鸡窝旁边走动着很多鸡。鹰疾飞而下，落在了低矮的鸡窝上，一动不动。不远处，跑来几只鸡，鹰一改刚才的形态，拍了拍它那宽大的鹰翼，和鸡打着招呼。鸡根本就没有把鹰放在眼里。有的很不服气地说："鹰凭什么得到人们的尊敬和赞扬呢？你看它不也就只能落到矮矮的鸡窝上嘛。""人怎么那么傻呢！干吗把鹰的地位抬那么高啊？你看鹰的腿那么短，眼睛还那么小，飞得和我们一样低。"鹰被这些叽叽喳喳的声音吵得心烦，终于忍不住说道："你们说得很正确，我们鹰的腿是很短，眼睛也很小，有时候飞得也和你们一样低。但是，我们能一飞冲天，而鸡却从来不能。鸡听了鹰的话，都默默地低下了头。

这个故事告诉我们一个做人的道理：当一个人去看别人的时候，不要徒费心思吹毛求疵，要看到他们的伟大、坚强和聪明的地方。如果可能，还要向他们学习。虽然我们周围并非人人出色，但每个人都会有自己独特的一面。因此，在生活中不要忘记欣赏别人。只有学会欣赏别人、赞美别人，才会懂得欣赏自己，赞美自己。有的人认为：欣赏别人是一门学问，只有学会欣赏别人，才会发现自己身上的优点，才会客观公平地评价自己。

遗憾的是，很多孩子并没有能够掌握这门学问，因而陷入了嫉妒的陷阱不能自拔。嫉妒是人类的一种普遍的情绪表现，是一种负面的心理活动，它几乎是与生俱来的。那么家长应该怎样让孩子学会欣赏他人呢？

1. 教育孩子关注别人的优点，不要老盯着别人的缺点看

孩子的认知有限，看人识事往往很片面，父母听到孩子挑剔他人的缺点的话语时，一定要介入指导。比如，"那个总是希望领舞领操的小朋友，是不是不怕辛苦，一遍又一遍地在练习？"每个人身上都有自己的优点和缺点。所以，教育孩子去观察小伙伴的时候，首先要想到对方有哪些优点是自己所不具备的，可以向他学些什么，不要老盯着别人的缺点看。

2. 引导孩子发现自身的不足之处

父母先尝试着讲出自己的缺点，告诉孩子这样的讨论就像一面镜子，会反映出更真实的自己，又不会招致任何打击和贬斥。这样做的目的，不仅能让孩子更客观地了解自己和他人，还会使孩子意识到虽然他人有缺点，但还是赢得了友谊。换位思考一下，他的小伙伴有一点点小毛病，就被他"全盘否定"，是不公平的。

3. 不要把自己的孩子与别的孩子做比较

一些家长为了"刺激"孩子，以激励他更加努力，不惜拿自己的孩子跟他人的孩子进行比较，"你看邻居家的胖胖这次就考得比你好。你到底是怎么念书的？""你看丽丽那孩子多聪明，一说就懂，你呢，怎么说了这么多遍还是不懂呢？"为了维护自己的自尊，许多孩子不得不用"贬低"别人的方式来抬高自己："他好什么好？还不都是抄来的。""她太喜欢出风头了，班上的同学都不喜欢她！"这样的孩子是很难学会欣赏的。正确的做法是，让孩子分析自己这次成绩不理想的原因是什么，这对孩子来说也是一种进步！

嫉妒别人是不幸的，它会使孩子的心理失去平衡，丧失理智，从而助长了孩子身上的缺点。相反，当孩子以宽厚的胸怀去接纳别人和赞美别人的时候，就会从那些优秀的人身上发现高贵的品质，从而向他们学习，提高自身的修养，然后逐渐成为一个优秀的人。

闲言碎语切勿听

生活中，有很多人都生活在别人的眼光中，生活在别人的价值观里。因为担心自己表现不好，所以紧张、胆怯，错失了许多成功的良机；因为担心失败后遭到他人的嘲笑，所以还没尝试就开始放弃；因为担心自己不够完美的一面被他人发现，所以拼命地掩饰自己；更有甚者，因为可怜的面子，走上了不归路。

有这样一个报道：

广西某村有一位女大学生自杀了。其自杀的消息引起了很大的轰动，这个成绩一向优异的女生仅仅是因为欠了学校3万元学费，怕学校催促、同学嘲笑才走上不归路的。

这个悲剧让人唏嘘不已，如果该生不被面子"挟制"，又怎么可能让自己陷入绝境呢？

其实，孩子爱面子的毛病，在小的时候就初见端倪。

一般情况下，爱面子的孩子都会有这样的表现。

（1）怕被人拒绝、嘲笑，不敢提一些正当的要求。

小莫就是这样的一个孩子——

小莫今年5岁，上幼儿园中班，有一次，他居然把尿尿到了裤子上了。妈妈问他原因，他说："老师说了，上课的时候不能上厕所，我怕跟老师说要上厕所老师会讨厌我，所以就不敢说了。"

（2）自尊心过强，别人善意的"笑话"也能伤到他的自尊。

明明是个可爱的小男孩，就是自尊心太强了，受不了别人的玩笑。有时候，爸爸妈妈因为他出现的童稚语言或行为在他面前笑，他就会觉得是在笑话他，虎着一张脸，一副"无地自容"的模样。

（3）在有些竞争性的游戏中，因为怕落后、失败而拒绝参加。

（4）做事情瞻前顾后，总怕有什么闪失，让自己没有面子。

（5）怕打击，经不起挫折，一旦受到批评与打击，就觉得自尊心受损，很没面子。

（6）患得患失，很想去尝试，但就是缺乏勇气，其原因也在于怕丢脸，怕没面子。

以上是孩子过于爱面子的表现，这种性格的养成对孩子的成长是百害而无一利。那么，面对这样的孩子家长应怎么做呢？

首先，家长要做好孩子的榜样。这就要求家长加强自身修养，言谈举止不落俗套，给孩子树立一个好榜样。让孩子明白，只有懂得欣赏自己的人，才能得到别人的尊重。

其次，家长应告诉孩子"走自己的路，让他们说去"，让孩子明白，别人的观点不一定都是正确的，自己要学会判断，要懂得分析：哪些话是合理的建议，可以采纳；哪些话不合理，听听也就算了。

最后，培养孩子的自信心。一个有自信的孩子就不会患得患失，更不会看不到自己的优点。因此，家长应从小培养孩子的自信心。

爱面子的人之所以有一些反常的举动，是因为他们常常高估了自己在别人心目中的地位，努力想去扮演个完美者的形象。最终，却让自己陷入了更为被动与不利的处境中。因此，要想让孩子健康成长起来，家长应从小重视孩子的心理教育，不要让孩子把面子当作包袱。

教育孩子勿攀比

时下，市场上有不少高档文具和漂亮的儿童衣服，如果孩子向家长伸手要这些，一些经济条件较好的家庭会随意满足孩子的要求。孩子有了高档文具和漂亮衣服，就会在心理上产生一种高于其他孩子的优越感。而当别人有了更高档衣服或玩具的时候，他们就会产生虚荣心、嫉妒心，就会产生超过别人的欲望。因此，奢侈只会滋生孩子的欲望，使孩子的攀比心理越来越强烈。

"我爸比你爸官大，我爸是科长，管着你爸。"

"我爸比你爸有钱，我爸是大老板。"

"你爸不如我爸，我爸的右手长了六个手指头……"

虽然这是一则笑话，但却把孩子的攀比之心跃然纸上。由于孩子的辨别能力不强，易受周围环境的影响，很容易产生攀比心理。

某天，翔翔从学校回来后，就要求妈妈给自己买一个新文具盒，说原来的旧了不好看，妈妈应允了。可是没过几天，翔翔又缠着要换一个，说其他同学都带很漂亮、很高档的文具盒，他的不够漂亮。妈妈不同意，他就又哭又闹，最后妈妈被闹得没有办法，只好无奈同意。但是，从此以后，只要翔翔看到其他同学穿的衣服、用的文具比自己高级，他都会缠着妈妈去给自己买。

故事中翔翔这样的孩子，在现实生活中并不少见。有时，家长也会对孩子的无理要求表现出明确的拒绝态度。但是，当面对孩子又哭又闹，甚至不吃饭、不上学等情况时，家长既心疼，又没有办法，只好依着孩子的要求去做。

其实，这种做法的危害性很大，孩子一哭闹家长就妥协，这样会给孩子"要挟"父母达成愿望的信息，助长孩子奢侈的消费观念和攀比心理。长期如此，孩子们的攀比就不仅仅局限于穿戴、文具，他们甚至会比父母的职位，家里的房子、车子……

除此以外，过度的攀比还会使孩子养成对物质方面过分追求的坏习惯，从而影响他们的正常学习。

如果孩子出现了攀比的心态，家长也不要着急。孩子毕竟年龄尚小，生活阅历不深，不可能像大人那样形成正确的评价事物标准，孩子有攀比的心理也属正常。只要父母在教育孩子时，讲究一下技巧，采取适当的方法，引导孩子改掉这种坏习惯就可以了。

1. 不可满足孩子的不合理要求

"妈妈，你再给我买个新文具盒吧。"妈妈："上周不刚买了新文具盒吗？怎么又要买？"孩子："我的文具盒功能太少了，我同桌的功能可多了，可以削铅笔，可以当小镜子用，打开后还是三层的。你给我买一个功能更多的吧。"面对孩子的纠缠，妈妈面对孩子的这种过分要求不予理会。看妈妈不为自己的要求所动，小家伙很快就把买文具盒这件事忘记了。

当孩子要求不合理时，父母切不可轻易满足他们。这时，妈妈可以对孩子的要求采取冷处理态度。即对他的要求不做任何回答，给他几天冷静期。如果他还对此念念不忘，父母也可借此机会对他进行深入教育：看一个孩子是否优秀有很多方面，比如，学习是否听老师和家长的话呀，是否愿意帮助小朋友啊等。穿得好，用得贵，不一定就是个优秀的孩子。然后再跟孩子说：其实你花的每一分钱都来之不易，都是爸妈辛苦赚来的，我们要学会珍惜和节约。

2. 通过讲故事的方式教育孩子不要攀比

所有的孩子都爱听故事，父母可以为孩子买一些儿童励志类的故事书，时常把这些故事读给孩子听；另外，父母也可以为孩子讲一些历史名人故事，如孔融让梨、凿壁偷光、乐羊拾金等。引导孩子以故事中人物为自己行为的楷模，自觉向他们看齐。同时，父母还可以利用故事引申的道理，让孩子较早地认识什么是好的行为，什么是不好的行为，这样就会在孩子心中形成一种正确的观念，进而使孩子远离攀比、虚荣等坏习惯。

3. 根据具体情况与孩子订立相应的规则并严格执行

在明明上学之前，父母就与他订立了一个购买规则，其内容如下：

每学期开始，可以购买一身新衣服，但价格不得超过 200 元；

每个月购买一次书本或一个玩具等，但课外读物仅限一本，玩具只限一个；

如学期末学习成绩有进步，可奖励。

孩子与别人攀比，说明孩子有竞争倾向，想要在某方面超越别人。这时，如果我们能抓住孩子的这种心理，让他们在学习、才能、意志力等方面进行攀比，引导孩子向正确的方向努力，将有助于孩子的健康发展。

第六章

别让自卑束缚孩子的手脚

阿德勒指出，一切人在开始生活的时候，都具有自卑感，因为儿童的生存都要完全依赖成年人。儿童与那些所依赖的强壮的成年人相比感到极其无能。这种虚弱、无能、自卑的情感激起儿童追求力量的强烈愿望，从而克服自卑感。

为何孩子会自卑

自卑是危险的，它会迷茫孩子的双眼，让他们看不清自己的能力，看不到自己，从而陷入痛苦的泥沼中难以自拔。孩子自卑性格的形成有多种原因，这种性格形成的时间也往往源于儿童时代。因此，父母应关注孩子的性格发展，一旦发现孩子的自卑情绪，必须尽早帮助其缓解和消除，以避免形成自卑性格。

归纳起来，造成孩子缺乏自信、自卑的原因有以下几点。

1. 家长的教育方式不正确

中国传统文化信奉"不怕人笑话，就怕自己夸"的观点，为了让自己的孩子进步，一些家长天天忙着去割孩子那所谓的翘起的尾巴，一些家长对孩子的缺点说起来是如数家珍，一些家长经常在外人面前数落孩子性格中负面的东西，还有一些家长则专门拿自己孩子的缺点与别的孩子的优点做比较，从而使孩子大受打击。

因此，孩子在生活中听到的大多不是"不错、很好、有进步、你能行"，而是"真笨，怎么就不如别人；你怎么把房间搞得这么乱；你就是不爱说话；不要以为这一次考了 100 分，就能次次考 100 分"。

天天生活在这样的环境中，不要说孩子，就是一个成年人恐怕也会被搞得灰溜溜的，不自卑才怪呢！

2. 家长对孩子期望过高，使孩子对自己的能力产生怀疑

能力特别强的父母，一般对孩子的要求也很高，他们总是一

味地追求十全十美，而孩子毕竟是个孩子，他的知识积累和生活阅历决定着他不可能每一件事都会做得十全十美。因此，孩子往往就会受到父母过多的指责或训斥，使其对自己的能力产生怀疑，逐渐失去自信，从而产生自卑。

3. 家长对孩子的批评过于严厉

望子成龙，望女成凤。现今的父母竭尽精力与财力让孩子接受各式各样的教育，孩子们则应接不暇地穿梭于各类学科的辅导中。父母旨在让孩子"先知先觉"，孩子稍不如人，就心急如焚，对孩子大加呵斥："这么简单，怎么还不会？""你啊，真是笨蛋！""你上课是怎么听的？"舐犊情深的父母也许从未想过，在孩子看来，这些不经意的言语意味着父母对自己的否定。孩子在被否定中否定自我，那弱不禁风的自信心的嫩芽在一次次的否定中被扼杀了。自卑、怯懦随着自信心的减弱而滋长。面对外面的世界，孩子的内心总有一个声音："我行吗？我会吗？"这是一种痛苦，也是一种悲哀。那么，这一切的根源在哪里？在于"自信心"的丧失。而这又是谁造成的？是那些声声说爱孩子而又不会爱的父母们！

孩子的心是稚嫩而脆弱的，伤害了就很不容易愈合。作为家长不要一味地批评孩子，要发现孩子身上的闪光点，多给孩子点自信。不要只盯着自己孩子的不足和缺点，而对他的长处和优点视而不见，充耳不闻。夸赞你的孩子吧，很快你就会发现：你的孩子会乐于变得像你夸奖的那么优秀。

4. 家长总是把孩子与别人对比，贬低孩子

一些家长总是把自己的孩子与别人比较，恨不得将所有孩子

的优点都集中在自己孩子身上。这种脱离实际的幻想，当然实现不了，于是，孩子常常挨骂："你怎么样样不如别人！""看人家张三多么能干！"在这样的环境下，又怎能培养出有自信心的孩子来呢？

5. 事事替孩子代劳，不给孩子锻炼的机会

在我们的社会生活中，由于"独苗苗"现象的普遍存在，孩子变成了家里的"小皇帝""小公主"，因而也自然成为爸爸妈妈、爷爷奶奶、姥姥姥爷的聚焦中心，六双眼睛时刻关注着小宝贝的动静，唯恐有点闪失。加上小孩子的能力本来不足，做任何事情笨手笨脚，动作又慢，很容易产生自信心不足的心理。大人在一旁看着，情不自禁地发急，往往自己动起手来，越俎代庖。久而久之，孩子什么也不会干，于是家里的六双手更"有理由"抢着包办代替，剥夺孩子自己做事的权利。孩子无从学习动手做事，他的自信心也越来越没有了。

家长过度保护的另一种表现是恐吓手段。比如，不让孩子出家门"闯祸"，偏说什么"外面有大灰狼""有坏人要把你带走"的谎言，使孩子只能老老实实地待在家里。这样孩子是变得听话了，可是，他的自信心也吓得没有了。

缺乏自信的人都有过独特的经历，没有人天生就是害羞或自卑的。他们有一个共同特点：不自信的因素都是在同父母曲折的关系中孕育的。总之，孩子缺乏自信与父母的教育有关，这样的例子不胜枚举。孩子的成长轨迹，深深地烙刻着父母的影响。

作为家长，应努力帮助孩子克服自卑心理，树立自信心，使其更好地投入学习与生活中去。

告诉孩子"你真棒"

没有一无是处的孩子，即使最胆小怯懦的孩子，偶尔也会有大胆的举动，而家长需要做的就是努力捕捉这些稍纵即逝的闪光点，给予孩子必要乃至夸张的表扬和鼓励。让孩子学会积极地自我暗示，这对孩子来说，等于拥有了一笔巨大的财富。因此，引导孩子积极地自我暗示很重要。

一位聪明的妈妈是这样引导她的孩子学会积极地自我暗示，变得自信的——

黄程的学习成绩很差，他的妈妈给他请过家教，也请老师对他特殊照顾，但他的成绩一直在班级后十名徘徊。因此，他对自己失去了信心。

一次偶然的机会，妈妈发现，黄程虽然成绩不好，但是心肠很好，很乐于帮助别人。他积极地为班级打扫卫生，为别的同学修理凳子，甚至替受欺负的同学打抱不平。于是，聪明的妈妈就抓住孩子这个优点，经常夸奖他："儿子，我为你乐于助人的精神感到自豪。"由于妈妈的表扬和鼓励，黄程在潜意识里觉得自己就是一个乐于助人的孩子，因此，他在班里表现得更积极了，后来，竟然被老师和同学们选举为班长。

当了班长的黄程更加自信了，不但认真地完成班长所负责的任务，还想在任何事情上都起带头作用。看着自己的学习成绩一直没有进步，黄程痛下决心：一定要赶上去，在学习上也能引领班里的同学。在妈妈的引导下，黄程经常对自己说："我都可以当班长了，学习肯定也能上得去！"

现在，黄程的学习成绩虽然不是班里最好的，但是与他以前相比，已经有了很大的进步。为此，黄程的妈妈特别欣慰，也很骄傲！

积极的心理暗示对人体产生积极的作用。比如，暗示可以发掘人的记忆潜力。有人做过这样一个实验：让两组学习程度相当的学生朗读同一首诗。第一组在朗读前，主持人告诉他们这是著名诗人的诗，这是一种心理暗示。对第二组，主持人没有告诉他们这是谁写的诗，即没有对学生进行心理暗示。朗读后立即让两组学生默写，结果第一组的记忆率是 56.6%；第二组的记忆率为 30.1%。这说明，权威的、积极的心理暗示对孩子的记忆力有很大影响。

另外，积极的心理暗示还能够给人一种极其强大的力量。在华沙，一群儿童在嬉戏。一个吉卜赛女巫托起一个小姑娘的手，仔细看了看说："你将会世界闻名！""预言"应验了，这个小姑娘就是后来的居里夫人。

作为孩子人生的引路人，家长教会孩子学会积极地自我暗示，在群体中去表现自我、发掘自我，从而在心理上获得满足，继而转换为学习的动力。

要引导孩子学会积极的自我暗示，家长应做到以下几点。

第一，每个孩子都有成功而荣耀的一刻，比如，考试中考出了好成绩，比赛中取得了好名次，活动中获得了老师与同学的表扬与赞赏等。要引导孩子积极地自我暗示，家长应该引导孩子回想过去的成功，让孩子肯定自己，看到自己的实力与潜质。

第二，家长要杜绝用"完了，这孩子糟糕透顶"之类的消极语言暗示自己或者孩子，同时还要消除孩子大脑中的错误信息，如"没有考好，老师会另眼相看""爸爸妈妈会受不了"等，应该用"我努力了，我问心无愧""我能成功"等话语宽慰自己。

第三，人的想象具有暗示、补充、预见的功能。因此，家长可以引导孩子大胆想象，想象自己获得了成功，想象自己很受欢迎，想象自己得到了夸奖……积极的想象能渗透到潜意识中。潜意识接收到想象的画面，就会极力去达成人的这种想象、这些愿望。

第四，人的身心是合二为一的，二者是相辅相成的关系。身体健康，则心情舒畅；反之，如果心情舒畅，身体也会相应地健康成长。心理状态不积极，身体也会受到心理的影响，出现不好的状况。因此，让孩子保持良好的心态，能帮助孩子进行积极的自我暗示！

此外，让孩子想象广阔的、宁静的、舒缓的画面或场景，同样能达到放松身心的目的！

第五，帮助孩子通过控制呼吸缓解压力，实现积极的自我暗示。

心情的平静和身体的健康是你以正确方式思维和感受的必然结果。心理学家和精神病专家都指出，当思想传递给潜意识时，在大脑的细胞中会留下痕迹，它会立刻去执行这些想法。让孩子学会控制呼吸，能帮助孩子变得平静，从而达到能用正确的思维思考问题的目的。

具体做法是：保持坐姿，身体向后靠并挺直，松开束腰的皮带或衣物，将双掌轻轻放在肚脐上，要求五指并拢，掌心向下。先用鼻子慢慢地吸一口气，大约数四个节拍，然后慢慢吐气。用四个节拍每次连续做 4 ~ 10 分钟即可。也可以闭上眼睛做，边做深呼吸边想象一些美好的情景，效果会更好。

孩子的心理就像一个气球，他需要家长不断地给他灌输一些积极、自信、奋斗的氧气，这种氧气能让孩子从中得到很大的鼓励，既增强了自信心，又取得了成功的喜悦。反之，如果家长向孩子灌输"这个孩子发育太慢""没有任何才能""没有一点长处"等一系列消极和悲观的信息，孩子就只能从中得到悲观和失败，从而变得没有自信。

也就是说，孩子有出息或者没出息，有自信或者没自信，其原因就在于他们的父母，他们呈现出的状态正是父母教育的结果。

小成就引发自信

自信心是比金钱、势力、家世、亲友更有用的条件。它是人生可靠的资本，能使人努力克服凶难，排除障碍，去争取胜利。对于事业的成功，它比什么东西都更有效。

自信是孩子开启独立自主大门的钥匙，它有时甚至比能力更重要。就算一个能力一般的人，他一旦拥有了自信这种良好的心理状态，就能最大限度地发挥自己的潜能，做出意想不到的成就来。

自信心是成长的动力，自卑心会成为成长的障碍。家长应与孩子一起成长，播种智慧，播种希望！因为，自信心是伴随我们一辈子的事情。

对任何一个人来说，成功都能强化自己的自信心，弱化自己的自卑感,而一连串的成功则会使这个人的自信心趋于巩固。反之,如果一个人体验到的尽是失败,尝不到一点成功的回报,时间长了,势必会像那只备受挫折的梭鱼一样,变得灰心丧气,毫无斗志。因此,家长应让孩子多体验成功,用成功感激发孩子的自信心。孩子只有体验到成功的快乐,才能激发自己的信心与上进的勇气,从而激励自己下苦功夫去争取更大的成功。

那么,在日常生活中,家长应如何运用成功来激发孩子的自信心呢? 专家认为,要想通过成功感来激发孩子的自信心,家长不妨从以下几个方面入手。

1. 告诉孩子一定会成功

心理学研究和生活经验都告诉我们这样一个道理:如果一件事情有很大的价值,通过我们的努力后又可以实现,那么我们肯定会对它产生兴趣,并愿意做出努力。培养孩子的学习兴趣时也应注意运用这种规律,那就是为孩子创造学习成功的预感。

小璐今年上小学五年级,她在五年级上学期期末的考试中语文成绩不及格,以前她的语文成绩在班上一般也处于最后几名。小璐为此十分烦恼,她讨厌语文课。

妈妈为了改变这种状况给小璐布置了一项作业:每天把《格林童话选》抄写一页,并完成有关的字词任务。妈妈告诉她只要耐心细致地完成这项作业,就可能取得有益的结果。孩子对这项作业很感兴趣,因为它不同于平时完成的那些练习。她感到,妈妈对这项新型的作业寄予很大的希望,相信她的读写水平一定能够提高。这就给孩子增添了力量,只过了一个半月的时间,就看出了初步的成绩。她在童话原文里发现了自己原来一直写错的词并学会了许多新的语言表达方法，她现在也开始仔细地阅读其他文艺作品，在里面寻找好的词、词组及句式。这样，小璐终于在语文默写方面取得了满意的分数。这一点更加鼓舞了她，增强了她把语文学好的信心。

2. 培养孩子的兴趣爱好和运动习惯

正常的兴趣爱好与充分的运动，不仅有助于调剂生活，还可培养积极健康的人生观。所以，当孩子在节假日要求父母陪同玩游戏时，父母大可不必严肃地说："不准玩，快去做功课！"因为，游戏不但能训练个人的思考力与临场反应，而且可提高其理解力，对学习也有莫大助益。反之，若孩子因缺乏理解力的训练而无法领会课业的内容，随年级的升高与课程的加深，必将更难产生学习兴趣了！

因此，当父母发现孩子兴趣广泛并喜爱运动时，应当积极地加以鼓励。

3. 鼓励孩子将擅长的学科知识掌握好

有一位教育专家认为："大脑犹如一条包巾，只要提起一端，便可带动全体。为何拥有一技之长的人，通常其他方面也会有优异的表现呢？正因头脑有如包巾般的特性，只要有一端被开启，其他部位也会相对地活跃起来。因此，若对某一课题产生好奇心，集中精力去做，必能促进全脑的活性化。"

例如，有个学生数学方面的表现不理想，但是他语文成绩独占鳌头，却是老师和同学们一致公认的。因此，他因拥有一门擅长的科目而充满自信与快乐。

4. 培养孩子的学习兴趣

对孩子不提过高的要求，让孩子获得成功，体验到成功的快乐，孩子才会对学习感兴趣。比如，低年级的孩子学会拼音和常用汉字后，可让他们给外地的亲戚写封短信，并请求远方的亲人抽空给孩子回信，让他们学习致问，这样能培养孩子的学习兴趣。

5. 适当向孩子请教问题

家长可以让孩子做老师教自己，试着交换一下教和被教的地位，孩子站在教方的立场，会提高其学习的欲望。同时，为了使双方明白，自己必须深入地学习并抓住学习内容的要点，这会对其自身的学习有很大的帮助。

6. 不要随意批评孩子

在孩子做错一件事的时候，不要随意批评，而是要以鼓励为主，保护孩子的积极性。

7. 不要对孩子提出过高要求

当发现孩子在某些方面不如他人或达不到预期要求时，就要考虑根据孩子的情况和特点进行修改，提出一些适合自己孩子、经过努力能够实现的目标。要一步一步来，不要急。要知道，培养孩子要有一个艰苦细致的漫长过程，只有通过实行正确的、切实可行的教育，尊重孩子、帮助孩子、鼓励孩子，并及时给予指导，让孩子自己去探索、去完成，去体验成功的喜悦，才能引导他们健康愉快地度过人生的启蒙阶段。

8. 教孩子正确看待挫折和失败

学习、活动总有胜败、输赢，怎么给予孩子评定是一门艺术。因为孩子本身不具备自我评价能力，大多数是靠他人对自己的态度来进行自我认识。

当孩子为"失败"而难过时，家长不应以怜悯的态度对待孩子，或者在孩子面前唉声叹气，甚至劈头盖脸地责骂孩子。正确的方法是，让孩子明白，失败、错误没什么大不了的，人人都可能碰到，勇敢、聪明的人会从失败中吸取教训，继续努力。允许孩子失败，也是对孩子能够成功的一种信任。

自信心在孩子的成长过程中所起的作用是无法估量的。如果孩子是个自信的人，那么他就会乐观进取，做事主动积极，勇于尝试，乐于接受挑战，自信心是一种积极的心理品质，是人们开拓进取、向上奋进的动力，是一个人取得成功的重要心理素质。自信心在个人成长和事业成就中具有显著的作用。这种心理品质应该从小培养，从家庭起步。

自我认同与接受

"认识自我"是镌刻在古希腊戴尔菲城那座神庙里唯一的碑铭，犹如一把千年不熄的火炬，表达了人类与生俱来的内在要求和至高无上的思考命题。尼采说："聪明的人只要能认识自己，便什么也不会失去。"

要想你的孩子突破自卑的阴影，家长应引导孩子认真地剖析自己，全面了解自己。了解自己的短处，更应该了解自己的优点和长处。当孩子的自我意识增强了，才能扫除对自我的偏见，树立起强大的自信心，最后取得巨大的成功。

那么，家长应如何引导孩子认定自我，帮其树立起信心呢？正确的做法如下。

第一，家长不妨引导孩子将自己的兴趣、爱好、能力和特长全部列出来，哪怕是很细微的地方也不要忽略。这时，孩子会发现自己有很多优点。当孩子认识到自己的优点与不足时，家长应让孩子对自己的不足持理智和客观的态度，既不要自欺欺人，也不要把自己的缺点看得过于严重，而是以积极的态度应对现实，这样自卑便失去了温床。

第二，"尺有所短，寸有所长。"每一个人都有自己的优势和劣势，有自己的长点和短处。如果用其所短而舍其所长，就连天才也会丧失信心，自暴自弃；如果一个人能扬长避短，强化自己的长处，就是有残疾的人也能重新树立信心，享受到成功的快乐。

因此，消除孩子的自卑心理，家长要教育孩子善于发现自己的长处，并为他们提供发挥长处的机会和条件，让孩子学会理智地对待自己的不足。寻找合适的补偿目标，从中吸取前进的动力，这样，孩子就能把自卑转化为奋发图强的动力。这也是帮助孩子克服自卑心理、变得自信的关键。

第三，让孩子学会用积极的心理暗示来激励自己。家长就要转变孩子的思维方式，让孩子从另一个角度来发现自己的优点，让孩子产生积极的自我心理暗示，帮孩子树立自尊心和自信心，为孩子以后取得成功奠定思想基础。

战国时期平原君的门客毛遂，发现自己有善于外交的特点，便来了个千古流芳的"自荐"，这就是他自己发掘自己，看似平常却非有几分勇气不可。而孟尝君的门客冯谖的做法是弹铗而歌，自比贤人，终于得到重用，为孟尝君做出了具有战略意义的安排和布局，达到了双赢的最高境界。这都是能够发掘自我优点的经典事例。父母可以通过事例告诉孩子，千里马难寻，而伯乐更难寻，不要等待别人来发掘，要自己发掘自己。

　　第四，强化孩子自我肯定。例如，家长可以为孩子专门设置一个"功劳簿"，让孩子每周至少一次写上(或画出)自己的"功劳"，并让他讲述是怎么取得这个"功劳"的。当然，所谓的"功劳"，并不一定非得是很大的成绩，任何一点进步，以及为这种进步所作的任何小小的努力，都有资格记载其中；也可为孩子准备一些小小的奖品，如画片、玩具、小人书等。每当孩子做出了一点成绩，或一件令他感到自豪的事，他就有资格获奖。

　　第五，教孩子经常给自己打气。聪明的父母会经常帮助孩子总结一些积极的语言，让它成为孩子日常生活或学习中的激励语，形成孩子积极的心理暗示。比如，在考试前，父母可以给孩子在书房贴一些标语，像"我是最棒的！""我一定能取得好成绩！"让孩子晚上睡觉前或早上起床的时候，对着镜子大声地说出来；当孩子生病时，父母在孩子的床头贴上字条"我的身体很健壮！""我很快就可以痊愈了！"当孩子遇到困难畏缩时，不妨鼓励他为自己鼓劲："我可是一个不怕失败的好孩子，来吧，让我再做一次努力吧！"……如果孩子经常用这些积极的话语给自己打气，这些话就会进入孩子的潜意识中，成为孩子战胜困难的动力之源。

　　第六，鼓励并赞扬孩子。当孩子正为做一件没太大把握的事犹豫时，父母不妨由衷地对他说："我相信你能行的。"及时的鼓励，会使孩子信心倍增。

　　在肯定孩子的同时，父母还要允许孩子犯错误。事实上，小孩子犯错误是不可避免的。对孩子的错误，父母需要做的是赞扬孩子敢于尝试的勇气。让孩子从犯错误的痛苦中走出来，而不是老盯着孩子的过失不放。

第七章

别让冲动主导孩子的行为

性格冲动的人往往脾气比较暴躁，与其他人交往时容易产生矛盾。而引起矛盾的诱因多数是因为一些小事，话不投机半句多，轻者发生争吵，重者拳头相向。在一个集体里面，你必须和周围的人进行接触，如果你因为冲动和别人闹得不愉快，势必会影响一个集体的团结。

急躁冒进吃大亏

家长发现孩子产生了急躁情绪，就应马上提醒或劝慰孩子，心急吃不了热粥，给孩子讲些由于急躁而产生不良后果的故事，启发孩子增强克服急躁情绪的自觉性，从而纠正孩子急躁的个性。

纠正孩子急躁的个性不是一朝一夕就可取得成效的事，需要家长耐心而不断地努力。

宋朝的朱熹是个绝顶聪明的人，他十五六岁就开始研究禅学，然而到了中年之时才感觉到，速成不是创作良方，必须经过一番苦功后才能有所成就，最后他便以十六字箴言对"欲速则不达"作了一番精彩的诠释："宁详毋略，宁近毋远，宁下毋高，宁拙毋巧。"这也是我们养儿育女放之四海而皆准的金玉良言。

以下几点小建议，家长朋友可以参考。

1. 让孩子独立解决问题

只要孩子能做的事情就不要包办代替，多鼓励孩子做有益的事情，并且不怕孩子失败，以此帮助孩子形成独立处世的能力。这样，"不如意，不称心"不仅不至于打垮孩子，还可以使孩子在"不如意，不称心"中懂得急躁带来的危害，提高分析问题、解决问题的能力。

2. 为孩子创造安静的学习环境

在孩子学习时，家长要尽量为孩子创造一个安静的学习环境，不给孩子产生急躁情绪的条件。家长应注重自身的精神文明修养，以身作则，为孩子克服急躁个性做出榜样。

3. 有意识地训练孩子的耐性

专注力是忍耐力的基础，如果孩子的专注力好，自然容易有耐性。父母可多与孩子做一些有助提高专注力的游戏，例如，"找不同""找错误"、拼图游戏、听故事……让孩子集中注意力，长时间专注做某一件事。

4. 在活动中磨炼孩子的韧性

在孩子学习之余，家长可有意识地让孩子练字、画画或陪孩子下棋等。在一笔一画的练习中，在细致观察描摹中，在步步思考揣摩中，磨炼孩子的韧性。

我们或许在教育孩子的时候，都没有忘记欧阳修在《五代史伶官传序》中给我们留下的千古箴言"祸患常积于忽微，智勇多困于所溺"，但是我们却忘了给孩子修一颗禅心，一颗能够临危不惧、处变不惊的禅心，所以孩子还是一样在困境中惊慌失措，始终走不出困境。

家长在孩子性格冲动时该怎么办呢？

第一，要以身作则，用自己的行为向孩子展示怎样克服冲动。对孩子说话态度要坚决，而语气要平缓。

第二，给孩子缓冲调整的时间。许多孩子无法突然完成从一种行为方式向另一种方式的转变。大人要提前告诉孩子下一步会有什么安排，孩子该怎么应对。比如，你带孩子在邻居家玩，临走前应打招呼："我们过10分钟就要走了，你要抓紧时间搭好积木，然后跟小朋友和他的妈妈说再见，收拾好自己的东西……"

第三，吩咐孩子干什么要尽可能干净利落。不要同时给孩子下几道指令；也不要采用询问式的语气，这样会给孩子造成他可以选择的错觉。有时，甚至像"你听不听话？"这样的简单的问题都会被孩子理解为有两种答案。

第四，说话之前应当确信孩子会听从你。孩子有时贪玩，对周围的一切都不做出反应。大点的孩子可能会装作没听见他所不喜欢听到的话。如果孩子不回头或者不抬眼，应当强制性要求他这样做。

第五，有问题严肃对待。好动、好奇的孩子需要不间断地管理。家长应当制定一些规则，让孩子明白这些规则任何时候都不能破坏，孩子一旦破坏了就不可避免地要接受惩罚。如果想要你的孩子和家庭得到安全保障，需要大人坚定的决心和责任心。

第六，避免干扰因素。孩子在玩耍或者写写画画的时候家长不要开电视；孩子吃饭时不要把书和玩具摆放在饭桌上。

第七，家长不要过度紧张。有时家长也要反省自问：是不是对孩子的要求太多了？有时候改变孩子行为方式的最佳途径就是家长从自身做起。

第八，家长应在掌握孩子情感特点的基础上，运用正确的方法处理孩子的冲动行为。

（1）如孩子与伙伴吵架时，家长可以暂时不予理睬，让他自己去处理，因为过不了一会儿他们会和好如初的。

（2）如两个孩子为争一玩具而哭时，家长可用另一游戏转移其注意力，他们立即会破涕为笑。

急于求成，恨不能一日千里，往往都事与愿违，没有几个人不知道这个道理。作为家长，一定要跟孩子讲清楚急躁冒进的不良后果，防患于未然；同时采取措施纠正孩子急躁的性格行为。

冲动情绪要克制

培根曾经说："冲动就像地雷，碰到任何东西都一同毁灭。"故事中的小杨明就是因为一时的冲动，害了别人，也毁了自己一生！这样的代价似乎过于惨痛了点。生活中，喜欢冲动的孩子有很多，这些孩子在家娇生惯养，一切都顺利，一旦在外面遇到委屈，就不会忍耐，任凭冲动的情绪痛快淋漓地宣泄。当然，这种宣泄方式对孩子的成长是极为不利的。

1. 冲动容易引发多种身体和精神疾病

生理学家认为，人的心情与人的身体组成了生命的整体，二者之间又是相互调节与被调节、作用与被作用的关系。心情也就是情绪，情绪的好坏会影响身体的健康。人在冲动、发怒时，体内的各个脏器与组织极度兴奋，会消耗体液中的大量氧气造成大脑缺氧，为了补充大脑所需要的氧气，大量的血液涌向大脑，使脑血管的压力激增。在大脑缺氧及脑血管压力剧增的情形下，人的思维会变得简单粗暴。此外，人在冲动、发怒时，精神会过度紧张，造成心脏、胃肠以及内分泌系统功能的失常，时间长了，必然要引起多种疾病，对身心健康大为不利。

2. 冲动会破坏与周围人的关系

大家在一个环境里生活，都希望有一个和睦相处的氛围，更希望得到周围人的尊重和理解。而性格冲动的人往往认为以声压人，以拳服人，就能建立自己的威望。其实刚好相反，如果你性格很冲动，动不动就跟周围的人过不去，别人自然会厌烦你，对你敬而远之，长此以往，不仅得不到周围人的尊敬和理解，还会失去真正的朋友和友谊，以致感到孤独和寂寞。无论是在公司还是在一个团队里，只有加强性格修养，才能得到别人的尊重和理解，才能建立良好的人际关系。因此，家长应教会孩子学会与周围人相处。

3. 冲动的人容易遭受更多挫折

每个孩子都长期生活在一个集体里，都想在这个集体里获得进步，取得好成绩。但如果孩子的性格过于冲动，就很难获得进步。

有的孩子在平时的学习、生活中都表现不错，就是爱冲动，他们脾气比较暴躁，经常和周围的人争吵，甚至打架……这样的孩子轻则受批评，重则受到了处分，会在同学之间产生不良影响，使同学们疏远他，孤立他，让其心理受挫，进而影响自己的学习。

实际上，对于成长中的孩子来说，情绪的疏导远比其他方面重要。对于孩子的冲动性格，家长一定要多加防范，及时疏导，避免酿成不良后果。

不要纵容坏脾气

孩子乱发脾气的坏习惯是爸爸妈妈所不希望的。孩子乱发脾气会影响他的知识获得，影响人际交往等各方面能力的发展，从而不利于孩子今后的成长。

教育专家指出，孩子乱发脾气，主要是由以下原因造成的。

1. 家长的虚荣，促成了孩子的坏脾气

由于爸爸妈妈的虚荣心，总要使孩子在任何物质享受上超过别人。别的孩子有的，自己孩子要有；别的孩子没有的，自己孩子也要有。爸爸妈妈省吃俭用，给孩子买钢琴、电子琴，即使自己的孩子没兴趣，为了满足自己虚荣心，也得让孩子学，在不知不觉中孩子滋生了自高自大的心态，总以为自己高人一等，在家中不服爸爸妈妈管教，在学校不听老师教导，形成了以"我"为中心，一切按"我"的意愿去做，否则便会乱发脾气。

2. 家长过分迁就孩子

一些家长平常过分纵容孩子，孩子要什么就给买什么，导致孩子不懂得怎么控制自己的情绪，如果遭到拒绝，他们就乱发脾气，以此达到自己的目的。尤其是当孩子第一次发脾气没有引起大人的重视时，从而一而再再而三地这样做，就成了习惯和手段。

3. 自身的原因

3岁以后，孩子的独立性和自我意识有了明显的增强，有了自己的一些主见，但由于思维的刻板性和片面性，还因语言发展的不成熟，不能很好地表达自己的愿望和需求，只能以"发脾气"的方式达到目的。

4. 家长的教育态度过于严厉

一些家长对孩子的教育方式比较粗暴，动不动就训斥孩子，孩子对各种事情没有任何解释和发言权，这样会使孩子减少或缺乏学习用语言正确表达情感的机会，也就有可能最终学会粗暴待人等不良习惯，这会对孩子的未来造成消极影响，不利于孩子以后的生活和事业。

孩子不良的情绪妨碍他的健康性格的形成，家长一定要重视。要想帮助孩子快乐成长，关键是帮助孩子，让他们学会调整自己的情绪。对情绪的认知和表现，会影响到孩子的做事态度与做事方法。因此，当孩子乱发脾气，无法控制自己的情绪时，家长可采取下面的措施。

第一，孩子发脾气的时候最好的办法是冷落孩子，等其发完脾气后再说教。"妈妈不喜欢你发脾气，你哭就哭吧，什么时候不哭了，妈妈再理你。"一定不要因为心疼或别的原因放弃原则。

由于孩子对自己情绪的控制能力比较差，他们时不时地发"小脾气"是常见的事情，有时不见得是什么异常现象，也不需要特别地加以"控制"，家长采取视而不见的冷处理办法，孩子的脾气可能很快就烟消云散。

第二，孩子能够充分地、合理地表达自己的情绪时，正是孩子心理发育基本健康的标志。但毕竟是孩子，他的情绪表达方式难免会有偏颇，有时会发生对己和他人都不利的情绪过激现象。例如，孩子因发脾气与别的孩子争吵打架，可能伤着自己和对方；冲着长辈和老师发脾气则是不礼貌行为；或者脾气上来碰头捶胸、摔砸物品等都是不合情合理的。遇到这种情况，家长应对其进行教育引导。

第三，把握一切机会，对孩子进行教育。家长要经常对孩子说：人的很多愿望是无法实现的，有的时候，我们必须学会控制自己的欲望。当孩子放弃了自己不合理的要求时，家长应及时给予表扬和鼓励，让他的心里产生一种愉快感，促使他产生更多的积极行为。

第四，如果孩子之间发生了争吵打闹，最好的办法是引导他们辨明是非后自己去解决问题。如果吵打得不可开交，只要不出现危险或伤害，家长就不要单纯去阻止，而要先让孩子平心静气地安定下来，再让他们各自讲出自己的理由。

总之，当孩子固执乱发脾气时，家长应立即指出他的错误，并对他的态度冷淡下来，不理睬他，直到孩子"软"下来，再给他讲道理。而当孩子有所进步，如同样一件事，孩子在以前会乱发脾气，现在不再乱发脾气了，家长要及时给予表扬和鼓励，希望孩子能坚持下去。长此以往，孩子正确的行为得到巩固，错误的行为会逐渐消除。

自我调节坏情绪

对情绪的驾驭主要体现在孩子对情绪的自我控制能力方面。无法驾驭情绪的孩子经常成为情绪的俘虏，被情绪左右，无法自拔。这种孩子遇到一点不顺心的事情，就会暴跳如雷或者郁郁寡欢。而情绪驾驭能力较强的孩子，不仅能控制某种情绪的产生，而且还能对消极的情绪进行自我疏导，以平衡的心态面对生活。

父母要告诉孩子，遇到问题时要讲道理，不要动不动就闹情绪，发脾气。如果实在无法控制自己的情绪，不妨用一些不会伤害自己与他人的方法来解决。

让孩子学习驾驭情绪，家长要从下面几点着手。

1. 当孩子发泄情绪时，父母要给予理解

有时候，孩子喜欢通过激烈的活动来表达内心的情感，或者是通过语言，或者是通过肢体。不管是哪种形式，对待这时的孩子，父母可以引导孩子学会管理自己的情绪，控制并且管理好自己的情绪对孩子的成长和以后的发展有非常大的帮助。要想让孩子快乐成长，关键就是帮助他们学会调整情绪。面对孩子的种种不良情绪，家长要做的，就是如何帮助孩子把不良情绪释放出来。给孩子一个发泄和倾诉的空间，也就把握了调节情绪的杠杆。

从前，有个脾气很坏的小男孩。一天，他父亲给了他一大包钉子，要求他每发一次脾气都必须用铁锤在他家后院的栅栏上钉一颗钉子。第一天，小男孩共在栅栏上钉了 37 颗钉子。

过了几个星期，由于学会了控制自己的脾气，小男孩每天在栅栏上钉钉子的数目逐渐减少了。他发现控制自己的坏脾气比往栅栏上钉钉子容易多了……最后，小男孩变得不爱发脾气了。

他把自己的转变告诉了父亲。他父亲又建议他说："如果你能坚持一整天不发脾气，就从栅栏上拔下一颗钉子。"经过一段时间，小男孩终于把栅栏上所有的钉子都拔掉了。

父亲拉着他的手来到栅栏边，对小男孩说："儿子，你做得很好。但是，你看一看那些钉子在栅栏上留下那么多小孔，栅栏再也不会是原来的样子了。当你向别人发过脾气之后，你的言语就像这些钉孔一样，会在别人的心灵中留下疤痕。你这样做就好比用刀子刺向了某人的身体，然后再拔出来。无论你说多少次对不起，那伤口都会永远存在。其实，口头上对人们造成的伤害与人们肉体上受到的伤害没什么两样。"

家长应该像那位父亲一样，把发脾气的危害性告诉孩子，让孩子一步一步地改正这种不良情绪。

2. 当孩子的表达方式过于激烈时，家长应温和教育

虽然家长应该允许孩子自由地发泄心中的不快，但是，有时候孩子的情绪表达方式难免会有些不当，从而做出对自己和他人都不利的过激行为。

孩子因发脾气与别的孩子争吵、打架，结果既伤着了自己，又伤着对方。有些孩子喜欢顶撞父母、长辈和老师，有些孩子则习惯于通过摔东西等方式来表达激烈的情绪。

遇到这些情况，家长当然不能视而不见，而是应该加以严厉劝告，让孩子明白，情绪的发泄也应该有一定的限度。

3. 当孩子愤怒时，家长应坚持要求孩子用语言而不是用动作来表达愤怒

当孩子生气时，鼓励他大声讲出来，并尽可能说出原因。接着，引导孩子把他们过剩的精力用到户外活动上，让他们到户外去大叫大嚷。只要父母因势利导，孩子就会渐渐平静下来的。

4. 家长要教育孩子认识到乱发脾气可能产生的不良后果

为了一点小事就大发脾气，容易伤害别人的感情和自尊心，也是不懂得尊重他人的行为。不尊重别人，那就不能得到别人的尊重。另外，发脾气不但于事无益，而且还会使事情越闹越僵，一发不可收拾。

当孩子发脾气时，不妨让他想想如果别人对他发脾气，他的心里会有何感觉。另外，想想发脾气的后果，从而学会"三思而

后行"，脾气就会平息下来。

　　教育专家分析，孩子心理的紧张状态和平衡失调往往是与其情绪状态，特别是与消极的情绪状态联系在一起的。在遇到不如意或者突发事件的时候，孩子一般都会表现出情绪不稳定。如果消极情绪表现过分强烈，或者持续时间过长，或受到压抑，都会损害孩子健康，引起身心机能的失调。这是值得家长们重视的！

冷静平和显智慧

　　冷静能让孩子控制好自己受刺激时的心情，给自己一个宁静的环境，也给他人减轻了负担。冷静还可以使人放松神经，大脑得到适当的休息，情绪也能缓和，心理压力减少，因而感到心情愉快、舒畅。此外，冷静的人，能用理智掌控自己的情绪，使自己始终能够沉着地应对问题。

　　一个孩子，只有学会了冷静，才能做到从容地去应对生活中的各种磨难与不公，才能很好地渡过难关。

　　1960 年 11 月，家住美国奥尔良市的 8 岁黑人女孩鲁比·布里奇思被送至该市的威廉·弗朗茨小学上一年级。在这个学校里，鲁比是唯一的一个黑人孩子。一段时间以来，鲁比成为了这所小学里有史以来最不受欢迎的人。白人孩子对她的到来怒气冲天，他们高举着让她滚回去的牌子，并且咄咄逼人地尖叫，说着极其不欢迎的话语。后来的情况更糟糕了。鲁比经常一个人坐在教室里面，因为白人孩子不情愿和这个黑孩子一起上课学习。老师只好陪她一个人学习阅读和算术。芭芭拉·赫尔利是一名心地善良且公正的白人老师，她每天从教室窗外看着鲁比，内心却非常惊讶："这个只有 8 岁的小女孩是那样的镇定，在那样大的压力下看不出她有紧张、焦躁、焦虑、恐慌或其他任何不良的情绪反应。就像我教过的其他孩子一样。"

有一天上午，芭芭拉意外地看见鲁比在尖声喊的白人孩子人群中穿行时，突然停止了脚步，好像在对那些激愤的白人孩子说着什么！"这回，她终于控制不住了，终于生气了。"芭芭拉想。没过多久，鲁比便好像什么事也没有发生一样，静静地走进了教室。芭芭拉问她对那群孩子说了什么，鲁比解释说："没什么，我只是在祈祷而已。我每天上学前和放学后都祈祷，来帮助自己度过每一天。"芭芭拉终于明白了，原来这个可怜的黑人小女孩是通过祈祷来控制自己，她祈祷上帝宽恕那些向自己说污言秽语的孩子。

对于一个 8 岁的孩子来说，还有比这些更不公正的事情吗？要说生气，鲁比比任何人都应该大发脾气！但是鲁比没有，她依靠坚强的自控力熬过了那段艰难的日子。由于善于自控、心情冷静，在危险四伏的环境中，她镇定自若。冷静沉着的心态帮助她调节情绪、调节行为，使她始终奉行她心中认为是对的原则。

如果孩子能够以冷静的心态面对问题，做自我情绪的真正主人，控制自我、支配情绪，并自觉调节自我的行为，那就既能够自觉地完成理所当然的任务，又能够抵制不良的行为。这样的孩子能够将外在的约束力转化为内心的自我控制能力，这极有利于他们独立地步入社会。

要培养孩子冷静的性格，须注意以下几点。

首先，家长应教给孩子，在做出行动之前要多沉思，耐心地从多角度考虑，多问几个为什么，不要急着行动。

其次，在做出决定后，每做完一件事要及时反省检查，吸取经验教训，再制订下一步的行动计划，这样一步一个脚印，稳步前进，否则欲速而不达，甚至还会前功尽弃。

再次，为了克服急躁的毛病，必须在学习、生活中同自己急躁的行为抗争，有意识地培养严谨、自制、有条理、有恒心的优良性格。正如古希腊思想家比阿斯所说，"要从容地着手做一件事，但一旦开始就要坚持到底"。

最后，一个人情绪容易失控，主要是"忍"字功做得不到家。所以修炼忍耐功夫是自控的有效措施。当孩子情绪激动的时候，告诉他一些可以控制情绪的方法，比如，可以在心中默数"一、二、三……"再问问自己是否真的值得爆发，也可以通过掐自己的"虎口"穴位加以制怒。

第八章

别让懒惰折断
孩子的翅膀

懒惰是一种心理上的厌倦情绪。

懒惰是很奇怪的东西，它使你以为那是安逸，是休息，是福气；但实际上它所给孩子的是无聊，是倦怠，是消沉。它的表现形式多种多样，包括极端的懒散状态和轻微的犹豫不决。

生气、羞怯、嫉妒、厌恶等都会引起懒惰，使孩子无法按照自己的意愿进行活动。有些孩子的懒惰突出表现在日常学习、生活方面。

家长应该充分了解懒惰产生的原因，以及改掉懒惰毛病的方法，以改变孩子懒惰、依赖性过强的性格。

懒惰的根源

俗话说"业精于勤而荒于嬉"，"勤劳、勤奋"自古以来便被人们推崇和赞美，它能给人们带来累累硕果；而"懒惰"只能遭到他人的反对和鄙视，最终使人两手空空。可以说，懒惰是人生成功和幸福的大敌。对于孩子来说，也是如此。

因此，作为家长，如果你希望自己的孩子真正成长起来，在今后的人生中有所作为，不妨从现在开始让孩子丢掉手中依赖的"拐棍"，学会自己独立行走。一个缺乏独立行走能力的孩子，永远都是思想上的"瘸子"、能力上的"跛子"，是很少有成功的机会的！唯有独立、勤奋的人，才能获得成功的青睐。

其实，孩子从依赖别人到独立，是成长必经的过程。依赖父母，是孩子安全感的基础。但如果孩子对大人的依赖，演变成利用大人来做他该做的事，或者是用来避开接受失败挫折的挑战，那么这种依赖就是负面的、不健康的。有一些孩子，甚至上了大学，生活还不能自理。是这些孩子天生就懒惰、自理能力天生就比别人差，还是其他原因造成的呢？

教育研究表明，一般情况下，除了智力低下的孩子外，正常孩子的依赖、懒惰心理的产生与其生活环境，也就是说与父母的教育以及家庭的环境有关。生活中，许多父母宁愿自己吃苦，也绝不让孩子受累，他们把孩子应该干或者能干的活统统包揽到自己身上，即使孩子自己要干，他们也觉着孩子笨手笨脚，干不好反而添乱，还不如自己帮他干了省事。

别说是小孩子，大人也是这样。当有人可以依赖的时候，总是懒得自己动手、自己动脑，变得越来越懒散。而一旦失去了可以依赖的对象，平时看似不行的事情，通过努力往往也能办成。依赖使人懒惰，家长的宠爱与包办只会让孩子从小养成了依赖心理，事事依靠大人，缺乏生活自理能力和劳动观念。其结果是损害孩子独立性的发展，让孩子养成了懒惰和依赖等不良的生活习性。

过分依赖的孩子在学习中遇到困难时，也不爱独立思考，只等着大人给他讲，要么干脆等同学做完后抄人家的。

过分依赖父母，会让孩子形成一些特有的生活环境，使孩子缺乏社会安全感，总是跟别人保持距离；他们需要别人提供意见，经常受外界的暗示或指使，好像自己没有判断能力；他们潜藏着脆弱，没有发展与机智应变的能力，更不会有创造性。

一个明智的家长应该像海明威的父亲一样——

美国作家海明威很小时，父亲就经常带着他外出，以锻炼他的个人能力。在海明威4岁那年，父亲就将一根鱼竿甩给了海明威，并鼓励他说："自己去干吧，你肯定行！"海明威在父亲的鼓励与指点下，开始了独立活动，而且很快迷上了钓鱼、打猎和探险。接着，他又迷上了读书。

其实，与海明威的父亲比起来，中国父母望子成龙的想法更强烈，但是，他们都缺少海明威父亲那种敢于让孩子独立生存的勇气与眼光。有的家长认为孩子还小，"爱"他是为人父母的责任，所以呵护备至不舍得放手。这导致一些孩子依赖性过强，心理上的懒惰与生理上的懒惰也越来越明显，离开了家长似乎什么事情也不会做。

教育孩子要独立

著名的教育家陈鹤琴说："凡儿童自己能够做到的，应该让他们自己做；凡儿童能够自己想到的，应该让他们自己去想。"一句话，父母应该给孩子创造自立的机会。

一个独立的孩子才能变得强大，才能在今后的人生中有所作为。"Icandoit"是美国孩子常说的一句话。对美国人来说，替孩子做他们自己能做的事情，是对他们能力的剥夺，对他们积极性的最大打击！

家长们不妨扪心自问，我是否也曾以呵护、疼爱的名义剥夺了孩子自己做事的权利？我是否因为担心孩子做不好事情，索性自己包办？如果你的回答是"Yes"，那么，请不要将这种行为继续下去。因为，包办只会让你的孩子变得越来越喜欢依赖大人，越来越懒惰，缺乏基本的生活能力。

孩子的能力靠家长培养，孩子自信的性格更是家长塑造出来的。因此，要想你的孩子彻底改掉依赖、懒惰的毛病，应放手让他做自己应该做的事。

下面是专家的几点建议。

1. 尊重并培养孩子的独立意识

一岁的孩子就有了独立意识，他们什么都要来一个"我自己"，自己拿小勺吃饭，自己跌跌撞撞地搬小凳子。随着年龄的增长，他们不仅要独立穿脱衣服、洗脸洗手，而且还要自己洗手绢、洗袜子，自己修理或者制作一些玩具，甚至还想自己上街买东西等。对于孩子正在增长的独立意识，家长一定要予以重视，并支持、鼓励他们："你只要好好学，一定能做好！"千万不能泼冷水："你还小，干不了！"

2. 让孩子自己穿衣服

很多观察资料显示，要让孩子自己在三四岁之前完全学会穿衣服和脱衣服是不太可能的，但是孩子自己穿衣服、自己叠被子，学会自我管理，这种意识必须从小就开始培养。

研究证明，两岁左右的孩子就已经有了自己穿衣服和脱衣服的独立意识。这时，他们穿衣服、脱衣服虽然花费的时间比较长，也可能做得不合家长的意。但是，作为家长，我们不要觉得不耐烦、麻烦，还应该不厌其烦地鼓励孩子慢慢地实践。当然，这个时候，家长可以在旁边及时教孩子正确的穿衣服和脱衣服方法。

如果家长为了省事，不让孩子动手，孩子一旦形成了依赖的习惯，他就不会自己动手去做自己应该做的事情了。

除了鼓励孩子自己穿衣服、脱衣服之外，父母还应该通过言传身教让孩子不断地形成冷了会添衣服、热了会脱衣服的习惯。同时，还应该教会孩子自己叠自己的小棉被，洗自己的小手绢、小袜子等。让孩子知道，自己的事情自己做。

3. 让孩子自己整理玩具、物品

培养孩子自我管理的能力，自己整理自己的玩具是非常重要的一种方法。

（1）父母应该为孩子准备一个地方，让其专门用来放置自己的玩具和物品，让孩子知道这些玩具和物品各有各的"家"，每次用完之后，都应该将这些东西送回它们自己的"家"去。

（2）要让孩子明白，收拾自己的玩具和物品是自己的事，自己的事情要自己做，父母只是偶尔帮忙，应该获得孩子的感谢。

（3）父母要尽可能地用游戏等方式去吸引孩子参与收拾整理自己的玩具、文具用品等，并且不断强化，最后使孩子形成习惯。

4. 为孩子独立性的发展提供条件和机会

为了培养孩子的独立性，必须解放孩子的手脚，放手让他们去做那些应该做而且又是力所能及的事情，即使孩子做得不好，处理得不圆满也没关系。有些家长总怕孩子做不好，习惯于包办代替，习惯于指手画脚，总以担忧的目光注视和提醒孩子，或者干脆替孩子扫除障碍，铺平道路。这种态度和做法，有意无意地束缚了孩子的手脚，阻碍了他们独立性的发展。

5. 教给孩子独立做事的知识和技能

孩子不仅要有独立意识，而且还要有相应的知识和技能，即不仅愿意自己做事，而且还会自己做事。例如，怎样穿脱衣服、洗脸洗手，怎样摘菜、洗菜，怎样扫地、擦桌子，这些教育是在日常生活中自然而然进行的。而且独立性还表现在孩子学习、交往等各个方面。家长要教孩子自己完成游戏和学习任务，自己去和同伴交往，当孩子和同伴发生纠纷时，教他们用各种有效的方式去自行解决矛盾。

6. 让孩子自己决策

自己决策是独立性发展的一个非常重要的方面，我们要从小培养孩子自己决策的能力。孩子的事应该由孩子自己去思考，自己去决策。玩具放在什么地方？游戏角怎样布置？和谁玩？玩什么？这些孩子的事，家长不要做决定，要让孩子自己动脑筋，想办法，做出决策。家长可以帮助孩子分析，引导孩子决断，但不要干涉，更不要包办，代孩子决策。

7．让孩子在时间上独立

对孩子来说，最难的就是培养他们的时间观念！因此，若能让孩子自己形成一定的时间观念，学会自己安排时间，合理作息，就能很好地促进他们独立能力的形成。

有一位聪明的家长，他在孩子很小的时候，就每天给孩子一段可以自由支配的时间。孩子有时玩，有时去看自己喜欢的书，有时画画，当然，很多时候是忙来忙去什么事情都没有干出来。但是，慢慢地，这个孩子懂得了珍惜时间，学会了做计划！这比家长要求他一定要在某个时间段做什么事情有效多了！

8．让孩子对自己做的事情负责

让孩子对自己做的事负责，对自我意识还没有形成的小孩子来说确实有些难，但是这种意识要在点滴的生活小事中及早播种、及早萌芽，这可以让孩子自然而然地形成一种良好的习惯。主要方式有以下几种。

（1）家长每次带孩子外出，可以让孩子想想要带什么东西，通过几次提醒，孩子便会主动想起要戴好帽子或穿好外套等。

（2）孩子学会表达和思考以后，可以让孩子试着安排一下一天的行程，准备做些什么等。家长可以帮助孩子分析这样做的好处和不足及可能性等。

（3）出去之后，孩子如果发现自己要带的玩具或物品忘记带了，而生气或发脾气，家长不要自揽责任，包办代替，而要让孩子知道自己想做的事自己应该安排好，并且养成负责到底的习惯。

（4）家长要经常给孩子提这样的醒，自己的事情要自己做，自己做的事情自己要负责。时间长了，孩子就会逐渐地形成"负责"的习惯了。

9. 给孩子安排任务

让孩子从事一些力所能及的体力劳动可以避免其形成身体和心理上的惰性。因此，在日常生活中，家长可以经常让孩子帮忙。比如，对孩子说"帮妈妈拿东西""帮妈妈把床单拉平""帮妈妈把果皮扔了""和妈妈一起打扫卫生"等。在孩子每次帮大人做完事情以后，家长应对她的好表现给予肯定、表扬，让孩子享受到"劳动"带来的喜悦与快感。

因此，只有从小培养孩子的独立意识，才能让孩子彻底摆脱依赖的心理，树立起自信心。一个有信心的孩子，在遇到事情的时候永远不会手足无措，陷入孤独无望的境地。因此，在日常生活中，我们可以根据自己孩子的实际情况，有针对性地培养孩子的自立意识。

改掉懒惰的坏毛病

首先，懒惰是一种心理上的厌倦情绪，或行为上的倦怠情绪。懒惰的思想和行为将会腐蚀孩子的灵魂，让孩子变得精神不振、不爱动脑、不喜欢学习。

其次，懒惰是一种慢性毒药，它能慢慢地征服人的勇气，消磨人的意志。一个懒惰的孩子拈轻怕重，缺乏生活责任感，缺乏斗志，更缺乏战胜困难的勇气。在面临困难的时候，他最直接的做法就是逃离。

最后，懒惰的孩子体验不到"劳动"以及"生活"的诸多乐趣。他们总寄希望在别人身上，希望有人能帮助自己渡过难关。而自己却缺乏行动力，不喜欢主动参加劳动，更不能自强、自勉、自我激励。这样的孩子对生活缺乏热爱，会长时间陷入疲乏不堪的状态中。

此外，懒惰还容易让孩子的生活自理能力低下。想一想，一个连袜子都不会洗的人，会有多强的生存能力？一个连生存都成问题的孩子，又有多少独立能力去面对成功所必须要经受的曲折与磨难？

其实，惰性每个孩子都会有，如何帮助孩子去克服才是问题的关键。要帮助孩子克服懒惰的恶习，以下方法值得借鉴。

1. 爸爸妈妈要起榜样作用

爸爸妈妈言行一致是极其重要的。爸爸妈妈想在孩子身上培养某种品质，首先应从自身开始。让孩子看到爸爸妈妈努力工作的情景，对培养孩子勤劳的品质会非常有利。

2. 激发孩子的兴趣，展现榜样的魅力

孩子在对所做的事情不感兴趣时，就会产生惰性心理。"兴趣是最好的老师"，没有浓厚的兴趣，就没有动力，于是就容易懒懒散散。此时，父母就要从各方面激发孩子的兴趣，培养孩子的兴趣和勤奋的思想，以帮孩子克服懒惰心理。

在剑桥读书的孟雪莹是一个靠勤奋获得成功的例子。在她小的时候，父母就用"头悬梁，锥刺股"的勤奋读书故事来教育她。因此，孟雪莹小小年纪就对勤奋有着自己的看法。读高中时，她在日记本里这样写道：理想好立，目标好定，但难的是实现目标的过程。人多多少少都有点惰性，在目标确定时，信誓旦旦，但真正实施目标的时候，却只是 3 分钟热情……

对于孩子来说，学习的确是一件苦差事，然而，在高强度的学习压力下，只有锻炼孩子的毅力，才能让孩子在成功的路途上迈出坚实的一步。

3. 家长要重视对孩子的劳动教育

家长要想让孩子热爱劳动，首先要重视对孩子的劳动教育。

有一部日本纪录片是这样讲述野生狐狸的：

狐狸妈妈对自己生下的小狐狸非常照顾，可谓舐犊情深。小狐狸渐渐长大了。狐狸妈妈却发了疯似的要"遣"小狐狸离开温暖的家。刚开始，小狐狸们都不愿意离开舒适温暖的家，但狐狸妈妈就是不让小狐狸们进家，它又咬又赶，非要把它们都从家里撵走。最后小狐狸们只好夹着尾巴落荒而逃，去开始自己的独立生活。这只狐狸妈妈看似冷酷，但是，它却懂得小狐狸只有学会劳动、学会自己去捕食，才能生存下去的道理。

任何一位妈妈都应学习狐狸妈妈的这种精神，只有让孩子学会劳动，学会独立，孩子才有能力生存在这个世界上。因此，在日常生活中，妈妈一定不要溺爱孩子，应让孩子做一些力所能及的事情，同时以生活中的实际事例等告诉孩子劳动的重要性，让孩子从思想上认识到劳动的光荣、劳动的伟大。

4. 不要打击孩子劳动的积极性

当孩子表现出劳动的主动性时，做妈妈的切不可以泼冷水，而应该鼓励孩子："噢,宝宝知道帮妈妈干活了,是个大孩子了。""快来看, 小华洗的手绢真干净！"也许，由于孩子刚刚接触家务，手脚还不够灵活，常常会出问题，如桌子越擦越脏，屋里弄得乱七八糟等。这时候，家长千万不可对孩子失去耐心和发脾气，如果那样，孩子劳动的积极性会很容易被打消。另外，家长还要耐心地教给孩子做事的具体方法和技巧。孩子只有掌握了一定的方法和技巧，做起事来才会事半功倍，信心十足。

5. 帮助孩子摆脱依赖心理

父母一旦发现孩子有依赖性，就必须及时给予纠正并帮其改过。先了解孩子依赖心理的形成原因，以此为基础，使用一定的策略。如有些父母为孩子的起床问题费了不少心思，一次又一次地叫孩子起床，可孩子总是赖在床上不起，一旦迟到了，反而会责怪父母没有及时把他从床上拉起来。

孩子年幼的时候因为生活不能自理，吃、喝、拉、撒、睡都需要成人的照料，对成人依赖是正常现象。但是，随着年龄的增长，身心发育日趋完善，如果孩子依然生活不能自理，什么事情都靠家长，问题就不容乐观了，家长一定要及时帮助孩子改掉懒惰的习惯。

独立思考很重要

　　独立思考能力强的孩子，往往具有较强的好奇心。家长应该尊重孩子的好奇心，千万不要因为孩子提的问题过于幼稚而加以嘲笑，以免伤害孩子的自尊心。随着家教观念的更新，有一些具有现代家教观、教子有方的家长，注意创造机会，从小培养孩子独立生活和独立思考的能力。家长可以给孩子讲一些科学家、发明家成长的故事，以激励孩子从小立志，培养孩子学习新知识、探索新问题的兴趣。

　　然而，在现实生活中，许多家长在管教孩子的时候，常常会出现这样一种情况：一方面要求孩子对待学习和生活中的问题要自己想办法解决。另一方面却对孩子没有信心，当孩子遇到问题的时候，总是怕孩子没有经验，自己不能解决问题，因而就想方设法帮助孩子解决。家长这种"舍不得"让孩子独立思考、自己解决问题的做法，不仅会让孩子养成过分依赖的习惯，而且阻碍了孩子独立性的养成。而独立分析和解决问题的能力对孩子的发展是很重要的，它是孩子在社会上生存以及进行创造性活动必备的心理品质，是孩子成才的基本前提。一个没有独立思考能力的孩子，谈不上有独立性，更谈不上在今后的事业中有所发展。因此，培养孩子独立思考与解决问题的习惯很重要！

　　那么，家长应如何培养孩子独立思考与解决问题的能力呢？

1. 参与到孩子的"思考"中

要培养孩子独立思考问题的能力，首先要善于发现孩子的问题。在孩子遇到问题并传达给家长的时候，家长要积极参与。

一个成功的家长，总是善于引导孩子去思考的！晨晨的妈妈无疑就是这么一位成功的家长！她在参与的过程中，充分调动了孩子"思考"与"发现"的积极性，让孩子从思想上先独立出来！

2. 让孩子自己独立去思考、去判断

要培养孩子的独立思考能力，就要提供一些机会让孩子自己去思考、去判断：什么是对，什么是错，什么应该做，什么不应该做。一个人的与众不同有许多表现，其中最有意义的方面在于能够展示并表达其独具特色的思想。一个成功人士，也许有多方面的建树，但最引人注目的应该是他那极具个性的思想，以及独立思考与判断的能力。

在鼓励孩子独立思考方面，家长有很多事情可以做，最简单的就是倾听孩子叙述自己的想法。尽管孩子的想法常常是天真、幼稚，甚至可笑的，但家长一定要按捺住想纠正他的想法，而抓住他谈话中有趣的、有道理的论点，鼓励他深入"阐述"，让他尝到思考的乐趣，增强自我探索的信心。

3. 给孩子创造机会，培养孩子自己做选择和处理问题的能力

让孩子在尝试的过程中感受失败、碰钉子。这样，孩子就会从失败中吸取教训而逐渐成长起来。

杰克在上四年级，班里组织到山里参加为期两天的野营。杰克骄傲地告诉妈妈说自己能准备行李。然而出发前，妈妈发现他没有带厚衣服，可是山里的温度要比平原低很多，妈妈让杰克带

厚衣服，可杰克却拒绝带厚衣服，妈妈也没有坚持。

两天后杰克回来了，大家问他玩得怎么样，他说："我该听妈妈的，山里很冷。"

妈妈问："下个月我们要去佛罗里达，也带同样的衣服吗？"

杰克想了一下说："那不用，佛罗里达很热。"

妈妈说："对了，外出前你应当先了解一下当地的天气情况，再做决定。"

杰克说："我知道了。我下次野营时应该先列个单子，就像爸爸出差前一样，这样就不会忘带东西了。"

与其说教，不如让孩子亲身体验。只有在"亲身体验"之后，孩子才能更客观地评价自己，更充分地思考问题。

4．鼓励孩子在学习上自主

在孩子自己第一次学习时，父母就应该让孩子养成自己学的习惯，遇到问题让孩子学着自己思考；对已经养成依赖性的孩子，父母秉着逐渐放手的原则，不能指望孩子一下子就到位。孩子在学习的整个时间里，要给他独立的时间和空间，不要管学习过程，要看结果。

如果说行为依赖于别人是可怕的，那么思维依赖于别人是更可怕的事情。想是做的前提，不会思考，不知道去思考的人，如同没有灵魂一般。因此，家长要培养孩子的思考能力，让孩子学着自己去思考，让孩子的思维活跃起来。

第九章

别让悲观占据
孩子的心灵

在现实生活中，每个人都会遇上许多不太顺心的事情。孩子也不例外。如果孩子用悲观的心态看待事物，他只会看到阴霾与失意；相反，如果孩子能用乐观积极的心态看待事物，他对未来就充满了希望和光明。因此，家长应从小培养孩子乐观开朗的个性，引导孩子用豁达的心态对待生活。

悲观孩子挫折多

悲观的情绪不但会影响孩子的身心健康，还会影响到孩子的学习与以后的发展，因此，家长应改变孩子悲观的性格，帮助孩子看到事物光明的一面。唯有如此，孩子才能拥有 个光明的未来。

在生活中，我们经常看到这么一些孩子，他们成天"愁眉紧锁"，一副"郁郁寡欢"的模样，似乎总活在"无尽的担忧"之中。让他们开朗不起来的，可能只是"今天某某不理我了""今天考试考得不太好""今天妈妈批评我了"等小事，但就是因为这么一点小事，孩子都要"悲伤"一整天。

为什么这些孩子在遇到问题的时候，第一时间想到的总是事情糟糕的一面，总是得出否定的结论？这种悲观的情感和处世态度，显然不是他们这个年纪所应当具有的。归纳起来，导致孩子悲观、抑郁的原因有如下几点。

1. 父母的生活态度

孩子的个性以及对待生活的态度，是在父母的影响下一点点地培养起来的。父母用悲观的态度对待生活，那孩子肯定不会看到生活中光明的一面；如果父母总能在困境中看到希望，孩子受其影响，那再大的困难在其面前也会显得微不足道。

如早晨醒来，妈妈看到外面正在下雨，便随口说了一句："这该死的天气，又下雨了！"就是这一句话，就会让孩子产生消极、悲观的想法：下雨天很让人烦。但是，面对下雨的天气，如果妈妈说："太好了，下雨了，小草、小花又能喝到水了。"这时，妈妈就会给孩子一个乐观的暗示：下雨对植物很有好处，雨水可以让植物茁壮成长。

2. 经常批评打击孩子

经常批评、打击孩子，会使孩子郁郁寡欢、悲观失落。如有些孩子学习成绩不好，其他文艺方面的表现也不突出，于是，家长就对孩子表现出"失望"的情绪来，"哎，你这榆木脑袋呀，再怎么努力也学不好！"悲观的心理暗示，让孩子认为，自己再怎么努力也没有用，索性不努力！反正自己比较笨嘛！这样的孩子，通常没有进取心，成功的欲望低。

3. 父母感情不和睦

有些家长的感情不和，动不动就吵架，这给孩子小小的心灵蒙上了悲伤的阴影，他们得不到关爱，也感觉不到家庭的温暖，导致对什么事情都特别悲观。因此，家庭成员之间不和睦，也是造成孩子性格悲观的重要因素。

4. 不要给孩子制定过高的、难以企及的目标

有些家长，为了让孩子出人头地，严格地、高标准地要求孩子，给孩子制定过高，甚至难以企及的目标，孩子经过了一番努力，仍然不能达到目标，进而产生悲观、失落情绪，因此，在学习和生活中，家长不要给孩子制定过高的、难以企及的目标。

悲观的人没有坚定的信念，他们从来不知道成功的滋味。信念是一种无坚不摧的力量，当你坚信自己能成功时，你必定能获得成功。如果他是一个悲观失望的人，没有百折不挠的坚强意志，迟早会垮掉的，这就是失败的真正原因。

现在，我们已经知道悲观消极的态度是致命的，它会让本来能力非凡的你变得平庸，做不出任何的成就来，长此以往，孩子就越来越难以认清自己的实力了。因此家长一定要及时纠正孩子的悲观心态，以免对孩子的身心健康造成不良影响。

烦恼不要憋心里

帮助孩子消除烦恼，让孩子在阳光下快乐成长，是每个真正关心孩子健康成长的父母所必须履行的职责。有了父母们积极的鼓励、有效的帮助、巧妙的排解，相信每一个孩子都将学会用乐观的态度对待身边的琐事，拥有更加幸福、更加快乐的生活。

对孩子表现出的悲伤或软弱，父母不要呵斥，应该让孩子尽情地发泄心中的郁闷，只要孩子发泄够了，他自然会平静下来。当然，如果孩子需要父母的帮助，父母应该及时安慰孩子，用相同的心理去感受孩子的情绪，努力引起孩子的情感共鸣，从而缓解孩子的不良情绪。

很多事实都证明，随时可以从父母那里得到坚定支持的孩子，会认为生活可以信赖，人生充满机会。即使生活中偶然出现艰难、失望的境遇，他们仍然能对生活保持积极的态度。那么，家长应如何做到让孩子尽情宣泄内心的烦恼呢？

1. 父母应理解和陪伴孩子

当孩子遇到烦恼的时候，他们最渴望的无非是得到朋友的理解。如果这时候家长能以一个朋友的身份陪伴在孩子的身边，告诉孩子自己曾经也遇到过类似的烦恼，让孩子感觉自己的爸爸妈妈是能理解自己的，慢慢地，孩子就能化解忧伤的情绪，变得乐观起来。

此外，在日常生活中，家长可有意识地向孩子诉说自己的烦恼，让孩子了解父母也有烦恼。常和孩子沟通，当孩子遇到烦心事时，也会主动和父母交流，以缓解内心的痛苦。

2. 教育孩子正确地表达情绪、抒发情绪

当孩子遇到问题无法解决，或者是受了委屈，不知道该如何倾诉的时候，他们往往会采用哭泣、发脾气的方式来宣泄自己的烦恼。这个时候，家长不要呵斥孩子的无理取闹，而应该以冷静、理性的态度，用一些正确的安抚方法处理孩子哭闹的情绪，并教导孩子，让他能接纳自己负面的情绪，以及学习如何适当地表达情绪。

3. 鼓励孩子经常参加体育锻炼

体育锻炼是孩子最主要的体育活动内容，在锻炼身体素质、发展基本活动能力的同时，也能满足孩子的心理和身体需要。当孩子遇到烦恼时，家长让孩子通过跑步、踢球等方式，让孩子的不良情绪得到发泄。

4. 鼓励孩子说出心中的不快

长期生活在烦恼当中，这对孩子的身心健康是非常不利的。家长要做的，就是鼓励孩子把内心的烦恼说出来，帮助孩子调节内心压抑的情绪。当孩子把内心的烦恼说出来以后，心情就会变得轻松起来，而性格也能因此保持乐观与开朗。

5. 良好的户外活动可以有效调节孩子的情绪

大自然的奇山秀水常能震撼人的心灵。登上高山，会顿感心胸开阔。放眼大海，会有超脱之感。走进森林，就会觉得一切都那么清新。这种美好的感觉往往都是良好情绪的诱导剂。

每个孩子的成长必然伴随着烦恼。学习的压力、交往的挫折、不良环境的影响，乃至青春期的发育，都会让孩子们产生困惑、紧张、焦虑和压抑。当孩子被内心的烦恼深深地困扰的时候，家长应允许孩子自由地宣泄烦恼，只有这样才能使孩子拥有一个好心情。

悲观情绪要疏导

学会保持乐观、开朗的情绪，对孩子来说是非常重要的，也是非常必要的。一般来说，对那些能够满足自己需要的事物或对象，自然而然地产生一种满意、高兴、喜悦、爱慕的积极情绪体验。反之，就会产生痛苦、忧愁、厌恶、恐惧、憎恨的消极情绪体验。积极的情感体验能够激发人体的潜能，使其保持旺盛的体力和精力，维护心理健康；消极的情绪体验只能使人意志消沉，有害身心健康。

1. 时刻注意观察孩子的情绪变化

每个孩子都会碰到不称心的事情，即使天性乐观的孩子也是如此。当孩子遇到困境时，妈妈要多留心孩子的情绪变化，如果孩子闷闷不乐，家长无论多忙，也要挤出一点时间和孩子交谈，指导孩子排除心理障碍，使悲观情绪、不良情感及时得到化解。

2. 帮助孩子树立对未来的希望

乐观的孩子往往对未来充满了希望，悲观的孩子则往往觉得没有希望。因此，父母要对孩子进行希望教育。希望教育是一项细致的工程，需要父母及时地感受到孩子的沮丧和忧愁，帮助孩子驱散心中的阴影。

平时，父母要多引导孩子看到自己的进步和成绩，鼓励孩子想象自己的美好未来，让孩子对自己的未来充满希望。只要孩子对未来充满了希望，必然能够及时排解内心的悲观情绪。

3. 让孩子通过听音乐摆脱烦恼

"当我烦恼的时候，我最喜欢听音乐，它可以驱散烦恼。""爸爸妈妈吵架的时候，我最喜欢一个人听音乐。""音乐可以让我激动兴奋。""学习紧张的时候，音乐能令我放松。""音乐可以陶冶我们的情操。"看来音乐可以消除孩子的烦恼，所以，如果孩子遭遇烦恼时，我们不妨让孩子听听音乐。

音乐是与大自然最和谐的音符，你可以从中倾听海浪的声音，也可以让微风拂过你的面颊。人类历史上卓越的人物，如爱因斯坦、牛顿、马克思等无不热爱音乐，而且对音乐有极高的品位，他们懂得音乐的妙用。当孩子感到烦恼的时候，听听音乐，会帮助他恢复精力。

4. 培养孩子的幽默感是化解悲观情绪的好办法

心理学家认为，幽默是一种积极的心理防御机制。幽默可以维持人的心理平衡，调节人的中枢神经，增强血液循环，有利于排解积郁，消除疲劳与烦恼。具有幽默感可使人们对生活保持积极乐观的态度。许多看似烦恼的事物，以幽默的态度对待，往往可以使人的不愉快情绪荡然无存，立即变得轻松起来。

5. 指导孩子正确对待挫折失败的方法

孩子主动去做了，不一定成功。父母要激励孩子，告诉孩子："人生不如意事十有八九。"失败了一次不要紧，失败是成功之母。让孩子接触各类事物，接触的事情多了，见多识广，孩子的心胸自然就开阔，悲观思想便不容易产生了。

乐观积极的心态是成功的催化剂，乐观的孩子总认为自己是幸运的，即使遭遇挫折，他还是坚信自己有能力改变现状，他们会拿出自己最好的状态与挫折做斗争，直到把挫折打败。因此，乐观的性格是孩子应对人生中悲伤、不幸、失败、痛苦等不良事件的有力武器。如果孩子无法乐观地面对人生，就会意志消沉，对前途丧失信心，长此以往，还会损害身心健康。遇到这种情况，家长不要着急，只要你正确地引导，帮孩子疏导悲观的情绪，孩子就能变得乐观起来。

养成乐观好性格

孩子的乐观首先来自家庭和谐、幸福的气氛，来源于父母的乐观、自信、幽默、豁达，来源于父母能够切实地帮助孩子正确对待并战胜他们面临的困难，用自己的乐观情绪感染孩子。这样，即使在他们以后的生活中碰到困难挫折，他也能始终保持健康的心态，克服困难，实现既定的目标，因为父母已使他相信在困难和挫折背后，还存在许多美好的东西。在实际生活中，父母应从以下几方面培养孩子的乐观性格。

1. 创造积极愉快的家庭氛围

英国著名教育学家斯宾塞说："家庭环境对孩子的心智和才能的发挥至关重要。父母的教养态度如果比较热情、民主而非冷漠、独裁，孩子的智能就比较高。"另外，"孩子很容易受到家长的影响，如果孩子感受到了你的积极，他会慢慢获得一种美好的人生感觉，信心倍增，人生目标感也越来越强烈"。因此，家长要想培养孩子积极的心态，一定要给孩子营造一种积极向上的家庭氛围。

在家庭中，父母对孩子的态度和评价也是家庭氛围中的一部分，所以，孩子积极心态的培养离不开父母积极正确的评价。俗话说："最差劲的人身上也有优点，最完美的人身上也有缺点，你眼睛盯住什么，你肯定就能看到什么。"因此，父母应学会用积极的眼光来看待孩子，寻找孩子身上最美好的东西，赏识孩子的长处，并告诉孩子要正确地、积极地看待自身的长处。对于孩子的缺点，父母也要积极对待，帮助孩子改正错误、克服缺点。这会使孩子对自己有良好的感觉，能促使孩子更加努力，做到最好。

2. 让孩子多想一些快乐的事情

心理学家在引导人们减压时，比较重要的一条就是想一些令自己快乐的事。

因此，要想让孩子拥有阳光心态，家长可以教孩子每天晚上躺在床上，想一些美妙的事情，哪怕是一些美妙的设想，心情会非常好。此外，还可以引导孩子看一些轻松的文字、幽默故事，这些都会让孩子的身心愉快。一个时刻保持身心愉快的孩子，又怎么可能没有阳光、积极、乐观的心态呢？

3. 给予孩子战胜困难的勇气

"我能行"也是积极、阳光心态的体现，面对困难和挫折都能以"太好了""又给我一次锻炼的机会"的心态去面对，于是愉快地去迎接挑战。勇敢的人常说："我能行！"懦弱的人常说："我不行！"现在许多孩子在父母的溺爱和呵护下，变得胆小、懦弱，遇事常把"我不行"挂在嘴上。"我不行！"体现孩子失去战胜困难的信心，也是消极的心理在作怪的表现。这将导致孩子失去成功的机会。

因此，父母应帮助孩子改变"我不行"的状态，让孩子勇敢地喊出："我能行！"

4. 教孩子从心里放下令人不快的事情，积极投入全新的生活

人为地渲染悲观情绪，或者拖延忧伤情绪的持续时间，是自虐心理在作怪。一个叹息不断的孩子，是不会受周围人欢迎的。一个压抑、情绪低落的人，是被这个时代排斥的。因此，家长要教会孩子把令自己不快的事情抛在脑后，多想一些让自己开心快乐的事情，慢慢地，孩子就能变得乐观起来。

对于孩子乐观精神的培养，美国儿童教育专家塔尼可博士提出如下建议。

第一，家庭的气氛、家庭成员之间的关系在很大程度上会影响孩子性格的形成。研究表明，孩子在咿呀学语之前，就能感觉到周围的情绪和氛围，尽管当时他还不能用语言来表达。因此，一个充满了敌意甚至暴力的家庭，是绝对不可能培养出快乐的孩子的。

第二，作为家长，当然不能对孩子不加管教、听之任之，相反，"控制"过严却又会压制其天真烂漫的童心，对孩子的心理健康产生影响。不妨让孩子在不同的年龄段拥有不同的选择权。例如，对于两三岁的孩子，应该允许他自己选择早餐吃什么，什么时候喝牛奶，今天穿什么衣服；对于四五岁的孩子，应该允许他在家长许可的范围内挑选自己喜欢的玩具，选择周末去哪里玩；对于六七岁的孩子，应该允许他在一定的时间内选择自己喜欢看的电视节目，什么时候学习等；对于上小学的孩子，应该允许他结交朋友，带朋友来家玩等。

第三，与他人融洽相处有助于培养快乐的性格，因为与他人融洽相处者，心中的世界较为光明、较为美好。但要与他人融洽

相处也并不容易。家长可以带领孩子接触不同年龄、性别、性格、职业和社会地位的人，让他们学会与不同的人融洽相处。当然，首先要学会跟父母和兄弟姐妹融洽相处，然后再学会跟亲戚朋友融洽相处。此外，家长自己也应与他人相处融洽，做到热情待客、真诚待人，不势利、不卑下，不在背后议论他人，给孩子树立一个好榜样。

第四，父母要鼓励孩子多交朋友，为孩子创造与同龄人交往的机会。例如，带孩子到邻居家串门，邀请其他孩子到家里来玩，让孩子多到同学家去玩等。另外，父母可多搞一些活动（如带孩子外出游玩）；也可让孩子做一些创造性的活动（如利用废物制作小作品），通过丰富孩子的精神生活，孩子在各种活动中体会到生活的乐趣，增强对生活的信心，从而培养孩子乐观的性格。

第五，开朗乐观的孩子心中的快乐源自多个方面。一个孩子如果仅有一种爱好，就很难保持长久快乐。只爱看电视的孩子如果当晚没有合适的电视节目看，他就会郁郁寡欢。相反，如果孩子爱好广泛，当孩子看不成电视时却能读书、看报或做游戏，同样可乐在其中。

除了培养孩子的乐观精神，我们还要使孩子养成快乐的性格。为此，我们要从下面几个方面努力。

■密切同孩子之间的感情

在快乐性格的培养中，与孩子建立"友谊"起着十分重要的作用。此外，还要让孩子经常同其他小朋友一起玩耍，让他在愉快的外部环境中接受愉快熏陶。

■培养孩子的广泛兴趣

如果幸福只建立在一样东西上，那么幸福的基础就不稳固了。比如，一个孩子最喜欢某个电视节目，而正好整个晚上电视机都被别人占了，他就会不高兴。作为父母，应该为孩子提供获得快乐的多样选择，并注意培养、引导，让孩子拥有比较广泛的兴趣。

■帮助孩子调整心态

父母应该使孩子明白，有的人之所以一生快乐，并不是他们一帆风顺，他们也有情绪低落的时候，只不过他们有很强的适应能力，有比较好的心理状态，能够很快从失望中振作起来。孩子遇到挫折的时候，父母应该为孩子指出其中的光明之处，并引导孩子调整心理状态。在这个过程中，孩子就会得到快乐，心情也就会好起来。

总之，积极、阳光的心态可以成为改变世界的强大力量，家长一定要把它摆到重要的位置。积极心态一旦成为孩子的主流心态，就等于给孩子提供了追求成功的机会，同时也给了孩子终身取之不尽、用之不竭的精神财富。

第十章

别让狭隘禁锢
孩子的心灵

人与人之间如果封闭、孤独，不善交往，就会导致一个人心胸狭隘，宽容也就无从谈起了。家长应鼓励孩子走出自己狭小的天地，广交朋友，多见世面，不要把自己固定在自己固有的小天地里。同时还要不断地加强学习，提高自己的素养，激发生活的热情，让生活充满阳光，让心灵充满阳光。

狭隘的孩子难成才

当你的孩子出现了偏执、狭隘等性格弱点时，家长不要把责任归咎于孩子自身。实际上，要了解孩子的问题，家长应先从自身找起，从自己对孩子的教育方式上找原因，以更好地培养孩子宽阔的胸怀。唯有给孩子狭隘的心灵解禁，孩子才能更幸福、更豁达。

然而，令人遗憾的是，并不是所有的人都具有开阔的心胸。

在我们的身边，很多孩子，在成长的过程中，由于受多方面因素影响，逐渐形成了狭隘的心理。这种心理严重地影响到孩子的学习和交往，成为孩子身心发展的严重障碍。

那么，我们可以从哪些方面判断自己的孩子是否同样具有狭隘型性格呢？一般来说，性格狭隘、偏执，气量小的孩子常常自视甚高，看问题非常主观，他们不能容忍不利于自己的议论和批评，更不能受到丝毫的委屈和无意的伤害；嫉妒心强，不能容忍别人超过自己；对批评和挫折过分敏感，总是怀疑别人，习惯把失败和责任归咎于他人。凡符合以下七条症状中的四条，就可诊断为狭隘、偏执型性格。

（1）在没有充分依据时，预期自己会遭人伤害；

（2）未经证实就怀疑朋友；

（3）从温和的评论和普通的事件中能看出羞辱与威胁的

意向；

（4）对嘲笑和羞辱绝不宽恕；

（5）不愿信任别人，无缘无故地害怕别人会利用他的信任来反击他；

（6）很容易感到自己受轻视，并且立即报以反击。

出现了偏执性格者或表现出其中某些特点的孩子，往往与这些孩子形成的不正确的自我意识有关。孩子在成长过程中，越来越多地把注意力指向自我，强调自我的存在。此时如果有些心胸狭窄、以自我为中心的孩子不能客观、正确地评价自己，或因盲目地维护自我而过高评价自己，或因自卑而以争胜好强的外表来掩盖，或对一些问题的看法受情绪支配，这样就容易走极端。偏执狭隘的性格使孩子在与人交往过程中很难被接受，他自己也会深陷于自己的情绪中无法自拔。严重的话，还可能导致孩子走上不归路，这与家长的期望背道而驰。

所以，孩子偏执、心胸狭窄的毛病不容忽视。那么，孩子偏执、狭隘的性格又是如何形成的呢？专家分析，孩子之所以心胸狭隘，一般是由以下几方面的原因造成的。

■家长之间缺乏宽容，导致孩子性格上的"狭隘"

父母是孩子的第一任老师，作为第一任老师，我们是否在孩子的心灵上播撒过宽容他人、与人为善的种子呢？很多家长，经常因为一些小事情斤斤计较，针锋相对。日常生活中，一些人因为在外面受了气，回到家里还耿耿于怀，甚至辱骂、中伤对方，无疑会在孩子心中投下"刻薄"的阴影。孩子在这样的家庭环境中成长起来，是不会懂得宽容的。

■违背孩子身心发展的规津，管束过严，经常打骂，造成了孩子心灵上的创伤，这样就会形成两种性格的孩子

一类孩子压抑天性，变得内向、胆小怕事，没有自信心，敏感自卑，创造能力差，不会与人交往；另一类较倔强的孩子则形成逆反心理和反抗性格。因此孩子个性的发展，离不开宽容的品质，二者是分不开的。儿童心理医生指出，孩子都有爱玩的天性。在玩耍中，他们学会了与人相处，模仿伙伴们的为人处世方法，学会忍让、宽容、合作等人际交往的技巧，这是儿童自我发展的需要。

■规定太多，导致孩子不敢放开手脚，自然没有"宽容"的机会

家长们往往从成人的角度去要求孩子，甚至给孩子定下了许许多多的条条框框，规定这些不能做，那些不可碰，这些要求都是对"孩子气"的否定。实际上在清除"孩子气"中，我们连同孩子的个性也一同抹杀了。

家长对孩子要有宽容的态度，不能处处以条条框框约束他们，而要用理解和宽容来认可孩子的纯真天性，再引导和培养他们的个性。

■家长认识上的误区

当今社会，家长对孩子的期望值越来越高。不少家长认为当今社会是竞争激烈的社会，总会有一些不平等的现象，我的孩子可不能吃亏，多学点"本事"是重要的，如此，就必然忽视了对孩子宽容性格的培养。

歌德说："人不能孤立地生活，他需要社会。"良好的人际关系，不仅能给人带来快乐，而且能帮助一个人走向成功。而宽

容正是建立良好人际关系的基石。一个心胸开阔、懂得宽容、善于体谅他人的人往往能够得到意想不到的收获。

反之，一个心胸狭隘、锱铢必较的人必定是不快乐的。因为，他们心眼小，见不得别人好，容不了别人比自己强，也不懂得与人合作。只要有人"得罪"了自己，就耿耿于怀，久久都不肯忘记。这样总为琐事困扰的人，即使再有才能，也难成大器。

因此，作为家长，应教育孩子从小做一个有宽容心、凡事不斤斤计较的人，只有懂得宽容，孩子的生活才能变得越来越美好！

宽容与豁达的力量

美国著名的文学家爱默生说过："宽容不仅是一种雅量、文明、胸怀，更是一种人生的境界。宽容了别人就等于宽容了自己，宽容的同时，也创造了生命的美丽。"

法国大作家雨果也说过："世界上最广阔的是海洋，比海洋广阔的是天空，比天空更广阔的是人的胸怀。"

著名教育学家魏书生是这样说的："有了比天空更广阔的胸怀，人才能装得下事，拿得起，撂得下，不斤斤计较，不愤懑牢骚，不悲观失望，才能把自己的脑力用在更有价值的大事上。"

宽容别人，其实就是宽容我们自己。懂得宽容的人在给别人一个宽松环境的同时，也给自己一片广阔的空间。有宽容的人生路上，才会有关爱和扶持，才不会有寂寞和孤独；有宽容的生活，才会少一点风雨，多一点温暖和阳光。对于人的一生而言，宽容的意义重大。

清代康熙年间，文华殿大学士兼礼部尚书张英的老家人与邻居吴家在宅基的问题上发生了争执，两家大院的宅地都是祖上的产业，时间久远了，本来就是一笔糊涂账。想占便宜的人是不怕算糊涂账的，他们往往过分相信自己的铁算盘。两家的争执顿起，公说公有理，婆说婆有理，谁也不肯相让一丝一毫。由于牵涉到宰相大人，官府和旁人都不愿沾惹是非，纠纷越闹越大，张家人只好把这件事告诉张英。

家人飞书京城，让张英打招呼"摆平"吴家。张英大人阅过来信，只是释然一笑，旁边的人面面相觑，莫名其妙。只见张大人挥起大笔，一首诗一挥而就。诗曰："千里家书只为墙，让他三尺又何妨。万里长城今犹在，不见当年秦始皇。"交给来人，命快速带回老家。

家里人一见书信回来，喜不自禁，以为张英一定有一个强硬的办法，或者有一条锦囊妙计，但家人看到的是一首打油诗，败兴得很。后来一合计，确实也只有"让"这唯一的办法，房地产是很可贵的家产，但争之不来，不如让三尺看看。

于是立即动员将垣墙拆让三尺，大家交口称赞张英和他家人的旷达态度。

宰相一家的忍让行为，感动得邻居一家人热泪盈眶，全家一致同意也把围墙向后退三尺。两家人的争端很快平息了，两家之间，空了一条巷子，有六尺宽，有张家的一半，也有吴家的一半。

　　这条几十丈长的巷子虽短，留给人们的思索却很长。包容忍让自古以来就是一种美德。拥有这种美德的人，无论在哪里都是受人尊敬的。

　　宽容的人，除了心胸豁达以外，还比较"健忘"，他们用感恩的心生活，用宽容的心对待别人曾经给予自己的伤害，正因为如此，这样的人，脸上永远洋溢着笑容。

　　二战期间，一支部队在森林中与敌军相遇，激战后两名战士与部队失去了联系。这两名战士来自同一个小镇。

　　两人在森林中艰难跋涉，他们互相鼓励、互相安慰。十多天过去了，仍未与部队联系上。这一天，他们打死了一只鹿，依靠鹿肉又艰难度过了几天。

　　也许是战争使动物四散奔逃，这以后他们再也没看到过任何动物。他们仅有的一点鹿肉，背在年轻战士的身上。这一天，他们在森林中又一次与敌相遇，经过再一次激战，他们巧妙地避开了敌人。就在自以为已经安全时，只听一声枪响，走在前面的年轻战士中了一枪——幸亏伤在肩膀上！后面的士兵惶恐地跑了过来，他害怕得语无伦次，抱着战友的身体泪流不止，并赶快撕了自己的衬衣包扎战友的伤口。

　　晚上，未受伤的士兵一直念叨着母亲的名字，两眼直勾勾地。他们都以为自己熬不过这一关了。尽管饥饿难忍，可他们谁也没动身边的鹿肉。天知道他们是怎么过的那一夜。第二天，部队救了他们。

　　事隔30年，那位受伤的战士安德森说："我知道是谁开的那一枪，他就是我的战友。当时在他抱住我时，我碰到他发热的枪管。我怎么也不明白，他为什么对我开枪？但当晚我就原谅了他。我知道他想独吞我身上的鹿肉，我也知道他想为了见他的母亲而活下来。此后30年，我假装根本不知道此事，也从不提及。战争太残酷了，他母亲还是没有等到他回来。我和他一起祭奠了老人家。那一天，他跪下来，请求我原谅他，我没让他说下去。我们又做了几十年的朋友。"

看完这个故事，谁能不怦然心动呢？一个宽厚地对待他人，充分地理解他人、体谅他人的人，除了给自己带来美好的友情以外，还丰饶了自己的内心，让生命因此而充实。这样的人生，难道不因此变得更有意义？

此外，宽容还有可能改变一个人的一生。

一个孩子由于从小父母离异，谁都不管教他，这样一来，他就经常和社会上的一些小混混搅和在一块，养成了很多不好的恶习。

一天，放学后他走到学校门口，看见路边摆了一个书摊，前面挤满了人。小孩平时很喜欢看一些图画书、故事书，于是他也挤进去看看卖些什么。原来卖的全是花花绿绿的小人书，很多都是他以前没有看过的。对于小孩来说，小人书是最吸引人的，很多人都掏钱把书买走了。这个小孩也想买一本，可是一掏口袋，发现自己没钱，身上的钱昨天花在了游戏室里。这可怎么办好呢？如果现在回家向家长要钱，再来恐怕就卖完了，他很是伤脑筋，不知如何是好。这时候，一个罪恶的念头闪进了脑海，偷！再说，以前和街头的小流氓们也偷过东西。

　　于是少年装作要买书的样子，拿起那本他想要的书翻了翻，趁摊主大爷找钱的时候偷偷塞进了书包里。就这样，很轻松就得手了，他转身想赶快离开，突然一个洪亮的声音响起："大爷，他偷你的书！"刚才站在他身边的一个男生看见了他的行为，这时，小孩吓出了一身冷汗，怔在那里，脸一阵红，一阵白。

　　他正在那里不知所措呢，听见摊主大爷说："哦，同学，你误会了。他是我孙子。"刚才那个男生看见是自己误会了，向大爷道歉离开了。小孩顿时有些傻眼，大爷又说："你先回去吧，叫奶奶先做饭，我一会就回去。"他知道，大爷是帮自己解围，并告诉自己离开。可是他并没有离开，而是躲在一个角落里，直到摊主大爷收摊回家。他很想跑过去，向大爷说声对不起，可是他丧失了勇气。他知道，摊主大爷宽容了他。从那以后，少年再也没有偷东西。

　　多年以后，当摊主大爷快要忘记这件事情的时候，他突然收到一个厚厚的包裹，里面全是书，每本书上面都写着同样一句话："赠给改变我一生的人。"还有一封信，信上说："大爷，您好。我就是当年偷你小人书的那个孩子，您以无限的胸怀宽容了我，您是改变我一生的人。如果您不介意，我真想叫您一声爷爷。从那以后，我再也没有偷东西，现在我有了自己的工作，为了报答您对我的宽容，我想寄一些书给您，但是这些书又怎么能够报答您对我的恩惠和宽容。"

宽容拥有如此大的力量，所以，作为家长，我们有必要培养孩子的宽容性格。因为宽容是基本的道德美德。它能帮助孩子们相互尊敬，接受差异。一个懂得宽容的孩子，必然不会"狭隘"，不会"刻薄"。他们有容人的雅量，更有善待他人的胸襟。如果我们的孩子善于宽容与体谅，他的人生又怎么可能不成功呢？

不要斤斤计较

小浩今年读五年级了，他做事认真，学习成绩较好，但性格不够稳定。他心中常常只有自己，不大考虑别人，达不到自己愿望时，就乱发脾气。与同学发生矛盾后，常常怀恨在心，有时还会把一些陈年旧账翻出来，诋毁、威胁同学，因此与同学关系处得不好。

有一次，班长在管理时，冤枉了他，他和班长发生矛盾冲突，产生报复心理，对班长大打出手，幸亏班主任及时赶到解了围。小浩觉得非常委屈，明明是自己有理，为什么老师还批评自己呢？从此以后，他对班主任非常不满，学习成绩也因此下降了很多。

家长为此非常困惑。为什么自己的孩子这么锱铢必较呢？为什么他老是觉得别人对不住自己呢？为什么自己的孩子不能虚心接受他人的批评呢？归根到底，就是孩子太爱较真了，不懂得宽容。

那么，家长应如何引导孩子克服爱较真、斤斤计较的心理呢？一般来说，要帮助孩子克服爱较真、斤斤计较的心理，家长应从以下几个方面入手。

1. 让孩子除去自我中心意识，与人友好相处

家长应让孩子知道"我"与"他人"的含义，懂得蛮横不讲理、任性和霸道是行不通的，必须学会与人相处的方法。

（1）让孩子懂得家庭中"人人为我，我为人人"，心中有他人，不娇惯、溺爱。

（2）让孩子理解和尊重父母，体谅父母的辛苦和劳动成果。

（3）让孩子体验到只有宽容谦让，才能与别人享受共同的快乐，必要时让孩子体验一下吃亏的感受，以锻炼孩子的克制能力。

2. 多给孩子讲"宽容"的故事，让孩子理解宽容的真谛

幼儿园阿姨让班上的孩子们玩一个游戏。她让孩子们每人从家里带来一个塑料口袋，里面要装上土豆，每一个土豆上都写上自己最讨厌的人的名字，讨厌的人越多，口袋里的土豆数量也就越多。

第二天，每一个孩子都带来了一些土豆。有的是 2 个，有的是 3 个，最多的是 5 个。

老师不动声色地告诉孩子们，无论到什么地方都要带着这个土豆袋子，即便是上厕所的时候也一样。

日子一天天过去，孩子们开始抱怨，因为发霉的土豆散发出难闻味。一周后，游戏结束了。孩子们终于解放了。他们大大地松了一口气。只是不明白老师为什么要他们这么做。

这个时候，老师问他们："在这一周里，你们对随身带着土豆有什么感觉？"

孩子们纷纷表示，带着土豆袋子行动不方便，还有土豆发霉

散发的气味很难闻。

这时，老师说："这就和你们心里记恨着自己讨厌的人一样。记恨的毒气将会侵蚀你们的心灵，而你们无论到什么地方都要带着它，如果你们连腐烂土豆的气味都无法忍受一个星期，你们又怎么能让记恨的毒气占据你们的一生呢？"

孩子们听了，似懂非懂地点了点头。

这个聪明的老师，正是通过生动的生活实例告诉孩子，要想让自己过得开开心心的，不被"记恨的毒气"占据自己的生活，就应该放下"发霉的土豆"轻轻松松地生活。这样的教育方式生动而有趣，更让孩子一生铭记。作为家长，同样也可以通过这样的方式教育孩子，让孩子学会宽容。

3. 让孩子敢于承认错误，抛弃积怨

告诉孩子：有宽大的度量容人，不念旧恶，才能让自己变得更加快乐。父母要了解孩子的能力、爱好、性格和心态，对孩子循循善诱，有意识地教孩子学会发现错误，唤醒孩子的责任心，让孩子学会自我反省，承认错误，化"敌"为友，抛弃积怨。尤其要疏导、转移孩子对矛盾结果的注意力，只有这样，才能反思起因，检讨自己的过失，宽容别人的缺点与失误行为，帮助别人改正错误，有利于增进友谊。

4. 让孩子不苛求别人，不斤斤计较小事

人与人相处，难免会有误会或磨擦的事情产生，只要有忍耐、包容、体谅的心态，不斤斤计较、患得患失，要将心比心，多从对方的角度考虑问题，要把度量放宽、眼界放远，化解矛盾。

5.　做孩子的榜样，让孩子学会感谢、感恩

首先，父母要做孩子的榜样，遇到矛盾或冲突时能宽宏大量，不计较得失，能够高姿态，不怕吃点亏，能饶人处且饶人，以此使孩子受到熏染与教育，孩子才能在相应的时候做到宽容他人。

其次，父母要以身作则，为孩子营造一个和睦温馨、相互宽容的家庭环境。孩子从小生活在一个温馨和谐、宽容友爱的家庭环境中，受潜移默化影响，将逐步形成稳定的宽容忍让、懂得感恩的良好品质。最后，让孩子做一些必要的家务劳动，学会互换角度，站在父母的角度来理解父母，让孩子感到对父母的回报也是应该的。

6.　让孩子乐观向上，争取优秀

宽容别人首先要自己乐观。悲观之人总是心情压抑、郁闷，容易想到人或事物不利的一面，所以常常对别人不满或者发脾气。乐观之人总是心态宁静，相信自己，鼓励自己，成就自己。另外，宽容大度之人一般做得比较优秀。真正优秀的人，容易坦然地接受他人的过失，与人为友。

此外，要帮助孩子克服斤斤计较的心理，家长还应该注意以下几点。

第一，让孩子从犯过失的痛苦中走出来，不要老盯着孩子的过失不放，应该去赞美孩子们尝试活动中的努力和勇气。

第二，多赞美孩子的宽容心，多肯定孩子的思想与行为，让孩子变得更加自信与美好。唯有自信的孩子才不会对自己、对他人都苛刻。

第三，让孩子学会欣赏。心中有善的孩子，才能看到美丽的风景。一个懂得欣赏别人的孩子，同样能够得到他人的欣赏；一个对别人宽容，不斤斤计较的孩子，别人也能宽容他。

第四，在帮助孩子纠正错误时，家长切忌简单粗暴。要循循善诱，让孩子明白自己的错误，这样才能达到教育效果。

缓解孩子委屈感

当孩子受到委屈时，作为家长不要急于去分担孩子的"委屈"感，而应该帮助孩子化解这种情绪，并让孩子学会理解、宽容他人的缺点和失误，只有这样，孩子才能更加理智地看待问题，成长得也更快！

一般来说，家长可以从以下几个方面入手，以帮助孩子很好地缓解内心的委屈感。

1. 要鼓励孩子讲出实情，心平气和地引导孩子从他人角度看问题

孩子受了委屈，哭哭啼啼，每个家长都会心疼，但不能不分青红皂白地说："谁欺负你了，我去找他。"这样会给孩子一种"爸妈向着我"的感觉。所以，当孩子的情绪平静下来以后，家长可以让孩子把事情的来龙去脉说一遍。一定要让孩子主动地述说，当孩子提及自己的感受时，鼓励其说出为什么会有这样的感受。家长在仔细聆听后，可以心平气和地从其他人的角度设几个问题问孩子，引导孩子从他人的角度中看问题。在孩子讲述的过程中，切忌说"你没打他，对吗？他先打的你，是吗"诸如此类的话，而应鼓励孩子讲真话，做诚实的孩子。

2. 找到孩子之间矛盾的根源，有的放矢地对孩子进行教育，化不愉快为愉快

了解了事情的真相，家长应和孩子一起分析事情发生的根源：是别人的无意行为，还是自己的不对，或是一些专横跋扈的孩子以强欺弱的行为。找到根源后，家长不要急于发表意见，而应让孩子想一想该怎么办，这样既可以培养孩子的独立性，又可了解孩子的真实态度，以便有的放矢地进行教育。对别人的无意行为造成的伤害，应让孩子持原谅的态度，并告诉孩子对方可能也会因自己的行为感到不安、后悔，可让孩子及时给予对方安慰；如果是孩子自己错了，应启发、教育孩子主动向对方道歉；如果责任在对方，应鼓励孩子去和对方讲理。但不论是自家孩子错了还是别人的孩子错了，作为家长，都应抽空去和对方的父母交流，态度一定要诚恳，双方先达成谅解，使孩子受到感染，化不愉快为愉快，让孩子在磨炼中坚强起来。

3. 教育孩子要宽容别人，不要得理不饶人

这个故事来自一个翻译的叙述：

在泰国的一个度假村，那时我在那里担任中英文的翻译。有一天，我在大厅里，突然看见一位满脸歉意的工作人员，正在安慰一位大约4岁的小孩，饱受惊吓的小孩已经哭得筋疲力尽了。问明原因之后，我才知道，原来那天小孩较多，这位工作人员一时疏忽，在儿童的网球课结束后，少算了一位，将这位小孩留在了网球场。等她发现人数不对时，才赶快跑到网球场，将这位小孩带回来。小孩因为一人在偏远的网球场，饱受惊吓，哭得稀里哗啦的。现在孩子的妈妈出现了，看着自己哭得惨兮兮的小孩。

这位理智的妈妈没有慌乱，她蹲下来安慰4岁的小孩，并理性地告诉他："已经没事了。那位姐姐因为找不到你而非常紧张难过。她不是故意的，现在你必须亲亲那位姐姐的脸颊，安慰她一下！"

只见那位4岁的小孩踮起脚尖，亲亲对着在他身旁的工作人员的脸颊亲了一下，并且轻轻地告诉她："不要害怕，已经没事了。"

一个聪明的妈妈知道，让孩子宽容别人不仅能给别人带来好的境遇，同时也让自己更愉快。

4.帮助孩子从不良情绪中走出来，快乐地面对生活

小北是个心眼小的孩子，受不得半点委屈，对他人的过错总耿耿于怀。老北是一位聪明、理智的爸爸，他知道孩子从小心眼就这么小是非常不好的。因此，他就找了个机会给小北讲了这么一个故事：

古希腊神话中有一位力大无穷的英雄叫海格力斯。有一天，海格力斯在山路上行走时，发现路中间有个袋子似的东西很碍脚，便踢了它一脚。谁知那东西不但没有被踢开，反而膨胀起来。海格力斯有点生气，便狠狠踩了一脚想把它踩破，哪知那东西不但没被踩破反而又膨胀了许多。海格力斯恼羞成怒，举起一条碗口粗的木棒狠砸起来，那东西竟然加倍地膨胀，最后大到把路堵死了。

一位圣人路过，连忙对海格力斯说："朋友，快别动它，忽略它，离它远去吧！它叫仇恨袋，你不犯它，它便小如当初，你的心里老记着它，侵犯它，它就会膨胀起来，挡住你前进的路，与你敌对到底！"

讲完故事，老北意味深长地对小北说："仇恨正如海格力斯

所遇到的那个袋子，开始很小，如果你忽略它，它就会自行消亡；如果你老是想着它，它就会在你心里不断膨胀。人的心中一旦充满了仇恨，就再也装不下别的东西。这种状态下，人最容易失去理智。你说，你愿意做这样的孩子吗？"

小北认真地想了想，对爸爸说："我知道了，做人不能太斤斤计较，受点委屈其实也没有什么大不了的，是不是？"

老北欣慰地点了点头。

如果你的孩子也正为"委屈"所困扰，家长不妨给孩子讲讲故事，好好开导开导他。这对孩子健康心理的养成是有益的。

在生活中，孩子犯错误、做事有过失是难免的，这时，家长要善于把握时机，循循善诱，不仅使犯错误的孩子改正错误，同时也诱导他们正确对待他人的错误，学会原谅、容忍别人的过失。

总之，对孩子来说，让他们从小受点委屈反而有利于他的成长。因为孩子受了委屈，就会明白生活并不是一帆风顺的，也就会吸取经验教训，逐步学会与人相处，逐步成长为敢于面对争斗、善于巧妙地避免争斗、不怕困难、能屈能伸的人。这样，在未来纷繁复杂、充满竞争的社会中才能游刃有余，灵活机智地克服困难。因此，作为家长，不要容不得自己的孩子受半点委屈，正确的做法应该是帮助孩子及时疏导委屈情绪，避免给孩子造成心理上的创伤。

接受批评要虚心

德国著名的早期教育的典范卡尔·威特对儿子的善行，他会加以表扬。尽管如此，老威特仍然提醒其他父母：不要对孩子过多表扬，也不要表扬过头。原因之一是随便表扬，表扬也就失去了作用。原因之二则是不让他自满。父母总是炫耀孩子在这方面或那方面的"与众不同"，这很容易使孩子感到自满。孩子一旦自满起来以后就难以纠正了。因为一些资质很好的孩子不能成为栋梁，源于孩子的骄傲自满、狂妄自大，正是骄傲自大毁掉了他，毁掉了他成为天才的机会。

有些父母天天哄着孩子，看着孩子的脸色行事，只要看到孩子做了一些好事，就不断表扬他，而当他做了错事时，却很少批评孩子。孩子其实跟大人一样，也往往喜欢听表扬，不愿意接受批评。其实孩子还是需要适当的批评的。法国心理学家高顿教授通过一项专题研究证实：孩子从来没挨过批评，到处都是赞扬声，很容易变成"老虎屁股摸不得"的小霸王，不知道什么是对的，什么是错的，是非不分，这对他的心理健康发展是毫无益处的；而当这些在儿童时代难以接受批评的孩子长大后，也大多会对批评抱有"敬而远之"，或干脆"拒之门外"的消极态度，他会无法面对挫折，更无法适应社会的需要，这对促成事业成功是不起任何积极作用的。

　　孩子犯了错误，家长批评孩子时，为什么有些孩子就是不肯认错。其实问题出在大人身上，如果教育方法正确，孩子通常就容易接受你的批评了。

　　1. 教育孩子不必对他人的批评大惊小怪

　　要有意识地让孩子既听到正面肯定，也听到反面的批评。此时，须注意对孩子的批评一定要语气温和，分析中肯，且以更多的表扬为前提。事实上，能适应批评的孩子，长大后往往也较能适应社会，其中也包括拥有正确对待来自他人的批评乃至非议的平和心态，以及较强的承受挫折的能力。

　　2. 批评孩子时要冷静克制，不要大肆谩骂

　　首先要用平静而坚定的语调对孩子进行批评教育，父母的口吻和语调也在向孩子传达重要的信息，我们的平静告诉孩子我们是清醒和理智的，我们的坚定告诉孩子这是我们决定了的、不可更改的，这种理智的批评，几乎每个孩子都会遵从的。千万不要在生气或发怒的情况下批评孩子，这样孩子会觉得父母不理智、不清醒，这种情况下对自己是不公平的。

　　3. 批评孩子要理由充分，就事论事，让孩子认识到自己的错误

　　让孩子知道父母为什么批评他，这样孩子明白是因为他的错误的行为，父母才会去批评他，这样孩子可能更容易接受。

　　值得注意的是，当家长刚批评完孩子以后，切忌马上就去安慰孩子。应该给孩子一定的时间去思考，这更有利于孩子接受批评。当然过后等孩子的心情好一点时父母可以跟孩子沟通，让其说出自己的想法，这样教育效果会更好些。此外，批评孩子还要注意

不翻旧账，不要老是记着孩子以前不好的地方，让孩子觉得他在父母面前永远无法翻身。这样不但伤害了孩子稚嫩的心，还会让孩子养成锱铢必较、记仇的性格。

一个偏执、心胸狭窄的孩子总是容不得别人说他不好，容不得他人对他的批评的。这对孩子的成长非常不利。因此，要想改变孩子狭隘的性格，家长还应该教孩子学会接受他人的批评。

赢在
正面管教

赢在正面管教

贺特山／编著

应急管理出版社
·北京·

图书在版编目（CIP）数据

赢在正面管教：全五册／贺特山编著．－－北京：应
急管理出版社，2020

ISBN 978－7－5020－7822－5

Ⅰ．①赢…　Ⅱ．①贺…　Ⅲ．①家庭教育　Ⅳ．①G78

中国版本图书馆 CIP 数据核字（2019）第 270394 号

赢在正面管教（全五册）

编　　著	贺特山	
责任编辑	高红勤	
封面设计	月婷设计	
出版发行	应急管理出版社（北京市朝阳区芍药居 35 号　100029）	
电　　话	010－84657898（总编室）　010－84657880（读者服务部）	
网　　址	www. cciph. com. cn	
印　　刷	北京一鑫印务有限责任公司	
经　　销	全国新华书店	
开　　本	880mm×1230mm¹/₃₂　印张　25　字数　600 千字	
版　　次	2020 年 3 月第 1 版　2020 年 3 月第 1 次印刷	
社内编号	20192974　　　　定价　125.00 元（全五册）	

前　言

　　正面管教是一种既不惩罚也不娇纵的管教孩子的方法，孩子只有在一种和善的气氛中，才能培养出责任感、合作以及自己解决问题的能力，才能学会受益终生的社会技能和生活技能，才能取得良好的学业成绩……我们将帮助家长学会运用正面管教方法使孩子获得这种能力。

　　不要以为自己的孩子随便怎么吼都行。家长与孩子的交流沟通，尤其需要注意表达方式。否则，良好的愿望在孩子心里却成了深深的桎梏与随之而来的叛逆。

　　没有哪个父母不为了孩子而竭尽全力，但最美好的愿望却不一定给孩子带来最好的结果。

　　如果家长想让孩子的人生更加光明、美好，就必须谨慎使用语言，务必让说出的话能使孩子振奋、进取和乐观。这就要求家长尽量深入了解孩子，尽量设身处地地为孩子着想。只有这样，

家长对孩子说的话才能达到良好效果，才会成为促进孩子健康成

才的"金玉良言"。

编 者

2019 年 9 月

目录 CONTENTS

第七章　孩子的性格受父母影响

第一章

父母该用什么
态度对待孩子

父母更应注重说服的过程，目的也许一次达不到，但过一段时间，孩子就会潜移默化，自然而然达到父母想要的效果。

学会欣赏孩子

不知道大家是否注意到,一个对世事一窍不通的孩子,也可以说一口地道的本国语言。而实际上,语言是最难学的。这到底是什么原因呢?应该说这主要归功于父母和亲人对孩子采取了正确的教育态度和有效的教育方法。这个态度就是对孩子学会语言充满信心,因为没有一位家长相信自己的孩子不能学会说话。

于是,父母们满腔热情、不厌其烦地教导孩子,绝不会因为孩子一时讲不好而暴躁责骂。乳臭未干的孩子每说出一个新词都令父母欣喜和激动,正是这种充满爱心的欣赏和充满喜悦的鼓励,大大激发了孩子学说话的兴趣和信心。

一位哲人曾经说过,一个人绝对不可能在遇到困难的时候,背过身去试图逃避。如果这样做,只能将困难加倍。相反,如果面对它毫不退缩,困难便会减半。作为父母,要从小培养孩子战胜苦难的勇气和能力,因为只有勇敢地战胜困难,他们的人生才有意义,他们的事业才能成功。

生活中,常常遇到一些孩子,在学习时遇到了困难要么不去认真思考,要么是久久思考不得其解时,便想丢下书本不学了;拉练中脚上起了几个泡,每走一步都钻心地痛,就不想再走了。孩子遇到困难就想打退堂鼓,原因之一是对自己能否战胜困难信心不足,不大相信自己的能力，并担心自己犯错或失败后被父母指责。

其实，困难并不可怕，往往只要坚持一下，就能战而胜之。生活中谁没有遇到过困难？就说说父母自己吧，从呱呱坠地开始，从学走路、学讲话开始，历经了无数困难，可回首看看，这些困难不都被克服了吗？

俗话说，困难是弹簧，你弱它就强。因此，在孩子面对困难时，父母首先要冷静，要让孩子明白，自己遇到的困难是可以战胜的。这点是非常重要的，要多鼓励孩子"你一定行！"当孩子相信自己一定能行时，父母更要相信孩子的实际能力，相信孩子没有什么应付不了的困难。

爱迪生为了发明电灯，进行了一万次以上的实验。他为何不在一两次甚至是十几次不能成功的时候放弃？那样就不会遭遇一万多次失败的打击了！爱迪生在工作日记里写道：我相信自己会成功的，我知道自己一定行，我会发明电灯的！看，这就是爱迪生，他不断地肯定自己，不断对自己说"一定行"，终于在坚持了一万多次的实验之后，他成功地制造出了世界上第一盏电灯。

所以，作为父母，永远不要对孩子失去信心，要辩证地看待孩子成长道路上的困难与挫折。即使孩子一时失败了，也要接纳眼前的现实，允许孩子犯错，允许孩子之间的差别。何况这些只是相对而言的，孩子的发展也是处于动态发展中的。

总之，在家庭教育中培养孩子的自信心非常重要。自信心是相信自己的一种心理状态。自信可以使孩子自强不息、知难而进，可以发掘自身潜能。所以，自信心在孩子的成长过程中所起的作用是无法估量的。它是敦促孩子走向成功的重要因素，也是激发孩子求知、探索的动力之源。

曾有一个失魂落魄的年轻人，他身上除了有每天刚够两顿十个馒头的钱外，就什么都没有了。但是他不相信命运要逼死他，他相信自己一定能够改变命运，于是他开始努力，不断地努力，经历了无数次被拒绝之后，他得到了第一份工作——送牛奶。渐渐地，他的生活开始好起来。但他知道，这种刚好养活自己的日子，不是自己追求的。他相信自己一定能在那些富裕的花园拥有自己的房子，于是他继续努力。经过无数次的失败和讥讽，他没有放弃，而是重新上路，他终于成功了，他拥有了自己想要的房子、自己想要的生活。现在，当初那些讥讽过他的人，仍旧过着刚刚能生存的日子，而他，已经可以自由舒适地畅游世界各地了，因为他实践着自己的信念，他一直在相信自己！

所以，父母要以宽容的心态看待孩子成长长河中的触礁现象，以信任的眼光欣赏孩子的言行举止。

父母要相信孩子，更要激励孩子"一定行"。在此过程中，父母应注意做到以下几点。

（1）允许孩子犯错。把孩子看成是家庭中具有独立行为能力的一员。不能用成人标准去衡量孩子的意见，要以平和的心态接纳孩子暂时的不足，实事求是地帮助孩子找出其中的问题。

（2）鼓励孩子做力所能及的事情。事无大小，只要孩子能做，并且又愿意做的，家长都要鼓励和支持孩子去亲自实践，并经常赞扬孩子的一些好的做法，使孩子体验到完成一件事情后成功的喜悦，觉得自己很能干，自己能把事情做好。

（3）努力发现孩子的闪光点。家长要让孩子了解自己的优点和长处，使孩子看到希望，相信自己的能力，激发他的进取精神，保护和巩固他的自信心。

心平气和讲道理

很多父母认为，孩子小，不懂事，不明是非。对孩子进行教育，只要严格管教就行了，不必讲道理。即使讲也是白讲，起不到任何作用。持如此观点的父母中以 80 后一代居多，为了省心，更为了显示自己的地位，他们往往喜欢"一刀切"，从不会和孩子平等交流。

其实，这是错误的做法。有时，当问题无法解决或是为了让问题更好更快地解决，父母耐心给孩子讲道理，孩子会认为这是大人尊重自己的表现，也就会乖乖地听话。

6 岁的胜乔特别喜欢摔东西，摔得满地都是。最开始的时候，父母没有阻止他这种行为，考虑到他处于摔物期，是成长的一个必然阶段。到后来，此行为越发严重，只要他不需要的东西，全都不管不顾地往地上摔。比如，他想要一个玩具，而这个玩具上面放了几个其他玩具，他可不管，直接把上面的玩具拿起扔开。父母无数次责怪他，告诉他扔东西是不好的行为，是坏孩子。胜乔或许对好与坏的区别不太了解，就算是坏孩子又怎么样，这番说教效果不甚明显。后来，父母采用拟人的方式告诉他："积木被摔了会哭，好疼啊，宝贝，把他抱起来爱一下吧。积木被你扔的找不到家了，积木要哭，他也要回家的。"这样说理多次后，胜乔已经改变了原来的毛病，他已不再扔东西了。当他不需要某一东西时，他会让父母帮他拿着，或是拿起放到一边。他偶尔忘记，又扔了积木，父母还没开口，他自己就会捡起来说："好疼，不哭！"

父母应注重说服的过程，目的也许一次达不到，但过一段时间，孩子就会潜移默化，自然而然达到父母想要的效果。在跟孩子讲道理的过程中，父母应注意以下几点。

（1）充分肯定孩子的长处。俗话说："数子十过，不如奖子一长。"跟孩子讲道理，应充分肯定孩子的长处，对孩子的进步给予及时的表扬和鼓励，在此基础上再对孩子的过错予以纠正，这样孩子就容易接受大人的意见。如果一味地数落孩子，责怪孩子这也不是那也不对，只会让孩子产生自卑心理和逆反心理。

（2）所讲的道理要合理。跟孩子讲的道理应合情合理，不能信口胡说，也不能苛求孩子。因为大人信口胡说，孩子是不会服气的，大人的要求过分苛刻，孩子是办不到的。

（3）给孩子申辩的机会。跟孩子说理时，孩子可能会对自己的言行进行辩解，大人应给予孩子申辩的机会。应该明白，申辩并非强词夺理，而是让孩子把事情讲清楚讲明白，给孩子申辩的机会，孩子才会更加理解你所讲的道理，使教育收到良好的效果。

（4）在孩子情绪稳定时讲道理。孩子情绪时好时坏，极不稳定。情绪不稳定时，你讲什么他都听不进去，甚至反感。

（5）在实际情境中给孩子讲道理。对于年纪比较小的孩子，跟他讲道理他可能会听不懂，而对于大一点的孩子，道理太多反而让他觉得心烦。因此，父母可以在实际情境中给他们讲道理，他们会愈来愈懂事。

（6）用童话的形式跟孩子讲道理。孩子都有纯真的天性，如果用讲童话的形式对孩子进行品格的塑造，也许会收到意想不到的效果，一篇美妙的童话的作用，远远胜过长篇大论的道理。

责备会削弱孩子自我教育的能力，而讲道理就不一样，道理本身就具有强大的说服力，会让孩子铭记事理，受益终生。

凡事和孩子商量

人与人之间的相互协商非常重要。协商能够让人感觉到受尊重。根据马斯洛的需要层次理论，受尊重的需要是人类较高层次的需要。一旦这种需要无法获得满足，人就会产生沮丧、失落等负面情绪。

而对孩子来说，他们也有受尊重的需要，如果父母喜欢与孩子协商，孩子就会非常乐意与父母交流。反之，孩子则会产生逆反心理，封闭自我。商量的魅力在于使自己学会从别人的角度思考问题。两代人的沟通，最重要的是相互理解、相互尊重。而实现相互理解、相互尊重的最好方法就是商量。

美国著名的心理学家和人际关系学家戴尔·卡耐基认为，在孩子面前，遇事用"建议"的口吻，而不下"命令"，不但能维持孩子的自尊，而且能使孩子乐于改正错误并与父母合作。

　　某家报社编辑部的一项调查显示，在面对"你是否有和孩子商量问题的倾向"的问题时，接受回答的250名80后父母中，只有8％的父母表示凡事都愿意和孩子商量；23％的父母表示偶尔会和孩子商量；而69％的父母明确拒绝和孩子商量问题，他们认为，孩子还小，不懂事，再者，如果和孩子商量问题，自己作为家长所拥有的权威就会受到威胁。这组数据让人看后有一种沉重的感觉。作为父母，理应有宽广的胸怀，要乐于并善于与孩子商量问题。而这样的父母才是受孩子欢迎的父母。

　　而实现相互理解、相互尊重的方法是学会商量。教育家魏书生说过，"也许其他方面我不如一般人，但有一条是胜过他们的，那就是遇事喜欢商量"。他有一句口头禅就是"商量商量"。

　　然而这"商量商量"，一般人可以想到却是很难做到。魏书生在谈到如何教育出好学生经验的时候，指出和学生商量是重要的教育原则和方法。

　　把一个班管好，把一个人教育好，必须要充分发扬民主作风，放下架子，和学生交朋友，才能更好地和学生进行沟通，及时了解学生的思想动态，有的放矢地进行教育。同时，商量也使学生受到尊重，拉近师生距离，有利于学生人格的健康成长。

　　不管遇到什么事情，父母都一定注意不要用命令而要用商量的口吻与孩子对话。比如，当亲子关系出现冲突时，父母总是不愿意自己的父母权威受到挑战，希望以父母的权威来压制孩子，使孩子改变主意。实际上，这样做，孩子不仅不会听从父母的意见，反而会产生逆反心理，恶化亲子关系。

　　明智的父母在这种情况下要学会使用协商的口吻，让孩子体会到父母的尊重，体会到人格的平等，如此，孩子才会比较乐意接受父母的意见。孩子是家庭的重要一员，可是，现实生活中，许多父母在决定一些事情尤其是一些重要的事情时往往把孩子排斥在外。

　　纯粹的大人之间的事没有必要让孩子知道，可是有很多事情完全应该让孩子参与讨论，尤其是涉及孩子的某项决定时，每个孩子都会出现与父母意见不一致的情况，孩子们都希望父母能够尊重自己的意见。

　　如果父母忽视了孩子的主观能动性，一味地用父母的威严来压制孩子，即使孩子口头上同意，恐怕内心也无法产生努力的动力。更可怕的是，在这样的情况下，孩子已经感觉在受罪，又怎么可能与父母和睦共处呢？

　　所以凡事与孩子商量一下吧，这样一来，你一定会发现孩子有很多令你意想不到的创意。

尊重孩子

　　在我们的周围生活中，往往看到这样一种现象：成年人之间的交往常常强调彼此的尊重，以尊重对方为交往的前提，当缺乏尊重时，也就没有了交往；但成人与孩子之间，却很难有这种双向的"尊重"。

通常情况下，家长不尊重孩子的行为表现在以下几个方面：

（1）不重视孩子的看法和观点。没有耐心倾听孩子要对自己说的事；漠视孩子的需要，忘了履行自己许过的诺言。

（2）用不耐烦口吻回答孩子的提问。忽略了孩子的情感；冷落孩子；自己心里有事，借骂孩子来出气；对孩子大声嚷嚷；不给孩子机会解释。

（3）虽花了时间和孩子在一起玩，但却没有投入感情。举止显得很不耐烦，挖苦嘲笑孩子。对孩子动辄采用体罚方式，而并未使孩子真正认识到问题的实质。

（4）对孩子寄予过高的期望。当孩子的需要与自己的期望产生冲突时，不能冷静对待；辱骂孩子是"笨蛋"；老是看到孩子的缺点；阻止孩子做他们真心喜欢做的事情。

（5）什么事情都自己说了算，不给孩子自己选择的机会！孩子想做的事情，家长不让孩子做，也不告诉孩子为什么"不"！决定孩子的事情，家长没有与孩子商量，更没有站在孩子的角度上考虑问题，就自己决定了！

以上这些都是家长不尊重孩子的表现，长此以往，家长在教育孩子的问题上就可能会出现问题。种种问题的出现，都是教育的失败。其实，这些家长并没有真正意识到，孩子固然是自己生下来的，可他（她）自出生那一刻起，就是独立的个体，他们同样需要尊重。而家长对孩子的尊重，表达的是家长对孩子更深层次的爱。当家长对孩子表现出自己的尊重时，会强化孩子对家长的尊重，使孩子变得更加懂事，更加善解人意，也更愿意与家长交流、谈心，让家长了解自己。因此，爱孩子，首先应该学会尊重孩子。家长要学会尊重孩子，就必须随着孩子独立意向的增长变化改进自己的管理和教育方式。

（1）给孩子平等的发言权。耐心倾听孩子的想法、观点，不管这个想法和观点在你看来是多么的可笑和不现实，都一定要很耐心和很认真地听完。一定要尊重孩子的人格，不要随意指责和草率地对孩子的观点给以否认和评论。

要对孩子的想法和观点做一个积极反应，让孩子充分表达完自己的想法，做出积极的姿态："你这个想法不错，要是再加一点或改变一点就更完善。"家长的积极反应可以让孩子心情愉快，充满成就感。

（2）尊重孩子的隐私。家长们不要总希望控制孩子们的一举一动，要真正了解孩子，必须首先给孩子们尊重。很多家长抱着传统的观念，把自己摆在权威的角色。这种不把孩子当一个拥有完整权利个体的错误观念，导致个人和社会的很多不良的后果。

（3）信任孩子，不要武断地否定他，嘲笑他。当孩子对父母畅谈理想未来时，家长不要因为觉得孩子"异想天开"就武断地打断孩子的话，嘲笑他的幼稚无知。这对孩子的自尊是一种很大的伤害。正确的做法应该是，家长认真地倾听孩子的"理想"，必要的时候，家长可以提出自己的意见供孩子参考，鼓励孩子为理想而奋斗。

（4）要"平视"孩子，不要"俯视"孩子。平视的视角和语言更有利于塑造孩子良好的个性品格。只有平视才能比较清晰而准确地洞察孩子的语言发展、语言风格、个性气质，而在平视的基础上恰当评价则对孩子的心智成长有积极的影响。

（5）放下家长的架子，接受孩子的批评。要建立一个民主型家庭，不能因孩子小就忽视他的家庭地位。与孩子有关的事要与他商量，要让孩子感到自己是家里的小主人。要认真对待孩子的批评，对的要虚心接受，不对的要耐心解释。

（6）唤醒孩子的权利意识。家长的责任是唤醒孩子们的权利意识，而不是将它扼杀在萌芽状态。一个明确自己的权利的孩子才会懂得捍卫自己的权益。

总之，我们做家长的，应该学会尊重孩子的权利，尊重孩子童真的天性，才能让孩子自由快乐地成长起来！

耐心对待"问题孩子"

现在的很多父母由于工作忙，生活压力大，对孩子不是简单粗暴的体罚，就是溺爱和娇惯，很少有时间坐下来陪孩子说话、玩耍。特别是一些80后父母，所承受的压力是其他任何时候的家长所无法比拟的，于是乎，在面对孩子的教育上就表现得更是力不从心。

最近，哈尔滨医科大学公布了对1961名学龄儿童的调查结果：哈尔滨有近14%的孩子成为问题孩子。他们主要表现为社交退缩、焦虑抑郁、违纪、多动症和具有攻击性等。毫无疑问，这些问题如不及时矫治，问题孩子将渐渐沦为社会边缘人物，最终成为整个社会的潜在危机。

这一结果与前不久上海的一项同类调查惊人相似，上海问题孩子的比例约为17%。看来，问题孩子已经成为一种普遍现象。在漫长的教育生涯中，孩子总像随时要爆炸的炸弹，不知道什么时候，你心目中的乖宝贝，会变成混世魔王或者沉默羔羊，他们身上的问题，总是层出不穷，让家长疲于奔命，心力交瘁，痛苦不堪。

现实生活中，一旦孩子出现问题后，父母的第一反应就是"病急乱投医"，却从不管孩子是否能够接受。其实，现在很多问题孩子所表现出来的"叛逆"，基本都是青春转型期常见的问题，只要父母给予正确的指导，问题孩子的问题就一定可以解决。

（1）最大限度地理解、宽容、爱护问题孩子。问题孩子不一定是坏孩子，由于未成年的孩子正处在身心发展阶段，是非观念尚未成熟，对一些问题有不正确的看法或错误的做法是难免的。这时，少年儿童向善向上的本质需要加以保护，父母不能因为孩子犯错误就把他当作坏孩子。问题孩子中的错误，大多是心理问题，而不是道德问题。

孩子的行为动机往往是纯真的，也许是好奇心、表现欲所导致的行为过失，不能轻易或者盲目地定性为道德品质问题。孩子们犯了错误，他们迫切想得到的是理解和帮助，而绝不是粗暴的批评和惩罚。他们正是通过不断从错误中吸取教训而成长、成熟起来的，父母应该最大限度地去理解、宽容、爱护他们。

（2）为问题孩子营造宽松愉悦的成长环境。父母的才干不仅表现于渊博的学识，更重要的是要善于为孩子营造宽松愉悦的成长环境。当孩子处在轻松愉快的状态时，记忆力会大大增强，联想也会更加丰富。在这样的状态下，学习效率会大大提高，学习潜力可以得到更大发挥。

对问题孩子要讲究爱的情感、爱的行为和爱的艺术。爱孩子，就必须善于走进孩子的情感世界，就必须把自己当作孩子的朋友，去感受他们的喜怒哀乐。有时一个关爱的眼神，一句信任的鼓励，都能赢得问题孩子的爱戴和信赖，会使他们的潜能发挥出来，使他们能充分享受到学习成功的乐趣。

有个孩子因为学习不太好，对老师的提问常常不能回答。在课堂上也不敢举手，但又怕同学们说他笨，往往举了手却回答不出问题，他为此压抑和自卑。这位老师在了解了他的情况后，和他秘密约定，"以后回答问题，要是你不能回答就举右手，能回答就高高地举起你的左手"。这样一来，孩子信心大增，慢慢地，他举起左手的时候越来越多，学习也赶了上来。最后就是他的左手，指引着他走向了成功。

学会对孩子认错

有一次，著名诗人、民主战士闻一多因心烦出手打了还不懂事的小女儿，恰好被在外屋的次子立雕看见了，他就挺身出来批评父亲不该打妹妹，且一脸严肃地说："你自己是搞民主运动的，天天讲民主，在家里怎么就动手打人呢？"闻一多听后，先是一愣，静坐沉思片刻后，走到立雕面前，神情十分严肃认真地说："我错了，不该打小妹！我小时候父母就是这样管教我的，所以我也用这样的办法来对待你们。希望你们记住，将来不要用这样的方法对待你们自己的孩子。"没想到，从此以后，孩子反而就更爱、更信服闻一多了。

每个家长都会教育孩子，做错事后一定要改正并道歉。但当自己做错了事时，却很少或从不道歉，尤其是不愿向孩子道歉。采取如此强硬态度的，尤以 80 后父母最突出。这与他们从小生活的环境无不有关，他们本身就是被宠爱着长大的一代，很少受到过什么委屈，在父母面前，即使做错了什么事，都很少会被指责，更别说道歉了……殊不知，父母学会向孩子道歉，正是家庭教育中的明智之举。当孩子"闯祸"后，一些父母由于一时感情冲动，往往会对孩子进行不恰当的批评或惩罚。事后，父母又往往会后悔。这时，倘若父母能勇于真诚地向孩子道歉，用自己的行动补救自己的"过失"，则可以更好地和孩子沟通，并让孩子从中受益。

相反，如果父母不在乎孩子的感受，错怪了孩子仍理直气壮、死不道歉的话，伤害的将是孩子的心灵。

勇勇的妈妈发现钱包少了 100 元钱，就一口咬定是勇勇拿了。勇勇说没拿。妈妈不信，先是"启发"孩子："需要钱可以向我要，但不能自己拿！"后来就越说越生气，警告勇勇："不经允许拿妈妈的钱，也算是偷！"勇勇不服气，母子俩就吵了起来。这时，勇勇的爸爸回来了，忙解释说："钱是我拿的，还没来得及告诉你呢。"妈妈这才停止了对儿子的逼问，但又补上一句："勇勇，你可要记住，花钱要管妈妈要，可不能偷偷地自己拿啊。妈妈的钱可是有数的！"勇勇觉得受了不能容忍的侮辱，一气之下，离家出走了。

"金无足赤，人无完人。"父母说错了话，办错了事，甚至冤枉了孩子，都是难免的，关键是发生问题后父母怎样处理。父母和孩子相处，应该是民主平等的，不能摆家长架子。错怪了孩子，就主动道歉，而且态度要诚恳，不敷衍，不讲客观。有些父母认为这样做会有失尊严，其实不然，孩子是明理的。父母向孩子认错，会给孩子树立有错必改的榜样，会使孩子由衷地敬佩父母的见识和修养，从而更加信任父母，使一家人和睦团结，为孩子创造健康成长的良好环境。这样，父母的威信不但不会降低，反而更高了。

同时，在家庭教育中，父母如果从不向孩子承认自己的缺点、过失，孩子就会产生"父母永远正确而实际上老是出错"的观念，久而久之，对父母正确的教诲，孩子也会置之脑后；而如果在对孩子做错事后，父母能郑重地向孩子认错、道歉，孩子就会懂得承认错误并不是一件可耻的事，就会提高分辨是非的能力，尝到原谅别人的甜味。

父母怎样才能做到向孩子认错呢？在向孩子认错时，父母又应注意些什么呢？

（1）父母要改变观念，放下思想负担，正视自身的错误。"每个人都有犯错误的权利"，同时，每个人还有改正错误的义务，不可能因为"为人父母"了就会不犯错误，也不可能因为孩子的爱戴而使错误消失。既然任何人犯错误都是难免的，那么犯了错误也就不必过分羞愧，而应将精力放在改正错误上，只要改了"就是好同志"嘛！因此，向孩子认错并不丢"面子"。

（2）父母道歉的态度很重要，不能太过于生硬、轻描淡写。如果父母采取错误的态度，即使道歉了也不能挽回什么，只会加深误解，因为孩子是十分敏感的，很容易就能意识到父母是不是在敷衍。因此，父母应用真诚的态度来道歉，不要碍于面子或者身份而不愿意对自己的孩子道歉或者只是略微地说一下。

（3）要想让孩子从心理上接受父母犯错误的事实，必须与孩子多交流。通过交流，孩子知道父母也是会犯错误的，但是，自己绝不是故意要伤害孩子的感情，而看到孩子的感情受伤，自己实则也很内疚。孩子只要感受到父母的悔过之情，自然就会理智地对待犯错误的父母了。

总之，凡是要求孩子做到的，父母自己也应该带头去做并认真做好。当父母做了错的事，要敢于向孩子承认错误、做检讨，孩子才会感到父母的说教真实可信，不是居高临下的骗人把戏。

这样，孩子就会自愿自觉地按照父母的要求去做，并在犯错后勇于承认。父母勇于向孩子认错，这是一种无言的人格力量，对孩子的一生都会有深刻的影响。

父母态度的重要性

父母对孩子的态度对孩子的成长十分重要。

日常生活中，在父母的影响下，孩子建立起自己对生活的看法。同时，父母对孩子的态度影响孩子智力和能力的发展，还影响孩子的行为和道德发展。总之，父母给孩子的成长提供大量的实践材料，孩子的各种行为都受父母态度的影响和强化。

华盛顿是美国第一位总统，他从懂事起，就很崇拜英雄人物。当他看到哥哥穿着军装上前线打仗时，羡慕极了。一天吃过晚饭，他忽然想到了一个问题，急忙跑去问父亲："爸爸，我长大了也要像哥哥那样，当一个勇敢的军人，好吗？""好极了，亲爱的孩子！"父亲高兴地回答，"可是，你知道什么样的孩子才能成为勇敢的军人吗？"父亲反问道。"嗯——"华盛顿想了想，回答说，"诚实的孩子才能成为一个勇敢的军人，是这样的吗？""就是的。只有诚实，大家才能团结，团结才能战胜敌人，成为勇敢的军人。"

父亲不光言传，还很注重身教。在父亲农场里，有一棵小樱桃树，那是父亲为纪念华盛顿的出生而栽种的。华盛顿一天天长大，小樱桃树也一年年长高。华盛顿对做一名威武的军人十分心切，有一次，他打算做一把小木枪，把自己武装起来。他本想让父亲帮帮忙，可看到父亲整天忙于自己的工作，没有时间，于是决定自己动手。华盛顿拿起锯子、斧子，找了一棵容易砍倒的小树，把它锯倒了。哪知道这棵树，正是父亲最心爱的那棵樱桃树。这下可闯了大祸。

父亲回来后，知道了这件事，大发脾气，质问是谁干的。华盛顿躲在屋子里，非常害怕。他想了想，还是勇敢地走出来，走到父亲面前，带着惭愧的神色说："爸爸，是我干的。""小家伙，你把我喜爱的樱桃树砍倒了，你不知道我会揍你吗？"

华盛顿见父亲气未消，回答说："爸爸，您不是说，要想当一个军人，首先就得有诚实的品质吗？我刚才告诉您的是一个事实呀。我没有撒谎。"

听儿子这么一说，父亲很有感触。他意识到孩子身上的优良品质，要比自己心爱的樱桃树还要珍贵。他一把抱住华盛顿，说："爸爸原谅你，孩子。承认错误是英雄行为，要比一千棵樱桃树还有价值。"

正是华盛顿父亲的开明态度，影响和形成了华盛顿身上的优良品质，这些品质在他开创伟大的事业中起到了不可估量的作用，为他创造出了一个又一个奇迹，并最终使他赢得了美国人民乃至全世界人民的尊敬。

如果父母对孩子忽冷忽热、捉摸不定、反复无常，大多数孩子会表现为情绪不稳定、多疑多虑，缺乏判断力。

如果父母对孩子过分严厉，孩子的表现，或逃避，或反抗，或胆怯，或残暴，有的甚至会形成当面一套、背后一套的坏习气。

如果父母对孩子过分照顾、保护，不放手让孩子自己活动、自己做事，孩子的性格多半是消极的，依赖性强，没有责任感，没有忍耐力，不适应集体生活，遇事优柔寡断。

如果父母对孩子过分溺爱，孩子就会表现为撒娇放肆，神经质，以我为中心，缺乏责任心，没有耐性。

如果父母对孩子冷淡、置之不理，孩子长大后多数都愿意寻求他人的爱护，力图招惹别人对自己的注意，有的好攻击、挖苦别人，也有的却表现为性格冷漠，与世无争。

如果父母对孩子采取爱而不娇，严格而又民主的态度，孩子性格大多数表现为亲切、直爽、活泼、端庄、独立、协作、有活动能力，善于和大家共事。

由此可见，父母应该注意自己日常生活中的不良情绪对孩子的影响，无论在什么时候，无论发生了什么事，永远记住，不要在孩子面前表现出消极的情绪，那样会使孩子处于一种不和谐的家庭环境中，从而在情绪上也跟着发生消极的变化。相反，父母应该用温和的态度对待孩子，因为温和的态度有利于孩子的健康成长。

也许，对父母来说，在短时内保持对孩子的温和态度并不难，难就难在坚持，难就难在日复一日对孩子保持温和，但只要真正为孩子的健康成长着想，相信父母们都能够轻易做到。

第二章

作为父母要试
着理解孩子

「人非圣贤，孰能无过？」在每个
孩子成长的过程中，都会犯这样或
者那样的错误，这是不可避免的。
尊重和信任孩子，可以帮助他们自
立自强。

认真聆听孩子的心声

每个父母对孩子的爱都是毋庸置疑的，尤其是我们的中国家长，为了孩子的健康成长，为了孩子将来比自己生活得更好，家长们小心翼翼地呵护着孩子，为孩子的学习、生活操碎了心。在家长们看来，孩子最大的任务就是学习了，因此，他们关心孩子的吃住穿行冷暖，关心孩子的学习成绩，唯独忽略了这些：孩子同样也有七情六欲，同样也要承受压力与挫折，同样也会有苦痛与悲伤……

因为家长从来没有考虑过孩子的内心需求，把孩子的情绪变化看作"无理取闹"，看作孩子的"不懂事"而加以训斥，很多孩子只好把自己的伤心、困惑、不安与愤怒深深地埋在心中，不敢对他人倾诉。长此以往，这对孩子良好性格的培养、对孩子人生观的培养、对孩子的健康成长都是有害无益的。其实，孩子也有情绪的波动，他们也需要发泄情绪，需要理解、需要安慰，更需要交流。而倾诉是孩子内心获得平和的一种发泄方式，倾听孩子的倾诉则是家长了解孩子的最好途径。

然而，不会倾听却是很多家长的常见病，因此，学习倾听就成为父母的必修课。在家长与孩子的沟通中，有几种常见的错误方式。

■家长不用耳朵只用嘴，把孩子的头脑当作无底洞，每天喋喋不休，塞进去无数的训诫，不管他们是否能消化、吸收。

■家长在对待孩子时，要求孩子只用耳朵不用嘴，只准他们用耳朵听，不理会或不准他们表达自己的意见。

■有些家长会说："我不是不听他们的话，可越听越生气。"这第三种家长犯的是另一种错误：用不正确的态度倾听。

事实上，倾听不仅仅是一种简单的行为，它也需要一定的技巧。尤其是家长倾听孩子说话，更要注意掌握好听的方法。

第一，对于孩子的话，家长应用心听。

用心听的意思是真心实意地听孩子说话，而不是形式上的用耳朵听，而是要让孩子感到"爸爸妈妈正在认真听我讲"。这就要求家长做到如下。

（1）孩子交谈的时候要暂时放下手上的事情，专心地交谈。只有这样，孩子才会感受到父母的爱心。

（2）看着对方的眼睛听。尤其是听小孩子讲话，要蹲下来，和孩子的眼睛平视，看着他听。

（3）边听边思考，不要带上自己既有的观点去听。

（4）带有反馈地听，让你的表情、动作像一面镜子似的反映出对方的话，用哦、啊、是、噢、喔、好等字或点头表达你的回应，让说话者感觉到你的认同。

第二，别打断孩子的话。

我们时常能看见孩子刚刚要说话，妈妈就在一旁打断孩子，自己说自己的。比如，孩子刚说一句"妈妈，在学校里，我和小朋友一起玩'老鹰捉小鸡'的游戏，真有意思。"妈妈马上打断孩子说："玩'老鹰捉小鸡'的游戏了？妈妈也喜欢玩……"妈妈的打断有可能让孩子忘记自己刚才想说什么了。

第三，在孩子说话的时候，不要让孩子难堪。

一些家长因为没有注意自己的听话习惯，难免让孩子尴尬、难堪。

有一次，月月从外面跑进来兴奋地对妈妈说："妈妈，我刚才去了文具店，看到一种神奇的组装机器人。"

月月的妈妈马上认为孩子想要买那个机器人，赶紧打断孩子说："妈妈没有钱，你该知道吧。"结果，孩子不高兴了，他噘起嘴巴气愤地说："我又没有说我想买，你每次都没听完别人说什么就发表意见，我讨厌你！"

顿时，月月的妈妈也愣住了！

其实，即便孩子想买，家长也应该等孩子把话说完了，再提出自己合理的建议，用自己的理由说服孩子，而不是武断地掐断孩子的幻想，这对孩子来说也是一种伤害。

第四，不要轻视孩子说的话。

还有一些家长，因为觉得孩子幼稚，对孩子的话持轻视或旁观的态度。这在生活中很常见：

珍珍 13 岁时，有一天她告诉妈妈，她"爱"上一个男孩，并且要跟他结婚。

母亲用略带嘲笑的眼神听女儿叙述，似乎是听童话故事。但是珍珍讲得很认真，她把自己的"爱情"第一次讲给她最亲近、最信赖的人听。

然而，有一天放学回家时，她却听到母亲正和一位朋友在电话中谈到她："你猜我家发生了什么事？珍珍告诉我她恋爱了，她认定那个男孩就是'白马王子'，你说好不好玩？"

不管这位母亲怎样看这件事，实际上她伤害了珍珍。对母亲来说，这件事不过是很好玩；但对 13 岁的珍珍来说，这绝对是一件严肃认真的事。妈妈的轻视，让珍珍从此以后不再相信自己的妈妈，因为妈妈不懂得尊重她的隐私、她的感情。

第五，家长可以学会重复孩子说的话。

有时候简简单单地重复一下孩子的话尾，也能让孩子打开心扉说出心里话。

如：

A：我昨天去看电影了。

B：看电影了！

A：人真多呀，我朋友说，前天排了一晚上的队。

B：排了一晚上？

重复孩子的话，可以让孩子觉得爸爸妈妈是在认真倾听自己讲话，这能激发孩子倾诉的欲望，使孩子更愿意与你沟通和交流！

第六，家长还应该在倾听的时候，善于发现。

只有倾听孩子的心里话，知道孩子想什么、关注什么和需要什么，才能有针对性地给予孩子关心和帮助，也会使以后的沟通变得更加容易。如孩子向你诉说高兴的事，你应该表示共鸣；孩子告诉你他在学校得到了老师的表扬，你应该用欣赏的口吻说："噢，真棒，下次你一定会做得更好。"

在倾听的过程中，不但要认真倾听，而且要善于思考，注重在谈话中发现孩子的闪光点。比如，发现孩子能够独立地讲述简短的故事时，要及时给予赞赏："你讲得真不错！"这样，不仅使孩子乐意向你倾诉、沟通，也可以提高孩子的语言表达能力。

此外，在孩子紧张、不安或者苦闷的时候，家长的倾听还能让孩子感觉到父母的理解，在内心产生欣慰之感，进而使紧张情绪得到缓解。

总之，倾听是家长与孩子有效沟通的最佳策略。高明的家长会倾听，有机会倾听孩子的心声，也是家长的幸运，因为它说明了孩子对您的信任，而让孩子信任的家长一定是合格、成功的家长。

理解孩子的感受

法国著名教育家卢梭在《爱弥儿》一书中指出：儿童期的存在是自然规律。

"大自然希望儿童在成人以前就要像儿童的样子。人们应该尊重儿童，尊重儿童期。如果我们打乱了这个秩序，我们就会造成一些早熟的果实，它们长得既不丰满也不甜美，而且很快就会腐烂，我们将造就一些年纪轻轻的博士和老态龙钟的儿童。"

父母的理解对于一个孩子的健康成长有着十分重要的意义，它是使家庭教育步入正轨的重要前提。许多父母都有这样的体会：孩子愈大，便愈难与他们沟通，甚至不知应该怎样去交谈。

当父母抱怨孩子不理解自己时，那自己又何尝理解孩子呢？特别是很多 80 后父母，由于自己从小生活的家庭环境就相对优越，一向受到父母的宠爱，从而养成了唯我独尊的意识。而当面对自己的孩子时，他们也就常常自觉不自觉地表现出一副高高在上的态势。

有些父母以长者自居，他们总能找到借口——孩子小、不懂事，必须一切听自己的指挥。因此，在和孩子交流的时候，他们往往不考虑孩子的感受，不体恤孩子的心情，以命令式口吻对待孩子。

其实，孩子要做某件事或者不肯做某件事都会有自己认为很充足的理由，尽管有时候他的理由在父母看来丝毫站不住脚，但父母都要给予充分的理解。如果父母武断地批评孩子，孩子就会反感，慢慢地孩子就不愿意跟父母沟通了。这正是青春期的孩子遇上更年期父母的尴尬，一方面，父母的主观权威性使得他们爱把自己的意愿和理想强加在孩子的身上，对孩子期望值过高；另一方面，这一阶段的孩子正处于从幼稚向成熟过渡的时期，容易有抵触情绪，想要摆脱父母的控制。

心理学研究证实：孩子与父母早年形成的亲子关系，是其今后与他人建立人际关系的基础。如果孩子在幼年期不能与父母形成亲密和谐的关系，那么孩子长大后就很难与他人建立融洽的关系，人格发展的障碍和社会适应困难就难以幸免。这样的孩子在青少年期就可能表现出缺乏安全感、自卑、苛求自己和他人等人格特点，而这正是抑郁症、恐惧症和强迫症等心理障碍的高危人群。

成功的父母往往是因为他们懂得理解孩子内心的真实需要，他们懂得如何尊重孩子，懂得倾听孩子说话的重要性。同时，父母对子女说话时应该有正向的目的，例如，提供知识信息，解决疑难，分享情感，表达自己的意见等。

对话时，一定要注意语气与态度，尽可能经常微笑，以欢愉、平和的声音，显示出友善、冷静的态度以达到沟通的效果。父母如果能表现友善，不以强者的权威压制孩子，往往会得到孩子相对的友善。理解就是无条件地接纳别人的感受，理解不等于同意，理解也不等于同情，理解是设身处地地将心比心。

德国教育学家和哲学家斯普兰格说过，"人的一生中，再也没有像青年时期那样强烈地渴望被理解的时期了。没有任何人会像青年那样沉陷于孤独之中，渴望被人接近与理解；没有任何人会像青年那样站在遥远的地方呼唤"。

如果说父母与孩子是站在不同的两个地方遥遥相望的两个人的话，那么，理解就是一座桥、理解之桥，是沟通父母与孩子心灵的桥，是化解父母与孩子之间的许许多多隔阂、误解、矛盾甚至仇恨的桥。有了这座桥，父母与孩子就会生活在崇德崇义、和睦相处的美好家庭里。假如没有理解之桥，那么，家庭必将会出现许多遗憾和不幸。

如果父母在孩子面前只顾自己的感情需要，而不顾及孩子的心理需求，孩子就会感到孤独，这对孩子一生健康成长都是不利的。所以，作为父母，应经常倾听孩子说话，了解孩子的内心需要，而当父母愿意倾听孩子的心声、了解孩子的意见或问题时，实际上就是对孩子的尊重、对孩子的理解。

理解孩子的需求

家长喜欢给孩子安排一切，初衷是希望通过把自己的经验教训教给孩子，让孩子少走弯路。其实这是一种保护心理使然。然而，对孩子来说，他们有时更愿意通过自己的亲身体验来获得对事物的看法和处理事情的方法。家长如果不理解孩子的需求，一味按照自己的意愿对待孩子，结果往往会适得其反。这里就有这么一个发人深省的故事：

一位年轻的父亲抱着2岁多的小男孩，走到一处多级台阶下面。父亲放下孩子，想休息一会儿。男孩好奇地顺着台阶向上爬，每爬一级都特别费劲，要吭哧老半天。父亲看着孩子爬了两级，就受不了了，抱起孩子噌噌几步走到了最高处。孩子又哭又闹，父亲一脸茫然，骂道："臭小子，你不是要上去吗？我把你抱上来，你哭个啥？"

一位老人走过去，对那位父亲说："你把孩子抱下去，让他重新爬，他就不哭了。"

父亲一脸不相信的样子，但是孩子在哭，没办法，只好照做了。他把孩子抱到台阶下面时，孩子马上止住了哭声，开始重新爬台阶。这位年轻的父亲很奇怪，问老人："怪了，你是怎么知道的？"

看了这个故事，你有什么样的启发呢？两岁的孩子都希望通过自己"爬行"来获得生活的体验，更何况是一些大孩子呢！作为家长，如果一味地要求孩子按照自己的意愿行事，剥夺了孩子自己的亲身体验，对孩子非但没有帮助，还可能引起孩子的逆反心理。更有甚者，会让我们的孩子因为家长的"越位"失去了自己本该拥有的能力。黄宁就是这么一个范例：

黄宁已经是小学三年级的学生了，个子长得也高，俨然像个小大人，但是他做作业却从不认真、细心。黄宁完成作业的最后情景经常是这样的：匆匆忙忙地、飞快地将作业写完，不管对错，将铅笔往桌上一扔，就急急忙忙跑向电视机前或者是奔向门外。

书桌上满摊着他的作业本、练习册、课本以及铅笔、橡皮。通常是黄宁的妈妈，先将书桌整理整齐，把他的课本、铅笔盒等一一放入书包，然后再将他的作业从头至尾检查一遍，用铅笔将错误的地方勾画出来（通常总会有错误，而且不会太少），再将孩子叫回来改正。

对于妈妈指出的错误，黄宁连想都不想，也不问为什么错了，拿过来就改。时常，改过的作业还是错的。当他再被叫来改错时，他就会不耐烦，大声地嚷着说："你说应该怎么做？"

在这个例子中，妈妈的代劳，非但没有让黄宁改掉自己不认真、马虎的学习习惯，还助长了黄宁依赖的心理，抹杀了孩子原本应该有的责任心。一个缺乏责任心，对自己的事情毫不在意的孩子，今后怎么可能在社会上立足呢？因此，要想孩子能在纷繁复杂的社会中坚持自己的信念，能对自己对社会负责任，并能相信自己，悦纳自己，家长应该给孩子自己体验生活的机会，培养孩子的自理能力、独立能力。作为家长，只要守好自己的"位置"就可。

孩子的责任感和责任能力是通过锻炼形成的。锻炼就意味着孩子独立参与活动，并且明确活动的目的、步骤以及要求等。这种锻炼机会最初应该由家长来提供，并提出恰当的要求，加以正确的引导。孩子对于自己能够胜任的活动或者具有挑战性的活动，总是乐意承担，并表现出高度的积极性。通过活动，孩子在能力、意志、意识等方面得到不断的提高和发展。

当孩子入学成为一名小学生时，随之而来的便是与学生角色相对应的角色行为。这些角色不仅使孩子有一种角色感，而且能使他更好地完成角色形象。

孩子渴望成为一个独立的人、一个出色的学生。但是家长剥夺了孩子成为一名完全学生的某些权利和义务。一般来说主要有下列方式。

——担心孩子检查作业不认真，整理书包不整齐，于是替孩子完成。

——过于关心，想让孩子有更多的活动时间，主动代替孩子做这些事情。这种做法让孩子对自己丧失信心。家长不是能干好吗？干脆让家长干好了。这样，孩子就不会把这些工作不纳入自己的范围。

无论是哪种做法，最终结果是一样的——造成孩子责任意识和责任能力的缺失，丧失了自主活动的信心与能力。家长为什么会这样做呢？

——关注孩子的学习成绩，并且只是对孩子可以看得见的分数进行要求。

——家长为孩子提供一切有利条件，保证孩子能够有更多的时间用于学习上。

——对孩子的学习过分地苛求，对孩子的各种表现总不满意。

——希望孩子在各个方面都出色，为父母争光。

——不知道孩子的学习是各方面相互促进、共同提高的。

——没有意识到知识学习只是孩子成长中很小的一部分，重要的是通过学习知识，学会从事其他活动的能力。

比如，我们上面提到的那位母亲，最后的结果肯定是事与愿违：孩子对学习越来越不上心，作业越来越马虎，家长感到越来越力不从心，孩子越来越不听家长的话。

那么遇到这样的情况，家长该怎么办呢？

提议孩子与家长一起检查作业。

就某些作业问题，让孩子说明是否正确，以及他自己的理由。

逐渐表现出对孩子的教学内容不太熟悉的样子。

对孩子作业中的错误，不要表达自己的修正意见，建议孩子自己重新思考。

放手让孩子自己检查作业。

至于整理书包，家长大可不必担心孩子会丢三落四。即使他可能忘了装一本书，或忘了带橡皮，也不会太影响他的学习。而且，从此他就有可能会细心，认真检查自己的每一样东西，对自己的事情认真负责起来。

只有家长真正理解了孩子的需求，才能用正确的方法表达对孩子的关心和爱护。

压抑和紧张会压垮孩子

随着环境的改善和竞争的激烈，人们除了要追求更高的生活质量，还会承受不同大小的压力与烦恼。现在很多年轻人都考虑晚生育，总是说没有条件养孩子；而有孩子的父母每天早出晚归，拼命赚钱，为的是能给孩子提供更好的物质基础，使孩子能够在更好的学校上学，接受好的教育，出人头地。

对大人来说，好的物质条件或许是安全感和幸福感的来源；但是对孩子而言，一切都没有那么复杂。因为家就是孩子的心窝，家庭和谐能够给予孩子安全感，让孩子健康成长。然而正是因为社会竞争的演变，人与人之间利益的诱惑，很多家庭有离异或者相处不愉快的现象。

尽管我们出于对孩子的保护试图将一些事情瞒着孩子，比如，父母打架、吵架、感情不好等，但孩子往往比你想象的要敏感得多，他们会很轻易地发现父母之间出现的问题。这类家庭问题如果处理不好，就会让孩子整天生活在压抑和紧张中，进而形成叛逆的性格。

小学四年级学生明浩在学校表现不好，甚至多次在学校大会上被点名批评。他经常扰乱课堂纪律、旷课、赌博、玩电子游戏，根本不想读书。无论老师怎么劝诫，他都拒不改正，并且态度恶劣。后经私下了解得知，他的父母早已离异，并且互相推卸责任，都不想抚养他。

老师积极与明浩的父母沟通，促使他父亲转变态度。后来，他的父亲积极与学校配合，对明浩耐心教育，给予他真正的关怀与爱。最终，明浩发生了本质性的转变，不仅学习努力多了，人也更精神了。

在心理辅导过程中，明浩讲出了他的心里话："每天都很害怕，很紧张，不知道自己应该怎么办，不知道自己成为一个没有父母管教的孩子会是什么样。我想读书，可是我心里的紧张和害怕让我无法专心。我很恐慌，只能旷课，把时间都花在玩游戏上面。"

给予孩子一个和谐的家庭环境，让孩子远离恐慌和紧张！在气氛紧张、父母关系不和谐的家庭里，父母常常烦恼不安、性情暴躁、言语粗鲁，对长辈不孝甚至虐待。对于还没有独立生活能力、完全依赖父母的儿童而言，在这样的环境中，孩子容易产生紧张情绪。孩子长期处在这种情绪中，就容易形成孤僻、自私、玩世不恭等不健康的心理。

当然，家庭不和只是问题的一个方面。对大多数家庭而言，父母的殷切期望更是让孩子长期生活在紧张压抑中的"罪魁祸首"。

很多孩子除了学校上课外，周末和假日还要参加各种补习班，学习钢琴、舞蹈、绘画、书法等。孩子的时间被读书、作业、考试和补习填得满满的。父母希望孩子用功、成绩好，考试拿高分，进入最好的学校。渐渐地，孩子的心理负担重了，害怕令父母失望的念头在孩子的脑海里不断浮现："爸爸妈妈为自己付出了那么多，万一我让他们失望了，我怎么对得起他们？"这种想法不断折磨着孩子，让孩子变得越来越焦虑不安，以至于成绩一再下滑。

父母的错误教育观念也会给孩子带来心理伤害。有的父母信奉"棍棒底下出孝子""不打不成器"等传统观念，认为应该严厉管教孩子，要求孩子必须一切听从父母。长期处在父母高压政策下的孩子易形成幼稚、依赖、神经质的心理，他们的独立性和自主性较差，有些孩子可能变得更加依赖、无主见，有些孩子则可能变得更加反抗、暴烈。

还有一些父母则对孩子采取放任自流、概不过问的教养态度，这种忽略型家庭中的儿童，会因为得不到父爱与母爱而产生孤独感，逐渐形成易攻击、冷酷、自我，甚至放荡的性格，常常会有情绪不安、反复无常、容易动怒、对周围的事物漠不关心的心态。

孩子的心理不健康，学习又如何好得了？孩子又怎么会快乐？要消除生活压抑给孩子带来的不良影响，最简单有效也是最直接的解决方式，就是家庭成员之间的沟通。

有些家庭成员之间发生冲突时，多是在相互指责和埋怨中不了了之，问题最终并未真正解决。家庭未了结的事件越多，家庭生活越是沉闷紧张甚至危机四伏。这种家庭沟通模式有很大的破坏性，被指责者要不逆来顺受，要不叛逆、攻击性强。

　　还有一种家庭，父母不太关心别人真正的情感，反而被许多琐事缠绕，给孩子最大的感觉是唠叨、烦人。这种沟而不通的模式，表面上双方都在说话，而且可能持续较长时间，但信息根本没有交流，反而会造成孩子叛逆、反抗的心理。

　　在一个家庭中，如果父母热爱生活，心态健康向上，感情积极热情，观念信仰正确得体，生活习惯健康，使孩子生活在积极向上的环境之中，就能造就孩子健康的心理与良好的个性。

宽容孩子的不足

　　"人非圣贤，孰能无过？"在每个孩子成长的过程中，都会犯这样或者那样的错误，这是不可避免的。作为家长，我们教育孩子，不是盯住孩子的过错不放，而是学会站在孩子的立场上考虑问题，理解、包容孩子，进而正确地引导孩子，让孩子能够认识到自己的错误，并且能够很快改正错误。这样，才能帮助孩子少犯错，少犯大错，少犯一些低级的、本不应该犯的错，不犯同样的错。

　　对于孩子来说，家长的宽容与理解往往比对孩子一味地批评处罚，更能让孩子心悦诚服，给孩子留下较为深刻的印象。可以说，家长的宽容是孩子成长路上的指路明灯，能引导他们走出阴霾，走向光明。

印度民族英雄甘地在回忆自己的成长过程时说："是父亲那崇高的宽容态度挽救了我。"他为什么会有这样的感慨呢？

原来，甘地出生在一个小藩王国的宰相之家，从小就爱撒娇，性格也不开朗。他对父母十分顺从，对周围的事物也特别敏感，自尊心很强，一旦被人奚落，马上就会哭鼻子。在学校一挨老师批评，就难过得受不了。

少年时期，由于好奇，他染上了烟瘾，后来发展到偷兄长和家臣的钱买烟抽，而且越陷越深。渐渐地，他觉察到自己偷别人的钱，背着父母抽烟的行为太可耻了，一想起来，就觉得无脸见人，内心十分痛苦，甚至还想过自杀。当他终于忍受不了痛苦的折磨时，便把自己的整个堕落过程写在了笔记本上，鼓足了勇气，交给了父亲，渴望得到父亲的严厉批评、惩罚，以减轻内心的痛苦。

父亲看后，非常生气，心情十分沉痛。但是父亲深爱孩子，没有责备他，只是伤心地流下了眼泪，久久地凝视着儿子。甘地看到父亲痛心的样子，受到极大的刺激，更加悔恨、内疚、自责，深感对不起父亲对自己的期望。从此，他痛下决心，彻底改正了错误，走上了正路。从那以后，甘地在行为上很少出现过失。事隔多年，每当甘地回顾那段经历，总是心情久久不能平静。他说："父亲用他慈爱的眼泪，洗净我污浊的心灵，用爱心代替鞭打，他的眼泪胜过千言万语的训诫，更加坚定我改过向善的决心。虽然当时我准备接受任何严厉的处罚，如果父亲真的责备我，可能会引起我的反感，而无益我德性的进展。"

甘地的事例说明了家长对孩子的宽容能产生巨大的能量。一般情况下，宽容运用得当，以情感激励孩子，比动之以武力更有效，因为这其中包含了家长对孩子的信任和对孩子认识错误态度的肯定。家长在对孩子的品德教育中，尤其是孩子有了过失而又主动认识错误的时候，应当以宽容的态度给孩子以心灵上的抚慰，进而强化孩子改正错误的勇气。而粗暴的打骂未必能够使孩子吸取教训。

事实上，宽容并不意味着放纵，也不是无原则的偏袒和迁就，而是要家长把握孩子的心理，把握孩子成长的规律，不要盲目地对孩子的错误进行批评和惩罚，而是以一颗宽容的心对待孩子。很多事实都证明，只要孩子认识到自己的错误，宽容比惩罚更能激发孩子的上进心。

其实，家长不仅要在教育孩子时表现出宽容，还应该在日常生活中强化自己的行为，如对待家人的一些小毛病不要不依不饶、吵闹不休，对待别人的过错不要斤斤计较，老担心自己吃亏。这样，孩子自然能在家长的潜移默化的影响下，成为一个宽容、有度量的人。

一般来说，家长要想以自己的"宽容"换得孩子同等的宽容品质，就应该做到以下几点。

（1）对于孩子的过错，要宽容，不要责难。这就要求我们的家长，不要老盯着孩子的过失不放，家长的眼睛里有时要能够"掺点沙子"。不要指责，不要责难，不要讽刺，不要挖苦，不要埋怨，不要威胁，不要惩罚。指责、责难、讽刺、挖苦、埋怨、威胁、惩罚这些做法不但于事无补，反而会更糟糕，它往往会培植孩子怨恨和激起孩子的反抗，有的孩子因受到恐吓而会严重忧郁。

（2）宽容不等于放任，对于孩子的过错，家长的教育是少不了的。很多时候，孩子不小心犯了错误，做家长的知道后，因没能控制住自己"失望""不满"的情绪，对孩子恶语相向、拳脚相加。这种做法非但不能让孩子真正改正错误，还可能让孩子因此自暴自弃，走上了不归路。当然，也不能走向另一个方向，纵容孩子的过错，对孩子的错误不闻不问，这种做法同样只会让孩子在错误的道路上越走越远。正确的做法应该是，家长等到双方的情绪都稳定以后，与孩子进行沟通、交流，晓之以理，让孩子认识错误和改正自己的错误。特别是要与孩子一起分析这次行为是不是一种过错，要达成共识，因为不少孩子感到委屈的是，他们并没有认识到自己的行为是一种过错。

要与孩子一起心平气和地分析产生这次过错的原因，以避免孩子重蹈覆辙，犯同样的过错；要与孩子一起分析每种过错所产生的不好的影响，对他人的伤害，对自己的伤害，特别要分析对孩子自己产生的不好的影响。

（3）让孩子承担一定的责任，付出一些代价。对自觉性不高的孩子，适当地让他们付出一些代价也是必要的，但要讲究方法，要适度，以不伤害孩子为前提。

从长远看，不仅仅要进行这种教育，还应该与孩子进行约法三章，对于孩子来说，有智有谋的约束与激励，也是必要的。

（4）当孩子犯了错以后，家长还可以要求孩子弥补损失。当孩子犯了错误时，家长对孩子批评不能只是一味指责，而应该是建设性地批评。建设性批评有一项重要内容，就是要求为错误承担责任以弥补损失。比如，孩子粗心打碎了花瓶，我们可以要求其承担力所能及的家务"赚钱"，用自己赚来的钱去购买一个花瓶。这种建设性的批评是有益的，它不涉及孩子的人格，只是指出如何解决问题。这能让孩子很好地接受教训，并培养他们的责任心。

只有善于宽容孩子的不足的家长，才不会苛责孩子，更不会遏制孩子的成长。这样，孩子才能有机会发现自己的优点，正视自身的缺陷，宽容自己，接受自己，不至于缩手缩脚，这对孩子的一生的发展意义重大。

融洽的亲子关系

亲子交往是孩子人际交往的第一步，和谐美满的亲子关系，是孩子健康成长的土壤，是孩子愉快学习的首要条件。那么，怎样才给孩子一种融洽的亲子关系呢？

（1）切忌居高临下。很多家长因为孩子"说不出"，就以为孩子也"听不懂"，因此常常采取居高临下的姿态和孩子讲话。而恰当的说话方式应该是"平等"的姿态——从孩子可以理解成人的话语意图开始，把孩子当成和自己一样有语言理解能力的人和他们交谈；当孩子处于旁听者的角色时，也要像尊重和自己有同等认知能力的成人那样，顾及孩子的感受和想法。

（2）要信任孩子，不要监视、嘲笑孩子。在现实生活中，有相当一部分家长，自觉不自觉地扮演了监视者的角色，对孩子的任何事情都要监视、过问。不准孩子做这个，不准孩子干那个……如孩子放学晚点回家，家长就会不断追问盘查，一定要孩子把自己的行程汇报得清清楚楚，似乎只有这样才能放心。又比如，孩子向父母畅谈理想未来时，家长会因为觉得孩子"异想天开"就武断地打断孩子的话，嘲笑他的幼稚无知……

家长的这些不信任孩子的做法与行为，严重伤害了孩子的自尊，让孩子对家长产生戒备的心理，在这种情况下，亲子融洽之说只能是空想。

（3）理解孩子，换位思考。家长要想与孩子有效沟通，学会换位思考很重要，即站在孩子的角度考虑问题，站在孩子的角度去理解他的内心感受，站在孩子的角度去说好每一句话。家长换位思考，能更好地了解孩子和教育孩子，从而使对话朝着家长期望的方向发展。只有做到换位思考，让孩子将心比心，孩子的心灵才会向你敞开，教育才能得心应手，亲子之间才能互相理解，而彼此的关系也才会更加和谐。

（4）及时鼓励。孩子取得好成绩时，需要父母的鼓励和赞赏；当他们受到挫折时，更需要安慰和鼓励。及时的鼓励可以给予孩子再尝试的勇气；适当的鼓励可以增强孩子的自信心，支持孩子继续努力。父母最容易疏忽的：认为孩子把分内的事情做好本来就是应该的，不值得鼓励和赞许，只在他们表现欠佳时，才提出批评和指正。这样对孩子显然是不公平的。

（5）多花点时间陪伴孩子。许多父母都要工作，工作占去了他们大部分时间，有时忙于应酬，身心疲惫就会忽略了陪伴孩子。孩子渴望父母陪伴他们，听他们讲在学校的趣事和烦恼。如果回家后房间里空无一人，冷冷清清，他们就会觉得自己被冷落，被忽视，从而变得自卑、自弃，还有一些孩子因此与父母产生隔阂。

亲子间其乐融融的氛围，需要家长和孩子的共同努力营造，尤其需要家长对孩子的关爱。父母的关怀、接纳、信任、倾听、亲切、陪伴、安慰、鼓励，对孩子的身心健康与情绪发展有着不容忽视的影响，只有亲子关系融洽，孩子才有可能精神愉悦地投入学习活动中去，从而取得优异的成绩。

学会换位思考才能理解孩子

家长要想真正理解孩子，就要学会换位思考，即站在孩子的角度考虑问题，站在孩子的角度去理解他的内心感受，站在孩子的角度去说好每一句话。可现实生活中，我们的家长并没有意识到换位思考的重要性，因此，在不经意间，说错了一些话。

数学单元考试的试卷发下来了，一脸喜悦的阳阳回到家里，一踏进房门就兴高采烈地对妈妈说："昨天我们班数学单元考试，今天试卷就发下来了，您猜我考了多少分？"

"猜不出来，你到底考了多少分？"妈妈问。

"82分，比上次单元考试的成绩高出10分呢。"阳阳有几分得意地说。

"哦，你知道邻居家的婷婷考了多少分吗？"妈妈又问。

"大概是90分吧。"阳阳满脸不高兴地回答。

母亲似乎并没有察觉到孩子脸色的变化，接着说道："怎么又比她考得差呢？你还得努力追赶人家才行啊！"

"您凭什么说我没有努力呢？这次考试成绩比上次提高了10分，老师都表扬我进步了，而您总是不满意，永远不满意！"阳阳生气了，他提高嗓门冲着妈妈大声地喊起来。

"你怎么这样不懂事，我这样说也是为了你好。你看人家婷婷，每次都考得那么好，哪像你时好时差，也不知道争气。"妈妈喋喋不休地说。

"我怎么不争气啦？您嫌我丢您的脸是不是？人家婷婷好，那就让她做您的女儿好啦，省得您总是唠叨。"阳阳怒气冲冲地走进自己的房间，"砰"的一声把门关上了。"就知道分数、分数，您关心过我吗？您知道我内心的感受吗？我都烦死您啦！"就这样，母子间的一场隔着门的争吵又开始了。

类似这样的事情在很多家庭也时有发生，本来很平常的对话，说着说着两代人就吵起来。孩子为什么这样不听话呢？与孩子对话为什么就这么难以沟通呢？孩子怎么就不能理解父母的心呢？像阳阳的母亲一样，很多父母不止一次地自问。这样的家庭教育，问题到底出在哪里呢？

就上例而言，孩子不领情，母子俩对话不欢而散，主要原因是双方都站在自己的角度考虑问题，缺乏换位思考。这样就很难体会到对方的内心感受，导致双方心理活动的错位。母亲想的是阳阳应该马上把学习搞上去，却不知道孩子此时最需要的是妈妈的表扬和鼓励；阳阳觉得妈妈应该为孩子学习成绩的提高而感到高兴，却不懂得母亲把自己的孩子与邻居家的孩子比是希望自己的孩子能有更大的进步。由于母子俩内心的想法不同，彼此都沿着自己的思维方向与对方谈话，所以就出现了对话双方的不满甚至反感。由此，一场母子间的"舌战"自然就不可避免了。

仔细回想一下，我们是不是经常说下面一些话。

（1）孩子：妈妈，我累了。

妈妈：你刚刚睡过了，不可能累的。

孩子：我就是累了！

妈妈：（有点生气）你不累，就是有点爱犯困，快换衣服吧。

孩子：（哭闹）不，我就是累了！

（2）孩子：妈妈，这儿好热。

妈妈：这儿冷，快穿上毛衣。

孩子：我不，我热。

妈妈：我说过了，穿上毛衣！

孩子：不！我热！

（3）孩子：这个电视节目真无聊。

妈妈：不会吧？它多有意思啊。

孩子：这个节目真傻。

妈妈：别乱说，它很有教育意义。

孩子：这个节目真烂。

妈妈：（有点生气）不许你乱说话！

　　这是我们生活中经常发生的事情。在生活中，很多家长自以为自己是成人，是家长，自己"走过的桥，比孩子走过的路都多"，因此，总用大人的眼光看问题。用自己成长中累积的生活经历来评定孩子之中的是是非非，对于孩子的世界、孩子的感受不屑一顾。这就导致很多时候与孩子的交谈不欢而散。

　　因此，家长在指责孩子不听话的时候，是不是也应该考虑一下孩子们内心的想法？是不是应该经常做一做"换位思考"：如果我是孩子的话，我会怎么做？只有换位思考，设身处地地为孩子着想，才能避免和减少对话双方的戒备和猜疑，弱化和消除对话过程中的不愉快情绪。家长学会换位思考，能更好地了解孩子和教育孩子，从而使对话朝着家长期望的方向发展。

一位父亲和儿子为一件小事发生了争执，谁也无法说服谁。父亲灵机一动，不再和孩子争执了，而是对他微微一笑说："孩子，你能和爸爸争执，说明你长大了，你能有自己的独立思考方式，爸爸感到很高兴。你这样做肯定有你的理由，该怎么做你自己决定吧！"父亲这样一说，儿子反而不好意思了，说："爸爸讲的也有道理，你的意见我会认真考虑的。"

你看，这就是换位思考的魅力。只有做到换位思考，让孩子将心比心，孩子的心灵才会向你敞开，教育才能得心应手。

要做到换位思考，其实很简单，放下大人的架子，站在孩子的角度上，理解和尊重孩子的想法，耐心地和孩子沟通交谈。我们就会惊讶地发现，孩子的内心世界和我们的一样精彩。而换位思考所带来的，不仅仅是家长与孩子之间的理解、和谐，还能在潜移默化中让孩子也养成换位思考的好习惯。

第三章

父母要让孩子
自己做决定

对孩子的理想，父母采取不理不睬
或者横加干涉的做法都是错误的。
如果父母用这样的态度来对待孩子
的理想之苗，那么，也许孩子永远
也不可能树立自己的理想。

给孩子发言权

小攀 10 岁了，性格十分内向，无论是在家里还是在学校里，他从来都不主动说话，真是金口难开。对此，他的父母急得不行，不知道儿子到底怎么了。每次在其他人面前提起儿子时，他的妈妈都是唉声叹气："我们可是他父母啊！他为何总拒绝和我们说话呢？"

为此，小攀父母决定咨询心理学专家。专家在听了他们的述说后，一针见血地指出了其中的病症所在。原来，小攀很小的时候在父母面前是很活泼的，只是父母总是没有耐心听他讲话，他们觉得孩子太小了，他的言论不必重视。

所以，每次在小攀发言的时候，他们要么听而不闻，要么心不在焉、哈欠连连。而如果父母心情不爽，则不管小攀的发言是对是错，都会忍不住呵斥他几句。父母毫不重视而且居高临下的态度，给了小攀一个错觉：原来家里人都不喜欢听我讲话。

孩子幼小的心灵需要父母积极的牵引，让他得到鼓舞、获得自信。但是多数父母总以为孩子的言论幼稚可笑，从而不耐烦地大手一挥，粗鲁地打断他："小孩子人家的，懂什么呀，一边去！"

有的父母甚至为了显示自己的权威，对孩子的发言一概藐视。这样做的后果，是从此关闭了孩子和父母沟通的大门。

做孩子的知心朋友有一个很重要的前提，那就是了解孩子的内心世界，尊重孩子。因此，给孩子机会，让孩子说出自己的心声，便是父母尊重孩子的一种方法。实际上，这也是一种发言权效应。任何一个人，不管是成人还是孩子，如果他所在的组织给予他发言的机会，他自己便会产生被重视、被关注的心理。

这是一位母亲在博客中所记下的事情：

周末的下午，我陪刚上一年级的儿子在家做作业。儿子写了一会儿作业后，拿着他的算术本来到我的面前，对我说："妈妈，我这道题不会做，你来教教我吧！"

我看那是一道很简单的算术题，便很耐心地对儿子说："你再仔细想一想，凭你聪明的小脑袋瓜，一定可以把这个问题解决的。"

没想到我刚说完，儿子就大哭起来，而且哭得很伤心，像是受了天大的委屈一样。

我心想，这个小家伙肯定有委屈，让他在心里憋着不好受，干脆让他哭个够吧。看他哭声渐渐小了，我走过去很温柔地对他说："告诉妈妈，你是哪里不舒服，还是有什么委屈，你说出来，看妈妈能不能帮你？"

听我这么说，儿子的哭声止住了，断断续续地跟我说了一大堆问题："你们以为读书好玩吗？在幼儿园里，口渴了自己可以起来倒水喝，在学校上课时老师是不准喝水的，下课了又找不到能喝的水；还有，在幼儿园里，不高兴了，老师会来问你哪儿不舒服，还可以打电话给妈妈，而在学校里，老师说上课不准动；在幼儿园里，小朋友们可以有东西吃，可以做游戏，在学校上课就没有东西吃，也没有游戏做……"

自从听到孩子倒出的这一大堆苦水之后，我再没有强迫孩子学习，以缓解孩子的心理压力。幸运的是，从那之后，孩子再也没有抱怨学习的辛苦，同时，他有什么心里话都愿意跟我诉说了。

明智的父母，当孩子开口发言时，能将他当成一个大人看待，弯下腰去，认真地聆听他全部的讲话。假若孩子的观点对了，那就表扬他；假若孩子的话错了，那就和颜悦色地为他分析错了的原因。总之，孩子有自己的发言权，父母要创造机会让孩子尽情表达自己内心的想法。

不当专制的家长

很多妈妈在教育孩子时，通常会像给下属下达命令一样，这种妈妈就是通常所说的专制型妈妈。专制型妈妈过度相信自己的权威，在家中实行"专制独裁"，把自己的意志强加给孩子，要求孩子必须听从大人的安排。专制的妈妈总是希望孩子温顺、听话，却忽略了孩子的感受。

从某种意义上讲，这是一种传统的家庭教育风格，主要强调妈妈的权威形象，要求孩子听从父母，父母却从不听孩子的想法。在现实生活中，专制型的妈妈不乏其人。然而对孩子而言，这种方式不仅会伤害孩子幼小的心灵，还会对孩子的身心健康造成不良影响，甚至会使孩子性格发生变化，更有甚者，还会造成心理疾病的发生。

张禹的爸爸妈妈白手起家，创业的艰难让他们深刻体会到知识的重要性，所以他们把希望寄托在张禹身上。他们从小对张禹要求很严格。尤其是爸爸，自从张禹进入学校后，就要求张禹一门心思读书，不能做与读书无关的任何事情。放学回家后，不得看电视，除了吃饭，就得在自己的房间里读书，就连周末也不例外。

有一次放学回家，张禹趁爸爸妈妈不在家，偷偷看了一会儿电视，正巧赶上爸爸提前回家。爸爸二话不说，将他打了一顿，从此孩子再也不敢看电视，也不敢做其他的游戏，只是按照父母的意愿"一心只读圣贤书"。爸爸妈妈为这种"高明"的教育方法而暗自得意，有时候还向其他父母传授"秘籍"。但是渐渐地，他们却感觉到孩子不再爱说话，而且在吃饭的时候会发呆，似乎在思索着什么。父母问他在想什么，他也只是轻轻一笑了之，继续吃饭或者吃完饭到自己的屋子里去。

父母感觉有些不对劲，于是开始仔细观察张禹。结果发现他经常会发呆，还经常忘东忘西。学校老师也向家长反映，说张禹总是带错课本，上课经常走神，而且不愿和同学、老师说话。于是，父母就带他去看医生。医生检查后认定孩子得了抑郁症，后来治疗了很长时间也没有彻底恢复正常，张禹只好辍学在家养病。

上述案例中，张禹之所以会产生心理疾病，与其父母的专制式教育方法不无关系。的确，一个健康的孩子每天生活在父母的专制与威严下是一件非常痛苦的事情。当孩子受到批评、指责而想要解释时，常常会被"专制"的家长用这样的话打断："你不要辩解了，这没用。""闭上你的嘴。""你又开始撒谎。""你还敢犟嘴。"……在这种情况下，孩子会本能地产生委屈的感觉，进而伤心、怨恨家长对他的不公平。

所以，妈妈应该主动改变自身的专制态度，当孩子有自己的安排或想法时，妈妈应该允许孩子说出自己的想法，与孩子商讨出最佳的计划，切不可强制孩子必须这样做或不许那样做。当孩子与妈妈商量是否可以做某事时，妈妈应该说出自己的想法，让孩子自己决定，并且适当灵活地引导孩子。

当妈妈意识到在孩子面前的错误时，应主动向孩子道歉。如果孩子有理，应该按照孩子的说法做，尊重孩子。当孩子受到批评、斥责想要辩解时，妈妈应该让孩子把话说出来。如果孩子辩解的时机不合适，明智的妈妈不妨对孩子这样说："你有辩解的权利，但是现在我很忙（时间不合适），过后我一定会听你的解释。等我们晚饭后再慢慢谈，好吗？"这样既能够让孩子觉得受到了重视，同时又给了孩子一个反思的时间。

别把意愿强加给孩子

"小孩子懂什么，听大人的没错。"父母没有不希望自己的孩子能成龙成凤的，因此有的父母从孩子咿呀学语时就为孩子设计了一幅理想的蓝图，甚至孩子以后要上哪所大学的哪个专业都考虑到了。为此，父母为了实现这一目标，不顾孩子的爱好和理想，强迫孩子按他们自己设计的轨道发展，如果孩子有一点没有符合自己的意愿，就对孩子的所有努力和成绩全盘否定，甚至打骂孩子。确实，随着现代社会竞争越来越激烈，父母这种望子成才、追求上进的良好愿望，本来无可厚非。但是为了孩子能有一个好的前途，而给孩子过大的压力，结果让孩子不堪重负的话，将对孩子自立自主的形成很不利。

有一个男孩，特别喜欢舞蹈，业余时间参加舞蹈班。可他的父母坚决反对。他们不经孩子同意，在校外给孩子报英语班、数学班，还不辞辛苦每天接送。孩子不感兴趣，为逃避上课经常撒谎，放学不回家，结果一个学期结束什么也没学会。

很多父母一辈子没有特别的成就，便把所有的希望寄托在孩子身上，希望孩子实现父母无法完成的梦想。于是，常可以看到有些孩子被迫变成十项全能选手，弹钢琴、学跳舞、踢足球、唱歌、滑冰、参加智力竞赛、出书、当班干部，凡是好的东西样样不缺，孩子看起来像个超人，心里却对父母的严厉压迫充满怨恨。

很多父母对孩子的爱好视而不见、听而不闻，更谈不上尊重，使孩子的爱好、特长得不到发展。如果父母真正关心孩子的未来，就不要把自己的愿望强加给孩子，对孩子的爱好，只要不是原则问题，就不要干涉过多，顺其发展，并注意观察，发现其天赋，然后因势利导，促其发展，且不可主观地为孩子设计好一切，强迫孩子去做，这样会压抑孩子的兴趣，使孩子产生逆反心理。父母要尊重孩子的意见，如校外兴趣班上或不上，要征求孩子的意见，只要孩子说得有理，就要采纳。

父母对孩子的过分要求，如果遇到天资聪颖的孩子，在表面上的确可以培养出各方面都出类拔萃的天才，但有没有后遗症呢？一种明显的后遗症就是强迫型人格，对任何事情都追求完美，力争第一。一旦遇到挫折，因为从小就饱受父母的高压恐吓，孩子很可能会一夕崩溃，转眼间变成一个颓废落魄的忧郁症患者。

其实，希望孩子成为全才并没有错，错的是父母逼迫的态度。真正的天才不是逼出来的。在美国有一个华裔父亲，整天带着一张印有他孩子大幅照片的报纸，他的孩子在父亲的严格管教下曾获得过美国青少年最著名的一个科学奖的金奖，他为孩子的成就无比骄傲。可是他又叹息道，孩子成人以后和他断绝了一切关系。

无可否认的是，逼迫式教育虽然可以提高孩子的才能，却往往以牺牲孩子的心理健康为代价。

父母要正视自己的孩子，相信自己的孩子，不要因为一时的疏忽伤了孩子的自尊心。成功的路有千万条，不要把自己的意愿强加给孩子，以免增加孩子负担。为此，父母应做到以下几点。

（1）给孩子一个想成为自己的空间。父母要给孩子足够的成长空间，让他们有自己的理想和愿望，有自己的思想和独立思考的权利。不要让孩子成为别人怎么想、孩子就怎么做的盲从产物，更不要让孩子成为代替父母实现未尽理想的工具。父母可以根据孩子的具体情况和兴趣，向孩子提出建议，引导孩子找到自己努力的方向。

（2）尊重孩子的独立性。随着孩子一天天长大，他们会逐渐形成独立的意识，所以父母要尊重孩子的独立性，让孩子充分地发展，而不是被父母限制在已为他们设计好的框子里。不然的话，他们会在补偿父母遗憾的同时，留下自己的遗憾。

（3）精心培养孩子的"理想之苗"。对孩子的理想，父母采取不理不睬或者拔苗助长的做法都是错误的。如果父母用这样的态度来对待孩子的理想之苗，那么，也许孩子永远也不可能树立自己的理想。正确的做法是鼓励孩子树立理想，并为理想而努力。父母对孩子的理想之苗，要一点点地培养扶持，要细心浇灌滋润。

家长不要总想控制孩子

妮妮读五年级了，学习成绩很好，她把自己的课余时间几乎全部用在功课上。但因为喜欢唱歌，因此总想看电视里的歌舞晚会，而 MTV 更让她沉醉。

妮妮也有烦恼。妈妈在家时她从来就不能坐在电视机前，免得挨妈妈的骂或招来爸爸的拳头。

实际上妮妮很有歌唱天赋，音乐老师也选她参加校合唱团。但是，只要她在家里一哼歌曲，妈妈就会大嚷："你乱叫什么？像乌鸦一样，难听死了！赶快做作业、看书去！"每次听到妈妈这样大嚷，妮妮便会觉得如冷水浇头，全身透凉。

有一次，妮妮在家里做作业时又情不自禁地哼起歌来。

妈妈听见了，冲进卧室，"啪"的一声狠狠地给了她一耳光，并且不由分说地把妮妮最喜欢的歌本夺过去，撕成碎片。

妈妈的做法彻底伤了妮妮的心。从此，她在家里沉默寡言，很少再唱歌了。

妮妮的妈妈这样做，是想当然地认为妮妮唱歌会影响学习，认为她都上五年级了，面临升学的考试也不知努力，不思进取。

其实，孩子唱歌只是偶尔为之，并没有因为唱歌而耽误学习，妈妈完全没有必要让沉重的书本学习占据孩子的整个生活。孩子的生活里不应只有课本。妈妈可以限制孩子做一些与学习无关或影响学习成绩的事情，但是，限制并不等于专制，不是说与学习无关的事情都一律不能涉及，甚至想都不可以。

况且，学习需要劳逸结合。无论是唱歌、画画，还是其他的业余爱好，在不影响学习的情况下，都可以尝试着去实践，这不失为一种解除学习压力的好方法。

因此，妈妈不要简单地扼杀孩子的业余爱好。正确的方法应该是帮助孩子建立健康、向上的业余爱好。这样，不仅不会影响孩子的学业，还会对孩子的学业起到积极的作用。父母不要控制孩子做自己想做的事情，也不要强迫孩子做他自己不想做的事情。

斐斐的妈妈特别喜欢用命令的口吻和孩子说话。比如，斐斐去上学时，妈妈一定以非常强硬的口气说道："放学立刻回家，立刻！"要是斐斐要求买一样东西的话，妈妈在拒绝时也同样不可反驳："这件东西不能买给你！"斐斐常常在心里想，妈妈对别人也是这样吗？难道别人能忍受她这样的说话口气吗？这分明是专制嘛！

这天，小斐在学校里提前把作业完成了，回到家，斐斐想打开电脑好好看一看新闻动态，因为这样可以多了解一下最新的消息。斐斐每天都想着浏览一下，但是每次都看不踏实。在斐斐刚打开电脑不到十分钟时，妈妈就下班回来了，看到斐斐居然没有做作业而在玩电脑，自然很生气，她立刻对斐斐大吼起来："马上把电脑关掉，马上！"又是那种不容置疑的命令。

斐斐刚想说理由："我已经……"

妈妈打断了她的话："我叫你马上关上，你听到了没有？马上！"

生活中，很多的妈妈喜欢对着孩子发号施令，总是在给孩子下一个又一个的命令："不要吵！把电视关掉！"……这些命令几乎是不容反抗的，弄得孩子乐趣全无，只好噘着嘴，很不情愿地听从"命令"。

在这种"专制教育"下，孩子只是畏惧妈妈的权威一时听从，心里却不服气，甚至还为此痛恨妈妈滥用权威来剥夺他们享受乐趣的权利。

命令和强制孩子做事情，永远无法实现教育的正面结果。在家庭教育中，光靠家长的地位和身份是不行的，更重要的是人格的感召力。要想使孩子自觉地养成良好的行为习惯，与其命令和禁止孩子，还不如制定正确的原则让孩子有章可循，这样才会更有效地对孩子进行约束，达到命令与强制达不到的效果，这才是家庭教育的正途。

此外，妈妈还可以把命令换为提问。当孩子没有按照事先制定的作息时间表做事的时候，妈妈可以说："你在做什么呢？"

这对孩子是一个信息，提示他的行为不当，这样孩子就会立刻意识到自己的错误，进而自觉改正。

以上两个故事只是"控制孩子"的缩影，作为妈妈，我们应该躬身自省，自己有没有犯过这样的错误。如果有，我们就要开始尝试不要再去控制孩子，而应当给予他们更多的成长空间。

（1）父母不要过分阻拦孩子的自由活动。前提是必须保证孩子的安全。如果想要将孩子控制在一定的活动范围内，也不要强制，而是可以通过与孩子一起做游戏的方法来吸引孩子的注意力。

（2）倾听孩子的心声。当父母要求孩子去做一件事而孩子不愿去做时，父母一定要鼓励孩子说出自己的想法，如果孩子想按照自己的想法去做，在不违反原则的前提下，父母应当尽量允许孩子去尝试，千万不要逼迫孩子必须服从自己的要求。

（3）父母的帮助和鼓励。可以对孩子说："不要怕，妈妈支持你。"并且帮助孩子仔细地分析问题，鼓励孩子说出自己的想法，给予孩子适当的指导和建议，让孩子自己去想明白所遇到的问题该如何解决。

（4）父母一定不要把自己当作孩子的统治者。即使你心里的想法是为了孩子好，也应该先了解孩子需要的是什么。孩子如果长时间得不到尊重，就会变得缺乏自信，更别提创新意识与能力了。父母给孩子建议时，也要让孩子感觉到配合父母的建议是快乐的、身心愉悦的。如果采用高压的方法来教训孩子，孩子很可能以退缩或者攻击的方式拒绝父母的建议。

想抛弃不合理的"专制教育",家长在和孩子说话的时候,不妨使用一些积极的方式去表达。比如,孩子说话很大声的时候,不要说"给我闭上嘴",应该换成"说话小声点"。对孩子来说,这不仅是教育他做他应该做的事情,而且还教给了他做事的正确的方法。妈妈的这种说法孩子更易于接受。

允许孩子自己选择朋友

每个孩子在成长过程中,都是需要朋友的。然而,许多家长出于"近朱者赤,近墨者黑"的顾虑,再加上现今社会上,小团伙、黑社会及青少年问题日益严重,很多家长在孩子结交朋友一事上都甚为担心,生怕他们交上坏人,影响一生。因此,总是百般限制孩子与其他孩子交往。

事实上,家长因自己惶恐而盲目限制孩子交朋友的做法是不明智的,更不能从根本上解决问题。

其实,让孩子自己选择朋友,有很多好处。

首先,给孩子自己选择朋友的权利,不仅可以让孩子感觉到父母对他的尊重而更加信赖父母,而且还可以促进孩子之间的友谊和交往,促使他们互相学习,克服自己的缺点。

其次,让孩子自己选择朋友,可以培养孩子的社会适应和交际能力。

最后，让孩子选择自己喜欢的朋友，可以克服孩子过强的个体意识。

朋友之间的群体生活可以克服孩子以自我为中心的毛病，让他们遵从群体活动规则，认识到每个人的权利和义务。如果只顾自己，就会受到朋友的排斥，小朋友会看不起他，不跟他玩，这将会促使孩子最终向群体规范"投降"。合群是人的重要品质和能力，这是家长无法口授给孩子的。

总之，在孩子成长的过程中，"朋友"起着非常重要的作用。在孩子交朋友的时候，家长不妨从以下几个方面入手。

1. 不要刻意地为孩子选择朋友

父母为自己的孩子选择的朋友多半是老实、听话、胆小的孩子，和这些孩子玩，父母似乎可以放心一些，不必过分害怕什么石头砸伤了脑袋之类的事故。但是如果自己的孩子在环境中遇到了那些胳膊粗、力气大甚至是好欺负小孩子的大孩子时，他们会怎样呢？他们会不知所措，不知如何保护自己。而且会因此对外界的环境感到害怕，有的孩子甚至会因此封闭自己，不敢结交小伙伴，宁愿自己一个人玩或请大人陪自己玩。

2. 要让孩子自己结交伙伴

以成人来说，和朋友的关系以及友谊的形成，表示一个人是否适应社会，是否成熟。如此说来，孩子就更要从小学习结交小伙伴。父母应该引导他们进入一个愉快而又适宜的团体，而不要代替他们。当孩子在与小伙伴们发生纠纷时，父母尤其不要代替他们思维，代替他们分析，代替他们和伙伴"算账"，这样无疑将把自己的孩子推到孤立的地位，使孩子产生依赖性，觉得有父母为坚强后盾，遇到什么麻烦都可以回到父母身边寻求庇护，这对孩子极为不利。

3. 要欢迎孩子的朋友到家里来玩

把孩子的朋友当成自己的朋友一样，采取热情欢迎的态度。当小朋友来家里时，家长应该说"我们家来客人啦，欢迎欢迎"，或者说"真高兴我的孩子有你们这样的朋友，你们能来太好了！"而且要鼓励孩子认真接待，让孩子的朋友感觉到你对他们的支持和赏识。孩子缺乏朋友的时候，可以带孩子一起外出旅行或者一起参加某项活动来扩大孩子的交友范围。

4. 给孩子多一点关心

当孩子在结交朋友时受到了冷淡，遭到嘲笑、排斥时，父母应该及时地给予关心，并解除孩子心理上的怀疑等，让孩子勇敢地再次接触小伙伴，并从结交朋友的过程中增长才智！

孩子的社交生活是他们自己的一片天地。在你的视线范围之内，尽管大胆地放开你的双手吧！他们会在你的帮助下，从一个个朋友身上汲取友爱的营养，并从错误中学会如何选择真正的朋友，信心十足地把持好自己今后的社交生活。

暴躁与吼叫是没有意义的

现在的生活压力真的是很大，生活工作的双重压力，让很多父母有点力不从心，下班到家后，面对孩子的一些不良的行为，就很容易对孩子大呼大叫。

俗话说得好"良言一句三冬暖，恶语伤人六月寒"。在生活中，很多父母认为，自己只不过是随口一说，但这些话语就像刀子一样，在孩子的心理留下了无法磨灭的伤痕。孩子就是父母的一面镜子，父母的一言一行就像一个传送带一样传递给孩子，不管是好的习惯，还是坏的习惯，一切都囊括其中。

我认识一个朋友，她的脾气很大，总是动不动就生气，即使有了孩子，脾气也没有任何改变。尤其是辅导孩子做作业时，她更是一点耐心没有。有一次，孩子背课文，只是几个字一时没想起来，她就气急败坏地对孩子发脾气。孩子开始默默不说话，也不回嘴。后来，孩子再背课文时，又卡住了，她又是一通发脾气，孩子本来能背下来，结果越背越差。后来，在学校里，孩子每次跟同学相处不愉快时，就会跟对方吵起来，急了还会动手。

在生活中，孩子犯错时，绝大多数的家长都大吼大叫。殊不知，父母越吼叫，孩子越不听话，父母就越生气。更重要的是，如果经常对孩子吼叫，对孩子的身心健康极为不利。

很多家长会发现，时间越久，孩子越不听话。因为人脑的特性是对习惯性的东西都不重视。比如，当我们大声责骂孩子时，孩子可能会被吓哭，被骂次数多了后，他就习惯了，每次被大人们骂时，孩子根本听不到父母在说什么。

如果家长的脾气很暴躁，经常对孩子大吼大叫，那么，你需要反思一下自己，因为孩子是父母行为举止的一个缩影，孩子的行为大多都是从家长那里学来的。如果你对他大吼大叫，他在外面也会对别人大吼大叫，这样会使他很难交到一个好朋友，他以后人生的道路上会很孤寂。

另外，父母教育孩子，如果经常采用打骂的形式，会让孩子缺乏安全感，孩子的自我价值会很低，他的内心会因缺乏力量而不自信。

邻居家有个小男孩，他的名字叫奔奔，他很害怕他的爸爸，他是班里最内向的一个小朋友。上幼儿园时，老师跟他妈妈说过，奔奔是班里最乖的，吃饭时，他从不敢主动去拿，每次都是别人选完了，他才去拿。即使他正在玩的玩具被别人拿走了，他也不敢要回来。

如果家长经常大声地吼叫孩子，通过家长的语气、语调等信息，他们收到多种暗示和不对称的理解，即使家长的出发点是好的，孩子也会错误地认为，自己被家长抛弃、不信任和伤害。如果父母教育孩子方法用错了，自然得不到自己想要的结果。

不过，有些父母会认识到大吼大叫的坏处，当孩子犯错时，他们通常会采用比较恰当的方法，慢慢引导孩子，不用任何吼叫的方法去教育孩子。

菁菁学过儿童心理学，她现在是两个孩子的母亲，她的脾气不算温文尔雅。在照看两个孩子过程中，她也有过不耐烦，但她从不对孩子大喊大叫。她是一位全职妈妈，有段时间，她感到非常沮丧和愤怒。

有一次，两个孩子在客厅里玩，把电视机弄坏了。当时，菁菁真的很生气，快崩溃了，好在她及时调整了一下自己的心情，尽量让自己平静下来。她没有大吼大叫，因为她知道，大喊大叫并不能从根本上解决这个问题，只会吓坏孩子，让他们感到害怕和安静，但她并不想纵容孩子们，所以，她批评了两个孩子，让他们反思。

人在生气的时候，由于不够冷静，即使人在跟前，为了让对方听见，就会用吼叫的方式。于是，越生气，声音越大，彼此会更对立，所以就会更大声地吼。所以，家长的脾气越坏，不懂得控制自己的情绪，任自己的情绪随意发泄，心与孩子的距离就越远，教育效果也越差。

父母首先要知道，我们教育孩子，最终目的不是让他听话，而是让他学会明事理，懂是非，能够充分激发自身的能量，快乐地成长。所以，教育孩子时，家长要降低自己说话的声音，懂得控制自己的情绪，让自己的心慢慢向孩子的心靠近，彼此互相理解，让孩子更理智地看到自己的错误，更好地成长。

曾有调查，当父母心平气和、性情稳定时，孩子会感到幸福。而无论我们怎么吼、怎么凶，在这个年纪里，他们都需要我们给予这份幸福。所以，家长要戒吼戒躁，学会善待孩子，这其实也是善待自己的内心。养育孩子，是作为父母的一场终身修行，我们可以从不吼不叫开始做起。

第四章

作为父母需要
懂得的道理

要做到用一颗平常心对人对己，让
孩子经常调整自己的心态，不要管
得太多，也不要想得太多，走自己
的路，不要计较别人说什么。

尊重是教育的前提

许多家长以为，只要是为孩子着想的，对孩子说什么话，采取什么样的教育都可以。而实际上，为孩子着想的前提是尊重，没有尊重就没有真正的教育，甚至会伤害孩子。尊重生命是一切教育的核心理念。只有尊重生命，才能理解生命的巨大潜能和复杂的差异性，也才会有科学的教育。

日本作家池田大作说过：尊重孩子的人格，孩子便学会尊重他人。在家里，家长要从小就把孩子当成独立的社会人来养育。这样培育出的孩子，走上社会就能够成为独立的社会人，并具有"后生可畏"的劲头。

甘丽姬 3 岁半时，妈妈想让她学电子琴，并花几千元买了一架电子琴。但女儿只在兴趣班上了一节课便说："妈妈，我不想学电子琴了。"妈妈当时虽然很气愤，但还是耐心地问她想学什么，女儿说想学画画。于是，妈妈让甘丽姬开始学画画。

读 6 年级时，甘丽姬迷上了电脑游戏，妈妈感到很苦恼。有一次，妈妈检查书包，发现女儿在作业本上写小说，已有一万多字了。"土地上不种庄稼，就会长杂草。"于是，妈妈告诉女儿：电脑不仅可以玩游戏，还可以写小说，不懂的还可以上网查资料，妈妈相信你能写出优美的作品来。没想到，就因为这句话，女儿坚持写作了好多年。

中考前，甘丽姬想参加"动漫秀"。妈妈刚开始没答应，担心影响学习。但甘丽姬告诉妈妈："您不让我参加，我没办法静下心学习。"于是，妈妈答应了。结果，其后的会考，甘丽姬考了全年级第一名。而中考时，她更以全区第9名的成绩，考入省级示范高中。

教育是以育人为目标的。民主、平等和相互尊重这些现代教育理念应该是教育工作者牢牢奉行的。要想取得好的教育效果，家长应该尊重孩子的心灵、情感和人格尊严。

按照联合国《儿童权利公约》的规定，儿童是指18周岁以下的任何人。我们说要尊重儿童的权利，是因为孩子从一出生开始就是一个独立的个体，并且是一个权利的主体。他们不是家长的附属物，他们的人格、尊严受到国际、国家和地方各种法律法规的保护。不是因为孩子长大了，有能力了才需要给孩子以尊重。儿童的隐私权、行使民主生活的权利等，都属于应受到保护的儿童的权利范围。儿童的权利范围是很广泛的，其中生存权、发展权、受保护权、参与权是儿童的基本权利。

在现实生活中，时常发生儿童的权利受到侵犯的事件。也许有的家长会认为，给孩子那么多的权利，孩子还怎么管呢？不是无法无天了吗？其实，这些担心是不必要的。一个懂得珍惜自己权利的人，比一个不懂得珍惜自己权利的人更容易教育，因为这说明孩子们在成长。

其实，每个孩子都是一朵花、一朵等待绽放的花，每一朵花儿的开放都离不开教育工作者精心的呵护。不时看到有些孩子因为打架、赌博、迷恋网吧而逐渐走向犯罪道路的报道，在痛心于那些提前凋零、萎谢的花朵之余，反思我们的教育过程，是否与那种传统的、专制的、不民主的教育有关呢？

很多时候，家长的所作所为，名义上是为了孩子着想，实则却是为自己着想——

重视孩子学习，希望孩子出人头地，往往是重视自己的虚荣；

重视孩子成长，希望孩子完成自己未圆的梦想，往往是重视自己的愿望；

重视孩子将来，认为"我是在为你好"的时候，往往是重视自己的判断；

重视孩子是不是"听话"，是不是"守规矩"，往往是重视自己的权威。

……

孩子不是家长的附属，而是需要尊重的独立的个体，这一点是很多家长无法想象和接受的。家长看到的经常是孩子的学习成绩、孩子在人前的表现，想到的是孩子是否吃饱穿暖，身体是否健康，但他们没有看到的或者说是忽略了的，是孩子这个人本身。再小的孩子，也是一个人，这个人长大了要走自己的路，从小把他当人看，给他必要的尊重和选择的余地，那么，成年之后，他才会有自信和独立的精神。

当然，尊重孩子的自由需求并不等于放任孩子。俗话说："没有规矩，不成方圆。"只有自由与规范相结合的教育才真正有利于孩子的身心健康发展。因此，在给孩子自由时一定要有相应的规则约束。比如，在家里，要让孩子知道各种用品、玩具都有固定的位置，使用后应物归原处；每日饮食起居也要有一定的规律，按时就寝，按时起床。

尊重孩子是家庭教育的首要原则，而爱而不娇，严而有格，宽松而不放任，自由而不放纵，则是家教的成功之道。

亲子间友谊很可贵

在孩子面前，父母除了扮演好长辈的角色外，还应努力扮演好朋友的角色。父母与孩子一旦成为无话不谈的好朋友，交谈、沟通起来就会容易得多，对促进孩子的健康成长起到至关重要的作用。心理学家认为：追求他人的信任是一种积极的心态，是每个正常人的普遍心理，也是一个人奋发进取、积极向上、实现自我价值的内驱力。信任的心理机制对孩子良好心理品质的形成具有积极的鼓励作用。

现在的孩子大多是独生子女，他们的缺憾之一，是在家庭中没有同龄伙伴，基本上只是同父母交往。加之父母对孩子外出玩耍的限制，这就在客观上使独生子女父母增加了同龄伙伴的角色。孩子渴望父母像兄弟姐妹、像朋友一样与他们交谈，渴望得到理解和尊重。无论是从本身的义务上，还是从教育的意义上说，父母对孩子的关心，同孩子进行感情上的沟通都是必需的。可是，我们太多的父母往往忽略了这一点，无论说什么，都是一副高高在上、发号施令的样子，从不听孩子的意见，不知道孩子心里想的是什么，更不知道孩子需要什么。

一位父亲说："如果你不花一些时间与你的孩子共同度过，那么再怎么强调要与孩子交流都是白搭。当你与孩子共同分享在一起的快乐时间时，这是你与孩子交流的最好机会。"一位母亲说："与孩子在一起是很重要的，我们常在一起散步，一起洗碗，这样我们就能有很长的时间交谈。这是交谈的好时间。即使你很忙，你也一定能够挤出这些时间，因为那也是很容易交谈的一种场合。试想有人要你坐下来，然后说'让我们谈谈'，这是多么的生硬啊。"

有一位家长在一场育儿讲座中说到自己的经历。

很多年前，当我的孩子还在二三年级读书的时候，我曾非常激动地准备"怎样才是好父母和好老师"的讲演稿。但我开始发现，我没有获得和我的孩子以前相处时类似的成果。最后，我决定休息一天，单独和我的孩子到海滩去。我们玩球，玩海藻，做一切在海滩上能做的事。一天下来，我已筋疲力尽，孩子也累了，但是非常快乐。在回家的路上，他突然说："我们玩得不是很好吗？告诉你，从现在起，你要求我做任何一件事，我都准备去做。"

瞧，这就是这位家长与孩子一起游戏的结果。与孩子相伴、做孩子的朋友对孩子来说很重要。在父母与孩子共同的活动中，两代人可以形成平等交谈、相互沟通的习惯，障碍自会排除，隔膜自能打破，最容易建立友好亲密的感情。

父母如果不和孩子很好交流，不相互沟通，就很难发现孩子的内在潜力。要想使孩子成才，就应该了解他们、关心他们、爱护他们，做孩子最知心的朋友。

父母要想成为孩子的朋友，就要把自己和孩子置于平等的位置，敞开心扉，交流互动。要学会倾听，鼓励孩子和你交心，无论对错都要接受、包容。同时要给孩子留有私人空间，不要凡事都问个透，允许他有小秘密。这样他才会找到被尊重、理解的感觉，这样还会拉近父母和孩子心灵的距离。当父母真正把孩子当作朋友去相处时，你会发现，教子相长，这是培养孩子的基础，只有你的话他听进去了，才能达到家庭教育的目标。

实际上，父母走近孩子、成为孩子朋友的方式有很多。而创新工场创办人李开复在这方面有如下建议。

（1）和孩子打成一片。不要摆起架子做个"高高在上"的长辈。我的孩子小时每天听了我的"胡诌"的故事后才愿意睡的。

（2）对孩子说心里话，不要把话闷在肚子里，做一个好的倾诉者。

（3）让孩子知道他对你多重要。告诉他你多么爱他，慷慨地把你的时间分享给他，但是对物质上不要"有求必应"。

（4）你要做孩子的朋友。如果你不学新知识，不接触新的思想观念，知识匮乏，思想陈旧，你就不能理解现在孩子的所思所想。父母应该尽量多接触点流行的东西，比如流行的思想、流行的服饰、流行的技术、流行的音乐，以减小代沟，创造彼此信任沟通的基础。

（5）对孩子宽严相济。要做孩子的朋友，既对孩子严格要求，善于从日常生活中发现问题，随时给孩子引导和指引，又把孩子作为平等的伙伴，与孩子一起学习一起玩，尊重孩子的一切；还要给孩子确实到位的帮助，让孩子心里踏实，心理安全，健康长大。

总之，父母应该同孩子们建立起相互信任、相互平等、相互尊重的朋友关系。因为孩子们不仅需要在生活上能抚养自己的父母，也需要年龄大、阅历广，愿意倾听，能够给予自己忠告和帮助的"忘年交"。

如果父母还没有和孩子建立起平等尊重的朋友关系，双方不妨现在就坐到一起，开诚布公、推心置腹地进行沟通和交流，把彼此的想法告诉对方，这样才会更好地消除隔阂，缩小代沟。其实家长慢慢地就能体会到，同孩子做朋友是一件非常有趣，也是非常快乐的事情。

成长比成功更加重要

培养孩子的宗旨是什么？太多太多的生活事例给了我们答案："孩子应该先成人后成才。"成人是指培养孩子健全的人格，有一个良好的社会适应能力。孩子在社会上是个独立的个体，在社会上不依靠父母能够独立地生存，真正做一个对社会有意义的人，这才是教育的目标。

素质教育在我国呼吁了许多年，然而，什么是真正的素质教育，有些人还是没有理解，他们认为，跑跑跳跳、写写画画或弹弹唱唱就是对学生进行素质教育。其实，这是对素质教育的肤浅之见，甚至是曲解。它实际上只注重了素质教育的一些外在形式，而忽略了其最本质的东西——对孩子健全人格的培养。

研究表明，0～6岁是人格形成的黄金时期，人格健全与否此时便显露雏形。以后随着年龄的增长，人格的可塑性会越来越小。苏联教育学家马卡连柯也非常强调幼儿时期的人格培养，他认为："主要的教育基础是在5岁以前奠定的，而在此期间的人格教育将影响一个人的一生。"我国的俗语"3岁看大，7岁看老"说的也是这个道理。因此，健全人格的培养应从孩子小的时候抓起。

教育的核心应该是先成人然后才能成才。望子成龙、望女成凤没有错，但没有做人这个基础，即使是龙凤也飞不起来。21世纪的孩子不仅要学会生存，而且要学会关心人、爱护人、团结人；不仅要具有开拓的竞争精神，而且要善于与人合作。拥有较多物质财富和考取好大学不一定就能拥有幸福快乐的人生。

然而，中国家长从来没有像现在这样重视孩子的学习成绩及各种技能的提高。但同样可以毫不夸张地说，中国的家长从来没有像现在这样忽视孩子的情感与道德的培养。研究表明，独生子女常患有较多的心理健康问题，如任性娇气、脾气暴躁、侵犯霸占、独立性及社会交往能力差等在独生子女中较为突出。当今独生子女教育表现：重身体轻心理、重知识轻能力、重智力开发忽视人格培养。所以，父母要明白，孩子的健康成长比事业成功更重要，父母要为孩子的未来做铺垫。

（1）父母以平常心对待孩子。父母应该知道，"平常心"不是与世无争，无所事事，更不意味着不求上进。平常心，不过是我们在日常生活中看待问题、解决问题的一种心态。拥有"平常心"反而能让孩子在一个合理的期望值下更容易获得好成绩。

（2）让孩子学会以平常心对人对己。要做到用一颗平常心对人对己，需要让孩子经常调整自己的心态，不要管得太多，也不要想得太多，走自己的路，不要计较别人说什么。遇事要冷静，忌冲动，看淡得与失，看淡功名利禄。这样，你的孩子在很多情况下反而会发挥得更好。

（3）给孩子显示自己的机会。每一个孩子都有自己独特的天才和技能，展示"拿手戏"能给他们带来极大的喜悦。"妈妈，我给你讲一个故事，好不好？"这时即使你在厨房做饭，也要满足他这个愿望，并适时地给予肯定："你讲得真是太棒了。"要知道，能和你分享他喜欢的这个故事，对他是多么的快乐。孩子的热情能通过你的分享和肯定，转化成良好的自尊、自信，而这些品质对他们一生的快乐都是最宝贵的。

（4）培养孩子兴趣。专家研究发现，全身心投入一项充满挑战的任务中，会给人带来很大的快乐。对于孩子而言，培养他的兴趣爱好，如集邮、绘画等，让他投入其中，会让他很快乐。但这里的投入并非指给孩子安排满满的绘画课程或者舞蹈练习等，那样只会让孩子失去兴趣，失去从中得到的快乐。而兴趣爱好也不一定是指某种技能，如集邮、拼图等，它们并不是某种竞技，却同样可以开发孩子的智力，更能让孩子学会投入的快乐。

（5）带孩子到大自然中去。喧嚣的都市生活，对孩子的心灵有许多侵蚀作用，孩子的感情世界不免机械、冷漠、烦躁。如果父母利用假日带着孩子离开喧闹的都市，去郊外、河畔，和孩子一起捉小虫、放风筝，在草地、田野奔跑、嬉戏，那时大自然会把孩子的心紧紧拥抱，孩子会有享不尽的乐趣。

著名教育家陶行知先生早就告诫过父母："不要让孩子成为人上人，不要让孩子成为人下人，也不要让孩子成为人外人，要让孩子成为人中人。"这里的"人中人"就是平常人，就是心地平和、能与人和谐相处的心理健康的人。

不迁就孩子的无理要求

每个父母都是爱孩子的，但是，爱的方式却是各不相同的：有的爱，表现为放纵、迁就，对孩子的各种要求有求必应；有的爱，表现为严厉，对孩子的无理要求坚决说"不"。

对于孩子的要求有求必应的家庭，家中的长辈都争着对孩子施爱，唯恐孩子不快乐、受委屈。就是这样的家庭，令父母百思不得其解的是，他们用情感和全部的心血培养出来的孩子却有一天突然让他们觉得那么陌生、敌对与可怕。对孩子的无理要求坚决说"不"的家庭，孩子从小就知道，他不是家中的特殊人物，他不可能对父母提什么特殊的要求，也不可能以什么极端的手段要挟父母。他们时时能感受到父母的爱，但是，这爱是有原则的。从小生活在原则中，他们长大也会成为有原则的人。所以，面对孩子的不合理要求，父母必须学会拒绝。

有一个新手妈妈，而她的父母对她的要求一向百依百顺。正是在这样的家庭环境下，她对自己的孩子也是有求必应。这里有一个事例就可以证明，这天，她带着4岁的孩子上街，孩子嚷着要吃冰棍。妈妈嫌棒冰大，剥去纸后先咬去一块。孩子又哭又闹，说"妈妈坏"。妈妈说，这根冰棍就给妈妈吃，妈妈再给你买一根。

孩子却不肯罢休。最后的结局：孩子一手拿着新买的冰棍，一手把妈妈咬过的冰棍扔进垃圾箱。

生活中，我们常常看到有些孩子不听话，爱买零食，乱花钱。其实，孩子的年龄尚小，自控能力极差，那就需要父母的不断督促、帮助和指导。再者，人的欲望是无止境的，孩子更是如此，甚至更为强烈。不用说父母以有限的时间、精力和财力去满足孩子无休止的欲望几乎是不可能的，即使父母能够做到，也应适可而止。过于迁就孩子，势必会给他的成长与发展带来麻烦。

一对夫妻结婚后，因感情不和很快离婚，5岁的孩子跟着母亲生活，母亲自觉没能给孩子一个完整的家庭，没能给孩子更多的温暖，非常愧疚，于是比原来更加宠爱孩子，甚至无限度地满足孩子。对孩子的任何要求，从最初的自己去游乐场玩，到买昂贵的动画书，有理的、无理的要求，通通"开绿灯"。

这个从小没有被拒绝过的孩子，随着年龄的增长，要求也越来越多。直到有一天，母亲已经无法满足孩子的要求时，孩子想不通了："妈妈不爱我了。"于是孩子脾气暴躁起来，并有了第一次过激的行为：将家里的花瓶砸了。见妈妈仍不松口，他居然用头撞墙，以自杀要挟。

更可怕的是，这个孩子早已学会抽烟、打架，甚至赌球，在社会上拉帮结派，常在家里喝酒打牌，母亲虽然伤心欲绝，却从未对孩子说过一个"不"字。

任性的孩子大多是在这样一个教育模式中成长起来的：对父

母提出要求→父母拒绝→继续要求到父母拒绝到哭、闹、叫最后父母妥协。

如果父母非常坚决，孩子就逐渐放弃制服父母、让父母顺从自己的念头。相反，如果父母屈服了，孩子的任性行为就得到了强化。只要尝到了一次甜头，孩子就会抓住父母的弱点，继续用任性执拗的方式让父母满足自己所有的要求。鉴于此，父母在面对孩子的无理要求时，应做到以下几点。

（1）懂得爱的本质和艺术。孩子的成长需要父母的爱，爱不是为了孩子更高兴，不是为了孩子不受饿。对孩子的爱在心里深处，不只体现在表面。爱的本质、爱的艺术不仅仅是给予、满足，更不是百般迁就，不是让孩子永远享受甜蜜快乐。孩子在成长中接受赏识教育、快乐教育，但也必须经历挫折教育，必须让他经历心理上的"正强化"与"负强化"。对孩子的无理要求坚决地说"不"，就是"负强化"，就是让他有痛苦、难受、不如意等心理历程。

（2）拒绝孩子要讲究方法。孩子虽小，却非常清楚自己依靠的就是父母。如果父母粗暴、简单化地拒绝孩子，就会使他的心理受到损伤，产生无所适从的不安全感。所以，要拒绝孩子，就应当从理解、尊重的角度出发，坦率、认真地将拒绝的理由告诉孩子，使他最大限度地理解父母的做法，并且感受到父母不是不愿意满足自己，而是家里确实有困难，或者是自己的要求过分了。这样一来，他就会明白道理，并学会克己节制，这对他今后的成长是大有裨益的。

（3）父母要坚持自己的正确态度。有些孩子性格倔强，被拒绝后，可能会想不通而闹情绪。这时候，父母必须硬起心肠不予理睬，或者想办法转移他的注意力，等事情过后再向他做进一步的解释。有些父母当时拒绝了孩子，可经不住孩子的软磨硬缠，过一会儿又予以满足，这是极端错误的，会助长孩子提出不合理要求的想法。因此，父母要根据自己孩子的具体情况，学会有效地拒绝。

最初孩子对父母提出要求的时候，是以试探的方式坚持自己的要求，只要父母的拒绝还没有坚决到让孩子害怕或绝望，孩子就会继续坚持，甚至用哭闹来要挟父母，这一招最能试探出父母拒绝的极限。

谁说孩子就该唯命是从

许多父母希望孩子对自己"唯命是从"，而且认为这是孩子听话的表现。实际上这种观点是错误的。有关心理学家认为，一个人的自我意识在3岁时就初具雏形了，当人具有了独立意识后，他的思维和行动就会随着意识的变化而变化。如果这时还要求孩子像以前一样按照父母的想法办事，那么就是一种无形的霸权主义，会使孩子感到压抑，影响孩子的身心发展。所以在对孩子的教育中，父母是不可以让孩子唯命是从的。

此外，强迫孩子唯命是从还会磨灭孩子的主观能动性和创造力，从而妨害孩子智力的发展，使孩子在日后的成长中只知道学习而不懂得创新。这对孩子一生的发展来说，无疑是一个重大的伤害。

小松已经上小学了，但是无论遇到什么事情，都必须问父母，没有得到父母首肯的事情，即便小松觉得是对的，也不会去尝试。一个星期天，妈妈正在洗衣服，洗到一半，洗衣粉用完了，于是妈妈就让小松去买一袋洗衣粉来。小松问道："要什么牌子的？""雕牌的吧。"妈妈回答。

结果等了很久，小松才回来，而且并没有买到洗衣粉。妈妈问："怎么去了这么长时间？洗衣粉呢？"小松说："楼下的超市今天没开门，我到远处的商店去买，可是那里没有雕牌的洗衣粉。"妈妈有些生气了："那你就不知道买一袋其他牌子的吗？"小松委屈地说："你说的是雕牌嘛，谁知道别的牌子行不行呢？"妈妈气得骂道："我怎么就养了你这么个死心眼儿的孩子？"然后只得亲自出去买洗衣粉。

就在买洗衣粉的路上，妈妈想起了一些事情。

小松小的时候，有一次，妈妈带着他到市场上买菜。当时，妈妈正打算买一只现杀的鸡。小松就说："妈妈，我们买小摊上的烤鸡吧。"妈妈说："那个不卫生，回家咱们自己炖的鸡才干净。"小松可能是很想吃烤鸡，就说："烤鸡有营养。"妈妈觉得小松说得没道理，自己也没法给他解释，于是就不耐烦地说："你懂什么营养！妈妈说买活鸡就买活鸡。"

小松快上小学的时候，妈妈比较忙，就让小松自己去买一些铅笔、橡皮等学习用具。可是，小松到了商店后看到了五颜六色的水彩笔，就将所有的钱都买了水彩笔。结果回到家后遭到了妈妈的斥责："你怎么这么不听话，水彩笔能写作业吗？"还动手打了小松，并非常严厉地警告小松：大人让买什么就买什么，不要自己做主。

其实不光是买东西，家里事无论大小，妈妈都不让小松做主，总是告诉小松要听大人的话。有时候小松没有按照妈妈的意思做事，虽然做得很好，妈妈也没有去表扬他，但是一旦做得不好，妈妈是一定会责骂他的。就在这一次次的责骂与约束中，小松渐渐失去了主观能动性，最后变成了一个"死心眼儿的孩子"。

妈妈显然也认识到了这一点。回去之后，她拉着小松的手说："对不起，刚才妈妈着急洗衣服，所以向你发火了，是妈妈的不对。"小松低下头没说什么。妈妈继续说："小的时候，你对很多事情的判断不准确，所以妈妈才让你听妈妈的话。但是现在你长大了，很多事情都可以自己做主了。比如，今天买洗衣粉，妈妈在家等着用，商店里没有雕牌的，你可以选择一种其他牌子的。对不对？"小松点了点头。

虽然孩子在小的时候经常会做错事情，父母的经验可以帮助孩子少走弯路，但是一味地要求孩子唯命是从，只会让孩子变得唯唯诺诺。

一个聪明的家长教育孩子时，会给孩子一定的自主权，而自己的作用只是帮助孩子逐渐学会自己走路。如果孩子有什么不合理的想法，让他提出来，然后详细地告诉他其中的错误，那么孩子就可以逐渐认识到自己想法的错误了。

消极态度会塑造消极孩子

日本脑科专家七田真说过："每个孩子都会成长为家长想象中的样子，积极的态度塑造出积极的孩子，而消极的态度，也一定会塑造出消极的孩子。"诚然，如果家长总认为孩子"发育太慢""没有任何才能""没有一点长处"，那么，孩子就会"忠实"地按照家长的这种想法成长起来。也就是说，孩子有出息或者没出息，其原因就在于他们的家长，他们呈现出的状态正是家长教育的结果。因此，要想自己的孩子有出息，家长就应该停止用消极的态度来对待自己的孩子。

可是，令人遗憾的是，并不是所有的家长都能意识到这一点。因此，在现实生活中，我们总是在有意或无意中对孩子采取了消极的态度，使用了负面语言。

下面，让我们来看看下面这个案例。

门铃响起，妈妈打开门，进来的是同事张阿姨。妈妈请张阿姨进门。这时，4岁的亮亮正高兴地玩着遥控汽车。他拿着遥控器，追着玩具汽车跑，从阿姨和妈妈之间穿过。妈妈一把拽住他："你这孩子，这么不懂礼貌！快，向阿姨问好！"

亮亮吓了一跳，傻傻地站住了，一时不知怎样开口打招呼。

妈妈很尴尬，一个劲抱歉地对同事说："这孩子总是这样，见到陌生人都不敢说话，嘴上像贴了封条似的。"

以后，只要有客人来到家里玩，亮亮都一声不吭地回屋去了。这让妈妈觉得非常挫败。这个故事告诉我们家长，如果你希望自己的孩子表现更加出色，那么就应该给孩子以积极的引导与暗示。这样，孩子才能长成"出色"的模样！具体的做法如下。

（1）不要过于看重孩子的错误。在我们的生活中，常有一种错误的想法他们："找出错误，才能进步。"在这种错误观念的推动下，许多"恨铁不成钢"的家长似乎都成了专门从鸡蛋里挑骨头的专家。他们动不动就指责挑剔孩子，造成很多孩子不必要的挫折和信心丧失；更有一些孩子非常害怕犯错，但越是害怕犯错，就越容易犯错。如果孩子感觉不到自己的"进步"，时间久了，他们自然就开始破罐子破摔，一错到底了。

（2）相信孩子，给孩子以积极的期待。家长有益的帮助会导致孩子积极的发展趋向；反之，消极的期待则会导致孩子发展趋向于消极。如果一个家长认为自己的孩子不可能做好某件事，得到的结果通常就是如此。

事实上，期望对孩子的影响很大，当家长不相信孩子的能力，预期孩子会失败时，孩子就会在心理或者言行上表现出没有信心，最终导致失败。反之，如果家长相信孩子的实力，鼓励孩子，给孩子积极的期待，那么孩子就有可能成功。因此，相信孩子，给孩子积极的期待吧，别让你的孩子成为负面期望的牺牲品。

（3)以身作则，做孩子的榜样。这是两个经历相似、学历相同、社会地位同等的父亲，面对生活中不如意的时候，第一个父亲往往是乐观、公正地看待它，分析造成眼前不便的原因；而第二个父亲表现出来的则是麻木和消极抵抗。

两个父亲各有一个男孩，他们一样的健康、聪明。上学后，他们都面对着老师的种种误解和考试成绩不理想的状态。这时候，第一个父亲往往静下心来，帮孩子一起寻找症结，教他解决的方法。第二个父亲则是当着孩子的面狠狠地诅咒社会和老师，仿佛所有的波折都是有意让他们父子难堪。

一次，发生了地震，两个孩子都被埋在废墟下。他们周围没有人，没有食物，只能等外面的救援。第一个孩子表现得很冷静，他尽量减少活动，保持体力，然后用砖头不断地敲击楼板，发出救援的信号；而第二个孩子当时就吓蒙了，他绝望地哭了起来。等救援队找到他们时，第一个孩子还顽强地活着，第二个孩子却离开了这个世界。

瞧，家长的处世态度对孩子有着多么大的影响呀！一个心态消极、总喜欢抱怨的家长也会潜移默化地影响到孩子的成长，给他们的心理带来阴影，让自己的孩子变得和自己一样消极。而心态积极乐观的家长则会让孩子变得更加积极、乐观、向上。

因此，作为家长，特别是心态消极的家长，一定要从孩子的角度出发，重新塑造自己的人格，力图调整好心态，使自己具备达观的人生态度，起到好的榜样作用！这样，才能给孩子塑造一个优秀人格的温床。

第五章

这样说孩子
最能接受

让孩子学会微笑，孩子会受益终生。微笑不仅是一种表情，更是一种感情的流露。没有人会因为富有而抛弃它，也没有人因为贫穷而将它冷落。

"我永远爱你"

这是一位 80 后母亲的日记。

吃晚饭的时候，7 岁的女儿还是像平常一样很不安分地到处乱跑着，怎么也不肯老老实实地坐下来吃饭。我说了她几次，她也充耳不闻，继续着自己的活动。我一下来气了，指着她的鼻子大声说："你爱吃不吃，反正我已经不喜欢你了，不爱你了。"女儿听了以后，回头看了看我，随即问道："那爸爸呢，爸爸爱我吗？"我随口回答："不爱，你这么不听话，我们都不爱你了。"然后，我就再没有理睬她，开始埋头忙着自己的工作。

过了好半天，我忽然发觉屋子里很安静，没有看到女儿折腾来折腾去的身影，也没有听到她嚷嚷的声音。我抬头看了看爱人，他正在看电视，身边也没有了那个平常紧紧依偎的小身影。我诧异极了，站起来仔细察看，一转脸，发现了那个丫头正安静地坐在沙发的一端，低着头瓣着手指头，好像还有些抽噎。我有点不解，走过去，坐在她身边，慢慢地托起她的脸。看到小小的脸上居然还有泪珠，我急切地问："宝宝，怎么了？"女儿听到我的问话，这才睁大眼睛看着我，一字一句地慢慢说道："妈妈，你为什么不爱我了？爸爸为什么不爱我了？你们都不爱我了，我怎么幸福呀？"说完以后，搂着我委屈地大哭起来。

　　像这位母亲的女儿一样，天下的孩子无不希望得到父母深深的爱，而父母对孩子表达"我永远爱你"是何等的重要。但是，有许多父母并不懂得这些，他们觉得，与孩子天天在一起，还需要语言的重复吗？行动就是最好的见证。其实不然，"我永远爱你"对孩子来说，那不仅仅是一种承诺，更多的是父母对孩子的肯定。再没有比这更让孩子感到高兴的了。

　　"你会对孩子说'我爱你'吗？"某网站对此话题曾做过一项调查，调查结果显示：有75%的父母在孩子处于婴儿懵懂的时期表达过，大部分父母在孩子3岁上幼儿园以后就很少直接地表达对孩子的爱了，相应地，孩子就更少向父母表达感情。鉴于家庭表白气氛严重缺失的现状，广州某亲子网举行了一场亲子活动，20多个家庭参加了此次活动，其中的"真情告白"环节引发了全场高潮。当音乐响起时，父母向孩子读出了事先准备好的真心话："孩子，你真听话，真有出息。""孩子，你是我们的宝贝，爸爸妈妈永远爱你！"……也许是父母的真情感染了孩子，天真无邪的孩子们也用稚嫩的声音回应道："爸爸妈妈，我爱您！"顿时，温馨的气氛感染了所有在场的人，不少人热泪盈眶，感动得说不出话来。活动中，亲子之间互相传达爱的信息，增进了彼此的感情。父母怎么也没有想到，轻轻的一声"我爱你"，竟会产生如此神奇的效果。

对孩子说"我永远爱你",向孩子表达爱有很多好处。向孩子表达爱,可以消除孩子生活中的消极情绪,特别是孩子的焦虑。有的孩子学习成绩不佳,他们闷闷不乐的主要原因是担心与父母的关系。瑞士心理学家维雷娜·卡斯特说,孩子最强烈的焦虑来自最高价值被最重要的亲人否认。最高价值是什么呢?就是爱与被爱。如果父母让孩子认为,他成绩不好就再也不配得到父母的爱,也没资格去爱父母,那么孩子一定会陷入极大的焦虑中。这是至关重要的一点。孩子无论看起来多么在乎朋友和老师的评价,他们最在乎的仍是父母的认可。因而,如果父母与孩子能保持一种稳如磐石的关系,父母经常对孩子说:"无论你怎么样,我们都一如既往地爱你认可你。"那么,孩子的焦虑就会得到很大程度的缓解。

在适当的时机向孩子直接表达自己的爱意,可以增强孩子的自信心和自尊感。在孩子的成长过程中,父母就像一面镜子,不断地反射出孩子的一切,当听到那些鼓励、赞许以及充满爱意的话时,孩子觉得自己得到了认可,他会感到骄傲,由此,自信心也会增长。而那些长期得不到肯定的孩子,则会变得胆小、没主见,长大后习惯被安排做事情,缺乏创造性。

生活中,父母一句充满爱意的话往往会让孩子感到莫大满足,当孩子做了一件让父母高兴的事时,父母要及时说:"孩子,你真棒,我们爱你。"当孩子遇到挫折时,父母要说:"不要怕,我们爱你，我们都希望你能坚持下去。"当孩子犯错时，父母要说："你做的事情我们不同意，但我们爱你，并希望你改正错误。"孩子是很敏感的，很在乎父母对自己说的话，一句真真切切的话能抚慰他们的心灵，尤其对于懂事的孩子来说，父母爱的表达可能会消除彼此之间的隔阂，令亲子关系更进一步。

除了用言语表达外，鼓励的眼神、甜蜜的抚摸等都是很好的爱的表达方式。父母经常对孩子说"我爱你""真高兴，你是我的宝贝"等，会慢慢地给孩子以坚韧的性格。同时，孩子得到父母明确的爱，成长的道路就会更顺畅、更广阔，他们会自觉做到遇事不惊、沉着冷静，并善于调节自己。

父母们，向孩子表达爱吧，孩子期待你们的爱。

"我原谅你了"

孩子或因自制力弱，或因年幼无知，或其他偶然的原因，常会出现差错。对此，父母要冷静对待。孩子犯了错误，父母要本着关心爱护的原则，态度温和地鼓励孩子承认错误，帮助孩子找出错误的根源，改正错误。这样，孩子才会信赖你，亲近你，敢于向你说真话。

列宁很小的时候，有一次跟着爸爸和姐姐到姑姑家去做客。

姑姑家里有好几个表兄弟表姐妹，他们都很喜欢列宁，列宁也喜欢跟他们一起玩儿。

这天，他们在姑姑的房间里玩"捉迷藏"的游戏，孩子们追的追，逃的逃，热闹极了。列宁跑得很快，不小心碰到了桌子，"砰"一声，桌子上的花瓶掉在地上打碎了。多好看的玻璃花瓶，打碎了多可惜呀！孩子们一下都惊呆了。

姑姑听到响声，赶忙跑到房间里来，瞧瞧出了什么事了。她看见花瓶打碎了，就问大家："孩子们，谁把花瓶打碎的？"

表哥表姐都说："不是我打碎的。"

列宁心里害怕极了，也跟着说："不是我打碎的。"

姑姑说："你们谁也没有打碎花瓶，那么一定是花瓶自己打碎的了，大概它在桌子上站得心烦了，所以就倒了下来。"

大家听她这么一说，都笑起来了，只有列宁没笑，他不声不响地跑到另外的房间里，在桌子跟前坐着。他心里很难过，因为他说了谎。

列宁回到家里，晚上躺在床上，翻来覆去，怎么也睡不着。

妈妈问他："怎么啦？我的孩子？"

列宁就把自己说谎的事告诉了妈妈。

妈妈笑着说："这不要紧，明天你写封信给姑姑，承认自己说了谎，她一定会原谅你的。"

列宁这才安心地睡觉了。

过了几天，邮递员给列宁送来一封信，啊，是姑姑给他写的回信！列宁连忙把信拆开来看。姑姑在信上说："做错了事，自己承认，是个好孩子。"列宁把姑姑的回信给爸爸妈妈看，爸爸妈妈都称赞列宁是个诚实的好孩子。

　　列宁的父母很明智，他们懂得这样的道理：孩子说谎了不要紧，重要的是要知道自己错了，勇于承认错误。如果说了谎，却不愿意承认错误，那么就意味着一错再错，今后为了逃避责任还可能会犯更大的错误呢，到时候，想补救也来不及了。是呀，当孩子犯错时，父母千万别对他动怒，而是给他一个接纳与同情的关怀，让他知道自己的过失，然后对症下处方。在一个没有责难的温暖情境下，孩子会知道他实在没有抵赖或逃避的必要。

　　孩子的心就像洁白的羽毛，是那样的一尘不染。他们的调皮，他们所犯下的错误，只是他们在成长中不可缺少的音符。在错误中他们会懂得什么是对的，什么是错的。有时，他们的调皮只不过是想引起父母的注意，而当他们的调皮撞在父母心情烦躁的"刀口"上时，就会引发父母心中的怒气，父母随即变成可怕的"老虎"，让孩子感到战栗，这样不经意的发火，就会影响到孩子的情绪。其实，孩子是上帝派给父母的可爱天使，他们是欢乐的传播者，想想父母所丢失的童趣，又怎么忍心去伤害他们呢？所以，当孩子犯错误时，父母要用真爱之心原谅孩子的错误。

　　再说了，孩子还处在一个是非观念建立、规范形成的阶段，他们在做一些事情时，并没有考虑后果会是怎样，也不会判定行为和事件的性质。因此，父母不能用成人的标准来评判孩子的行为和品质，当他们出现一些错误时，父母不要在此件事上更多地去追究孩子的责任，急于"宣判"，而是要首先搞清楚孩子的出发点是什么，然后帮助孩子分析原因和后果的严重性，给他讲道理，给他改正的机会，同时不要伤害孩子的自尊心。

在极其恶劣的战争环境下，有两个最要好的战友掉队了。路上，他们被饥饿困扰，饥饿像魔鬼附上了两个凡俗的肉体。绝望的刹那间，他们几乎同时想到了唯一可吃的东西，那就是人肉。走在后面的乙举起了枪，子弹呼啸着从甲的肩头飞了过去。两个人都心照不宣，继续走路。还好，他们终于活了下来。岁月更迭，几十年过去。乙临终的那一刻，他再也憋不住藏在心底的愧疚，向甲袒露了那颗"走火"子弹的原委，请求战友的宽恕。甲说："没什么，当时我俩心里都清楚。在那种情况下，我能理解！不论怎样，总要有人活下来的。"两双手紧紧地握在了一起。

这是怎样的宽容啊！假如你是那个被朋友的子弹擦肩而过的人，你会怎么样？这个充满了理解、原谅，彰显着高风亮节的事例，给了我们关于宽容的最惊心动魄的感触：宽容是人性中最可歌可泣的至美。所以，无论孩子犯了什么错，都是值得原谅的。

原谅孩子的过错，可以让孩子更好地认识和改正过错，避免犯过错，或不犯同类过错。所以，一句"我原谅你了"，让孩子得到宽容，同时也是给孩子改正过错的一个机会。

"你的问题何其好啊"

孩子都有好奇的天性。孩子对生活、学习上的一些现象不解并提出问题是很正常的事情。对此，不同的父母表现出不同的态度，有的父母大加赞赏，而有的父母很冷漠，常常板起脸一副不耐烦的样子。

显然，第一种父母是值得肯定的。要知道，孩子提问是一种借助成人的力量对周围环境进行认识的探究行为，是孩子求知的萌芽。他们通过提问来理解事物以及事物之间的相互关系，并从中获得思维的方法，提高观察能力。而孩子的提问过程通常隐含着极强烈的探索精神。所以，作为父母，应该认真地倾听他们的提问，耐心地用通俗易懂的语言给孩子解释，让孩子对生活中的一些现象有感性的认识。如果孩子没有问题，父母还要主动给孩子讲，不要以为孩子小、听不懂，就忽略对孩子的教育。

被誉为"近代科学之父"的伽利略从小就很爱动脑筋，喜欢钻研，看到机械方面的东西，他总想自己试着做一做。当其他孩子在尽情玩耍时，伽利略却把时间用在了做各种各样精巧有趣的机械玩具上。在学校里，伽利略刻苦勤奋，很快就学会了拉丁文、希腊文、哲学，就连图画和音乐，他也学得很好。

在比萨大学读书期间，伽利略好奇心很强，经常向老师提出诸如"行星为什么不沿着直线前进"一类的问题。

有一次上课，比罗教授讲胚胎学。他讲道："母亲生男孩还是生女孩，是由父亲的强弱决定的。父亲身体强壮，母亲就生男孩；父亲身体衰弱，母亲就生女孩。"

比罗教授的话音刚落，伽利略就举手说道："老师，我有疑问。"

比罗教授不高兴地说："你提的问题太多了！你是个学生，上课时应该认真听老师讲，多记笔记，不要胡思乱想，动不动就提问题，影响同学们学习！""这不是胡思乱想，也不是动不动就提问题。我的邻居，男的身体非常强壮，可他的妻子一连生了5个女儿。这与老师讲的正好相反，这该怎么解释？"伽利略没有被比罗教授吓倒，继续反问。

"我是根据古希腊著名学者亚里士多德的观点讲的，不会错！"比罗教授搬出了理论根据，想压服他。

伽利略继续说："难道亚里士多德讲的不符合事实，也要硬说是对的吗？科学一定要与事实符合，否则就不是真正的科学。"比罗教授被问倒了，下不了台。

后来，伽利略果然受到了校方的批评。但是，他勇于坚持、好学善问、追求真理的精神却丝毫没有改变。

有一次，伽利略得知数学家利奇来比萨游历，他就准备了许多问题去请教利奇。

这下可好了，利奇老师诲人不倦，而伽利略更是高兴得不得了，没完没了地问个不停。就这样，伽利略很快就学会了关于平面几何、立体几何等方面的知识，并且深入地掌握阿基米德关于杠杆、浮体比重等理论，取得了杰出的成就。

古今中外，很多发明创造的实践证明，谁善于发现问题，并有探索真知的意志，谁就可以创新。因为有疑问，大脑就处于一种探索求知的主动进取状态，大脑的创新思维就处于朝气蓬勃的旺盛活力状态。疑处有奇迹，疑处出真知，疑处有突破，敢于怀疑，才有奇迹般的创新成果。可以说，一个心中毫无疑问的人，他的大脑也永远处于静止的状态，相应地，他也就不可能有突破，更不可能有创新。

孩子是好奇的，但孩子的好奇往往不会持久。当长期无解，或者对某些现象习以为常了以后，让孩子再去学会追问，那是很难的。所以，当你的孩子对这个世界还充满好奇的时候，父母要多给予思想上的引导，让孩子在生活中永远保持一颗求索的心。

面对孩子的提问，父母应如何给予满意的回答呢？最关键的是要及时并有耐心，而要做到这些，父母还应有所侧重。

（1）注意正确"导航"。孩子好奇心是诸多方面的，他们提出的不一定都是知识性或有积极意义的，有些还是不切实际的。有时他们跃跃欲试，要去看、听、闻、尝、摸、捏、掂，有的还会做出些"惊人之举"，如用嘴尝任何东西，到池塘边玩水，摸电器插头，开关等，有时还会捅出"娄子"，给大人添麻烦。此时，父母要积极引导，讲清道理。

（2）采用启发式。孩子提出的问题往往比较简单幼稚，为了开发孩子的智力，父母要在回答孩子提出问题的同时，启发诱导孩子自己去思考，以求得答案。世界著名作家歌德小的时候，他母亲每天都给他讲故事，常常讲到某个段落就停下来，把以后的故事情节留给歌德去想象。第二天，母亲先让他说说自己是怎样想的，然后再讲。这样就发展了歌德的想象力，给他以后的写作带来了极大好处。

（3）注重通俗性、趣味性。对孩子提出的问题，父母只有通俗地把具有趣味性的知识讲出来，孩子才能充分接受。

（4）让孩子自己寻找答案。孩子对周围事物和现象感到新奇，什么都想知道，父母要有意识地启发他们积极思考、寻找答案。父母还要经常注意孩子提出的不寻常的问题和有价值的想法，抓住时机进行启发诱导，在此过程中，要及时、耐心、热情地启发孩子，回答孩子的疑问，如此，既教育了孩子，又培养了其好奇心与求知欲。

"你微笑的样子很可爱"

有位80后母亲正在为孩子苦恼，她向儿童心理学专家咨询："我的孩子很内向，不爱说话，我不知道该如何改变他的现状。"

儿童心理学专家不假思索地回答："就让他从学会微笑开始。"

母亲半信半疑："能管用吗？再没别的办法了？"

儿童心理学专家摇了摇头，说："这是最好的！"

一个月后，母亲再来见儿童心理学专家时，十分轻松地说："孩子对每一个人都报以微笑，而每一个人都还孩子以微笑。是微笑连接起了孩子与他人的联系，孩子不再像以前那般沉默了。"

可见，微笑是所有的人类特征中最富于魅力的，微笑着面对他人，你将会收到意想不到的惊喜。英国诗人雪莱曾说过："笑是仁爱的表达，快乐的源泉，亲近别人的桥梁，有了笑，人类的感情就沟通了。"所以，一个人想要得到微笑，就要先学会对人微笑。不会付出微笑的人，又怎能收获微笑呢？

让孩子学会微笑，会让孩子受益终生。微笑不仅是一种表情，更是一种感情的流露。没有人会因为富有而抛弃它，也没有人因为贫穷而将它冷落。只要你微笑面对生活，生活就会向你微笑。微笑让你消除烦恼，微笑让你重新找回自我。如果你常把笑容慷慨地送给别人，使沮丧者重获信心，使失落的人得到抚慰，使陷入烦恼的人得到解脱，你会突然间发现生活真的很完美，和谐无处不在。

森林里的动物们都是好朋友。小鸟为朋友唱歌，大象为朋友盖房子，小兔为朋友送信……小蜗牛很着急，他只能在地上慢慢地爬，别的什么也干不了。这时，小兔走过小蜗牛的身边，小蜗牛向小兔微笑了一下。小兔惊喜地说："小蜗牛，你的微笑真甜。"小蜗牛想："对呀，我可以对朋友们微笑。"小蜗牛又一想，"可是，怎么样让朋友们看到我的微笑呢？"小蜗牛想出了一个好办法。第二天，他把很多信交给小兔子。小兔子把信送给了森林里的朋友们。朋友们拆开信，信里是一张画。画上的小蜗牛正在甜甜地微笑。森林里的朋友们也都微笑起来，他们说："小蜗牛真了不起！他把微笑送给了大家。"从那以后，所有的动物都更加喜欢和蜗牛在一起了。

小蜗牛因为向别的动物传递了微笑，他收获了沉甸甸的友情。同样，一个孩子面露平和欢愉的微笑，证明他心情愉悦、热爱生活，他的微笑向大家展示了自己积极、健康、乐观的魅力。面带自信的微笑，以不屈不挠、勇往直前的姿态与人交往，就会被他人欣然接受，同时收获朋友的信任和赞许。

达·芬奇的"蒙娜丽莎"是被全世界公认为最伟大也最具魅力的艺术品之一，这幅画之所以会征服全世界，就因为蒙娜丽莎若隐若现而又弥漫充盈的神秘的笑意。可见，微笑有着超越时空的震撼人心的力量。

人生道路上总会布满荆棘，充满崎岖和坎坷，但只要有微笑，一个人的心灵就不会在恐惧中迷失方向，只要有微笑，一个人就能清晰地看到胜利的曙光，它闪烁在成功的彼岸。顺境中，微笑是对成功的肯定和嘉奖；逆境中，微笑是治疗创伤的妙药。微笑的力量，饱含着对生命的热爱和事业的追求。它似一股甘泉滋润着每个人干涸的心田，赐予新的憧憬和希望，使人以昂扬的斗志迈步向前。

总之，微笑是关爱，微笑是传统，微笑是健康，微笑是时尚，微笑是一种生活方式，微笑是一切和谐美好事物带给我们的欢喜和感动。

告诉孩子："你微笑的样子很可爱！"孩子就一定会更可爱。

"我喜欢有礼貌的你"

曾几何时，父母带着孩子出门遇见外人时，很喜欢让孩子称呼对方"爷爷""奶奶""叔叔""阿姨"等，以此表达问候。如果孩子做到了，父母心里就会感到非常满足，"瞧！我家的孩子真有礼貌！"而如果孩子没打招呼，父母就会很不自在，认为孩子没礼节。

妈妈正在跟亲戚闲谈，7岁的伟扬走过来拉她的胳膊，他要喝苹果汁，而且是马上。伟扬妈说："乖宝贝，稍等一会儿，我就给你去拿。"然后又回过身说起话来，伟扬突然大叫道："妈妈，你给我闭嘴！"

儿子这样的表现，使母亲感到羞辱，而使她真正感到悲伤的是，伟扬这样对她不是一次两次了。"伟扬在家里经常用这种粗鲁的态度说话，他会对我说'你不是我的老板'。而平时我不甚注意，这次我之所以注意到他的态度是因为他是当着客人的面这么说的。"

伟扬为什么会发展到这种地步呢？当然，很多人会指出这是社会的不良影响。的确，在我们的周围，经常会看到很多人的种种不文明的陋习，他们讲脏话、骂人，不遵守公共秩序等。但同时，父母也不能忽视，家庭在培养孩子文明礼貌方面起着决定性的作用。而相当一部分父母认为教育孩子仅仅是学校的事，在这种错误指导思想的支配下，他们除了关心孩子的考试分数之外，其他的一概放任自流。

中国是文明之国、礼仪之邦。教育孩子从小讲文明懂礼貌，这是做父母的职责。

父母要求孩子讲礼貌应做到以下几点。

（1）早晚要向父母、长辈问好。出去玩和回家都要告诉父母。

（2）对父母、长辈说话要恭敬，不惹父母、长辈生气。

（3）有好吃的食物，先请父母、长辈吃。吃饭时不抢食、不挑食，咀嚼时不要出声。

（4）大人问话时，要认真听，并有礼貌地回答。

（5）家中来客时，要热情接待，有礼貌地称呼。家长同客人谈话时，不打扰，不插嘴。

（6）不随便向客人要东西，别人给的东西必须得到家长同意才能收下，并要致谢。

（7）求人家帮助时，要用商量的口吻说"请"，事后，要向人家道谢。

（8）打喷嚏时，要用手绢或用手捂住嘴鼻，向下或朝外，不要向着别人。

（9）在别人家做客时，不乱翻人家的桌子抽屉、书籍玩具，不随便吃人家的东西，如果主人让吃，少量用些。

（10）不在他人面前挖耳朵，剔牙齿，搓身体上的污垢，抠脚趾。

父母除了懂得让孩子如何礼貌待人的方法外，还要懂得通过何种方式让孩子贯彻实施。

第一，父母要以身作则。孩子有没有礼貌不是天生的，是后天培养出来的，而且孩子天生就喜欢模仿别人，所以父母在家里的时候要注意自己的言行举止，注意讲礼貌，给孩子树立一个好的榜样。比如，有客人来做客的时候给予热情的招待；接受了别人的帮助以后，对别人说谢谢；在收到礼物的时候可以邀请孩子和你一起写感谢卡等。有了父母的示范，再遇到类似的情形时，孩子自然而然就会学你的做法。

第二，为孩子设置场景。有些父母为了不让孩子打扰来访的客人，一般都会把孩子打发到一边，让他们自己去玩。这样做也许能够获得一时的安静，但是却可能会影响到孩子的社交能力。孩子会想：父母为什么不让我跟客人在一起？是不是我做错了什么？久而久之，家里一来客人，他就会自动躲到旁边去。所以，当有客人来访时，父母应该向孩子介绍一下来的是什么客人，再向客人介绍一下你家的孩子，并让孩子帮客人拿拖鞋、拿杯子，千万不能把孩子排斥在外。

第三，适当给孩子暗示。在教育孩子使用文明礼貌语言时，开始孩子往往是不自觉的，有时在长者面前，常因怕羞而不肯去做。碰到这种情况，有的父母往往逼着孩子对长者有礼貌，或当着客人的面责骂孩子。其实，这样做是有害无益的。因为孩子也是有自尊心的，父母采取强制或责骂后，即使孩子不得已去做了，心里也是不高兴的，以后就更不喜欢礼遇长辈了。所以有经验的父母，遇到这种情况，一般是采取暗示法，在孩子耳朵旁边轻轻地叫他致礼，使其很高兴地礼遇长者，并因此而得到称赞。

第四，给孩子讲清楚礼貌的意义。父母在教给孩子文明礼貌时，不但要告诉他语言应当怎样，姿势应当怎样，还要向他讲些深入浅出的道理，即为什么要这样做，这样做有什么好处等。

第五，对孩子的礼貌行为及时做出评价。如可以用点头、微笑、语言等来表示赞扬和肯定。对孩子不礼貌的言行更要及时批评，并指出不礼貌的后果，使孩子对不礼貌的言行产生厌弃的情绪。

第六，成人要形成教育的合力，贯彻始终。培养孩子懂礼貌，关键在于家庭成员始终如一的态度，而且必须做到统一要求，统一步调，千万不能各敲各的锣，各打各的鼓，有的管，有的护，有时严，有时松，造成教育作用的相互抵消。成人对孩子的礼貌教育必须做到有始有终，切不可虎头蛇尾。要持之以恒，严格要求，只有这样才能取得良好的效果。

"你真有办法"

一群在山里野餐的小姑娘走错了路，在潮湿与饥饿中度过恐怖的一夜之后，她们无望地失声痛哭。"人们永远也找不到我们了。"一个孩子绝望地哭泣着说，"我们会死在这儿的。"然而，11岁的伊芙蕾·汤站了出来，"我不想死！"坚定地说，"我爸爸说过，只要沿着小溪走，小溪会把你带到一条稍大点的小河，最终你一定会遇到一个小市镇，我就打算沿着小溪走，如果愿意，你们可以跟着我走。"结果，她们在伊芙蕾·汤的带领下，胜利地穿出了森林。最后是她们的欢呼声迎来了救护人。

在一个孩子成长的过程中，总会遇到这样或者那样的问题。当问题袭来时，当失误造成时，很多孩子往往手足无措，不知道该如何是好。他们没有正确地看待问题，在没看清问题的本质的时候，就已经被吓倒了。故事中的伊芙蕾·汤是出色的，她临危不惧，很快想出了办法，并最终解决了难题。这与她的家庭教育无不有关，从她的陈述"我爸爸说过"就可以看出来，正是父亲从小培养她"自己想办法"的习惯，从而使她很快脱险了。

可见，鼓励孩子自己想办法解决问题，独当一面，可以让孩子学会真正面对生活、面对风雨。更重要的是，他们的人生一定会因此更美好。

在 20 世纪 30 年代，国内各大城市香烟市场的竞争异常激烈，英、美等国厂商出口的"三炮台""海盗"牌等香烟，铺天盖地、充斥市场，国产香烟几乎无人问津。

为了挽救危局，生产"美丽牌"香烟的上海华成烟草公司老板想出了一条妙计：在每盒香烟内，暗藏一张人们熟知的《水浒传》中 108 将的小画像。同时承诺，凡积累全套"梁山好汉"的小画像者，即可到华成公司各代理商店换取黄金二两。

广告一出，各地市民抱着好奇与侥幸心理，争相购买"美丽牌"香烟，试着碰一碰有没有二两黄金的好运气。一时间，"美丽牌"销量直线上升。

有的人集够了 36 个"天罡星"，却怎么也集不满 72 个"地煞星"；还有的人集到了 107 条好汉的小画像，但偏偏缺一张，而且所缺的都是"百胜将韩滔"这一张。于是，不少的人整条整条地购买"美丽牌"香烟，但只有极少数人找到了韩滔的画像。于是，"吸烟找韩滔"成了一句口头禅，流传很广。

华成公司的高额悬赏当然只是暂时的促销手段，但"美丽牌"香烟就靠这个办法，在激烈的市场竞争中站稳了脚跟。况且"美丽牌"香烟并不比洋烟差，价格又便宜，人们当然乐而为之了。

为了进一步开拓市场，生产"美丽牌"香烟的上海华成烟草公司老板又不惜工本，大做广告。

一天晚上，在闹市的夜空，出现了一幅巨型霓虹灯广告，它只有4个大字："美丽烟香。"当时，上海用霓虹灯做广告还是件新鲜事。

谁也不会想到，广告部的人竟然如此粗心，以至把"香烟"错排成了"烟香"。这个错误很快传到烟草公司老板的耳朵里。公司的老板大为恼火，本想通过做广告大造声势，不料竟弄巧成拙。

老板立即将广告部的人传来训斥一顿，接着像救火一样地率人直奔现场。

当他们赶到现场时，眼前竟出现了令人完全意外的场面：只见霓虹灯广告下面，聚集着越来越多的围观群众，人们议论纷纷：

"这么大的招牌竟然做错了！真是可惜！"

"其实没错。'美丽烟，香！'说明了美丽牌香烟，烟香诱人！"

"对，没错！美丽烟，香！中国的烟就是比外国的烟香！"

老板一听，喜出望外，想不到做错的广告比不错的广告还要吸引人，还要有效果。他忙阻止广告部的人，不要去改正广告，就让它将错就错地挂在那里。

这个错误的广告，一传十，十传百，于是美丽牌香烟也跟着更加广为流传，更加畅销于市。

有问题就有出路，有困难就有办法，出路和办法总比问题和困难多。所以，当问题来临的时候，父母要教会孩子千万别惊慌失措，自己先乱了手脚，而应该冷静想一想，难道问题就没有办法解决了吗？有没有办法把问题转化为机会呢？只要孩子肯动脑想办法，就一定"柳暗花明又一村"。而这时，父母只需要在一旁扮演"指路者"的角色就可以了。

第一，不要让孩子逃避问题。很多父母在孩子遇到困难时，出于溺爱，怕孩子因此而受苦，都习惯性地替孩子想逃避问题的方法。其实这是很不正确的，因为这会让孩子遇到困难的时候总是学会去选择逃避。此时，父母应该做的，是让孩子自信地正视问题，克服困难。

第二，适当地给孩子提供解决的方法并鼓励孩子自己去克服。当发觉孩子实在是对此事失去信心的时候，父母就应该想着给孩子提供方法，父母可以用启发的方式，让孩子想方法。此时父母可以这样说"我觉得，你可以这样……""要不，你试试我的方法……"，让孩子自己来做决定，这样不仅仅给孩子信心，更能让孩子自己去想方法。

第三，随时注意孩子的进展。走出困境，毕竟不是一会儿的事，在困境中的孩子，本来就很脆弱，当孩子走出困境后再遇到困难时他们又会选择退缩。所以，应该时刻关注孩子的行踪，不能让他们在半途退缩。

第六章

走出教育孩子的误区

在大人眼里，往往觉得孩子小，什么都不懂，其实他们对周围的人和事会有自己的认知方式和情感倾向，这需要别人的理解和信任。

不当众训斥孩子

父母当众教子是一种很常见的现象，有句民谚是"人前教子，背后教妻"。很多人觉得当众教育孩子，会刺激他们的自尊心，在公众的关注下，孩子会更加注意树立自己"听话、懂事、乖巧"的形象，所以很多家长认为，人越多的时候越是一个教育孩子的良好时机。其实未必尽然，自尊心的强烈维护和彻底放弃之间只有一步差距，如果家长把握不好这个教育的尺度和方法，反而会促使孩子产生"破罐子破摔"或是与家长对立的心理，对孩子的身心健康成长很不利。

有位母亲在日记里记述了这样一件事：

汽车停站后，一位年轻的妈妈带着五六岁大的女孩走上汽车，随着汽车开动，女孩站立在车上显得十分吃力。这时，旁边座位上一位八九岁大的男孩站了起来，主动招呼站立的女孩和自己同坐。"这孩子真懂事，父母平时肯定十分注意对他的教育。"

男孩的做法让我十分赞许，我想男孩平时的家教肯定很好。不想几分钟后，男孩的父亲走了过来，当得知男孩主动让座位，便大声训斥起来："瞧你那熊样，真是的，既然不愿意坐，那就站着……"男子把男孩从座位上喊了起来。面对父亲的训斥，男孩解释说因为女孩比他年龄更小，所以他才让出一块地方一起坐。

这位父亲可能是为了爱护孩子，担心两个人挤在一起不舒服，所以才对男孩进行指责，但家人们对于孩子的爱护也应注意方式和方法，在大庭广众下进行训斥会打击孩子做善事的积极性。

英国哲学家洛克说过："父母不宣扬子女的过错，则子女对自己的名誉就愈看重。他们觉得自己是有名誉的人，因而更会小心地维护别人对自己的好评。若是当众宣布他们的过失，使其无地自容，他们愈觉得自己的名誉已经受到了打击，设法维护别人好评的心理也就愈淡薄。"可见，当着别人的面批评、教育子女的方法不足取。如果孩子一有过失，家长就公开宣扬出去，使孩子当众出丑，其结果只会加深孩子被训斥的印象，感到自己在众人面前丢了面子，因而产生自卑，产生逆反心理。

在玩具专柜、甜品店、游乐场里经常会看见号啕大哭的孩子，还有一旁叉腰怒目的家长，他们一边呵斥，还一边指着周围对孩子凶道："你看看，这么多人看着你哭，你好意思吗？""你看那边有一个和你一样大的小孩，人家都不哭不闹，多听妈妈的话，你看看你们差距有多大。"家长们往往觉得当着外人的面会是一个教育的好时机，借助小孩子的自尊心让他自我纠正错误举止，出发点倒是很理想，但是收效一定甚微。

父母要意识到无论对孩子的表扬与批评都是一种情感互动，父母的教育方法太强势，往往导致孩子没出息；父母心情太粗暴，往往导致孩子性情也狂躁。父母表扬孩子可以当众进行，甚至可以隆重地进行，但是批评就需要谨慎，不妨用私下的、悄悄的、温和一些的方式。教育孩子最重要的是要尊重他的人格尊严，要保护孩子的心灵，做不到这一点，就没有真正的教育意义可言。

西方人很少当众斥责打骂孩子，但他们也很难忍受孩子当众哭闹等带来的尴尬，为避免这种难堪，他们在平时就有意培养孩子公共场所的自我控制能力。其中，事先预防是关键，外出前先告诉孩子，这趟外出的目的是什么，让他们知道会发生什么事。出门前，也要先跟孩子说好规则，确定他们都明白，并问他们是否能遵守。到了外面，这些规则也许不一定奏效，但大人会耐心地提醒与纠正，直到小孩遵守。

即使孩子犯了什么错或是做了什么糟糕的事情，也不能当众让其难堪，如果非要教育一番，也应该把孩子带回家，当众责骂、殴打，往往不能产生好的效果，有时后果甚至很严重。

有智慧的家长，不会对孩子当众严词斥责；有智慧的家长，能够意识到教育孩子不能追求立竿见影的效果；有智慧的家长，能够和孩子成为知心朋友。

适当批评不要恐吓

这天吃晚饭的时间到了，5岁的女儿正在玩玩具，妈妈在厨房叫了她好几次，她都无动于衷。妈妈一下子来气了，决定给她点"颜色"瞧瞧，就狠狠地恐吓了她一下，说再不听话就要把她扔到大街上。没想到，女儿竟"哇"的一声哭了起来。妈妈一看心就软了，并有些后悔，不知道这样的教育会不会伤了孩子的心。

孩子犯了错误，特别是有不良的行为习惯及不好的思想道德表现时，给予孩子适当的提醒和警诫，让孩子明辨是非是非常必要的，但父母绝不能把批评当恐吓。例如，以上案例中的妈妈的教育方式就不对。首先，他们没有足够的耐心指导孩子，当批评孩子无效时，他们唯一想到的就是采取"最便捷"的恐吓手段；其次，他们认为，批评之所以无效，主要原因恐怕还是自己的家长权威受到了威胁，只有来点"狠"的，孩子才会信服。

有位专家说过，"没有批评的教育是不完整的教育，是脆弱的教育"。但父母也应注意到，批评是一把双刃剑，一不小心就会伤及孩子。

往往在说到批评时，很多人认为似乎只有声色俱厉才显得威严而有力。事实上，很多时候，这种批评并没有收到预期的效果，有时甚至适得其反。虽说"良药苦口",但甜口未必非良药,父母在批评孩子时,有必要包装一下自己的批评之语,使之达到春风化雨、润物无声的效果。

教育的核心是唤醒。父母在批评孩子时,最重要的是要唤醒孩子的自尊、自信、自爱及自强与自制,即要唤醒孩子的人格心灵和自我意识,变批评孩子为自我教育。否则,父母的批评就不会起到应有的作用。

作家何立伟曾经描述过这样一件事情。

有一次,儿子告诉我说他下午不上课。我说那正好,可以看看课外书什么的。他说他都和同学约好了呀,去溜旱冰!这下子,我有些生气了,但我依然不动声色。我叫儿子坐下来,我要好好同他谈谈话。我说:"儿子,你的成绩好不好?"他沉默了一下,嗫嚅地答道:"不太好。"我说:"哪一个学生成绩不好有资格这么玩呢?"他愣愣地望着我,不作声,等着下文。我接着说:"老爸认为这个世界上有三种学生,一种是会学不会玩的,一种是会玩不会学的,还有一种就是又会学又会玩的——你属于哪一种呢?"儿子不好意思地说:"中间的那一种。"我说:"对,你现在就是会玩不会学,所以偏颇,所以要加强学习。这样你就会成为第三种学生,也就是老爸最欣赏的人——又会学又会玩。"儿子大约觉得我说得有点道理,于是搔了搔脑壳,说:"老爸,我下午还去不去溜旱冰?"我说:"怎么不去呢,你都和同学约好啦。你只给我记住一条,做第三种学生。"我儿子又快活又响亮地说："OK，老爸！"

何立伟对孩子的批评真是恰到好处，既让孩子知道了自己的不足，又为孩子指明了改进的方法。其实，父母批评孩子是有技巧的。

（1）趁热打铁。孩子的时间观念比较差，又天性好玩，注意力易分散，刚犯的错误转眼就忘了。因此，父母批评孩子要趁热打铁，不能拖拉，否则，就起不到应有的教育作用。

（2）低声冷淡。父母应以低于平常说话的声音批评孩子，"低而有力"的声音，会引起孩子的注意，也容易使孩子注意倾听你说的话。这种低声的"冷处理"，往往比大声训斥的效果要好。

（3）沉默不言。孩子一旦做错了事，总担心父母会责备他，如果正如他所想的，孩子反而会有一种"如释重负"的感觉，对批评和自己所犯的过错也就不以为然了。相反，如果父母保持沉默，孩子的心理反而会紧张，会感到"不自在"，进而反省自己的错误。

（4）换位思考。当孩子惹了麻烦遭到父母的责骂时，往往会把责任推到他人身上，此时回敬他一句"如果你是那个人，你会怎么解释？"这就会使孩子思考：如果自己是别人，该说些什么？这种换位思考法，会使孩子发现自己也有过错，并会促使他自己反省，认识到把责任嫁祸他人是错误的。

（5）声东击西。著名教育家魏书生在他的报告中谈到，他的学生犯了错误只受三种惩罚：唱一支歌；做一件好事；写一份"说明书"。唱歌，可以陶其情；做好事，可以促其行；写"说明书"，可以练其功。魏老师对犯错误的学生的这些"处罚"方法，可谓独辟蹊径，不但收到了预期想要的效果，而且让孩子在无形中获得"意外"的、沉甸甸的收益。

总之，面对孩子的错误，父母应把握好批评的语气及方式，要知道，批评是转化的过程，而不是训斥、恐吓。"有容德乃大，有忍事乃济。"

父母要做到无痕的批评，容忍是最重要的素质。容忍不是纵容，是创造一个无痕的契机，是让孩子摆脱"无地自容"的处境，从而拥有一个改正缺点的广阔空间。

吃饭时不要教训孩子

小学生张倍源的家就在学校附近，以前，每到中午，他总准时回家吃饭、休息，下午上课前再到校。近来，他的班主任发现张倍源总是在中午时分趴在课桌上睡觉。经询问，班主任才知道了真相。张倍源的妈妈近来改上晚班，中午在家吃饭。一家人在一起吃饭，这本该是件好事。可张倍源不这么想，"吃午饭时，妈妈会仔细打听我的学习、考试情况，有一点不如意，妈妈就会'老账新账一起算'，把我教训一顿"。

张倍源说，回家吃午饭成了比考试还可怕的一件事。"我跟妈妈撒谎说，最近中午要补习，所以中午就在学校吃饭。我说不要她送饭，她就每天给我午饭钱。"张倍源说，每天中午放学后，他都会背着书包到校外晃一圈，有想吃的零食就买一些，不想吃就干脆饿着。

瞧，孩子为了不在餐桌上挨训，宁愿饿肚子，这实在是父母的失职。父母在餐桌上跟孩子进行交流，说些有趣的事本是件好事，但如果把餐桌变成声讨孩子的"审问台"，食物再美味，孩子也是食不甘味啊。

很多父母误认为一边吃饭一边"教育"孩子是一举两得的好时机。于是一到吃饭的时候，父母就开始问孩子的功课，查孩子的成绩，讲孩子的过错，接着就开始教训孩子，常常弄得孩子愁眉苦脸、哭哭啼啼，使饭局笼罩在一种不愉快和紧张的气氛之中。殊不知，这种"餐桌教育"害处实在不少：既影响孩子食欲，又会使孩子情绪低落，更严重的还有可能会使孩子产生心理问题。

由此可见，教育孩子一定要注意场合、选择时机，切莫在餐桌上对孩子进行指责，即使实在需要指责，也要注意分寸，切不可一味地质问追询，提要求、下命令，更不可不容孩子分辩，就吹胡子瞪眼睛，以致摔碗筷拍桌子。

父母在与孩子就餐时要注意三个"不要"。一不要恐吓。比如，孩子不愿吃饭，有些父母心情急躁，大声呵斥，这会让孩子感到十分紧张，更抑制食欲，即使孩子勉强吃完，也因心情不好而影响消化。孩子不愿吃饭原因有多种，或是吃零食多了，或玩得过于兴奋了，如只是偶尔发生，父母最好予以宽容，并对他说明错处。如是常发生，则需要从根本上调整孩子的生活规律，不能简单斥责了事。二不要忆苦。有些父母喜欢在餐桌上"忆苦"，不停地陈述自己当年生活时代的环境是多么多么的艰苦，以此教育孩子要珍惜当前的美好生活。如此"忆苦"教育方式，尤以一些年迈长辈所常用，但是少年不知愁滋味，父母重复多了，孩子会不以为然，反会增强内心的叛逆和抵触。三不要揭短。餐桌上，有的父母视之为教育孩子的好时机，常指责孩子这不对那不对，或翻旧账狠训一顿，高谈阔论，大讲道理。

有个教育家曾经说过，好孩子是夸出来的。每个孩子都希望听到父母的赞扬而不是整天的批评训斥。其实，在每天吃饭的时候，一家人应该在轻松自然的气氛中，各人谈各人的趣事。父母是孩子最好的老师，餐桌可以当课堂，但讲述的内容要尽量多一些亲情的教育与交流，父母宜讲点有益的文化知识和鼓励孩子向上的好人好事等。孩子在没有压力的情况下，往往会把学校里的事情、自己的学习情况讲给父母听。父母可以根据孩子所讲的内容，好的加以表扬，不足的加以引导。

英国家庭素有"把餐桌当成课堂"的传统：从孩子上餐桌的第一天起，父母就开始对其进行有形或无形的"进餐教育"。这一点很重要，目的是帮助孩子养成良好的用餐习惯。

同样，我们的父母也可以从以下几方面对孩子进行"进餐教育"。

（1）介绍相关的饮食常识。餐桌上聊饮食，不仅增进食欲，还可扩大孩子的知识面，使孩子更容易接受相关知识的灌输。可谈的内容很广泛，如膳食要平衡，营养要全面，应保持合理的比例；不吃过热、过硬、难消化或刺激性强的食物；不反复食用单一食物；不吃腐坏变质的食物等。真正让孩子吃出健康，吃出学问，吃出乐趣。

（2）鼓励孩子自己进餐。孩子到了一定年龄，就会开始喜欢独立用餐具吃饭，这标志着他对"人格独立"的向往，父母应给予充分的鼓励和支持。

（3）鼓励孩子全面摄取营养。从小教育孩子不要挑食、偏食，否则会影响他们对营养的全面摄入和吸收。一味地迁就孩子任性的饮食喜好，还会使他养成自私、缺乏自控力等缺点。

（4）教育孩子养成节约的习惯。让孩子知道饭菜来之不易，应该节约粮食，如酌量添饭，食物不要咬了一口就扔掉等。

（5）教育孩子得体的用餐礼仪。饭前饭后让孩子帮忙做点力所能及的家务，如在餐前餐后帮忙收拾餐具等，既可以减轻父母的负担，又增强了孩子的劳动意识。同时，教育他们尊敬长辈和客人，等大家都坐下了，才可以动筷子；好吃的东西要先考虑到别人，不能全都夹到自己的碗里；自己先吃完了，离桌前要招呼其他吃饭的客人慢慢吃。

孩子是纯洁的，餐桌是浓缩的，希望父母能正确利用餐桌这个方寸之地的小课堂，对孩子少一分指责，多一些鼓励。

对孩子不要过于严厉

明明今年6岁，读幼儿园大班。有一天，表妹来了，小明明把表妹带到他的卧室玩。刚开始，妈妈还听到两个小家伙在房间里玩得挺开心的，但过了不久，妈妈就听见房间里传来了表妹的哭声。妈妈闻声跑进去，发现明明居然拿玩具熊打表妹的头，妈妈赶紧把两个孩子扯开，并且批评明明说："你再打表妹，妈妈就不要你了！"明明刚想解释说："是因为……"妈妈就打断了他，"你打人还敢顶嘴？"然后强令两个小孩在不同的房间玩。

生活中，类似的事例数不胜数，在家长们看来，犯了错误还要进行解释的孩子是在做无谓的狡辩。他们认为，孩子跟大人"顶嘴"为自己申辩就是一种没有礼貌的行为，所以，听都不听孩子的申辩，就给予了否定。事实上，从某种意义上说，孩子懂得"顶嘴"是孩子有自己的主见的表现，有些时候，孩子并不是想"狡辩"或者"顶嘴"，他们只是想为自己的行为申辩而已。然而，父母却剥夺了孩子辩解说明的权利，这样的强制性的行为可能会给孩子的成长带来一系列危害。

（1）使孩子产生逆反心理。生活中有的孩子犯了错误，试图找出理由为自己辩护，其目的无非是为求得父母对自己的谅解，这种心理很正常，也是孩子鼓足了勇气才这样做的。如果父母武断地加以"阻击"，孩子会认为父母不相信自己。对父母的这种"蛮横"做法，孩子虽不敢言，但心不服，以后孩子即便有更充足的理由也不会再申辩了。孩子一旦形成了这样一种心理定式，以后面对父母的批评，他就根本无法接受，权当耳边风。

（2）使孩子形成认识障碍。一些犯了错误的孩子，因为没有真正认识到错误而与父母争辩。而这时父母简单粗暴地不给孩子争辩的机会，不让其通过"辩"来分清是非．根本性的问题其实没有真正解决。由此，孩子的认识就会逐渐产生偏差。

（3）扼杀孩子的新思想。一个想"顶嘴"辩解的孩子，往往能将是非善恶权衡在自己的评判标准上，显示了不唯命是从、求是明理的思想特质。许多孩子正是在有所听和有所不听的过程中，逐步形成了认识问题、处理问题的能力。而父母"不许顶嘴"的高压使孩子产生了唯唯诺诺的心理，这让他们以后如何创造性地解决问题、处理问题？

强行遏制孩子去申辩、解释的行为是不明智的。父母一定要抱着民主、理性的态度对待那些喜欢"顶嘴"的孩子。

在此，专家提出了以下建议。

（1）宽容对待那些喜欢"顶嘴"的孩子。爱"顶嘴"是孩子在成长过程中的正常"诉求"，他们通过申辩以表明自己的立场与愿望，这是孩子自我意识强的表现。此时，父母的宽容能让孩子意识到自己的重要性，从而变得更加自信，善于表达自己的观点。如果父母忌于个人的面子和尊严，而置孩子的委屈和苦衷于不顾，以势镇人，以"大"压"小"，就有可能挫伤孩子的自尊，导致孩子逆反和逃避心理的形成。当然，还可能让孩子因此变得不再喜欢说话。

（2）耐心倾听孩子的申辩是有必要的。孩子需要申辩，说明他有表达"委屈"的愿望。这个时候，父母不要急于凭主观臆断或一面之词而妄下结论。应该耐心、真诚地去倾听孩子辩解的理由，并且加以具体分析。只有这样，孩子才能感觉到大人足够的"尊重"，也只有这样，他们说起话来思维才会更清晰，也更敢于表达自己的立场。

（3）为孩子营造辩论的氛围。在孩子为自己的行为申辩时，父母不妨因势利导，充分让孩子申辩，培养他们敢想、敢说的良好习惯，这样能使孩子既明事理，又练口才。

（4）引导孩子学会自我分析。让孩子申辩并不是让孩子牵着大人的鼻子走，而是鼓励孩子说话、表达的时候认识到自己的错误，正视存在的问题，鼓足信心去克服它。这样，孩子才能够变得更加能言善辩而且明辨是非。

最重要的是，父母不要把孩子的"顶嘴"与自身的"权威意识"挂上钩，把孩子的申辩和不讲礼貌混为一谈，唯有如此，才能让孩子在争辩中清楚地认识到自己的对与错，从而更坚定正确的想法。

别在人群中让孩子难堪

　　当着别人的面批评、训斥孩子的做法不足取。然而，在现实生活中，我们总看到这样的情景：当别人夸自己的孩子时，父母可能会谦虚地说："哪里，这孩子一点都不勤奋，老让人操心。"或者"这孩子真是无药可救了"。或许，父母这么说是希望孩子勇敢一点，改正任性的毛病，但是这种"谦虚的美德"却无形中伤害了孩子。

　　一次，有位年轻妈妈对邻居说："啊！你家小弟弟真可爱，真乖，不像我们家菊菊吵吵闹闹，只会淘气，让人心烦。"在一旁的菊菊瞪大了眼睛怯生生地说："妈妈，我乖。"不料妈妈却大声说："乖什么乖，就知道淘气烦人，一边去！"过了几天，人们发现菊菊变了，天真活泼的菊菊看到妈妈回来，躲在椅子后面不敢往前去。妈妈说："菊菊过来，亲亲妈妈！"菊菊小心翼翼地亲亲妈妈后，竟然冒出一句："妈妈我乖，你别心烦。"这让所有在场的人听了都大吃一惊。

　　不要认为孩子不会在意父母"揭短"，就任意当着别人的面说自己孩子的不足。殊不知，这会严重伤害孩子的自尊心，使孩子内心留下阴影。故事中年轻妈妈的心情是值得理解的，但是做法却不太明智。父母要知道，教育孩子的最终目的是让孩子认识错误并改正错误，如果在教育的过程中，不仅没达到目的，反而让孩子无地自容，自尊受到伤害，那是得不偿失的事情。所以，父母应做到以下几点。

（1）以平常心看待孩子的缺点。每个人身上都有缺点，孩子自然少不了缺点。如果你过分在意孩子的缺点，那么孩子的一丁点毛病就会被你视为大问题，这样你看到孩子的缺点就容易忍不住去指责；如果你用平常心看待孩子的缺点，那么对孩子的缺点就不会那么在意。这样你会抱着理解的心态去帮助孩子改正缺点，而不是无缘无故地在众人面前揭孩子的短。

（2）私下指出孩子的缺点。发现孩子的毛病或缺点，父母不指出来是不负责任的，但是要注意场合。如果有其他人在场，即使孩子的缺点再明显，也不可大张旗鼓地指出来。你可以给孩子一个善意的暗示，然后回家和孩子好好说。这样做给孩子的感觉就是父母照顾了我的感受。那么孩子就容易虚心地改正错误。

（3）指出孩子缺点时要语气平和。有些父母发现孩子的缺点后，就容易生气，然后批评、责骂孩子，希望孩子改正缺点。但是结果使孩子自尊心严重受到伤害，孩子会因为自己的缺点感到羞耻和自卑。例如，有个孩子天生高度近视，东西要放到鼻子前才能看得清。爸爸见了又气又急，经常骂道："什么东西都要拿到鼻子底下去闻，瞎子！"孩子视力不好，他本来已经很痛苦了，结果爸爸还经常当着别人的面喊他瞎子，心中更是痛苦和自卑，因而常一个人躲在外面痛哭。这样当然对孩子身心的发展有着很大的坏处。所以，父母指出孩子的缺点时，语气很重要。

（4）默认别人对孩子的赞赏。很多父母喜欢夸别人家的孩子，特别是当众的时候，夸奖别人的孩子也是获得孩子家长好感的重要手段。当你的孩子被人夸赞时，如果你不认同，也没必要纠正，更没必要连带孩子的缺点全部说出来；如果你认同，那么就附和对方的赞赏，再给孩子几个夸奖，这会让孩子非常高兴。比如，别人当着你的面说："你们家的孩子真灵巧，做事利索得很！"你接话说："是啊，孩子确实挺灵巧的。"孩子听了这些话，一定会感觉很好。当然，他会比以往表现得更好。

随便贴标签会伤害孩子

常常听到父母训责孩子，为孩子贴上标签，诚然，他们并非捕风捉影，可孩子就真的有这些毛病吗？特别是当前随着社会越来越多针对厌学、逃学、网瘾、早恋、打架及青春期叛逆心理等引发的一系列行为异常的孩子进行"扶正偏差"学校的出现，很多孩子都被贴上了"××孩子"的标签，这让他们背负了一张沉重的"名片"。

一个人的成长尤其是在儿童时期，不但受制于先天的遗传因素，更脱离不了后天环境的复杂影响。在种种影响因素中，社会评价和心理暗示的作用非常大。孩子被别人下某种结论，就像商品被贴上了某种标签。当被贴上标签时，就会容易使自己的行为与所贴的标签内容保持一致。这种现象是由于贴上标签后而引起的，故有人称之为"标签效应"。

标签之所以会产生效应，是因为在孩子的心目中，父母就是自己的模仿对象，父母的一言一行深深影响着孩子对生活的态度，而孩子往往缺少主见，总是无条件无意识地承认和接受父母对自己的评价，却又无法对这些评价做出客观的评判。比如，当孩子被父母告知"你是个害羞的孩子"时，孩子会以为自己真的不善于与人打交道，并产生退避的行为；当父母说"你怎么这么笨"时，孩子会感到非常紧张，往往表现得更笨。

既然消极标签会引导孩子走向消极面，那么，积极"标签"是不是就可以把孩子引向积极面呢？答案自然是肯定的。有些父母可能不知道，成功的孩子时常都得到了大人的"助推起动"——这正是孩子起步时所需要的。父母的建议、鼓励、信任，都是孩子不怕失败、敢于进取、迈向成功的"助推剂"。

一份调查显示：90% 在品质、意识和智力方面有出色表现的人，几乎在自己的童年或少年时期都受到过来自亲人的积极暗示，最多的是来自父母。积极的暗示是表达爱的情感，而不是夸张、夸耀或对缺点的掩饰。用积极、正面的语言肯定孩子，夸大孩子的优点，缩小缺点，营造"我能行"的心理氛围，孩子的好习惯和情绪就会接踵而至，这也是所谓的"暗示教养"。专家认为：积极的暗示，特别是来自亲人、朋友或老师的暗示，肯定会对孩子心理、心智方面产生良好的作用。

所以，无论是家庭教育，还是社会教育，都应给孩子宽阔的发展空间，并培养孩子的自我调节能力。比如，一旦孩子有了网瘾，不要把他当成一个医学上的治疗对象。现在有很多所谓的专家，治疗网瘾只会给孩子贴标签，什么狂躁症、自闭症、抑郁症、社交恐惧症等。这其实并不恰当，不断指责孩子"不上进""贪玩""上网成瘾"等，只会给孩子心理造成很大的负面影响，此时家长应把教训的口气换一换，尝试用不同的方式与孩子交谈，逐步把孩子引导出网瘾误区。

事实正是如此：孩子爱打架，并非就是有"暴力倾向"；孩子不合群，不善言谈，并非就是"心理阴暗"；孩子写情书、早恋，并非就是"道德败坏"……

在第二次世界大战期间，美国曾组织一批正在监狱服刑的犯人上前线作战。出发前，美国政府特派了几个心理学专家对犯人进行战前训练和动员，并随他们一起到前线作战。训练期间，心理学专家们并未对犯人进行过多的说教，而是让他们每周给自己最亲的人写一封信。

信的内容由专家统一拟定，叙述的是犯人在狱中如何接受教育、改过自新等，每一封信都告诉亲人，自己的表现非常非常好。

专家们要求犯人认真抄写后寄给自己最亲的人。三个月后，犯人开赴前线，专家又要求犯人在给亲人的信中写自己是如何服从指挥，如何英勇作战等。自然，亲人们的回信都充满了惊喜和赞赏。结果，这批犯人在战场上的表现比起正规军来毫不逊色，他们在战斗中正如他们信中所说的那样服从指挥，英勇战斗。

可见，来自他人或自我的心理暗示，都会对人生产生巨大的影响。积极的心理暗示能唤起自信，自信能激发热情，调动积极性，从而使一个人奋发向上，取得意想不到的进步。相反，消极的心理暗示则使人丧失自信，降低动机水平，最终放弃努力，一事无成。

激发孩子改善自己行为的最终目的是鼓励他相信自己可以成为一个好孩子，在这一基础上，我们才能要求他摒弃不良行为，力求上进。如果父母急于给他下结论，贴标签，使他相信自己不可救药，又怎么能够振作孩子的上进精神，改善他的行为呢？父母在与孩子交谈时，一定要注意到自己的话可能对孩子产生的效果，看看是否有负效果。

总之，父母千万不要随便给孩子贴标签。

辱骂不如给孩子讲道理

生活中有这么一些冲动型的家长，一见到孩子做了什么淘气的事，不是抓过来一阵毒打就是气急不过辱骂孩子"你这个浑球""数你不懂事""你就不知道干好事"等以消内心之愤。殊不知，孩子不仅不能随便打，更不能随意辱骂。

心理学研究表明：破坏性的批评与责备是扼杀孩子自尊心和自信心的最可怕的杀手。在父母一次次的斥责声中，孩子会渐渐习惯这些词语，从而变得麻木不仁，缺乏自尊心，成了所谓的木头人。这种人最容易被大众遗忘、无视甚至践踏，人缘自然是奇差无比。这正如有人指出的："那些被认为没有自尊心的孩子，是外界没有给他们提供使自尊心理健康发展的良好环境。他们的自尊心是残缺的、病态的，他们是斥责教育的受害者。"

我们很多家长，总认为批评、斥责孩子是为了管教孩子，而管教孩子就是为了让孩子听话。因此，经常强迫孩子照父母的话去做，否则就开始声讨。这很容易使孩子变得被动、依赖，遇事只会等待大人的指令，不敢自行做出判断，唯恐做错事情遭到斥责。这不仅会影响孩子独立性的发展，对孩子的思维能力和创造力培养也极其不利。

从表面上看，遭到斥责的孩子很快表示服从，似乎问题得到了解决。但事实上，孩子记住的只是斥责给自己带来的痛苦体验，而对自己的过错行为本身却很少自我反思，因此斥责反而会削弱孩子自我教育的能力。

这种恶言恶语，强迫、威胁，甚至挖苦，都是父母在气急了的时候，恨铁不成钢的情况下，训斥子女时常采用的方法。但是，它们通常也是最不能为孩子，尤其是有些反抗性或自尊心强的孩子所接受的。它们不但不能把孩子教好，反而会把事情弄僵，在不知不觉中给予孩子不良的影响。至于央求和用金钱来诱惑，更是只会把孩子引上邪路。为了避免斥责带来的负面效应，家长要尽量少辱骂、斥责孩子，确有必要进行斥责时应注意以下几点。

（1）让孩子知道自己错在哪里。由于孩子年龄小，知识经验少，能力有限，因此父母应实事求是地加以评价，讲讲道理，同时更应帮助孩子分析原因，引导他自我反省，让孩子知道自己到底哪里做得不对。

（2）批评孩子要就事论事。批评孩子时，不要给孩子一种新账老账一起算的感觉。说话要切合实际，避免说教，掌握好分寸，因为及时处理，有助于条件反射的建立、刺激的强化、教育效果显著，不要等过了时候再处罚。

恶语相讥、打骂等方法只能让孩子做出服从表象，而不能做到心服口服。另外，经常受打骂的孩子长大后往往会表现出暴力倾向。

（3）告诉孩子正确的做法。教育的目的是为了使孩子今后不再犯同样的错误。因此，父母在斥责孩子的同时还要耐心地教给孩子做事的方法，让孩子自己去思考、去判断，通过自己的努力加以改进。

（4）尊重孩子的人格。在大人眼里，往往觉得孩子小，什么都不懂，其实他们对周围的人和事会有自己的认知方式和情感倾向，也需要别人的理解和信任。我们只有尊重孩子，用科学民主的方法对待他们，才能把他们培养成有高度自尊心和责任感的人。因此，斥责孩子时一定要注意场合和分寸，切莫在大庭广众之下训斥孩子，也不要说粗鲁、讥讽孩子的话。

不听话不代表是坏孩子

　　常听一些父母夸奖别人的孩子成绩冒尖，羡慕之情溢于言表，并认为这样的孩子将来一定会有出息，干任何事业都会成功。与此相反的是，一些父母对自己成绩不理想、调皮的孩子感到十分失望，甚至因此失去信心。他们认为，这样的孩子是没有任何前途的，是坏孩子。

　　是的，我们不否认学习棒、听话的好孩子事业成功的机会大一些，但是也不能说学习不好、不听话的坏孩子就没有成功的机会，其人生是失败的。

　　父母即使是在面对自己的"坏孩子"时，也要保持冷静的态度，要以长远的眼光看待孩子的成长。也许，孩子在这方面不尽如人意，但在另一方面，孩子会做得比任何人都好。

　　世界上没有完全相同的两片树叶，也没有完全相同的两个人。个性是人才的特性，大凡创造性人才，包括科学家、艺术家、文学家、军事家等，无不都具有区别于他人的独特个性。可以说，没有个性，就没有创造性人才。人的素质具有不对称的特征，许多偏才、奇才、怪才无不都是各种素质全面发展的。正因为如此，父母不要轻易给"坏孩子"下结论，不然的话，只会让孩子承受负担，从而变得更加消沉。

有一位教授在北京某小学做过一项调查，结果让他十分震惊。他在报告书中这样叙述："你知道吗？在一年级的班里，竟有五六个小学生被认定是坏孩子，连他们自己也说自己是坏孩子。其实，他们不过是淘气而已，怎么是坏孩子呢！"专家认为，好孩子与坏孩子之说是不同的儿童观与教育观所致。同样一个孩子譬如一个顽皮儿童，从了解儿童、相信儿童和尊重儿童的观念出发，父母会觉得这孩子很正常甚至挺可爱；假若从不了解儿童、不相信儿童和不尊重儿童的观念出发，父母便会觉得这孩子讨厌，也许就会认为他是坏孩子。

要知道，当一个孩子被认为是坏孩子的时候，他的悲剧命运就开始了，而且往往会成为家庭、学校乃至社会的灾难。所以，作为父母，首先要树立正确的儿童观，要了解孩子的所思所想，认识到世界上没有生来就坏的孩子，也没有哪一个孩子天生愿意做坏孩子。

其实，每一个孩子都有其优秀的一面，只是，很多时候，父母没有发现而已。

打骂教育只会让孩子更逆反

"打是亲，骂是爱。"很多家长都崇尚这句老话，以为对孩子棒打口骂，正是爱孩子的体现。这也从另一侧面体现出，父母"望子成龙、望女成凤"之心是如何迫切。

可是，教育专家认为：打骂教育是中国传统专制家庭制度的残余，会对青少年身心造成严重摧残。打骂教育也是一种畸形的家庭教育方式，不仅不会使孩子走向成功，而且还有可能酿成家庭悲剧。

一项媒体所做的调查显示，近 2/3 的孩子曾经遭受过家庭暴力。在接受调查的 498 名大学生中，54% 的人承认自己在中小学阶段经历过父母的体罚，体罚的形式以父母手打脚踹为最多，占到 88%，借助工具，如棍棒、皮带、衣架等实施暴力的占 1.6%。从体罚的种类看，罚跪占 16.36%，罚站占 13.38%。

很多事例表明，从严、粗暴的教育方法，不但达不到父母教育的目的，而且会使孩子形成各种心理问题，而这往往会成为孩子日后不良行为，甚至走上犯罪道路的根源。打骂不是教育孩子的好方法，更不是爱的体现。要遏制打骂孩子的现象，必须充分认识到打骂孩子的危害。

（1）会造成严重的亲子隔阂。孩子遭打的时候，没有心里舒坦的。皮肉之苦，使他们产生怨恨、逆反、畏惧等心理。打的结果，孩子与父母之间的亲情日益淡漠，隔阂越来越深，个别孩子甚至会产生报复心理。

（2）会造成悲观厌世情绪。每个孩子都有自尊，希望得到别人包括父母的尊重，而别人的尊重、信任，会使孩子产生自信，这是他们前进的重要动力。经常挨打的孩子，自尊心受到损害，产生自卑，极容易走上自暴自弃、破罐破摔之路。父母本是孩子最亲近的人，经常遭父母的打骂，孩子会感到人世间没有温暖，活着没有意思，于是悲观厌世。现实中，由于遭受父母打骂，出走者有之，自杀者有之，造成的家庭痛苦是难以言状的。

（3）促使孩子陷入孤独的深渊。经常被挨打的孩子，会感到孤独无援。尤其是父母当众打孩子，会使孩子的自尊心受到伤害，往往会怀疑自己的能力，会自感"低人一等"，显得比较压抑、沉默，认为老师和小朋友都看不起自己而抬不起头来。于是这种孩子往往不愿意与父母和老师交流，不愿意和小朋友一起玩，性格上显得孤僻。

（4）导致孩子说谎。有的父母一旦发现孩子做错事就打。为了逃避挨打，往往迫使孩子违心地说谎，瞒得过就瞒，骗得过就骗，因为骗过一次，就可减少一次皮肉之苦。但是孩子说的谎，往往站不住脚，易被父母发现。为了惩罚孩子说谎，父母态度更加强硬。为了避免再被父母暴打，孩子下一次做错事更要说谎，这样就构成了恶性循环。

（5）造成孩子人格畸形。从心理学角度讲，父母粗暴高压，会导致本来性格倔强的孩子产生抵抗意识、对立情绪，进而变得性情暴躁，行为粗野，甚至形成攻击型人格，对别人施暴，难以建立良好的人际关系；而性格怯懦的孩子，会产生严重的畏惧心理，表现出软弱的顺从意识，进而形成猥琐、胆小怕事的性格等，这样的后果，将影响孩子的整个人生。

300多年前，英国哲学家约翰·洛克曾提出过：要尊重孩子，要精心爱护和培养孩子的荣誉感和自尊心，反对打骂孩子。他甚至断言：打骂式的管教，其所养成的只会是"奴隶式"的孩子。经历了几个世纪，可以说，约翰·洛克的判断几乎都变成了事实。那父母应如何在不打不骂的前提下爱孩子呢？

（1）多了解孩子。在忙于工作的同时，父母一定要抽出时间来多了解孩子，与孩子的保姆、孩子的老师多多沟通，尽量对孩子在家庭和学校中的表现有一个全面把握。多一分了解，就少一分误解。

（2）耐心倾听孩子。如果是气急攻心的父母，在面对不听管教的孩子时，通常最直接的反应就是破口大骂，这是很不理智的表现。此时，父母应先冷静下来，尝试着多一分耐心，问问孩子这么做的原因是什么。当父母的心思已经放在了解孩子的想法并想办法帮孩子解决问题时，也许就会发现孩子的行为其实是情有可原的，并且也已经释放掉了很多负面的情绪。

（3）放下家长"身段"。在生活中，父母应放下"身段"，从内心尊重孩子，不要再用命令的口气跟孩子说话，将孩子当作成人一样给予尊重。不要总是对孩子说"不"，而是要给孩子选择题，让孩子自己做决定。如果孩子的年龄足够大，表达能力没有问题，也可以让孩子自己提出解决方案或替代办法。

（4）修正对孩子的期望。有时，父母真的太过于求好心切了，常常拿自己都做不到的标准来要求孩子。要知道，孩子年龄还小，有好动、固执、健忘等表现都很正常。父母如果真的要对孩子有所要求，也一定要考虑孩子的成长状况。

打骂不是对孩子的真爱，那是一种畸形的爱，父母对此一定要提高警惕。同时还要意识到，爱孩子的父母应该是懂得拒绝打骂和暴力的父母，应该是能够给孩子的成长创造快乐天空的父母。

第七章

孩子的性格 受父母影响

孩子的心是稚嫩而脆弱的，伤害了就很不容易愈合。作为家长不要一味地批评孩子，要发现孩子身上的闪光点，多给孩子点自信。

唠叨让孩子恐惧

没有人愿意没完没了、反反复复地听同样的话。父母对孩子的教育，不能老调重弹，唠唠叨叨只会令孩子心烦，结果无论说些什么，孩子都不会听进去。一份心理学调查报告指出，一个人长期重复听同样的声音会产生一种心理的不在乎，甚至产生强烈的反叛心理。

一位母亲经常"偷袭"孩子的房间，检查孩子是否在认真做作业。如果发现孩子做别的事情或做作业精力不集中，会经常说同一句话："做作业累着了，在休息啊？"

有一次，母亲又走进了孩子的房间，孩子正在叠纸鹤。母亲生怕她贪玩误了作业，就说了一句"怎么还在玩啊？"孩子突然着急起来，说："你们就知道冤枉我，我的作业早已完成，叠纸鹤也是老师布置的作业，难道不对吗？"看着孩子很委屈的样子，母亲的声音马上降低了半调，给孩子陪一笑脸，并说怕她完不成作业，去学校没有办法交差。

孩子说："我现在已经懂得如何完成作业了，请不要把我当作一个不懂事的孩子了，不要老是啰啰唆唆。"母亲这时才明白过来，作为一名家长，她希望孩子成龙成凤的心理太苛刻了，总害怕孩子不好好做作业，不合理支配时间，影响了学习，却忘记了作为一名家长，更应该懂得如何理解、信任孩子。

从这个事例可以得知，"家长意识"有时候是一种"长官意志"，给孩子的是一种无形的压力。其实，父母应该大胆放手让孩子自己支配时间、做事情，在这个过程中，孩子需要的不是父母的唠叨，而是父母的指导。指导是亲切的，是言简意赅的，指导的结果是孩子情绪稳定，心情愉快；而唠叨则往往会有责怪、警告的成分。唠叨的结果会形成孩子行为惰性，使孩子厌倦、反感、苦闷。

有父母抱怨："孩子就是不听话，我都说过起码不下十遍了，可他就是听不进去，依然我行我素。"有什么事值得唠叨"不下十遍"，同一句话在孩子耳边绕来绕去，孩子哪有不烦的呢。这时孩子不听话，往往是逆反心理在作怪。有什么方法可以帮助家长们避免对孩子无谓的唠叨呢？

（1）学会等待。一些家长有这样一种心理：自己说一句话，希望孩子马上就言听计从；自己提出一个目标，希望孩子一下子就能达到。可是我们不要忘了，孩子就是孩子，他的心智和能力并没有发展到那么成熟的地步，一些事情他可能还没有理解，一些事情他可能还不知道怎么去做，一些事情他可能还会常常出错。

因此，做家长的必须要学会等待，要克制住自己的急躁情绪，给孩子一定的时间去转变，允许孩子有所反复。孩子的成长是需要一个过程的，不管是生活自理能力的提高，良好习惯的养成，还是文化知识的积累，都需要时间的历练，而且这个时间不会因为有家长的唠叨就会缩短。

（2）只说一遍。家长如果想让孩子做什么事，应当选择恰当的时机，然后和孩子面对面坐下来，严肃认真地与孩子谈。家长可以明白地告诉孩子，"你听好了，这话只说一遍"。在对孩子说的时候，一定要突出重点，挑选有分量的话说，不要对孩子反反复复地唠叨个没完。

即使是在纠正孩子的错误时，家长也不要喋喋不休地数落和教训孩子，凡事点到为止，只要孩子能够认错并愿意改正就可以了。要知道，唠叨在大多数时候是不动听的，说多了反而起不到好的效果。

（3）就事论事。孩子都会犯错，当孩子犯错误时，有的家长总喜欢翻孩子旧账，把孩子的种种"恶行"全部数落一遍，越说越来气，越来气就会说得越多。

其实，孩子在生活中犯一些错是正常的，孩子就是在不断地改正错误的过程中成长起来的。对于孩子犯的错误，家长应当就事论事，联想太丰富了只能让孩子觉得你太烦人、太唠叨。

（4）抓大放小。孩子在成长的过程中会有许多事情需要大人操心，但有些事情是无关紧要的，有些事情也许并没有成人想象的那么严重。家长教育孩子时可以让自己放松一点，对于孩子生活中的一些琐碎小事，放手让他自己去做，如果总是一而再再而三地去提醒，孩子当然会嫌你唠叨。

家长应当学会把最主要的精力放在重要的事情上，比如，孩子的人生态度、价值观、未来志向、学习习惯、学习方法等，这样一来，不但家长自己轻松了许多，孩子也会自然与你更亲近，也会自然更听你的话。

尽管唠叨包含了很多的关怀与呵护，但也意味着不放心与不信任。父母对孩子的教育，应该是点到为止。孩子随着岁月渐长渐大，有了更强的自助能力，父母教育孩子一定要尽量减少一些命令式的口吻。

管教过当会使孩子懦弱

自从小玉懂事起，她不敢到集体场所玩耍，也不愿与其他小朋友交往。家中父母的好友来访，她也躲开不肯相见，常常独自与玩具做伴。

到了上幼儿园的年龄，小玉说什么也不肯去，在去的路上常常大哭大闹，到幼儿园后则一人躲在角落里，不参加集体游戏，生活也显得被动。

上小学后，小玉与老师、同学接触显得紧张，不自然，甚至感到很别扭。她不敢和陌生人说话，不敢和别人目光对视，更不能在他人的注视下学习，甚至不敢独自在公共厕所小便。

小玉的父母很着急，带着她去找心理医生。医生询问他们在家是如何教育孩子的，他们和盘托出，坦承从小就对小玉严格管教，他们遵奉"打是亲骂是爱，不打不骂是祸害""树不修不成料，儿不打不成才"的教子原则。医生听后频频摇头，指出小玉的病症就出在父母严厉的家教上。

小玉的胆小怕事，是一种实实在在的社交恐惧症。究其根源，是父母对孩子宣泄不良情绪、粗暴干涉孩子心灵自由发展的结果。孩子心灵的健康成长需要五大自由：看、听、感受、幻想以及情绪的释放。但许多父母总喜欢用自己的判断去取代孩子的判断，不给孩子们思考和决定的自由，也不允许孩子表达自然的情绪。被管得太多太严了，孩子的心理防御系统开始启动，他们觉得自己总是犯错、不如别人，慢慢变得自卑、怯于尝试，进而脱离社会生活，形成社交恐惧。

有些父母对孩子的希望值很高，实施了严格的家教，在家庭环境的影响下，这些孩子也对自己有着较高的要求。问题是，孩子一旦经历了某些挫折，就容易出现无法接受事实的心态，从而逐渐出现了强迫思维等症状。专家建议：在生活中，父母应多给孩子一些鼓励，教育孩子要有战胜自我的信心，而不要因为孩子达不到父母的高要求而打击他们。

父母对孩子的爱，要体现于严而有爱之中。"爱"与"严"是辩证的统一。著名的苏联教育实践活动家、教育理论家马卡连柯说过："我的基本原则永远是尽量多地要求一个人，也要尽可能地尊重一个人。在我们的辩证法里，这两者是一个东西：对我们所不尊重的人，不可能提出更多的要求。当我们对一个人提出很多要求的时候，在这种要求里也就包含着我们对这个人的尊重，正因为我们向他提出了要求，正因为他完成了我们的要求，所以我们才尊重他。"

父母对孩子的爱，要体现于严而有方之中。严而有方，就是要讲究方式方法。方法是达到目的的手段，是过河的桥梁。不讲究方式方法，往往事与愿违，造成家庭关系紧张，甚至恶化。

父母对孩子的爱，要体现于严而有度之中。严而有度，就是说要严得适度。过与不及都会造成不良后果，要求太高，力所不及，要求太低，无济于事，等于没有要求。

过于严厉会使孩子胆小怕事

在我们的生活中，还有很多家长误认为教育孩子必须严厉。好像家长的态度不严厉，措辞不强硬的话，孩子就不会听一样。久而久之，家长就形成这样的措辞"你今天必须""你要""你应该""你不许"等。这种做法，不仅束缚了孩子的"拳脚"，让孩子不能真正发挥自己的才能，还会把孩子培养成一个"软柿子"。

一位妈妈找到教育专家，用后悔的口吻这样说："以前总是要儿子听话，我现在反而觉得太听话的孩子将来会没出息。"这位妈妈表示，她为人比较严谨，希望自己的儿子从小懂规矩、讲礼貌，不要给别人添乱，儿子也一直做得比较好，是外人眼里乖孩子的典范。然而，在与同龄人的相处中，15岁的儿子表现得过于软弱，有人欺侮他，他也不吭声。

教育专家表示，胆小怯懦的孩子所接受的家庭教育，要么是父母管教比较严苛，要么是父母两人的教养态度不一致，一方太强，一方过弱。家长在设置了一些家规、禁令后，只是让孩子简单服从，而不告诉孩子为什么要照这个规矩去做，也很少倾听孩子的意愿。在家里被要求听话听惯了的孩子，难免会将这种人际交往方式迁移到与他人的交往中，总是处在一种人强我弱的位置上。

刘女士对专家说："我的儿子念初三，成绩还不错，就是人太老实，被人欺负也不敢跟老师或家长说。老师反映，班上有几个调皮学生经常让儿子跑腿买东西。问及此事，儿子只说：'那些学生不好惹，会动手打人的，只是帮他们买个东西，无所谓。'看到儿子如此反应，我心里很不舒服。"

专家解读：在人与人的交往过程中，总会遇到我们向别人提要求或是别人向我们提要求的情况，当别人向我们提要求时，答不答应就是个人的态度问题。具体到这个孩子身上，当遇到这种情况时，孩子就需要摆出鲜明的态度：对同学提出的要求如果乐意，就给予帮助；如果打心眼里不乐意就拒绝，当然拒绝是要注意技巧的。如果你表现得唯唯诺诺，别人也不了解你的意愿，就很可能会把他个人的意愿强加于你。对于危及安全的恐吓，应该及时向班主任或家长反映。

经了解，以上两位母亲在教育孩子上都表现得比较严厉，对孩子的一些探究性的行为，常常简单地告知"可以"或"不可以"，很少给孩子话语权来表达自己内心的想法。所以，家长在教育孩子时，一方面要尊重孩子的求知欲，一方面也要尊重孩子的自由，鼓励孩子表达自己的内心想法，对于与自己的意愿不符的要求，可以多问一个"为什么"，也可以说"不"。

我们中国的老传统是喜欢老实的孩子。父母总希望孩子规规矩矩、百依百顺，孩子稍一调皮就不能容忍，往往是管得过死，限制过多，把孩子的创造性给扼杀了。其实调皮、好动是儿童的天性，也是创造力发展的幼芽，只要不出大格，不要限制太多。什么都看着大人的眼色行事，唯唯诺诺，将来注定是个没出息的孩子。

美国总统尼克松写了一本书《领袖们》，他说，中国的教育制度可以为群众提供很好的教育，但却失去了中国的达尔文和爱因斯坦。因为中国的教育制度过分强调每个人要样样都好，样样搞统一，从小把他们训练得十分驯服，不允许有独立见解，更不允许有爱因斯坦的"离经叛道"，这样只能培养出守业型人才。父母要真心热爱创造型孩子，就不要对孩子求全责备，不要用传统的观点把孩子训成"小老头"。

错误方式造成孩子自卑性格

法国心理治疗师雷哈德·卢旺认为："缺乏自信"这个说法，好像一个杂物柜，什么都能往里装。"我不敢上台发言""我不知道怎么说不""我害怕别人的议论""我认为自己一无是处"……这些，都是没有自信、自卑的表现。自卑是危险的，它会迷茫孩子的双眼，让他们看不清自己的能力，看不到自己，从而陷入痛苦的泥沼中难以自拔。

可是，孩子为什么会自卑，造成他们自卑的原因是什么呢？归纳起来，造成孩子缺乏自信、自卑的原因有以下几点。

（1）家长错误的教育方式。中国传统文化信奉"不怕人笑话，就怕自己夸"。为了让自己的孩子进步，一些家长天天忙着去割孩子那所谓的翘起的尾巴，一些家长对孩子的缺点说起来是如数家珍，一些家长经常在外人面前数落孩子性格中负面的东西，还有一些家长则专门拿自己孩子的缺点与别的孩子的优点做比较，这些做法让孩子大受打击。

因此，孩子在生活中听到的大多不是"不错、很好、有进步、你能行"，而是"真笨，怎么就不如别人；你怎么把房间搞得这么乱；你就是不爱说话；不要以为这一次考了100分，就能次次考 100 分"。天天生活在这样的环境中，不要说孩子，就是一个成年人恐怕也会被搞得灰溜溜的，不自卑才怪呢！

（2）家长对孩子的期望过高，让孩子自卑。能力特别强的父母，一般对孩子的要求也很高，他们总是一味地追求十全十美。而孩子毕竟是个孩子，他的知识积累和生活阅历决定着他不可能每一件事都会做得十全十美。因此，孩子往往就会受到父母过多的指责或训斥，使孩子对自己的能力产生怀疑，逐渐失去自信，从而产生自卑。

（3）苛刻的批评，望子成龙，望女成凤。现今的父母竭尽精力与财力让孩子接受各式各样的教育，孩子们则应接不暇地穿梭于各类学科的辅导中。父母旨在让孩子"先知先觉"，孩子稍不如人，就心急如焚，对孩子大加呵斥："这么简单，怎么还不会？""你啊，真是笨蛋！""你上课是怎么听的？"

舐犊情深的父母也许从未想过，在孩子看来，这些不经意的言语意味着父母对自己的否定。孩子在被否定中否定自我，那弱不禁风的自信心的嫩芽在一次次的否定中被扼杀了。自卑、怯懦随着自信心的减弱而滋长。

而对外面的世界，孩子的内心总有一个声音："我行吗？我会吗？"这是一种痛苦，也是一种悲哀。那么，这一切的根源在哪里？在于"自信心"的丧失。而这又是谁造成的？是那些声声说爱孩子而又不会爱的父母！

孩子的心是稚嫩而脆弱的，伤害了就很不容易愈合。作为家长不要一味地批评孩子，要发现孩子身上的闪光点，多给孩子点自信。不要只盯住自己孩子的短处和缺点，而对于他的长处和优点视而不见，充耳不闻。夸赞你的孩子吧，很快你就会发现：你的孩子会乐于变成你所夸奖的那么优秀。

（4）父母粗暴、专横的教育方式，导致孩子的自卑。一个人小的时候，正是性格和信念发展的重要时期，如果此时就充满了恐惧和怀疑，不相信自己有能力去改变命运，那么这种自我暗示就会引起他们缺乏信心，整日用一种消极和自卑的情绪去生活，从此一蹶不振。

（5）无聊的攀比让孩子自卑。一些家长总是把自己的孩子与别人相比，恨不得将所有孩子的优点都集中在自己孩子身上。这种脱离实际的幻想，当然实现不了，于是，孩子常常挨骂："你怎么样样不如别人。""看人家张三多么能干。"在这样的环境下，又怎能培养出有自信心的孩子来呢？

（6）过度保护孩子。在我们的社会生活中，由于"独苗苗"现象的普遍存在，孩子变成了家里的"小皇帝""小公主"，因而也自然成为爸爸、妈妈、爷爷、奶奶、姥姥、姥爷聚焦的中心，六双眼睛时刻关注着小宝贝的动静，唯恐有点闪失。小孩子的能力本来不足，做任何事情笨手笨脚，动作又慢，很容易产生自信心不足的心理。大人在一旁看着，情不自禁地发急，往往自己动起手来越俎代庖。

久而久之，孩子什么也不会干，于是家里的六双手更"有理由"抢着包办代替，剥夺孩子自己做事的一切权利。孩子不学习动手做事，他的自信心也越来越没有了。家长过度保护的另一种表现是恐吓手段。比如，不让孩子出家门"闯祸"，偏说什么"外面有大灰狼""有坏人要把你带走"的谎言，使孩子只能老老实实地待在家里。这样孩子是变得听话了，可是，他的自信心也吓得没有了。

（7）过分管教孩子。有的父母希望自己的孩子听话，不喜欢顽劣的孩子。但心理学家认为，儿童在言行方面略有越轨，对他们的身心成长有益。那些对家长言听计从的孩子，通常低估了自我价值，自信心比较弱，对环境和生活中发生的事物怀有恐惧。他们把良好的行为作为自我保护手段，因为他们所犯的错误越小，所谓的"风险"也就越少。这都是他们自信心不足的表现，因而在人格成长方面，缺乏进取独立的能力。

缺乏自信的人都有过独特的经历，没有人天生就是害羞或自卑的，而是后来变成的。他们有一个共同特点：不自信的因素都是在同父母曲折的关系中孕育的。总之，孩子缺乏自信与父母的教育有关，这样的例子不胜枚举。孩子的成长轨迹，深深地烙刻着父母的影响。

（8）家庭的不完整，容易使孩子产生自卑。生活在破裂家庭中的孩子，得不到父母足够的爱，觉得自己是被社会抛弃的人。当看到别的小朋友能跟爸爸妈妈在一起时，就更加伤心，感到很自卑。

由此可见，孩子自卑性格的形成有多种原因，这种性格形成的时间也往往源于儿童时代。因此，父母应关注孩子的性格发展，一旦发现孩子的自卑情绪，必须尽早帮助孩子缓解和消除，以避免形成自卑性格。

赢在
正面管教

别让孩子
伤在
坏习惯上

贺特山 / 编著

应急管理出版社
·北京·

图书在版编目（CIP）数据

赢在正面管教：全五册／贺特山编著. –– 北京：应急管理出版社，2020

ISBN 978 – 7 – 5020 – 7822 – 5

Ⅰ. ①赢… Ⅱ. ①贺… Ⅲ. ①家庭教育 Ⅳ. ①G78

中国版本图书馆 CIP 数据核字（2019）第 270394 号

赢在正面管教（全五册）

编　　著	贺特山
责任编辑	高红勤
封面设计	月婷设计

出版发行 应急管理出版社（北京市朝阳区芍药居 35 号　100029）
电　　话 010 – 84657898（总编室）　010 – 84657880（读者服务部）
网　　址 www.cciph.com.cn
印　　刷 北京一鑫印务有限责任公司
经　　销 全国新华书店

开　　本 880mm × 1230mm$^1/_{32}$　**印张** 25　**字数** 600 千字
版　　次 2020 年 3 月第 1 版　2020 年 3 月第 1 次印刷
社内编号 20192974　　　　　　**定价** 125.00 元（全五册）

前　言

　　什么是习惯？习惯就是一种重复的、无意识的日常行为规律，它通过对某种行为的不断重复而获得。可以说，几乎每一天所做的每一件事，都是习惯使然。

　　在孩子的身上，好习惯与坏习惯并存。如何让孩子改掉坏习惯，养成好习惯，正是本书所要传达的最核心的内容。

　　古今中外，大凡是走向成功的人士，之所以能站在巅峰，是因为他们都拥有良好的习惯，而良好的习惯不仅赋予了他们健康的体魄，而且赋予了他们积极进取的心态。这使他们在面临困难与挫折或是陷入绝境与失败时，迅速战胜一切，主宰命运走向成功。可见，习惯是一个人成功的关键因素。

　　如果说生命是一座五彩缤纷的百花园，那么，好习惯就是这座花园中盛开的一朵美丽的小花，她的果实对生命的成长影响深远，就像鸟儿偶尔衔落到一个荒岛上的一粒树种，这不起眼的种子往往就是覆盖荒岛的森林的孕育者，是改变荒岛的"荒之命运"

的制造者！

如果说生命是一片充满生机的原野，那么，好习惯就是这片原野上通向光明的一条心灵之路，有了这条路，就不会再被荆棘之丛伤害，就不会在漫漫的岁月里迷失自我；有了这条路，就能去漫游理想之国，就能一天比一天地走近我们渴望的新生活。

其实成功人士并不见得比其他人聪明，而是由于好习惯使他们变得更有教养、更有知识、更有能力；成功人士也不一定比普通人更有天赋，但是，好习惯却让他们训练有素、技巧纯熟、准备充分；成功人士不一定比那些不成功者更有决心、更加努力，但是，好习惯却放大了他们的决心和努力，并让他们更有效率、更具条理。

人常说，要养成一种坏的习惯很容易，因为人本身对坏习惯的免疫力差，坏习惯一般潜伏在人的本性中。而好习惯需要经过很大的努力和毅力才能形成。孩子的种种坏习惯、坏毛病不经意就有了，而要改变它，需要经过很长一段时间的努力。

作为家长，需要时时检查孩子在学习与生活中的种种习惯，看看哪些是有益的，哪些是有害的，而后将有害的改为有益的。哪怕一个小小的改变，假以时日，也能使孩子受益无穷。

编　者

2019 年 9 月

目录 CONTENTS

第三章 好的学习习惯很重要

第四章 "会说话"的孩子更受欢迎

第五章 好性格赢得好人生

第一章

改掉坏习惯，塑造好品行

塞缪尔·约翰逊说："习惯之链的力量很弱，因而往往感觉不到，但一当感觉到了，它已是牢不可摧的了。"

习惯是什么？一种过程，一种行为，多次重复从而进入人的潜意识，变成下意识性动作，这就叫习惯。习惯一经养成就会成为支配人生的一种力量，成了行为的自动化，不需要特别的意志努力，不需要别人的监控，不论在什么情况下他都会按已形成的意志去行动。习惯对人极为重要，从某种意义上说，"习惯是人生最重要的指导"。

不好习惯要改正

习惯伴随着人的一生，影响人的生活方式和个人成长的道路。我们完全可以通过训练来纠正孩子们的不良行为。以下是纠正孩子不良行为的具体方法。

1. 善于发现坏习惯

很多家长在孩子的坏习惯已经在心中生根发芽后还浑然不觉。因此，要想有效地将孩子的坏习惯遏制在萌芽阶段，家长应有一双善于发现的眼睛。如孩子第一次因为家长不给买他喜欢的东西哭泣时，家长不要为了哄孩子，就满足他。应该知道，这是孩子形成任性坏习惯的表现。这时候，家长可以采用不搭理的方式教育孩子。等到孩子的情绪趋于平静，再给孩子讲道理。

2. 及时督促改正

对孩子的引导和教育要适时，一般情况下，可在坏习惯出现后立即进行。例如，孩子不洗手就吃食物，一发现，马上就应该教育他。可一边给他讲病从口入的道理，一边督促其洗手。如果下次吃食物时孩子先洗手了，就及时地表扬他。

3. 冷静与孩子沟通

如果孩子表现出某种不良行为，大人尽量不要大动肝火，要用平静、爱护的口气与之对话，在和孩子说话前做一个深呼吸，尽量让自己保持冷静。这样，孩子才能在感情上与父母接轨互相沟通。如果父母居高临下，盛气凌人，甚至大动肝火，怒气冲冲，孩子就会在感情上惧而远之，敬而畏之。这不但不利于大人了解孩子坏习惯养成的原因与动机，也不利于教育措施的实施与实施后的效果。

4．当场纠正孩子的错误行为

即使孩子的不良行为依然没有改正的迹象，也要把你和孩子之间达成的协议坚持完成。你必须保证协议的一致连贯性，而且要做到言出必行，这样孩子就会明白你是认真的。一旦孩子出现不恰当的行为，你就马上加以纠正。

5．改正要循序渐进

纠正孩子已养成的坏习惯，家长的要求不能太高，要切合实际，要有耐心，不要指望孩子在一个短时期内发生奇迹般的转变。只要孩子每次改正都有一些进步就可以了，也可能以前的坏习惯出现重复，这是正常的，要宽容和理解孩子，不必操之过急，只要引导和教育方法得当，持之以恒，就一定会取得良好的成效。

6．不要抱有成见

孩子有了坏习惯，即使是"屡教屡犯"，大人也不能抱有成见，感到孩子乃"竖子不可教也"。因为这种态度，会伤害孩子的自尊心，会从反面刺激孩子形成坏习惯的动机。这不仅不利于纠正孩子的坏习惯，也不利于孩子的发展和成长。

7．适时鼓励孩子

在改变孩子的行为时，请不要忽视那些最简单，但往往也是最有效的方式。比如"你刚才和我说话时表现出了对我的尊重，我喜欢这种说话方式"。要知道改变对于每个人来说都是非常困难的，尤其对于孩子而言。因此你要适时肯定、赞赏孩子付出的努力，表扬孩子的每次进步。

从小养成好习惯

良好习惯的内容包括很多方面。为了操作方便，我们把良好习惯分解为生活习惯、行为习惯和学习习惯。

1. 生活方面

培养生活自理的能力；饭前、便后、游戏后洗手；吃饭安静、节约、卫生；按时午睡，不影响他人休息；衣着整洁；节假日生活安排科学、合理、有规律；物品摆放整齐、有序等。（劳动习惯、卫生习惯和生活规律习惯等都属于生活习惯。）

2. 行为方面

强调"遵守秩序，讲究公德"。要求孩子见到老师和客人主动问好；乘车排队、安静、有序，在公共场所讲文明，有安全意识；上下楼梯轻声慢步靠右行，懂谦让；爱护幼儿园环境，看见垃圾主动捡起；活动时不追逐打闹、大声喧哗、参与文明健康的活动等。（文明礼仪、言行举止等都属于行为习惯。）

3. 学习方面

根据年龄段提出不同的要求。小学生培养注意倾听、回答问题声音洪亮、大方得体；读书、握笔姿势正确、专心听讲、积极思考、不懂就问。（语言习惯、思维习惯、专心听讲的习惯、书写认真的习惯、独立完成作业的习惯等都属于学习习惯。）

中国有句古话："少成若天性，习惯成自然。"意思就是小时候形成的良好行为习惯和天生的一样牢固。确实，儿童期是形成习惯的关键时期。因为孩子年龄小，可塑性强，比较听话，好训练，因而培养各种良好习惯最容易见效。从长远来看，良好的习惯养成了，对孩子的影响是一生的。

那么，如何才能让孩子从小养成良好的习惯呢？专家给出了以下五点建议。

1. 提高认识

可以通过讲故事的形式，让孩子分析案例等各种方式，使他们切身感受到习惯的重要性。要让孩子自己觉得：习惯这么重要，我特别需要形成一个什么习惯。用各种教育行动进行榜样教育，也是提高认识的好方法。各种各样的杰出人物都有好习惯。比如，我们大家都知道李嘉诚很守时，他怎么做到守时？他的表都是拨快10分钟的。

2. 明确规范

定家规，定班规。制定习惯培养目标，一定要发动学生以及父母老师都参与。要一个一个地制定具体的培养目标，三个月或半年培养一个习惯，都是很好的。

3. 持久训练

习惯培养最主要的方法是训练，习惯不是说出来的，而是练出来的。训练要反复、严格，还要贴近生活，具体而有实效。只有反复训练才能形成自然的、一贯的、稳定的动力定型，这是由人的生理机制所决定的。

值得家长们注意的是，一个行为的形成一定要训练两个月以上。但这训练不是天天正步走，而是要进行分析、评估、引导、训练等，这是不可缺少的环节。

4. 及时评估

每个孩子都需要表扬。因此，在孩子好习惯的培养过程中，家长一定要注意调动孩子的积极性，主观能动性。用各种方式对孩子给予表扬、引导。要批评孩子一个缺点，首先要表扬他两个优点，这样孩子就会乐于改正缺点。家长的评估适时，对孩子的促进作用也是巨大的。从一定意义上说，这还能让孩子巩固其良好习惯。

5. 形成环境

孩子的心理特点之一，就是爱模仿。榜样在行为习惯的养成方面起着不容小视的作用。因此，家长应当严于律己，培养孩子良好的习惯，不能只靠说教，更要以身立教，形成好的氛围，给孩子一个看得见的"旗杆"。让孩子在每天的学习生活中耳濡目染，孩子年龄小，可塑性、模仿能力强，孩子的行为习惯就容易得到正强化。

当然，良好习惯的养成不是一朝一夕的，在养成良好习惯的过程中，往往会出现反复现象，这样，平时的督促就显得更为重要，要通过经常性的督促检查，使孩子在不断的实践中养成自觉的习惯。

言传身教很重要

对于孩子来说，父母的身教是最好的教育。那么，家长应养成哪些良好的习惯呢？以下是教育专家对家长的建议：

（1）无论什么时候，都不说"不可能"三个字。

（2）凡事第一反应：找方法，而不是找借口。

（3）遇到挫折对自己大声说：太棒了！

（4）不说消极的话，不落入消极情绪，一旦出现立即正面处理。

（5）凡事先订立目标，并且尽量制作"梦想版"。

（6）凡事预先做计划，尽量将目标视觉化。

（7）随时用零碎的时间（如等人、排队等）做零碎的事情。

（8）守时。

（9）有事情要做，先写下来，不要太依靠脑袋记忆。

（10）随时记录自己的灵感。

（11）把重要的方法写下来，并贴在家中明显位置，以随时提示自己。

（12）肢体语言要健康有力，不懒散、萎靡。

（13）每天出门照镜子，给自己一个自信的微笑。

（14）每天自我反省一次。

（15）每天坚持一次运动。

（16）定期存钱。

（17）时常运用"头脑风暴"。

（18）恪守诚信，说到做到。

（19）用心倾听，不打断对方说话。

（20）说话时声音有力。感觉自己声音似乎能产生有感染力的磁场。

（21）说话之前，先考虑一下对方的感受。

（22）每天有意识并真诚地赞美别人三次以上。

（23）及时写感谢卡，哪怕是用便笺写。

（24）不用训斥、指责的口吻跟别人说话。

总之，拥有好习惯的家长才有可能培养出拥有好习惯的孩子，孩子才会走向成功。因此，要想做一个称职的家长，家长自身应养成良好的习惯。

家长需要怎么做

专家认为，要防止孩子产生不良的行为，家长需要为孩子制定一些基本的规则。以下是防止孩子出现不良行为的 7 个步骤。

1．简单设定规矩

你可以这样想：如果你把话说死，不留下重新解释的空间，就可以避免以后的争论。好好琢磨琢磨下面两句话的区别："哦，好吧，你可以吃一块饼干。"（这给你的孩子留下了无穷的希望，也许要第二块也没问题呦！）和"你可以吃一块饼干，不过，不能再要第二块。就这样。"

2．坚持规矩

规矩就是规矩。我们都有过这样的时候：我们对孩子说不能再吃第二块饼干，可是之后又会劝告自己其实没必要这么苛刻。这里的窍门是眼光要放长远。也许这一次吃第二块饼干确实没什么问题，可是你真的想要每次设定了一个规矩之后就反悔吗？如果你第一次反悔，可能以后都会反悔。

3．不要让步

很多时候，家长容易心软，孩子稍微露出可怜的模样，家长就会"缴械投降"，家长的这种做法让孩子意识到乞求这招儿十分有效以后他要违反规矩的话，他自然会想到这一招儿。这无疑在助长孩子的坏毛病。

4．让孩子给出理由

如果你的孩子想要某样东西，而你还没想好要不要给他，那就让他给出充分的理由来吧。他想看喜欢的电视节目时，如果他说作业都做完了，钢琴也练完了，你就可以放心地答应他啦。

5．要求孩子做家务

什么家务活儿都不会干，对你的孩子来说没有一点儿好处。有研究表明，能把家务做好并有责任感，有助于孩子具备应对挫折的能力。

6．让孩子适度失望

我们都不愿意看到自己的孩子伤心难过，不过，有句话说得好："你不可能总是想要什么，就能得到什么。"也有研究表明：学会接受失望，会让你的孩子受益匪浅，他在今后的人生中会更懂得如何应对心理压力。

7．让孩子自己争取想要的东西

很多专家都认为，如果想要的东西得到的太容易，孩子们就会被宠坏，因为这会让他们认为自己得到的一切都是理所应当的。如果你的孩子想要一辆新自行车，你可以建立一套表现好的奖励机制，让他自己一点儿一点儿地争取。

总之，孩子的坏毛病还没成型时，是可以防范的。只要家长给予孩子正确的教育，就能收到意想不到的效果。

第二章

养成好习惯从
日常小事做起

查·艾霍尔说："有什么样的思想，就有什么样的行为；有什么样的行为，就有什么样的习惯；有什么样的习惯，就有什么样的性格；有什么样的性格，就有什么样的命运。"

优秀的素质立足于优良习惯的养成。要想把孩子培养成优秀的人，家长应注重生活小细节，从点滴入手，杜绝孩子的坏毛病，让孩子从小养成良好的生活习惯。

从小学会惜时间

　　每个人对时间的处理态度、安排内容、使用方式各不同，所以他们的收获也各不同。同样的时间过后，有人杰出、有人平庸、有人沉沦。仔细观察那些有杰出成就的人，我们会发现，他们无一例外，都有珍惜时间，利用上天赐予的时间刻苦钻研，从而创造辉煌业绩。反之，那些平庸、一事无成的人，却有着挥霍时间、挥霍生命的生命历程。

　　今天，我们的孩子面临的是一个讲时间、求效率、快节奏、高速度的时代。要想孩子今后在事业上有成就，就必须纠正孩子不珍惜时间的坏毛病，教育他们生活起居有规律，从小懂得时间的重要性，珍惜时间。孩子只有从小形成正确的时间观念，养成珍惜时间的好习惯，才能形成雷厉风行的作风，培养起做事的责任感与紧迫感。同时，养成珍惜时间的习惯，还能让孩子学会合理安排时间、支配时间，让自己的生活过得充实而富有意义。

　　要想让孩子养成珍惜时间的好习惯，家长需要从以下7个方面入手。

　　1. 从小培养孩子的时间观念

　　家长应该让孩子从小就认识到"时间"是每个人都拥有，但也是每个人都最易失去的资源。把握时间、珍惜时间，就是把握住现在，不浪费时间。

2. 教孩子做事分清轻重缓急

孩子往往分不清自己要做的事情的重要程度，他们的事情往往是由父母和老师来安排的。这是造成孩子不善于利用时间的坏习惯。

事实上，只有充分认识到自己要做的事情与自己的关系，才可能把这些事情都处理好。父母可以指导孩子每天把自己要做的事情按照重要程度和紧迫程序排序，保证把重要的事情都完成，把自己的时间和生活安排得井井有条。

3. 有效利用孩子的"大脑兴奋阶段"

珍惜时间，不等于说"学习时间越长越好"，不舍昼夜，有张无弛，疲劳轰炸，只会导致孩子神经衰弱，影响身体健康，学习效果自然也不会好。须知贪玩是孩子的天性，家长可以通过定期与孩子交流对"时间"的认识来准确了解其大脑皮层的最佳兴奋时段。

每个人的兴奋时段都是不太一样的，比方巴金喜欢挑灯夜战，艾青则早上诗兴大发，福楼拜则惯于通宵写作。家长可与老师配合，把一天中比较重要的学习任务在这一时段交与孩子完成，这样花较少的时间完成较多的工作，让孩子产生有效利用时间的成就感。与此同时，有意识地将孩子"玩"的时间挤在大脑皮层的兴奋处于抑制状态的时间段，长期如此，会让孩子产生出一种"玩原来也这么没劲"的心理，从而在一定程度上截断其贪玩费时的心理路径。培根说得好："合理安排时间，就等于节约时间。"此种方法亦有功效，而且长此以往还能培养孩子养成一种高效利用时间的习惯。

4. 让孩子劳逸结合

从生理学观点看，人是一个整体，各个部位之所以能和谐地运动，全靠中枢神经系统的调节。因此，学习时间太久，脑神经细胞的兴奋状态就会下降，所以必须休息好。列宁说："不会休息的人就不会工作。"而休息的最好方式就是将不同性质的工作交叉进行。车尔尼雪夫斯基说："工作的变化，便是休息。"休息好，效率自然高，时间的利用率也就高，同样能达到珍惜时间的目的。

5. 教育孩子珍惜当下，不要拖拉

家长对孩子的"身教"非常重要。在孩子面前，只要有了目标，家长就应该立即行动，即使尚未准备就绪也不要管它，重要的是行动本身。孩子耳濡目染，自会意识到：立即行动，才能真正把握"今天"和"现在"。让孩子对时间产生一种紧迫感，做事不拖沓延宕，意识到时间是会一逝而过的，抓不住，时间就溜走了。记得大画家柯罗曾对一位向自己请教，并表示"明天全部修改"的青年人激动地说："为什么要明天？你想明天才改吗？要是你今天晚上就死了呢？"所以家长应该告诉孩子："如果你决心珍惜时间并想有所作为，那么现在就行动起来吧！"

6. 让孩子想办法节约时间

培养孩子节约时间的意识能够轻易地让孩子珍惜时间。如告诫孩子不要把时间浪费在对没有做的事情的内疚上，也不要因后悔失败而浪费时间。同时教孩子逐步养成一种习惯，那就是努力让自己不要去浪费别人的时间，从而也为自己节约了时间。另外，还可将手表拨快几分钟，以使孩子每天都能赶在时间的前面。还

可让孩子闲暇时有意识地问自己："此时此刻，如何才能最好地使用时间？"

7. 允许孩子适当玩耍

许多父母认为孩子由于作业做得太慢而没有玩的时间，因此就不断地催促孩子、埋怨孩子，甚至惩罚孩子学习更长时间，其实，正是因为父母把时间安排得满满的，完全没有孩子自己支配的时间，孩子才会不珍惜时间，才会拖拖拉拉的。在这种没有希望、没完没了的学习过程中，孩子的心态是消极的，没有目标，没有兴趣，往往心烦意乱、错误百出，时间又拖得很长，最后造成了恶性循环。

给孩子一定的自由支配时间，让孩子去做自己想做的事，注重培养孩子的学习兴趣和主动性。比如，有的家长要求孩子每天放松一小时。在这一小时内，孩子可以玩、听音乐、休息，不管干什么，家长都不去干涉，等孩子情绪比较稳定和愉快，有了学习的兴趣和主动性，就会愿意主动开始较长时间的艰苦学习，学习效果也会更加理想。

总之，孩子只有从小形成正确的时间观念，养成珍惜时间的习惯，才不至于沉溺在玩乐之中，最终一事无成。

努力锻炼身体好

对于处在长身体、长知识和长能力的孩子来说，参加体育锻炼尤其重要，它不仅是孩子锻炼身体、强健体魄的保证，更是孩子今后步入社会、参与竞争的基础。因此，家长应从小让孩子养成锻炼身体的好习惯。

专家给家长提供了以下建议。

1. 告诉孩子锻炼身体的重要性

兴趣是一个人从事任何事情的基本动力，也是孩子最好的老师。孩子对身体锻炼的爱好可以让许多家长更省心。因此，在日常生活中，家长不妨观察一下孩子，了解他对什么样的体育活动有较为浓厚的兴趣，然后为他们提供一些条件并加以引导，这样，孩子就会积极主动地去参加体育锻炼。

2. 经常带孩子参加户外运动

让孩子经常到户外去，在新鲜的空气和温暖的阳光中跑一跑、跳一跳，不仅能活跃孩子们体内的代谢系统，增强身体素质，还能让孩子有机会接触更多的人，孩子们一起踢足球也能让他们学会合作意识。

3. 指导孩子正确锻炼身体

青少年时期是人的身体素质发展最关键的时期，黄金时期不容错过，否则将贻误终身。作为家长，要了解一些基本的体育常识和生理常识，根据孩子的年龄特征和体质状况，合理分配锻炼时间，掌握锻炼技巧，切不可因噎废食或锻炼过度。具体做到：

1）从基础运动做起

发展儿童走、跳、钻、爬、攀登之类的基本动作，使儿童动作协调、灵活、敏捷。如果条件允许的话，用录音机放一些轻音乐，让孩子模仿你伴着音乐做各种练习动作，如伸展，扩胸，腰、臂、腿绕环等。为了发展孩子的柔韧性，可带孩子弯弯腰、踢踢腿、翻翻跟头等。

2）哪些运动不适合孩子做

儿童的心脏发育还不完善，容积小，心肌纤维细，不适合心肌负担过重的运动。因此，宜采取以发展有氧代谢功能为主的运动项目，如强度中等的慢步长跑，球类活动，体操，跳绳，打羽毛球，滑冰以及各种游戏等。

3）妥善把握运动强度和运动时间

正确掌握强度、时间，会使儿童的健康得到较大的提高。父母最好帮助孩子写锻炼日记。记录每日的锻炼时间，运动项目，进展情况，以及儿童的身体反应等。以便做到循序渐进，逐步调整。

4）正确规划孩子的运动时间

儿童正处在长身体的时期，需要充足的睡眠。安排儿童体育活动，一般宜在清晨。清晨空气新鲜，室外活动能使大脑皮层迅速消除睡眠时的抑制状态，又可获得大量的氧气，对一天的学习、生活都有益处。早晨活动，不要起得过早，锻炼时间不宜过长，一般半小时就可以了。锻炼后的饮食也应给以额外的补充。

此外，父母还应鼓励儿童学点体育知识，有计划地让儿童看点体育表演和体育杂志，培养儿童锻炼的兴趣。节假日还可带孩子出外郊游、登山、跑步，跟大人一起活动，孩子的兴致会更浓。

总之，体育运动是一个人强身健体的保障，为了孩子更好地适应未来高强度的生活，作为家长请从小培养孩子体育锻炼的习惯。

作息规律身体棒

小强是小学三年级的学生，今年 8 岁。比起同龄人来，他要矮小、瘦弱得多。在班上几乎听不到他的一点动静,他总是因为迟到挨老师批评,上课的时候还老是走神,一副精神恍惚的样子,很多时候老师讲什么他都不知道。于是,班上的同学经常嘲笑他。他很怯懦,也很自卑。

可是,一回到家,小强就像换了一个人似的,跟着邻居家的哥哥到处跑,玩得不亦乐乎。他最喜欢的就是跟邻居的哥哥比赛车,通常玩到晚上8点多钟才回家。匆匆忙忙写完作业,他便又自己琢磨上了,如何玩赛车才能赢哥哥。这样一折腾,一般都要到10点多甚至11点才睡觉。第二天早上他又起不来,又没顾得上吃饭,又挨老师批评,于是又精神恍惚了。

如此恶性循环,小强的成绩远远落在班级同学的后面,每次妈妈去开家长会都觉得很没面子。但是,小强就是没能养成按时作息的习惯。

生活中像小强这样的孩子有很多,因为没能从小养成按时作息的习惯,他们总是晚上玩得不亦乐乎,早上却千呼万唤起不来,以至于早饭没吃好,经常迟到,上课没有精神。影响了学习质量、学习成绩,甚至严重地影响到身体乃至情绪的健康发展。这对孩子的成长很不利。事实上,良好生活习惯的养成,是从每天的作息开始的。按时作息,早睡早起,对孩子的成长有着积极的促进作用。

第一,要保证早睡早起,有较好的睡眠质量。

衡量孩子是否休息好了的指标不单是睡眠时间,更重要的是睡眠质量。如果孩子能够早起,那么上午的时间就可以进行活跃的活动，身体适度疲惫，晚上就能够早一点儿睡。

第二，了解深度睡眠和浅度睡眠的区别。

大家都知道睡眠分深度睡眠和浅度睡眠。当人进入深度睡眠的时候，成长荷尔蒙激素分泌旺盛。它可以促进新陈代谢，对于白天身体和大脑的疲劳有很好的修复作用。能够帮助孩子筋肉和骨骼的成长。早起后开始活跃的活动能够强健腿腰部，使身体强壮。

第三，早睡早起有利于孩子情绪稳定心情愉悦。

长期晚睡晚起会引起时差状态（通常说的睡颠倒了）其后果导致注意力不集中，心情郁闷，情绪急躁。脑内神经传达物质由于睡眠不足而引起的分泌低下。这样都不利于孩子的心理和身体发育。

第四，早睡早起有利于孩子增进食欲。

通常早晨起床后，如果马上进食会有食欲不振的感觉。但是如果早晨早一点儿起来，在吃早餐前有 30 分钟到 1 个小时的时间进行活动，就能够让孩子好好地吃早餐。上午孩子游戏之后会有空腹感，午饭也可以很好地吃。下午 3 点左右的零食时间给孩子稍微补充一下，在晚上 6—7 点吃晚饭的时候，孩子吃过的食物也基本上消耗掉了，晚餐就也能够很好地完成。这样，慢慢地，孩子进餐的节奏也能够控制得很好，有利于孩子建立良好的饮食习惯。

第五，早睡早起可以提高孩子的学习效率高。

每个人的学习和工作不是一个古板的模式，有张有弛，应该根据学习、工作的具体情况自行调节，如孩子复习准备考试或集中精力思考某一个问题时，大脑皮层就会处于兴奋状态、睡意也会减弱。在这段时间学习，孩子的学习效率高，记忆能力强，这对提高孩子的学习成绩很有帮助!

值得家长们注意的是,培养孩子早睡早起的习惯,家长要以身作则。如果家长自己生活不讲究规律,睡觉起床,随心所欲,孩子自然会学大人的样子。

当然,良好睡眠习惯的养成是一个长期的过程。孩子因为身体、意志、时间观念差,独立性不够等原因,并不容易贯彻"按时作息,早睡早起"的准则,这就要求家长们给予孩子充分的耐心与信心,从小抓起,有始有终地坚持,慢慢地,孩子必能养成良好的睡眠习惯,以充沛的精力投入生活与学习中去,从而赢得好成绩、好心情!

饮食搭配要合理

当今社会,家庭生活条件日益优越,孩子们想吃什么有什么,理应不存在营养不良的问题。然而,却实实在在存在着孩子因为营养不良导致的肥胖、瘦弱等情况。营养专家认为,这些孩子之所以会出现营养不良的情况与他们没有从小养成良好的饮食习惯有很大的关系。

在生活中,孩子经常有以下这些不良的饮食习惯。

1. 主食吃得很少,而且以细粮为主

米越吃越精,面越吃越白,结果导致维生素 B_1 缺乏,出现烦躁、夜惊等症状。

2. 长期吃素

长期吃素,以致缺乏水溶性维生素、膳食纤维、不饱和脂肪酸、胡萝卜素等，出现多种不适症状。如胡萝卜素缺乏可导致体内维生素 A 合成不足，抵抗力降低，出现反复的呼吸道感染。

3．吃零食过多，不定时定量吃饭

很多孩子在日常生活中都喜欢吃零食。孩子的胃本来就不大，胃内食物排空需要 3～4 个小时，如果吃了零食，胃内总是有食物，到了吃饭的时间孩子依然不会觉得饿，就不会有食欲，从而影响到正常的饮食。

4．偏食、挑食，营养不均衡

人体健康成长所需要的蛋白质、脂肪、碳水化合物等六种营养物质存在于某一类或几类食物中，只有保持均衡的饮食，才能保证营养摄入的全面和平衡。但现实生活中很多孩子都有这样的毛病：遇见自己喜欢吃的东西就猛吃，看到自己不喜欢吃的东西不是拒绝进食，就是吃得很少，导致营养摄入不平衡、不全面，严重地影响到孩子的身体健康和智力发育。

5．爱喝饮料

白开水淡而无味，对于孩子的吸引力自然没有甜甜的饮料那么大。然而饮料虽好喝，却极大地影响孩子的生长发育和智力发展。

1）甜饮料影响发育

儿童因为处在生长发育期，对蛋白质需要量就更大。但甜饮料里的糖分偏高，如果儿童从甜饮料中摄取了过量的糖分，血液中的糖浓度一直在高水平状态，儿童就没有饥饿感，就不能正常吃饭。这势必对其他营养成分的吸收带来障碍，从而影响孩子的正常发育。此外各种饮料都含有糖分和大量电解质，进入胃后会与胃酸、酶等发生复杂的生化反应，不但影响消化功能，还会增加肾脏负担，影响肾功能，长期下去可致肾炎甚至肾衰。

2）酸性饮料会使牙齿脱钙

市面上的大部分软饮料出于风味和防腐等需要，一般都是呈酸性的，处于牙齿脱钙的临界 pH 值 5.0 以下，因此当饮料接触牙齿表面时，会侵蚀牙面。频繁地长时间饮用各种含酸饮料都能引起牙釉质表面的脱钙及硬度的降低。

中国疾病预防控制中心营养和食品安全所专家指出，儿童时期是饮食行为形成的关键时期，此时的饮食习惯很容易持续到成年后。因此，家长要从小培养孩子良好的饮食习惯，以保证他们健康成长。而要培养孩子良好的饮食习惯，家长应做到以下几个方面。

第一，家长要起到示范作用，与孩子一起品尝各种健康有益的食品。

如在吃饭前，家长要主动、积极、耐心地向孩子逐一介绍各种饭菜的食疗知识，激发孩子对进餐的兴趣和好感，引发孩子的食欲。杂粮为优，偏食为忌；粗粮为好，淡食为利；暴食为害，慢食为宜；鲜食为妙，过食为弊……并且要与孩子一起品尝食物的味道、观察食物的颜色，点评和讨论饭菜的健康功能。

第二，吃饭要有规律，按时按量。

一日三餐定时，就能够形成固定的饮食规律。对孩子按时定量吃饭，使两餐间隔时间在 4 ~ 6 小时，这正是肠胃对食物有效的消化、吸收和胃排空的时间，保证充分足够的消化吸收营养和保持旺盛的食欲。

根据孩子的食量给予适量的饭菜，并要求他们顿顿吃完。不能一味要求孩子吃多，更不能依着孩子爱吃多少就吃多少，一顿饱一顿饥，然后用零食填补，这会影响下一顿的食欲。同时会养成其任性浪费的不良习惯！

定点吃饭，养成习惯。这需要从小开始。孩子几个月大的时候可以让他坐在童车里，放在固定的地点喂，再大一点就可以在大椅子上放小凳子垫高，或在给孩子准备一张可调高度的吧台椅，让孩子上餐桌与大人共同进餐。

第三，平时尽量不要吃零食，更不要喝过多的果汁或含糖饮料。

饭前吃零食、喝过多的果汁或含糖饮料会影响到孩子吃正餐时的食欲、真到吃饭时挑挑拣拣，容易让孩子养成挑食、偏食的毛病。

第四，纠正孩子偏食的毛病。

要想孩子不偏食，家长要有意识地用语言对孩子进行积极的心理暗示，如"今天的拌黄瓜真好吃，又鲜又脆"，或"我最喜欢吃肉丸了，真香"等，从而激发起孩子的兴趣和食欲。

第五，切实了解孩子的饮食需求。

在孩子患病期间，饭食一定要做得清淡，多做流食，适合小孩的口味。为了增进孩子的食欲，要尽量把饭做得好吃一些，变换花样，烹调时使色香俱全，一种菜可以多种做法，再取上个好听的菜名，引起孩子的好奇与兴趣，从而想吃，爱吃，多吃。

第六，告诉孩子哪些是健康有益的食品，教孩子有效辨别。

例如，多喝牛奶既健康又可以长高。虽然好喝，但是会长胖，也可能影响身体健康；含糖饮料很好喝，但会影响食欲，也容易造成蛀牙，所以，不妨试试有益健康的新鲜果汁。

第七，创造良好的用餐环境和愉悦的氛围。

保证在最佳的生活和心理状态下进餐，有时可播放轻音乐，让孩子的精神得到松弛，有助于增强孩子食欲，造就良好的性格个性，如餐前批评孩子儿，强迫孩子进食，会造成环境压抑，心理负担，影响孩子进食。

总之，孩子的可塑性较强，如果家长能精心培养孩子按时进餐、定时定量、吃饭专心、食物多样、细嚼慢咽，可慢慢改变孩子的不良饮食习惯。

不让孩子睡懒觉

睡懒觉是严重超过正常起床时间的睡眠形式。现多发生在学生一族当中，因学习的辛苦，多在周末补充睡眠，但超负荷的睡眠会造成身体的亚健康。而孩子爱睡懒觉的弊端远不止这些，常见的有以下几点。

1. 使孩子生物钟紊乱，精神不振、情绪低落

每个孩子的内分泌及各种器官的活动有一定昼夜规律，这种规律调节着孩子的各种生理活动，可以让孩子在白天有充沛的精力去学习，晚上有一个高质量的睡眠。如果总是睡懒觉，就会扰乱体内生物钟节律，使内分泌激素出现异常。长时间下去，孩子会精神不振，情绪低落。

2. 破坏肠胃平衡，导致消化不良甚至肠胃疾病

孩子最佳的早饭时间一般是7点左右，此时晚饭的食物已基本消化完，胃肠会因饥饿而引起收缩。很多孩子为了睡懒觉常常

没有时间吃早餐，时间长了，易患慢性胃炎、胃溃疡等病，也容易消化不良、厌食。

3. 使孩子身体疲劳得不到有效恢复，起床后依旧疲乏无力

孩子在经过一夜的休息之后，早晨是肌肉最放松的时刻。如果醒后立即起床活动，可使血液循环加剧，血液供应增加，从而有利于肌肉纤维的修复能力。而睡懒觉的孩子肌肉组织长时间处于松缓状态，得不到好的锻炼，因此肌肉修复能力差，起床后会感到腿酸软无力，腰部不适。

每个家长都希望自己的孩子能够健健康康地成长起来，因此，千万不要让孩子养成爱睡懒觉的毛病。家长可以通过一些技巧引导孩子早起。

1）晚上睡觉前的准备工作

在睡前要求孩子整理自己的书包，把第二天该带的东西都准备好。如果天气寒冷，可以把第二天要穿的内衣当成睡衣穿，这样起床后就只需要帮孩子套上毛衣、外套，不但可以避免宝宝在穿脱之间着凉，也可以减少起床后的准备时间。

2）锻炼每天按时起床

如果孩子年龄尚小，还不懂得用闹钟，就需要告诉孩子："妈妈叫你起床时，只叫一次，如果你不起来，就让你去迟到好了！"坚持只叫一次，让孩子自觉起床。孩子年龄大些，便给他买一个闹钟，教他如何调校及使用，父母就不再叫他起来了。

3）对孩子要多鼓励，不要大声训斥

父母不要为孩子赖床而大声训斥，这样孩子会产生逆反情绪，以后更不愿意起床或起床后不愉快。父母应该耐心地对待孩子，

起床时多给他一些鼓励的话，亲切的动作，悦耳的音乐，可口的早点，让孩子高兴地起床。对孩子的行为要以鼓励为主，尤其在孩子有好的表现时，更要及时表扬，慢慢孩子就会自觉地这样做。

4）叫孩子起床要掌握适当时机

人的睡眠分几个阶段，早晨多处于做梦阶段。最好的判断方法就是仔细观察孩子在睡眠中睫毛是否颤动，如果有颤动，此时父母最好不要叫醒孩子，不然孩子醒后会情绪不好，身体不舒服，父母无论让其做什么，孩子也常不愿配合。

好孩子要讲卫生

讲卫生习惯是一个国家国民素质的体现。是否讲究个人卫生，不但反映出这个国家人民的生活水平，也反映出人民的文明程度。对于个人来说，是否讲究个人卫生反映出这个人的思想觉悟、道德水平和文化素质的高低。

作为家长，培养孩子良好的生活卫生习惯尤其重要。它不仅体现孩子的个人素养，还是孩子身体健康的重要保证。

首先，良好的卫生习惯可减少一些皮肤病、寄生虫病、胃肠道疾病、传染病的发生。对于年幼的孩子来说，他们的体质较弱，如果没有良好的卫生习惯，很容易染上各种疾病。俗话"病从口入"，就说明了是否讲究卫生直接关系到人的健康。所以，讲卫生的孩子，身体会更加健壮。

其次，良好的卫生习惯能让孩子的心情保持一种愉悦的状态。如果孩子整天脏兮兮，邋里邋遢的，自己的脏衣服、鞋袜堆积如山，书本、玩具随便乱放，这样孩子往往会烦躁不堪。相反，一个讲究卫生的孩子，势必会整理好自己的衣物，使之规整，这样，孩子做什么事情都会神清气爽，效果比较好，也促进了其良好情绪的滋生。

总之，良好卫生习惯的养成非常重要。它不仅仅影响到孩子的现在，还影响到孩子的未来！儿童时期是良好卫生习惯养成的重要时期，抓住这个时期进行培养，能让孩子终身受益。那么，如何培养孩子良好的卫生习惯呢？要想让孩子每一天都干干净净的，家长要特别注意以下几个方面。

1. 告诉孩子不讲卫生的危害

一个妈妈最近发现孩子有一些新变化——他比以前爱干净了。以前可不是这样的，他不太重视个人卫生，就连饭前洗手、睡前洗漱这样的小事都要父母盯着做。如果没人盯着，他就马虎完事。可是最近，孩子变了。妈妈问他："为什么爱整洁了？"孩子说："因为老师给我们讲了很多讲卫生、讲环保的故事，而且还让我们把自己的手放在显微镜下面观看。这使我们认识到，不爱讲卫生、不懂环保的人简直就是野蛮人。"

可见，只有让孩子意识到不讲卫生的危害，才能树立起孩子讲卫生的意识。因此，家长应从小给孩子灌输卫生意识。

2. 要求孩子勤洗手

作为家长，3 岁就应该培养孩子饭前便后洗手的习惯，到 5 岁时孩子应该已经养成这一习惯。家长要帮助孩子巩固，并让孩子学会正确的洗手方法。

正确的洗手方法应先浸湿，再抹上肥皂搓一搓，然后冲洗干净，最后用毛巾擦干。家长可以给孩子做好示范，让他们模仿。为了让孩子记住正确方法，家长可故意在洗手时不抹肥皂，洗完后问孩子错在哪儿或进行"看谁的手洗得干净"的比赛，以此来促使孩子认真洗手。

3. 告诉孩子保持个人卫生的重要性

家长要从小要求孩子勤洗手、洗脸，勤理发、洗头、洗脚、洗澡、剪指甲，这不仅能清洁身体，保持个人卫生，而且能够促进血液循环，增进健康。

4. 保持环境卫生同样很重要

不乱扔果皮、纸屑，不随地吐痰和擤鼻涕，不随地大小便，不乱涂墙壁，不踩桌椅。不仅在家里要做到这点，而且在公园、电影院、公共汽车等公共场所也要做到。家长要让孩子随身携带纸巾，将吃过的口香糖、痰等吐在纸巾里。让孩子时刻切记，爱护环境人人有责。

5. 教育孩子仪表整洁是高素质的表现

家长应教孩子经常留心自己的衣服是否干净整齐，所有的扣子是否扣上了？鞋带是否系好了？头发是否整齐？让孩子懂得，关注自己的仪表是素养高的表现。不关注自己仪表的孩子会让人看不起。

6. 父母要随时随地查看孩子的卫生情况

孩子的自觉性、坚持性和自制力都比成人差，需要不断地督促、提醒和检查，这样才能使孩子良好的卫生习惯得到不断强化与巩固，逐步形成自觉行动。有的孩子喜欢吮手指头或咬指甲，这样容易得肠道等传染病。类似这样的不良习惯，应从小督促孩子改正。

当然，良好的卫生习惯并不是一朝一夕就能形成的，这就需要家长们有一定的耐心。用爱心督促孩子成长，用耐心关注孩子的健康。唯有如此，孩子才能慢慢养成良好的卫生习惯。

教孩子学会理财

很多家长总是宁愿自己节约，也要省下钱来满足孩子的愿望，给孩子买各式各样高档的玩具，给孩子大把的零花钱……而孩子的欲望却是无穷尽的，一个愿望实现了，另一个愿望又出来了。刚开始，孩子的这种欲望是无意识的，家长一味迎合就会纵容孩子这种不良欲望的滋长。最终不仅父母无法承受，孩子的心灵也会被金钱所扭曲。

因此，家长应从小让孩子学会"花钱"，把钱花在刀刃上。具体来说，应做到以下几个方面。

1. 不要过分溺爱孩子

邓肯曾有一段很精彩的话："我每次听到别人谈论，多赚些钱留给子孙，我总觉得他们这种做法，夺去了儿女种种冒险生活的乐趣。他们遗留一块钱，便使儿女多一分软弱。最宝贵的遗产，是要儿女能自己开辟生活，能自己立足。"

什么是爱孩子，每一个父母都有不同的体会，但有一点是明确的，溺爱不是真正伟大的爱。在中国，许多父母给孩子的爱都仅仅局限于表面。怕孩子吃苦、怕孩子受累、怕孩子被人看不起等，于是，重活不让孩子干，让孩子穿名牌、吃大餐，想方设法迎合孩子的虚荣心，然而这对孩子的成长很不利。真正的爱，不是迎合，而是"教养"。只有这样才能培养出品格端庄的孩子。

2．教育孩子正确的消费观

很多家长都有这样的经验，每当带着孩子走进玩具店或者商店的时候，孩子总是会没完没了地要求父母买各种玩具和食品。这也是许多父母感到头痛的问题。

有一位妈妈非常明智，她每次带女儿去商店前，总是先跟女儿说："今天，妈妈带你去商店玩，你可以买一件你最想买的东西，价格在20元以内。你得先想好要什么才决定买，如果你要好几件东西，妈妈就不带你去了。"女儿听完妈妈的这个"条件"后，总是高兴地回答："妈妈，我知道了，我最想要一个小娃娃，不过我还得去店里看看什么娃娃漂亮。"于是，母女俩就去商店了，妈妈带着女儿看各种各样的娃娃，并给她讲一些与娃娃有关的故事，女儿最后买了一个自己喜欢的娃娃回来。

这位妈妈的聪明在于给孩子出了一个难题，孩子需要事先来决定她要买什么及价格上限。专家帕特里夏·埃斯特斯说："适当地拒绝孩子很重要，即使你是完全可以满足他的，也必须让孩子知道，不是想要什么就能得到什么。"例如，许多小孩喜欢吃冰激凌，如果买一杯要花2元的话，家长就可以告诉他："你想吃，可以，但是今天只能给你1元，等到明天再给你1元，你才能买米吃。"

3．不要给孩子太多零用钱

告诉孩子零用钱该花在什么方面，怎么花。如果孩子把当月的零用钱提前花完，又来向你伸手，不妨先问明缘由，再决定给不给、给多少，并相应减少下月的零用钱。这并非爸爸妈妈小气、小题大做，而是培养孩子节制的良好方法。自然，孩子真正需要的额外开支，做爸爸妈妈的理应尽量予以满足。

4. 指导孩子做好消费计划，合理支配金钱

当孩子手中有了一定数目的钱时，父母要帮助孩子科学合理地使用。许多孩子的毛病就是父母给多少就花多少，花完了再向父母要。针对这点，父母要督促孩子制订一个合理的消费计划，当然，消费计划主要由孩子来制订。例如，父母在给孩子钱的时候，可以提出一个支出原则，孩子自己去制订计划，父母不要干预，但是要对孩子的计划进行监督、检查，看看孩子是否根据计划合理地使用零花钱。

通过家长的指导和监督，孩子就会提高理智消费的能力，能够有所节制地花钱。

5. 告诉孩子如何精打细算

告诉孩子，一个人可以在生活中尽量减少金钱的支出，这样，手中的钱就会多起来。有什么方法可以少花钱呢？例如，买东西之前必须要想清楚是否真的需要，可以让他在心里问自己："我需要这个东西多久？""是不是已经有其他东西可以替代打算要买的东西？"这些问题帮助孩子认识到有些支出不是必要的。教孩子每周在固定的一天去购物，购物之前列个清单，要根据自己的需要去买东西，不要见什么买什么。

6. 让孩子了解父母的工作情况，懂得赚钱不易

如果情况允许，还可以带孩子去父母的工作地点看看，让孩子知道要生活就要工作，钱是通过爸爸妈妈辛勤劳动换取的。否则，孩子不知道爸爸妈妈怎样获得家庭收入，就不能把工作和钱联系

起来。

7. 向孩子灌输理财知识，让孩子从小懂得储蓄

在孩子的成长过程中设一个储钱罐，鼓励他把钱存到家庭银行，并让他懂得银行不会把他的钱拿走，而是为他保存起来，并且还会使他的钱不断增加，或者也可以以他的名义在银行开个账户，让他保存自己的存折。这样，有利于孩子养成节约积蓄的好习惯。

值得家长们注意的是，不要用钱作为奖励和惩罚孩子的手段。孩子做日常家务不应给钱，否则他会错误地认为一切工作都要用钱来做报酬，以钱作为衡量的尺度。要提醒他，作为家庭的一员应该帮助大人干些力所能及的事情。

第三章

好的学习

习惯很重要

艾默生说："习惯不是最好的仆人，便是最坏的主人。"

良好的行为习惯并非与生俱来，完全可以通过后天培养。

播下一个行动，你将收获一种习惯；播下一种习惯，你将收获一种性格；播下一种性格，你将收获一种命运。

好习惯有好成绩

心理学研究表明，在决定学习成绩的诸多因素中，智商的作用仅占20%，而其他的80%取决于非智力因素。其中，学习习惯这一非智力因素对孩子的学习成绩影响最大。良好的学习习惯，可以让孩子以较少的时间和精力耗费，取得较高的学习效益，让他们学得顺利又愉悦。而学习习惯不好，学习花的时间多不说，效果还不尽人意。这也是为什么很多孩子很聪明，但没有取得好成绩的原因。

东东一直以来都让老师和家长很是头疼。按老师的说法，他聪明是聪明，可最大的毛病就是学习习惯非常不好。

上课时，老师正在上课，还没10分钟，东东就开始动、说话，或者玩他的笔；老师叫他起来回答问题时，一问三不知，不知道老师上课讲的是什么，不知道老师留了什么作业。

写作业时，他总要妈妈陪在身边督促才能做作业。妈妈一不在他身边，他就开始玩其他东西，或者偷着看动漫书。以致作业不能按时完成。

......

正因为如此，东东的学习成绩在班上排名后几位，妈妈若因为忙碌，稍不监督，他就门门挂红灯，为此，东东的妈妈疲惫不堪。

生活中像东东这样的小朋友还有很多。

案例一：

三年级的小忡天生好动，上体育课你会看到他总是在队伍后面手舞足蹈，课堂上不是玩纸就是玩文具，写作业爱磨蹭，字迹歪斜，作业本不整洁，学习成绩极差。

案例二：

王小鹏总是没有办法集中精神做事。比如，做作业的时候，他一会儿打开笔盒找东西，一会儿又抠抠脑袋，翻翻书……看起来忙得不亦乐乎，实际上什么事情都没有完成。

……

这些学习成绩差的孩子，普遍存在着以下的不良习惯：

1. 没有明确合理的学习计划

没有学习计划是成绩差的孩子最显著的特点，因为缺乏明确的学习计划与学习目标，对学习缺乏兴趣，没有动力，他们不明白自己要干什么，该干什么，总是让老师和家长在后面推着屁股。

2. 学习不专注，思想开小差

具体表现在：上课不能专心地听讲，老师讲课，而他总爱开小差，不能跟着老师的思路走；学习、做作业的时候还想着玩的事情，心总是没有办法平静下来；总爱一会儿动动这个，玩玩那个，做事情缺乏计划性与时间观念，总爱拖拉……

3. 过分依赖父母，不爱自己动脑筋

懒惰、不喜欢动脑，不爱独立思考也是孩子学习成绩差的主要原因。具体表现为：习惯于依赖大人，一遇到一点点难题就打退堂鼓。做作业时，需要大人在身边陪读，如果大人不在身边，他们的作业就没办法完成。

4. 学习时间不固定，三天打鱼两天晒网

每天必要的学习时间无法保证，学习时间完全凭情绪，情绪好的时候可以学到深夜，情绪不好的时候，就什么都学不了。饥一顿饱一顿，三天打鱼两天晒网，事倍功半。

5. 学习拖拉，不按时完成作业

每天该完成的学习任务没有完成，喜欢搞集中复习、临考突击，每天该记忆的内容欠账，该做完的作业欠账，该复习的东西还欠账。要想较好地掌握知识，必须靠每日的知识积累，没有量的积累，便不会有质的飞跃。靠集中复习、临考突击学到的知识，不但数量少，而且质量差，经不起严格的检验。

6. 不认真复习功课，知识得不到巩固

作业是每个学生必须要独立完成的任务，目的是要让学生正确地理解、熟练地记忆所学的生词、语法、定义、定理和公式等，是要让学生更好地巩固所学的知识。如果孩子不求甚解地完成了作业，就起不到这些作用。

7. 丢三落四、马马虎虎

上课时忘带课本和学习用具，抄写中明明是"b"可他抄下来就变成了"d"，作业经常能以最快的速度完成但字迹潦草错误率高，考试时草稿纸上明明做对了可就是忘记誊写到试卷上。

8. 得过且过，不懂的知识不去问

过于内向，虽然学习上有许多没有搞懂的问题，但也不敢问老师；太爱面子，喜欢打肿脸充胖子，不懂装懂，不会的东西也从来不向别人请教；学习心里没数，自己都搞不清楚哪些地方懂，哪些地方不懂，似乎什么都懂一点儿，但又没有完全掌握。

9. 不认真改正错误

作业本发到手里，虽然上面有许多老师的订正，可很少往心里去；测验题和考试卷基本都是只看看分数便扔到一边，从不认真分析原因，也不检查和修改错误。学习是一个积累知识的过程，同时也是一个补漏洞的过程。

这些不良的学习习惯严重地影响了孩子的学习成绩。而在成绩较好的孩子中，几乎不存在这样的不良习惯。

13岁的李思源从小就养成良好的学习习惯。今年上初一年级的他，年年学习成绩年度第一。以下是他日常生活、学习行为习惯。

作息：

从小学一年级开始，李思源的安排作息时间就特别有规律。他的爸爸妈妈要求他，每天晚上 10 点准时睡觉，早晨 6 点半必须起床，雷打不动。

作业：

从小学一年级开始，妈妈就很注意培养小思源的作业习惯。每天自己独立完成作业，做完作业以后认真检查，保证书写工整。做完作业自己收拾书包，把第二天上学要用的东西准备好，然后做自己想做的事情。

……

可以说优秀的学习成绩与良好的学习习惯是分不开的。

（1）学习习惯与学习成绩成正比；

（2）良好的学习习惯能促进学习的进步，成绩的提高；

（3）良好的学习习惯有助于孩子的全面发展。

因此，要想孩子取得优异的成绩，获得学习上的成功，作为家长，除了要为孩子提供一些必要的物质保证外，还应该培养孩子良好的学习习惯：

（1）学习时精力集中，专心致志，不做小动作，不边学边玩；

（2）独立完成作业，知难而进，乐于思考，自己动手查阅资料解决难题；

（3）热爱学习，乐于学习，主动学习，不是被逼着被动地甚至委屈地学习；

（4）具有自觉学习态度，自律性强，不用家长"陪读"，不过分贪玩；

（5）爱动脑筋，遇到问题不会总想着依赖别人来解决；

（6）书写工整，不论笔记还是作业都能做到有条不紊、脉络清晰；

（7）能做好上课前准备，不随便迟到、早退；

（8）乐于阅读，把阅读当作自己的需要。

……

总之，孩子只有养成良好的学习心理与行为习惯，才能引导他们取得并将继续取得人生道路上的一个又一个成功。

安排好学习时间

作为家长,我们让孩子从小学会合理安排时间。孩子只要学会了合理、有效地利用时间,就等于赢得了时间,争取了学习和生活的主动权。有效的教育方法,才能产生有效的教育结果。让孩子认识到时间的重要性,学会合理利用时间,这是生活中更重要的事情。

我们看看下面部分家长是怎样帮助孩子的。

观点一:教育孩子要循序渐进,不能过于急躁

我的孩子刚上学的时候,没有什么时间观念,在家里做作业总是一边做一边玩,速度很慢,效率也不高,总需要我们督促。后来,我们觉得应该教孩子自己学会合理、有效地利用时间。于是,我们耐心地告诉她,应先完成书面的作业,再完成口头作业,要抓紧时间认真做,不能磨蹭。在我们的督促下,孩子吃晚饭前基本就能完成作业,晚饭后,理好书包还有一些时间。我们允许她做一会儿游戏或到楼下去玩。现在,孩子做作业时效率高多了,那种磨磨蹭蹭的习惯改了很多,不用我们天天督促也能自觉完成作业了。

观点二:用奖励的方法吸引孩子改正不良习惯

孩子在上三年级以前,我们很少指导他如何合理安排自己的时间。他经常放学回家后,先看课外书或看喜欢的电视剧。电视剧看完后吃晚饭,晚饭后再做作业。这样有两大弊端,一是当作

业较多，同时身体疲劳的时候，做作业不能集中精力；二是不能促进他提高学习效率，使得他做事疲沓、质量不高。从三年级开始，我们要求他放学后，抓紧时间完成应独立完成的作业。晚饭后再完成需家长配合的作业，比如听写、背诵等。晚上9点睡觉前，多余的时间可自己安排，比如看电视、上网等。而且，每星期都根据他的表现给予奖励，比如，一周的表现都很棒，双休日就带他去吃一次肯德基。这样一来，他的积极性一下子提高了。渐渐地，他做事情、做作业的效率提高了，基本上每天都能有一小时左右的时间可自由支配。

观点三：针对孩子的年龄特点进行教育指导

孩子刚上学的时候，没有时间观念，我们耐心地告诉她，学生的第一任务是学习，放学后的第一件事就是要完成作业和老师安排的其他任务。这些都完成后，才能去玩。应该说，一年级主要是培养在时间安排上的主次关系意识。

从二年级开始，我们主要帮助她明确抓紧时间的重要性（磨磨蹭蹭做作业，损失的只是她最希望的娱乐时间），提高学习的效率。一年下来，虽然还有不足，但总体来说，学习效率得到了明显提高。这一年主要培养了孩子如何利用时间讲究效率。

孩子现在上三年级了，我们着重强调学习是她自己的事，每天学什么、做什么应该自己来安排，我们只能向她提提建议，目的是培养她自主学习的意识。经过短时间的锻炼，加上以前的训练和引导，她基本上能合理地安排从放学到就寝的这段时间，我们家长也感到省心了许多。

观点四：为孩子树立良好的榜样

我的孩子刚上小学的时候，没有时间观念，在时间的分配上，没有轻重缓急之分，经常是玩累了，才想起还有未完成的作业。我们经常督促他，但效果不大。后来我们发现，在我们小区，有一个比他大1岁的小朋友，每当他没有完成作业，哪怕我的孩子打电话约他出来玩，他也断然拒绝。我们趁机因势利导，用赞赏的话语夸奖那个小朋友懂事、有时间观念，轻重缓急分得清。我们发现从这以后，孩子慢慢地有了时间观念，不再像以前那样玩起来什么都不顾了。我们还规定，在一定的时间段内不完成作业不许玩耍。两相结合，孩子做事的效率大大提高，有时提前完成规定的作业，还很有成就感呢！

观点五：帮助孩子合理安排时间

孩子上二年级的时候，我们送给了她一台袖珍式收音机，并且跟她讲，在看书和做作业的空闲时，可以听听自己喜欢的广播节目。我们还允许她看几个她喜欢的电视节目。我们这样做的一个很大原因，是为了引导她能有效合理地安排时间，提高学习效率。除此之外，我们还监督检查孩子的执行情况，以免她无限制地听广播和看电视。孩子很高兴，她每天早上在梳洗的时候，就打开收音机，定时收听诸如"新闻600秒"之类的节目；下午放学后，她为了收听、收看自己感兴趣的节目，往往会把一天要做的事情分出主次，动作迅速地先做完主要的事情，然后去听、去看她喜欢的节目。小小的一台收音机，使她慢慢养成了时间观念，并且学会合理分配利用时间了。

观点六：根据孩子的生物钟特点充分有效利用时间

每个人都有生物节律，孩子也是如此。孩子常常会有这种感觉：

在相同的时间段，心情好的时候学习效率就高，情绪不稳定的时候，学习效率就低；一天当中，早晨和夜间学习效率高，下午和傍晚学习效率低。可见，孩子的学习往往存在一个最佳学习时机。专家指出，对一个孩子来说，一天内有四段高效的记忆时间：

第一段：早上6点至7点，适合记忆一些新的概念、新的内容。

第二段：上午8点至10点，适合记忆大量基础理论知识。

第三段：下午7点至9点，适合进行综合性知识的记忆。

第四段：晚上10点至11点，适合记忆精确性高、容易出错的知识。

如果每位家长都能从小培养孩子的时间意识，让孩子学会合理地安排自己的时间，孩子必能改变拖拉、磨蹭、注意力不集中等毛病，变得高效而积极。

教孩子独立思考

德国物理学家普朗克曾经说过："思考可以构成一座桥，让我们通向新知识。"喜欢动脑筋思考的孩子内心充满了好奇与求知的欲望，在求知欲的驱使下，这些孩子热衷于学习与求解。学习的主动性更强，注意力也更集中。可以说，培养孩子思考的习惯，等于给孩子的能力安上了"驱动器"，在"未知"的驱动下，孩子必然能成为一个精力集中、优秀而杰出的人才。

因此，家长应该鼓励孩子以积极主动的态度对待学习，在学习时善于开动脑筋思考问题，学习时多动脑筋，多提问题，这样学习的效率才会提高，学习的能力才能增强。那么，家长应该怎样培养孩子勤于动脑、独立思考的习惯呢？

专家建议，家长可以从以下几个方面培养孩子的思考习惯。

1. 鼓励孩子自己寻找问题的答案

孩子总有问不完的问题，而且喜欢打破砂锅问到底。有些家长为了省事，直接把答案告诉孩子。这样的确能马上"打发"他们，但从长远来说，对发展孩子的智力没有任何好处。家长经常这样做，孩子必然会依赖家长的答案，而不会自己去寻找答案，不可能养成独立思考的习惯。因此，当孩子提出问题时，应该启发孩子，提醒他们运用学过的知识、看过的书、查找到的资料等去寻找答案。当孩子自己得出答案时，他们会充满成就感，也会更加愿意自己动脑。

2. 鼓励孩子多提问题

家长不但要耐心地回答孩子的提问，还要主动、积极地"创造"一些问题给孩子，引导孩子观察事物，发现问题，激发他的兴趣和欲望。向孩子提出的问题，要符合他的年龄特点和知识范围，提得过难或过易，都会挫伤孩子思考的积极性。当孩子圆满地回答了家长提出的一个个问题时，他会感受到成功的喜悦。

此外，家长还可放下架子向孩子"请教"一些问题，可以在家庭遇到一些疑难问题时去和孩子商量。这些做法促使孩子主动思考。

3. 带领孩子一起探索未知世界

要培养孩子勤于动脑、独立思考的习惯，家长还要善于发现孩子的问题。在孩子遇到问题、并表达给家长的时候，家长要积极参与。

如果你陪孩子去参观一个摄影展览，对于展出的作品，你可以发现他的兴趣点，一起去讨论、去评价，更可以问他一些问题：为什么认为这个作品好，你的理解是什么？别人的理解是什么，为什么有不同？等。

如果你陪孩子参观一个科技展，他的问题会更多，这是什么材料？这个设施是什么功能？为什么？对于这些，可以鼓励他多问问展台的工作人员，当你碰到孩子提的问题一时难以解答时，千万不要厌烦或简单化处理，最好是告诉孩子："这个问题还真难，我不太清楚。等我查查书，或问问其他朋友后告诉你。"一定要说到做到。当然，现在有互联网，可以和孩子一起查一查感兴趣的问题。

平时，父母要利用一切机会与孩子交谈，通过交流来激发孩子的思考。但要注意的是，讨论问题时，尽量谈一些有利于孩子独立思考的问题，而不是代替孩子去思考。无论当孩子碰到问题时，还是为他们提一些具体的建议时，家长要引导孩子独立地进行创造思维，用自己已掌握的知识和经验，针对要解决的问题，发现新的具有创造意义的解题方法。

5岁的晨晨是个爱问问题的孩子。有一次，他从幼儿园回来，神秘地问他的妈妈："妈妈，你知道唾沫是什么味儿吗？"

"不知道。"晨晨的妈妈坦白地说。

"唾沫是臭的！"孩子肯定地告诉妈妈。

"你是怎么知道的？"妈妈好奇地问道。

"我把唾沫舔在手心上，一闻，真臭！"说着，他还做了个示范。

晨晨的妈妈煞有介事地闻一闻，皱着眉头说："果然很臭，这是一个重大发现！唾沫在我嘴里待了这么多年，我怎么就不知道呢？可能是'久闻不知其臭'吧！"

晨晨一听妈妈这么说，非常得意。

"可是，唾沫为什么会这么臭呢？"妈妈不解地问晨晨，"妈妈也不知道，你说该怎么办？"

晨晨歪着脑袋想了想说："那我们上网查一查吧！"于是，母子俩忙开了……

从此，晨晨每次从幼儿园回来，都要问妈妈一些莫名其妙的问题。

长大后，晨晨很有创意，做事也有主张，从来不会人云亦云。

一个成功的家长，总是善于引导孩子去动脑、去思考的。晨晨的妈妈无疑就是一位成功的家长！她在参与的过程中，充分调动了孩子"思考"与"发现"的积极性，让孩子从思想上独立了出来。

4. 教孩子养成独立思考的习惯

在生活中，家长应该提供一些机会给孩子，让孩子自己去思考、去判断：什么是对，什么是错，什么应该做，什么不应该做。能不能全面而深入地思考问题，决定了一个人的思维深度和广度，也决定了结论的正确性。

美国物理学家雷恩沃特小时候非常善于思考，他能够从其他人熟视无睹的事物中想到一些更深层的问题。

雷恩沃特上小学的时候,在一次语文课上,老师问道:"同学们,你们说1加1等于多少?"

"等于2。"同学们异口同声地回答。

只有雷恩沃特若有所思地看着老师,没有回答。

老师有点疑惑,就问他:"雷恩沃特,你怎么不回答呢?难道你不知道这个问题的答案吗?"

雷恩沃特想了想,对老师说:"老师,我不是不知道1加1等于2,可是,您为什么要问我们这样一个简单的数学题呢?您是不是有其他的答案?"

听了雷恩沃特的话,老师感到非常高兴。因为老师提这个问题的目的被雷恩沃特言中了!老师微笑着对大家说:"同学们,雷恩沃特说得没错。从数学的角度来说,1加1等于2,但是,从其他角度来说,1加1未必等于2。就像我们今天要学的这篇文章里所说的,两个人互相帮助,两人的力量就大于他们单个人力量之和。所以,我们要互相帮忙,互相关心,做个乐于助人的人。"

在鼓励孩子独立思考方面,家长有很多事情可以做,最简单的就是倾听孩子叙述自己的想法。尽管孩子的想法天真、幼稚,甚至可笑,但家长一定要按捺住纠正他的愿望,而抓住他谈话中有趣的、有道理的论点,鼓励他深入"阐述",让他尝到思考的乐趣,增强自我探索的信心。

5. 陪孩子一起收集资料讨论问题

动脑筋的故事和资料很多,家长和孩子共同收集,整理好放在家里。空闲时间,大家可以翻阅这些资料,互相讨论感兴趣的问题。

6. 利用节假日开展家庭知识竞赛

利用节假日的时间，家长和孩子轮流做主持人，设立小奖品或其他奖励措施。为了增强气氛，可以请亲友或其他小伙伴参加，这样既可以令家庭充满温馨，也可以让孩子在游戏中体会到勤于动脑、独立思考的乐趣。

总之，为了培养孩子勤于动脑、独立思考的习惯，家长要经常创造动脑筋的氛围，鼓励孩子多想、多问、多实践。

这样学习最有效

凡是当过学生的人都会有一个共同的经验：课堂接受能力高的孩子，通常学习成绩较好。

由此可见课堂上听课的重要性。而要提高课堂听讲的效率，必须做到以下几个方面。

1. 上课之前做好充分准备

很多孩子课堂学习效率低的原因并不是在课堂上的学习状况，而是没有做好课前准备，因此，让孩子做好课前准备能帮助孩子提高其上课效率。一般来说，课前孩子应做好以下准备。

1）充足睡眠保证上课精力集中

学习是一项艰苦而又复杂的脑力劳动。要使孩子的大脑保持清醒，并在整个课堂学习中都保持一种兴奋状态，就必须让孩子确保每天有充足的睡眠和充分的休息。因为睡眠可以使脑的功能得到最大限度的恢复，同时，还必须为当天脑力活动提供足够的能量供应。

2）专心听讲保证学习效果

有的孩子一进课堂，就感到腻烦；一见教师，就感到不自在。他们总觉得上课没意思，完全没有求知欲，总盼着快点下课。在这种心理下，课堂学习往往收效甚微。有的孩子上课随心所欲，一切从个人兴趣出发，自己认为有意思、爱听的地方就听；认为没有意思、不爱听的地方就不听；想听的时候就听一会儿，不想听的时候就走神，想一些与课堂无关的事情，甚至干脆去做其他的事情。这样听课显然也不会获得好的效果。还有的孩子下课争分夺秒，打闹、看故事书；讲足球、讲前一天晚上看过的电视；或是为了某一问题和其他同学争论得面红耳赤。上课铃响，人虽坐进了教室，而课间活动的兴奋余波仍未消失，待心理平静下来时，老师的新课已过了一半。如此一来，上课效果往往不佳。

由此可见，让孩子做好课前的心理准备也是十分重要的。让孩子学会以平静、轻松和愉悦的心情迎接上课和老师的到来，只有在这种心理准备状态下进入课堂，才能确保听课的高效率。

3）学习用品准备齐全

上课的物品准备主要是指在课前；准备好上课的各种学习用具，如课本、笔记本、笔及其他学习文具。否则，就会因为找东西中断了自己的听课思路，漏掉了新课练习的某一环节，为后续课程的学习带来了不利影响，听课效率自然不会高。

4）课前预习抓住重点难点

预习是决定听课效率高低与否的主要因素，是最为重要的课前准备工作。由于在预习过程中了解了新课的学习内容，对于排除听新课的知识障碍非常有帮助，孩子在课堂学习也主动多了。

若在上课时涉及旧知识、旧概念影响到新知识的学习，那就说明上课前的知识准备没有做好，应及时改进和加强。

2. 认真听讲，思想不开小差

孩子课堂5分钟听讲的效果远比其他时间去恶补一天的效果更好。因此，要想孩子上课效果好，家长应让孩子养成认真正确听课的习惯。

1）跟着老师思路走

从一般规律上讲，老师授课都是第一遍全面讲解或推演，第二遍突出重点。最后是思考和完成练习。因此，家长可以引导孩子把主要精力放在老师第一遍讲解的几分钟乃至十几分钟时间里，而后两遍只是用来理解和消化。孩子只有聚精会神地听讲，才能跟上老师的思路，领悟老师讲授的知识，这是取得好的学习成绩必不可少的素质。

2）课堂上踊跃发言

踊跃发言是促使学生专心听讲的一种主要手段。要想发言，必须专心听讲。另一方面，如果认真听了，没有理解或理解偏差，通过发言，老师和同学们会及时纠正和进一步给予讲解，从而得到一个完整、正确的答案。

3）主动思考解决问题

事实上，有许多孩子智商够用，可学习成绩却一直上不去，一个很重要的原因就是听课时似懂非懂，做题时不求甚解，不爱思考，以至于学习成绩上不去。因此，在课堂上跟上老师的思路，积极思考，弄懂知识，是孩子提高学习成绩的关键。

4）听课笔记要记好

学会做课堂笔记是孩子课堂学习的基本功之一。笔记是课堂学习过程中的一份重要资料，某堂课学了什么，学的程度，学的情况等，这些资料都很宝贵。记笔记不仅有利于掌握知识，有利于整体、系统地把握知识，又有利于推敲重点、难点，更有利于课后复习。因此，让孩子在听课的过程中养成记笔记的习惯。如何才能做好课堂笔记呢？

（1）记录重点难点知识。记老师板书上所写的纲目和重要内容，重要的图解和表解，典型事例以及老师补充的、书上没有的内容。要告诉孩子的是，一定要以听为主、以记为辅。在听、记有矛盾的情况下，要先集中注意力去听，听思路，听重点。尤其是在老师讲解重点和难点时，老师会语速放慢、语调加重，这时教孩子一定要紧跟老师思路思考，努力听完整、听系统，然后再概括地、有重点地做一下笔记，记思路、记重点。课堂上长期这样照做，能养成良好的概括能力。

（2）记录自己的心得体会。记自己的看法、体会、联想等，可以将"符号法""关键词法"等方法结合起来进行。如老师强调某内容重要，可以在笔记本上这个内容旁边画上竖线，越重要画的竖线越多，一般笔记左方都留有一定的空白篇幅，留有批注和课后补充的余地。

（3）记录自己没听懂的问题。记笔记既要记没有听懂的问题，也要记自己发现的问题。

有困难的地方，需要运用过去学过的知识的地方，都要记下来。课后，要及时向同学和老师请教，把问题和困难解决，需要的旧知识尽快查找出来，把笔记补全。

只要做到以上这些，孩子的学习效率一定会提高上来。

广泛阅读好处多

一个人孩提时的阅读习惯与长大后的成就有着必然的联系。对于孩子而言，良好的"阅读"习惯有以下好处。

1. 开阔视野，见识更大的世界

通过阅读，把孩子引入一个神奇、美妙的图书世界，使他们的生活更加丰富多彩、乐趣无穷。同时，阅读还能让孩子学到课本上学不到的知识，取得长远的知识效益。一本好书，就是一个好的老师，不仅让孩子学习到更为广阔的书本知识，更重要的是让孩子从书中获得人生的经验。对孩子来说，不可能事事都去亲身体验，书中的间接经验，将有效地补充孩子经历的不足，为孩子的学习和生活增添新的感悟。

2. 让孩子的想象力变得更丰富

孩子在上学的时候想象力是最丰富的，而想象的过程又是孩子对大脑中已经存在的表象进行加工改造形成新形象的过程。因此，想象的产生离不开表象的积累，表象的积累又多来源于文学作品。一般来说，孩子可以从文学作品中积累各种各样的人物形象和景物形象，孩子的表象积累更快，更多，想象也就有了原料，联想起来更加容易。因此，阅读书籍可以大大提高孩子的表达能力，而文字没有固定的形象，孩子在阅读时，可以充分展开想象的翅膀，这也就是我们常说的"一千个读者心中就有一千个哈姆雷特"。

3．提高孩子的语言表达能力

孩子只有多读书，才能让自己的语言能力逐渐积累起来，才能拥有丰富的语言，才能提高口语表达能力和作文能力，才能出口成章。叶圣陶先生曾经说过："小学生今天做某篇文章，其实就是综合表达他之前的知识、思想、语言等方面的积累。"叶老先生明确地指出写作与积累的关系：阅读多了，积累也就多了，作文的表达也就强了，语言自然也就丰富多了。这些都要归功于阅读，因为孩子书读得多了，就会把读过的知识内化为自己的语言，随着阅读量的增加，他的语言积累也就越来越丰富，下笔自然也有"神"了。

总之，读书是孩子成才的必经之路，每一对父母都希望孩子成为有用之才，将来在竞争中占得一席地位，显示出孩子的天赋和才能，造福于社会乃至全人类。从主观上看，成才的要素可归纳为知识、能力和素质。因此，不论在什么情况下，对孩子来说，读书的目的就是积累知识、培养能力和增强素质。

少儿时期是孩子读书的重要时期，更是人一生潜能发展的最佳时期，所以，父母要抓住关键时期，从小就培养孩子阅读的习惯。以下是具体的办法。

1．家长要以身作则，带动孩子的阅读兴趣

父母的读书兴趣对孩子有着潜移默化的影响，那些音乐世家、书香门第等正是这样产生的。例如，六龄童演猴戏，他的儿子六小龄童的猴戏便登峰造极，这正是家庭熏陶的结果。实际上，兴趣教育比强迫孩子去做某件事情更容易，效果也好得多，所以，培养孩子读书的兴趣，父母的言传身教至关重要。

所谓"言传"就是尽可能早地读书给孩子听并让孩子养成习惯。因为要培养孩子读书的兴趣，就得把书的魅力展示给孩子，就像让孩子吃梨，得先让其尝尽梨的滋味一样。随着孩子年龄的增长，还要在读完书后进行思想引导，如："书可以给我们打开一扇窗口，发现另一个美丽的世界。""世界上谁的力气最大？有智慧的人。有智慧的人是无法战胜的。那智慧从哪里来？从书里。""将来我们都会变老，无论长得美的丑的，老了大家都差不多，不同的是什么呢？用一生积累智慧财富的人，也就是一生都在读书的人，即使老了，也是美的。"做了思想引导之后，孩子自然会更喜爱读书了。

2. 鼓励孩子通过阅读寻找解决自己的疑问的答案

6岁的枫枫好奇心很强，无论走到哪里，他都喜欢这儿摸摸那儿看看，然后问别人："这是什么？""为什么会这样呢？"他一天能有一千个为什么！

一天，妈妈带他到动物园去玩，他这里看看，那里摸摸，一双好奇的大眼睛忙碌个不停。

"狮子吃蛇吗？"

"企鹅为什么生长在寒冷的地方？"

"大熊猫为什么是国宝呢？"

枫枫的妈妈微笑着告诉他："你问的这些问题书上都有，等我们回家以后去查查这些问题好不好？"

回到家后，枫枫迫不及待地要求妈妈给他拿书看。妈妈拿出有关动物的书给枫枫看，枫枫高兴极了，"哇！里面有这么多动物呀！"书上的动物图片使枫枫看得入了迷，他一边看，一边要妈妈读书上的文字，枫枫就这样开始了读书识字。以后，他只要在外面看到什么，听到什么，就要妈妈给他找有关的书，不知不觉中。枫枫读书的兴趣越来越浓了。

孩子好奇的提问是一种借助成人的力量对周围环境进行认识的探究行为，是孩子求知的萌芽。这个时候，家长可以抓住孩子好奇的契机，让孩子通过读书寻找答案，慢慢地，孩子的读书兴趣培养起来了，其探索的兴趣亦会欲加浓厚。一个喜欢探索与求知的孩子，怎么可能不爱读书呢？

3. 通过讲故事的方式激发孩子的阅读兴趣

每个孩子都喜欢听故事，特别是童话故事，因此妈妈可以利用讲故事来引起孩子的阅读兴趣。对孩子来说，故事无论讲多长，永远没有完结。他希望妈妈永远讲下去。他们会经常问妈妈："后来怎样了？""白雪公主现在在哪里？"这时，妈妈可以利用孩子的心理，先将故事停一半，在孩子急欲知道故事结局时，再借此时机把书给他看。未知的故事勾着孩子的魂儿，促使他迫不及待地想看书。

为了让孩子始终保持阅读的热情，家长千万不能急功近利。要尽量满足孩子的阅读要求，不要让自己的世俗想法扼杀了孩子的读书兴趣。

另外，家长不能把读书、学习看成是一种得到某种荣誉的途径和工具，而应把它作为生活的一部分、生命的一部分。这样，才能用正确的心态教孩子去阅读。

4. 教孩子把阅读作为一项消遣活动

在轻松的氛围下，家长可以跟孩子一起看一些有趣的漫画书，谈论书上的内容。也可在外出时，带上一两本书，在公园里，在郊外，在河边，在清新的空气下，鸟语花香的环境里，与孩子一起读上几段。

找准方法有奇效

赵丽丽学习非常刻苦，她在课堂上认真听课、课后认真完成作业。据和她同宿舍的女生说，她几乎不会放过任何看书的时间，包括吃饭、走路、上厕所等，甚至说梦话也在记单词……

然而，就是这么一个学习认真的孩子，学习成绩却很一般，以至于很多同学私下里嘲讽她说："就是一个机器人，脑袋也是程序化的，不灵活。"

像赵丽丽这样的问题在许多孩子身上都或多或少存在着。面对这样的孩子，许多家长非常为难，不知道怎么办才好。孩子已经很用功了，再抱怨孩子于心不忍。

其实，在现实生活中，那些学习成绩最好的学生往往不是那些学习最用功的学生，而是摸索出了一套科学、正确的学习方法，学习效率高的学生。正如法国数学家笛卡尔所说的："没有正确的方法，即使有眼睛的博学者也会像盲人一样盲目摸索。"因此，要想孩子取得学习上的成功，家长除了对他们提供一些必要的物质保证、精神和智力上的支持外，更重要的是帮助他们建立一套科学、正确的学习方法。对于孩子来说，掌握适合自身实际的、有效的学习方法，对于他们学习的成功和未来的成才，都有着极其深远的意义。

1. 教孩子掌握科学有效的学习方法

绝大多数孩子没有接受过专门的、系统的学习方法的指导与训练，对什么是科学的学习方法缺乏明确的认知，在学习中也不能自觉地加以运用。即使有的孩子掌握了一些有效的学习方法，也大都走了很多弯路，并且是零散的。科学的、系统的学习方法很难在学习中自然形成，应该接受专门的指导与训练。因此，有条件的家长应该对孩子进行学习方法的指导。

2. 督促孩子课前预习课后复习

作为家长应注意孩子对新旧知识的掌握情况，有计划有目的地指导孩子复习，并做好复习检查工作，培养孩子良好的复习习惯，使知识系统化、连贯化。孩子有了一定的自学能力后，即可指导孩子对即将学习的课程进行预习，这样教师讲课时，孩子就能有效地突破重点、难点，有利于新知识的接受。

3. 教孩子找准学习中的重点和难点

学习方法不当的孩子，在看书和听课时，不善于找重点和难点，找不到学习上的突破口，眉毛胡子一把抓，全面出击，结果反而浪费了时间与精力。而懂得抓重点、难点，效果显然更好。

4. 指导孩子建立稳定的知识结构

知识结构是知识体系在学生头脑中的内化反应，也就是指知识经过学生输入、加工、储存过程而在头脑中形成的有序的组织状态。孩子能形成相应的知识结构，学习起来就比较轻松。

5．教孩子巧妙利用时间

时间对每个人都是公平的，有的孩子能在有限的时间内，把自己的学习、生活安排得从容稳妥。而有的孩子虽然忙忙碌碌，经常加班加点，但实际效果不佳。所以，学会科学巧妙地利用时间十分重要。

6．让孩子劳逸结合保证睡眠

根据科学机构的研究，人长期睡眠不足，就会造成脑供氧缺乏，损伤脑细胞，使脑功能下降。中学生要保证每天 9 小时的睡眠时间，小学生要保证每天 10 小时的睡眠时间。孩子如果睡眠不足，抵抗力会下降，学习成绩会受到很大影响。因此，家长要保障孩子充足的睡眠，此外，还应该让孩子学会劳逸结合，转移大脑兴奋中心，这样才能让孩子学习有效而且心情愉快！

7．鼓励孩子从实践中求知识

孩子在实践中获得的知识更能牢记在心，为应付考试而死记硬背的知识，很快就会忘得一干二净。因为临时抱佛脚得来的知识，只是一种感性的知识，会暂时留在脑海中，随着时间的推移，会呈现一种先快后慢直至最终遗失的规律，只有经过理性思考所得来的知识才能保持得更长久。

8．利用游戏玩耍的机会提高孩子的各项综合能力

据心理学家研究发现，在孩子心理发展的过程中，游戏是一个不可或缺的重要内容。孩子的语言能力、归纳概括能力、抽象思维能力等，在游戏中能够得到迅速提高。许多孩子虽然认字和算术能力不错，但由于缺乏充分的游戏训练，他们的自然常识和社会常识都比较少，从而缩小了他们的智力活动范围，他们的灵

活性和自理能力都较弱：这些缺点在他们上学后就体现得更加明显。因此，家长要根据孩子的心理发育规律，因势利导，因材施教，让孩子在游戏中愉快地学习，孩子的学习效率也就自然而然地提高。

正确的学习方法是孩子通往学习成功的"金桥"。每个家长如果都能在具体方法上有效地帮助孩子，而不是一味简单地督促孩子"勤奋学习"，相信你的孩子一定能取得优异的成绩。

第四章

『会说话』的
孩子更受欢迎

威达说："习惯成自然是个魔术师。它对美丽的东西是残酷的，但是对丑陋的东西却是仁慈的。"

好的习惯对于人生十分重要，它可以让人的一生发生重大变化，有良好习惯的人，才能实现自己的目标。

在家使用礼貌语

米雅是一个活泼开朗、惹人喜爱的小女孩。她的小嘴甜甜的，特别讨人欢心。

比如，米雅想喝酸奶了，就会细声细气地对妈妈说："妈妈，我想喝酸奶，请你帮我拿好吗？"

妈妈乐呵呵地表扬道："瞧，我家的米公主多有礼貌呀！给你！"

米雅就高高兴兴地跑去喝酸奶了。

在楼道里，米雅遇到邻居家的王奶奶，连忙止住脚步，给王奶奶让路，还很有礼貌地说："王奶奶走好！"王奶奶听了，心里甭说有多高兴了，忙不迭地说："米家的这丫头教养好呀！谢谢米丫头！"

……

小米雅就是这么一个聪明伶俐、能言善辩的孩子。

同事请教米雅的妈妈是怎么把米雅教得这么好的。米雅的妈妈笑着说："其实很简单，在家里我们大家都注意礼貌用语，久而久之，孩子也就养成了习惯。"

事实也是如此，要想培养孩子良好的说话习惯，应从家庭生活点滴做起。而家庭成员间的礼貌用语，更是孩子学会运用礼貌语的最主要途径。

"早安""你好""晚安"。在没有养成互相问候习惯的家庭里，家庭成员间像这样的对话一定很少，即使有简短的回答，也谈不上是对话，仅是向对方表达自己的要求而已，同意或者拒绝，都以简单的言辞而告终。反之，如果养成互相问候的家庭习惯，一定其乐融融，家庭成员间也一定懂得礼貌、礼让与互相尊重。

那么，如何才能让家里充满礼貌用语呢？我有以下几点建议。

1. 家长以身作则，在日常生活中使用礼貌语

日常生活中的礼貌寒暄，相互致意，在家庭看来好像是无关紧要的小事，但如果养成习惯，坚持下去，家庭成员之间就会形成一种互相尊重的良好氛围。培养孩子讲礼貌的品质，是家长们管教子女的任务之一。为此，父母必须常用礼貌用语，做好表率。

2. 从细节处着手让孩子习惯使用礼貌语

教会孩子学会礼貌用语，让他懂得要求别人帮助时要说"请"；受到他的帮助后要说"谢谢"；与客人见面时要说"您好"；告别时要讲"再见"等。孩子学习了礼貌语言，要让他们经常地应用和交流，使孩子在使用中，得到愉快的体验，并形成习惯。

3. 告诉孩子礼貌是内化于心的素养，不是表面的客套敷衍

礼貌用语包含着对别人的尊重、关切和热情，它不是表面的客套。要让该子体会到这一点，使他们自觉、主动地注意礼貌，而不是敷衍。比如，让孩子在公共场合遵守社会道德，安静地听别人谈话，不讲粗言秽语。这既是礼貌的表现，也是良好的品德。

4. 在家庭中培养互相尊重，礼貌待人的良好气氛

如果过去很少这样"客气"，从现在开始也为时不晚。当父母第一次礼貌地向孩子问候时，孩子可能不太习惯，但时间一久，

孩子也会自然而然地使用"早上好""我上学去了"一类问候寒暄的语言，这样的习惯会给家庭气氛增加几分快乐、和睦、舒畅的色彩。

5. 不断鼓励孩子使用礼貌语，使之坚持下去成为习惯

比如，父母说一句孩子经常说的话："快让开，别挡我的路！"或者"我就是不做！"多次重复这样的话，孩子的自尊会受到一定的伤害，久而久之就能改变他的言行。不过，当孩子稍有一点儿转变，父母则须加以鼓励，希望他今后能继续改正并坚持下去。

大话牛皮不要讲

日常生活中，我们经常看到一些孩子在一起互相吹嘘，如"我去的公园比你的多""我的爸爸最厉害了，开了三家公司""我家有六个保姆，一个拖地，一个洗碗，一个做饭……"孩子天真稚气的童言让人忍俊不禁。

从心理学角度讲，孩子爱吹嘘是一种正常的现象。因为孩子正处于自我意识形成发展的阶段，需要自我肯定、自我欣赏，更要在同伴面前显示、夸耀自我，以引起他人的关注，达到内心的满足。所以，他们在吹嘘的时候，往往带着十足的自信和优越感，以此来证明自己的强大。此外，从口才学角度考虑，"吹嘘"同样有着促进口才发展的积极作用。但经常吹嘘，反而会让人心生反感。吹嘘过度，对其良好品德的形成更有一定的负面影响。因此，孩子爱吹牛的习惯并不可取。

但是，孩子爱"吹"的习惯到底是怎么形成的呢？

1. 希望得到他人的认可与夸赞

孩子的心理结构，往往是主观与客观融为一体，这被称为"主客观未分化心理"，是儿童的一个心理特征。在这一阶段中，孩子总把幻想中的事物想成自己的。于是就按照美好的"幻景"，描述根本不存在的东西，导致了吹嘘行为的产生。加之，孩子的自我意识正不断完善中，他们总希望通过自己的语言得到他人的认可、夸赞，从而在心理上得到满足感和优越感。

2. 虚荣心过强

有一些孩子好胜、虚荣心强，他人越"仰慕"自己就越有价值。为了得到他人的"欣赏"，他们不禁一次又一次吹牛。有时候难免把牛皮吹破了，被同伴识破了，颜面上下不去，从而产生沮丧自卑的心理。

3. 受到家长不良行为的影响

少数家长与其他成人在家中闲聊或谈事时，夸大了孩子知道的事物；有少数家长也爱说大话，孩子自然受其影响。再者爱吹牛的孩子在一起吹牛时，吹牛就会升级。

吹牛是孩子成长过程中难以避免的行为。对于孩子爱吹嘘的问题，家长一方面不要过于"小题大做"，另一方面也不能任其自然发展。最明智的做法就是，在了解原因的基础上，对孩子进行有针对性的教育和引导。

家长应如何克服孩子爱吹牛的习惯呢？家长不妨从以下几个方面入手：

1. 让孩子形成正确可观的自我认知

自我认知是进行自我定位的基础，也是个人职业与事业生涯的起点。自我认知包括：认知自己的价值观、人生方向和目标，认知自己的性格特征，认清自己的优势和劣势，觉察自我的情绪变化、原因等。幼儿的自我认知能力是幼儿自我意识的水平，包括幼儿对自身的认识、评价、监督、调节和控制水平，其中以自我评价为核心。学龄前的孩子已经能够认识到自己的身体、动作、行为。但对自我的评价却常常依赖于成人，尤其是教师的评价毫不质疑，从很大程度上来说幼儿的自我评价就是对成人评价的再现。因此，家长和老师要从小培养和发展孩子的自我认知能力，有利于让孩子正确认知自己，避免自我夸耀。

2．教孩子分清幻想与现实

对于那些满足于虚构而吹嘘的孩子，家长应该理解和满足孩子的想象力，鼓励孩子自编故事，画奇思妙想的图画，充分释放孩子的想象力与创造力，锻炼他们的语言表达能力。同时也不能让孩子习惯于将想象当作现实的事物，总生活在幻想之中，缺少理智和分辨能力。只要有效引导分析，让孩子明白想象中的东西，通过自己的努力是可以获取的。光靠说大话，不但没有办法实现自己的梦想，还会让人看不起。

3．帮孩子树立正确的价值观

家长应该通过讲故事、讲道理，让孩子明白，真正的价值感与满足感不是来自别人的看法，而是自己的做法。做得越多，就越接近自己的梦想。靠"吹嘘"获得的"价值感"只是短暂的。爱吹嘘还会给他人留下不好的印象。正确价值观的确立，能让孩子克服爱吹嘘的毛病。

4. 表扬孩子要适度，避免孩子自高自大

孩子可以为家长和教师的一句话高兴几天，也可以为家长和老师的一句话难过几天，可见家长和老师对孩子的正确评价是多么的重要。如果家长只是为了鼓励孩子随口夸到"你是最棒的"，那大可不必。严格意义上讲，"最"只有一个，如果家长总是对孩子说："你是最棒的。"就会混淆孩子自我建立起来的评价标准，再加上孩子"自我中心"的心理特征，对自己的评价就会过高，导致孩子不能做出正确的认识，从而影响自我认知能力的发展和培养。

5. 不要经常贬低、责备孩子，要尊重、信任并引导

家长的尊重、信任和引导，能让孩子减少吹嘘行为。此外，家长还应该让孩子明白吹嘘的危害性。这比单纯的责备、嘲笑、惩罚更有效。

每位家长，只要能够做到循循善诱，持之以恒，你的孩子一定能够改掉爱吹嘘的坏毛病，变得谦和而富有魅力！

让孩子学会赞美

赞美，就是用语言表达对人或事物优点的喜爱之意。它不是虚伪，不是恭维，是发自内心地对他人的欣赏与鼓励。渴望得到赞美是人的天性，被别人欣赏，得到他人尊重是正常的心理需要。因此，要满足他人的这种需求，就应该让孩子学会真诚的赞扬他人。真诚的赞美，常常会在最恰当的时刻发挥最好的效果。

第一，真诚的赞美和鼓励，就是对他人价值最好的承认和重视。

这能让人的心灵需求得到满足。有助于增强人的自尊心和自信心，给他勇气，激发其潜力。得到赞美的人会因此表现得更加卓越。从而有效地提高办事效率。孩子会因为听到同学的赞美，变得更加自信、饱满、富有斗志。因为家长的赞美，孩子能表现得更加乖巧、懂事、善解人意。因为老师的赞美，孩子能更好地完成学习任务，取得优异的成绩。因为听到上司的赞美，工作就会更加积极、主动，从而把工作做得更加完美。世界上，不知有多少人从赞美中汲取力量、奋发有为；又有多少人在责骂、抱怨声中意志消沉、碌碌无为。

有甲和乙两个猎人，各猎得两只野兔回家。

甲的妻子看到丈夫打回的野兔冷冷地说："才打两只？"甲心里很不高兴，反驳说："你以为很容易打吗？"第二天他故意空手回来，好让妻子知道打野兔并不是轻而易举的事。

乙的妻子看到兔子则高兴地说："你竟打回了两只，真了不起！"第二天，乙打回了四只。

第二，让孩子学会赞美，有助于孩子更多地发现别人的优点，从而提升自我。

每个人身上都存在着优点，都有值得别人去赞扬的方面。赞美别人就是要发现别人的优点，找出他身上与众不同之处，并在适当的场合，以适当的方式告诉他。通过发现他人的优点，可以触动孩子对所称赞的美德或事物的向往，促使孩子以人之长补己之短，从而在温暖和鼓舞他人的同时完善自己。

第三，真诚的赞美可以融洽人与人之间的关系。

赞美别人是处理人际关系的一种策略，也是良好心理素质的表现。在人和人的交往中，适当地赞美对方，总是能够制造出一种热情友好，积极恳切的交往气氛。受赞美的人因为自尊心、荣誉感得到满足而倍感愉悦和鼓舞，并对赞美者产生亲切感，彼此的心理距离就会因赞美而缩短，自然也就为交际成功创造了必要的心理条件。一个人善于赞美和发现别人的长处，也恰恰表明了他胸襟开阔，人际关系和谐。

总之，赞美的好处很多，让孩子学会赞美，是让孩子赢得良好人际关系的关键因素。那么，家长应如何让孩子学会赞美？

1. 告诉孩子赞美是发自内心的，并非虚情假意言不由衷

让孩子明白赞美是发自内心的真诚语言，它并非虚情假意，也并非言不由衷。说真诚的话，而不是阿谀奉承。赞美的目的，是让别人认识到自己的优点，从而产生精神上的愉悦。此外，赞美别人还能给自己带来愉快的心情。

2. 让孩子学会发现别人的优点，并乐于赞美他人

同伴间通过独特的情感交流与体验，传递思想，增进友谊，形成和谐、友爱、团结向上的群体氛围，从而增强孩子良好的道德习惯。

3. 告诉孩子怎样赞美别人

如怎么用语言来赞美同伴；怎么用行为赞美同伴；让孩子掌握赞美的不同方式。只要孩子掌握了正确的赞美方法，做到赞美有分寸，孩子就能做到游刃有余。

4. 父母要以身作则

在生活中，对孩子多一点赞美，少一点挑剔、批评、指责。孩子受到熏陶，自然而然就学会了赞美他人，关心他人，体会他人的感受。

此外，家长也应善用童书绘本。绘本里有许多故事和许多人物角色，足以启发他们的同理心、同情心、怜悯心与爱心，比讲道理更容易培养孩子温柔关怀的能力。

打动人最好的方式就是真诚的欣赏和善意的赞许。嘴甜的孩子最好命。从小就懂得赞美他人的孩子，不但能赢得他人的喜爱，还能得到善意的回报，从而获得更多发展的空间与成功的机遇。

努力把孩子培养成一个懂得赞美他人，且能得到他人赞美的人吧！只要孩子懂得在生活中留心观察，真诚赞美，虚心学习他人的长处，就能收获友谊、收获自信，快乐、幸福地成长！一个善于把赞美献给他人的孩子，一定是一个快乐、幸福的人。

教孩子表达关心

生活在这世界上，每个人都有被别人关心与注意的需要。当一个人得到关心，心中会产生一种温暖、安全的感觉，相反，则充满了孤独与忧伤。所谓"投我以木瓜，报之以琼琚"。因为受到别人的关注，他同样也会关心别人。这样，人与人之间自然就形成友好、亲密的关系了。

在现实生活中，因现在大部分都是独生子女，家长的万般宠爱、处处迁就，造成了孩子唯我独尊的性格。这样的孩子，很难说会

懂得关心别人,更不用说懂得说关心别人的话了。小丹丹就是这样一个孩子:

小丹丹今年8岁,念小学2年级。丹丹的爸爸妈妈非常宠爱丹丹,孩子要什么,爸爸妈妈就给什么。照爸爸妈妈的话说:"不就是一个孩子嘛,不给她给谁呢?"小丹丹习惯了爸爸妈妈的关心与爱护,却从来不懂得自己也应该学会关心爸爸妈妈。

有一次,爸爸到外地出差,妈妈生病了躺在床上。

丹丹回到家里,正为爸爸妈妈没有去接自己放学回家生气呢,她哪里顾得上妈妈的病情呢?这时候,她发现妈妈根本没有做饭,冰箱里只有冷硬的干面包,就更加生气了,她大声哭闹起来:"什么妈妈嘛,就不知道我肚子饿吗?"

丹丹的妈妈躺在病床上,听着孩子抱怨的话,心都凉到了肚子里。

丹丹的妈妈这才意识到,自己以往对孩子的教育方式是多么错误的呀!

一个冷漠、不懂得关心别人的孩子会有什么出息呀?

生活中像丹丹这样的孩子有不少,家长们一定要给予充分的重视,让孩子从小就学会体贴关心他人,善解人意。只有这样,孩子以后走上社会才能成为一个受欢迎的人。

那么,家长应如何培养孩子关爱他人的性格呢?

1. 家长要给孩子树立良好的榜样

父母若能注意自己的言行举止,在生活中多关心亲人与朋友。

如下班回家以后，帮孩子的爷爷奶奶做饭，多关心老人的生活。当朋友生病了，除了打电话问候以外，还亲自买水果什么的去探望……家长的一言一行，孩子会看在眼里，记在心里，更表现在行为上。

2. 教孩子学会分享

人是群居动物，需要别人的肯定和关心，但前提是付出。快乐与人分享会变成双份的快乐，痛苦与人分享苦楚会减半。学会分享是人生最大的乐趣。也许有人会说，分享也用教？不就是把东西给人家吗？不是的，孩子是一张白纸，都需要学习。孩子在给予的过程中得到快乐，就会懂得分享和关心他人。

3. 教孩子正确表达对他人的关心

可以用言语表达对他人的关心。因此，家长应该教孩子说关心他人的话。

首先，家长应该让孩子知道，每个人都需要关心，如果自己能在别人需要关心的时候，说一些关心的话，让他人感到温暖，从而对自己产生好感。

其次，家长可以教孩子，关心的话怎么说。

比如，妈妈生病了，回到家里，应该关切地问："妈妈，你今天好点儿了吗？要不要给您倒杯水呢？"

同学有几天都没有来上课了，除了打电话去关心地询问情况，还要可以在同学回学校读书的时候上去问候人家，关心他们的情况。可以说："某某，你怎么这么多天没有来上课呢？怎么了？可想死我了。"类似的话，让他人听起来，温暖之情油然而生。

……

事实上，孩子懂不懂得关心、体贴别人，那都是家长教育的结果。如果家长能从小培养孩子关心他人的意识，教会孩子说关心、体贴他人的话，久而久之，孩子一定也能变得善解人意。

让孩子学会关心别人，还应该注意以下几点：

首先，说话的时候要真诚。

正所谓，真诚的言语暖人心怀，如果仅仅是为了说而说，嘴里说着关心的话，但听起来却显得冷漠，没有热情，也达不到关心人的效果。

其次，说话的时候要设身处地地为别人着想。

艳艳因为生病，已经好几天没有到学校上课了。作为班长的巧玲敲开了病房的门，她一进门就笑盈盈地对艳艳说："今天好点儿了吗？知道你生病了，我们大家都很着急，就怕你把功课落下了，所以今天就派我来给你补课呦！"

艳艳一听，感激地笑了，她对巧玲说："谢谢你们的关心，你代我向班上同学说声谢谢呦！"

巧玲懂得设身处地地考虑到艳艳的情况，怕艳艳功课落下，代表全班同学来补课。这话让生病的艳艳听起来窝心极了！如果你的孩子懂得设身处地地为人着想，关心他人，又何愁没有好人缘呢？

最后，关心也可以通过咨询的方式达到目的。

君君今天上课总是一副精神恍惚的样子。班主任侯老师看在眼里。下课的时候，侯老师来到君君的桌前，关切地问道："怎么啦，君君，我看你这节课精神很不好，是不是家里发生了什么事情，需要老师的帮忙吗？"

听了老师的话，君君心里一热，就一五一十地告诉了老师自己遇到的情况。

侯老师通过咨询的方式让君君感受到了老师的关心与体贴，这样，他才能敞开心扉，告诉老师自己的遭遇。

可见，要想让别人感受到自己的关心并不难，只要语言体贴，方法得当，便能让受到关心的人倍感温暖。

让孩子学会拒绝

语言系大学生汤姆对别人的要求从来不拒绝，因为他不好意思说"不"。

一天，他的姨妈进城，让他请吃午饭。他随姨妈进了一家豪华的餐馆，姨妈却不顾他的学生身份，点了一大堆价格不菲的菜。

汤姆虽囊中羞涩，却不好意思说"不"。

吃完午饭，汤姆付过钱，已是身无分文了，他正在盘算这个月怎么对付过去。却见姨妈笑道："孩子，你的心肠太好，可你也太傻了！我问你，你是学语言的，你知道世上什么词最难说吗？"

汤姆一脸茫然地看着姨妈。

姨妈说："是'不'字，我知道你的钱不多，我一直点价钱昂贵的菜，就是在等你说'不'字，可是你始终没说。你要想以后做个堂堂正正的人，不受别人牵制，你就必须学会说'不'字，学会拒绝。"

生活中很多孩子像汤姆一样，因为缺乏拒绝人的习惯和经验，所以，有时候应该说"不"的事情，却总是硬着头皮答应。这对孩子而言，并无多大好处。毕竟，生活中很多事情是应该"拒绝"的。比如有些坏人会利用孩子的这种心理投机做一些犯罪的事情，或者利用孩子不懂拒绝，引诱孩子干坏事等。因此，家长要从小培养孩子"拒绝"的意识。不但要教孩子学会拒绝，还应该教给孩子婉言拒绝的技巧。这样孩子拒绝他人时，就能把拒绝带来的遗憾缩小到最低程度，即便拒绝，也不伤感情。所以，让孩子学会巧妙地拒绝别人不合理的要求，既是他们与人交流中需要掌握的一种处世技巧，也是口才训练中不可缺少的环节。

那么，应该让孩子掌握哪些拒绝技巧呢？

1. 拒绝别人要委婉，给对方留面子

拒绝，不仅要晓之以理，委婉地陈述原因，还要诉之以情，特别是诉之以诚。只有这样，对方才会将心比心，即使自己的需求未满足也不会动怒。

家长可以根据孩子所经历的一些事情，以及当时的情境和具体情况，教孩子以什么样的方式婉言拒绝他人的要求。

家长一定要让孩子明白，即使拒绝了对方，也要让对方了解到自己的拒绝不是草率的，实属超出能力范围。给对方留面子，也就是给自己留退路。

2. 拒绝别人要礼貌，不要粗暴打断对方的话

每一个人都有自尊心，都希望能得到别人的重视，同时也都

不希望自己做不喜欢做的事。这就要求孩子们既要拒绝对方的不适宜要求，又要讲究拒绝的技巧。

家长要告诉孩子，不要在别人刚开口时就断然拒绝，这只会让人觉得你根本没考虑别人的处境，这也最易引起对方的反感。即使自己想拒绝，也应该耐心地听完对方的话，弄清楚对方的理由和要求，站在对方立场上考虑问题，理解对方的要求。

3. 拒绝别人要有适当的理由，让对方更易于接受

怎样说才能既不伤害对方，又不使自己为难，不是每个人都能做到的。拒绝他人，最困难的就是在不便说出真实原因的同时又找不到可信而合理的借口。那么，不妨在别人身上动脑筋，比如借口家人方面的原因。

小丽推销安利保养品，一次，她到晓娜家里推销，告诉晓娜安利产品的种种好处。晓娜热情地招待了小丽，但她态度礼貌而坚定地说："我婆婆坚决不让我们买这些保养品，你瞧，我不买你的商品，不是因为我不愿意掏腰包捧你的场，而是为了保持和婆婆良好的关系。这样吧，过些时候我做做我婆婆的思想工作，她要觉得安利还不错，我一定请你帮忙呦！"

小丽一听这话，也不好再说什么了。只好附和着说："是呀，还是家庭和睦关键。"

可见，借用他人为自己的拒绝找一个合理的借口，不但不会遭到被拒绝人的怨恨，还能让对方将心比心，从而欣然接受你的拒绝，且找了一个台阶下，以不至于让人因为被拒绝而觉得尴尬。

4. 拒绝别人不要让对方难堪

有时候，我们还可以借用对方的话语表达不便直说或使人感到难堪的拒绝。

罗斯福在没有当上美国总统之前，曾在海军部任职。有一次，他的一位好朋友向他打听海军在加勒比海的一个小岛上建立潜艇基地的情况，罗斯福谨慎地向四周看了看，然后低声地问："你能保证不说出去吗？""当然能。""那么，"罗斯福微笑着对他说，"我也能！"

罗斯福借用了对方的话语，运用含蓄委婉的语言，既保守了国家的军事秘密，又没有让朋友过分难堪。双目对视，相互在理解的笑声中结束了这个问题。

5. 拒绝别人时可以幽默一些

不好正面拒绝时，可采取迂回的战术，让对方无法反击。

有这样一则故事：

一个吝啬的地主叫仆人去买酒，仆人向他要钱，他说："用钱买酒，这是谁都能办到的；如果不花钱买酒，那才是有能耐的人。"

一会儿，仆人提着空瓶回来了。地主十分恼火，责问道："你让我喝什么？！"

仆人从容地回答说："从有酒的瓶里喝到酒，这是谁都能办到的；如果能从空瓶里喝到酒，那才是真正有能耐的人。"

显然，地主想不花钱喝酒的言行是不适当的，但是，如果仆人不知如何机智应对的话，那么，等待他的要么可能是地主的严厉斥责，要么是自己掏钱给地主买酒喝。

总之，孩子在成长的过程中一定要学会恰当地拒绝，这不仅是自我保护必须迈出的第一步，也是将来采取更恰当的方式与人交流需要掌握的处事技巧。一个不会拒绝别人的人很容易被他人左右，一个没有自己主张的人，其实就是一个不善于表达自己感受的人，很难得到别人的尊重和认可。

别人谈话勿打断

生活中，许多家长会发现，自己的孩子老喜欢插话，特别是当家里的大人专注于讨论某件事情的时候，孩子就更喜欢打断家长的讲话，然后说自己的事情。大人越是不理他，他越是非让你听他说不可。

当然，孩子这点伎俩往往很奏效，家长通常会放下自己的事情，听孩子把话讲完。久而久之，孩子觉得这种说话方式很管用，大人会因此注意到自己。于是他就会变本加厉。事实上，孩子之所以养成这种不良的坏习惯，跟家长的教育是分不开的。

一般来说，孩子常常用以下几种方式打断别人的对话。

1. 插嘴，急于表现自己

独生子女在家中缺少有共同语言的同龄人，常常急切地插嘴到大人的谈话之中，使大人的谈话不得不中断。也有孩子，在听大人谈话的内容时，曾经听说过或有点儿似懂非懂，他就会产生"共鸣"，急于"表现"自己，讲一讲自己的"看法"。或者对讲话中的部分内容感到好奇，迫不及待地想解决心中的"疑问"，于是不顾场合打断别人的谈话。

2. 故意发脾气引起注意

在大人们进行较长谈话的时候，孩子在一旁会有被忽略的感觉。这时，他们就会因为内心的小小不满故意发些小脾气，或者闹些小别扭甚至于哭闹起来，让大人的谈话不得不停止。

3. 在大人之间跑来跑去、打打闹闹

有的孩子常有一些"人来疯"的情绪，看见家里来了客人，孩子会显得非常兴奋，总想做出点儿什么引起大人的注意，所以常常在大人之间来回跑动。如果大人之间正在进行比较重要的谈话，难免常常被打断。

事实上，没有人喜欢自己说话的时候无端被打断。但是，孩子并没有意识这一点，所以经常扮演这么一个让人"讨厌"的角色。这样的不良习惯影响到孩子正常的社会交往，对其今后的发展不利。如果你发现自己的孩子有爱打断别人说话的坏习惯，既不能放任不管，又要注意处理方式。家长应注意以下几点。

1. 根据不同孩子的特点来教育引导

比如，当孩子对家人的谈话内容提出疑问时，千万不要因为孩子打断大人的谈话而一时恼火，并当别人的面训斥孩子，这只会伤害孩子的"好奇心"和"自尊心"。父母应该在事后教育孩子，谈话中间不要随便插嘴，这样做是不礼貌的。

当然，更重要的是，父母要抓住平时有利于对孩子进行教育的机会，对孩子加以启发和诱导，特别要注意运用发生在孩子身边的事情来教育孩子，使孩子受到启迪和提高。例如，爸爸妈妈带孩子上街玩，看到别的孩子在其父母和别人讲话时随意插嘴、吵闹不休，惹得父母心烦时，就可以问自己的孩子："刚才那个孩子做得对不对？为什么？如果是你，你会这样做吗？"用具体的事件举例，孩子从中会得到很好的教育。

如果是谈话结束后孩子来提问，父母回答完问题，还可以再夸奖他一句："你真爱动脑筋！"这样孩子的好习惯会得到强化。

2. 告诉孩子怎样正确表达自己的想法

当遇到非打断别人说话，问题必须当时就解决时，父母就应教孩子如何表达自己的意见又不失礼貌。比如：打断别人讲话之前先要对大家说声"对不起"，在征得别人同意后才可以说自己想说的内容；当有客人在场的情况下，如果孩子只跟父母说话，可以让孩子趴在大人的耳边悄悄地说，从而不影响到别人的谈话。

3. 对于孩子的要求要及时回应，不要置之不理

父母平时尽量及时回答孩子提出的问题；只要可以，就要及时地对孩子的要求做出反应，不要让孩子等太久；特别是当孩子用适当的方式提出正当的要求，父母更不应置之不理，而应适当满足。

不随便打断别人说话，是人与人之间相处的一门重要艺术，也是一个好的说话习惯。

改掉说谎坏习惯

小周上小学四年级的儿子有个坏毛病，爱说谎话。

有一次，孩子数学测验考试得了92分，可他却对小周说考了

100分，并且说："老师把卷子都发给我了，只是忘带回来了，要不我回校去拿吧！"说着跑回了学校。一会儿，空着手回来的儿子对小周说："老师下班了，卷子锁在教室里了。"小周信以为真。

一个星期后，小周到学校问起老师这件事，才知儿子又说了谎话，为了欺骗家长，他把卷子扔了，小周气得不轻。

说谎让孩子迷失自己的本性。因为让谎言蒙住了眼睛，怕被点破、怕谎言露馅，所以，孩子不断用新的谎言遮掩它，这样，不要说被骗了的人，即使是孩子自个儿的日子也会过得乱七八糟。这些谎言一个接一个地编下去。最终把孩子引上了一条不归路，只要他们稍不留意，就断送了自己的一生，到那时候后悔也来不及了。

在生活中，孩子说谎的现象普遍存在，只是程度不同罢了。有些孩子长期说谎成了一种习惯。他们回家晚了怕父母责骂时会撒谎，想给同学过生日买礼物没钱时会撒谎，考试考不好时会撒谎，不想做作业想出去玩儿时也会撒谎……为此，家长们非常头疼。其实，孩子并非生来就会撒谎，他们的天性是纯真而直率的，他们不会隐瞒自己的意图，不会掩饰自己的情绪。孩子之所以撒谎，归纳起来有几个原因。

1. 受到父母的影响

虽然没有一个家长会故意去教孩子说假话，即使经常说谎的家长也并不喜欢自己的孩子说谎。但如果家长在和孩子相处中，为了哄孩子听话，经常用一些假话来骗他；或者是家长经常对别人说假话，被孩子耳闻目睹，孩子就会慢慢学会说假话。还有一种情况，是家长出于成人社会里的某种需求，经常说些掩饰的话，虽说并无道德上的不妥，只是一种社会交往技巧，但如果被孩子注意到，也会给孩子留下说假话的印象，教会他们说假话。

2. 逃避父母的批评

有些家长比较严厉，对孩子的每一种过错都不轻易放过，都要批评指责，甚至打骂；或者是家长太强势，说一不二，不尊重孩子的想法，不体恤孩子的愿望。这些都会造成孩子的情绪经常性地紧张和不平衡，他们为了逃避处罚、达成愿望或取得平衡，就去说假话。

3. 拒绝做某事的借口

有时小孩子为了不愿意做或不能做某事时，便叫头疼呀！肚子疼呀！用各种谎言去欺骗父母或教师。这种谎言又往往得到父母或教师的同情，于是孩子以后便也常说谎去推诿了。

4. 争面子、怕丢脸

一件事本来不是他做好的，但为了得到奖赏，面子光彩，于是他说谎了；事本来是他做的，但做得不好，怕丢脸，于是他说那件事不是他做的，也说谎了。

5. 受利益驱使

很多小孩子为了口馋，要吃东西，便说谎，又有些小孩子为了得到很高的分数或奖品，便在考试时作弊还硬说自己高人一等。这都是贪利的缘故。

小孩子说谎与他们的品性无关，只是每个孩子成长过程中常出现的问题罢了，关键的是如何进行教育的问题。家长只要及时发现问题，教育的好，引导的好，孩子自然能够纠正爱说谎的坏习惯。以下是家长纠正孩子坏习惯的一些有效方法：

第一，家长要以身作则，言传身教。父母是孩子最早的老师，一言一行都会影响孩子的成长。所以，为人父母不要把一些无关要紧的小谎当玩笑。生活中我们经常见到这样的一幕：一些家长遇到不喜欢的来访者，会让家里人敷衍说："告诉他，我不在家。"家长的这些做法无意中就是在教孩子说谎。因此，家长要为孩子树立正确的榜样，注意自己的言行，不会随便敷衍别人，更不要为了哄孩子，欺骗孩子。

第二，家长应多与孩子交流沟通。平常要多与孩子交谈，通过交谈了解孩子的心理希望、要求，对于孩子提出的问题，在孩子能够理解的程度下，耐心解答，并肯定孩子的求知欲。同时，通过与孩子的交谈，告诉孩子父母对他的希望和要求。

第三，家长应该信任孩子。父母尊重信任孩子，孩子才会反过来更加尊重信任父母，这样的孩子是不会说谎的，因此，和孩子相互相任，孩子说谎的原因就不存在了。

第四，让孩子从小分清是非。树立社会化的道德规范是逐渐使孩子建立对自己、对家庭、对国家责任感的重要途径。比如：孩子爱花零钱，见什么要什么，达不到目的就说谎话骗钱等。这就需要父母把家庭的经济情况向孩子讲清楚，并制订一份开支购物计划，明确告诉他每个月你的零用钱只能有多少，应该根据这个计划办事，以此来降低孩子的购物欲望。

第五，帮助孩子分清幻想与真实。心理学研究发现，有18%的6岁孩子能区别真实与幻想；有90%的9岁孩子能够理解故事是编造的还是真实的；11岁的孩子已经开始能从新的角度理解诚实的问题。孩子随着年龄的增长,逐渐理解"谎言""诚实"是怎么回事。因此,父母要在孩子 5 岁时开始培养教育他学会分辨什么是假的,什么是真的。同时,还要帮助孩子认识到做错事和说谎的区别,做错了可以改正,改正了仍然是好孩子,尤其当孩子承认错事后应及时给予表扬、鼓励。

第六,家庭对孩子的教育要求与方法要适当。要求过高,会使要强的孩子产生虚假达标心理,从而诱发撒谎动机;要求太严,管得太死,便孩子个性发展受到压抑,他们会为寻求一点自由而用撒谎求得解脱,被管得太严的孩子易撒谎是从实际中总结出来的。在奖惩方法上,要详细了解情况后再使用。不能情况不明就草率奖惩。只有真正做到对诚实褒奖,对撒谎惩罚,才能起到奖惩方法的强化作用,也才有利于孩子形成以诚实为荣,以撒谎为耻的优良品德。

最后,家长应从小对孩子进行诚实教育。要注意从小培养孩子诚实的好思想,提高孩子说话做事要实事求是的自觉性。对待孩子的说谎问题,要从提高思想认识入手,并且要根据年龄的变化,从不做"说谎的孩子"故事讲起,逐步增加教育的思想性,帮助孩子树立正确的价值标准,做个诚实的人。

对待孩子的说谎,应当根据实际情况,从关心的目的出发,向其讲清危害,耐心说服。同时,日常生活中要以身作则,为孩子树立榜样,这样才能有效地纠正孩子的说谎行为。

第五章

好性格赢
得好人生

爱因斯坦说：「优秀的性格和钢铁的意志，比智慧和博学更重要，智力的成熟，很大程度上是依靠性格的。」

行为心理学研究表明：21天以上的重复会形成习惯。90天的重复会形成稳定的习惯。即同一个动作，重复21天，就变成习惯性动作；同一个想法，被重复验证21天，就会变成习惯性想法。度过了90天的稳定期，这项习惯就成了你生命中的有机组成部分。

当然，改变坏习惯也许要花更大的力气，甚至需要有一种「野狼断掌」的精神，但只要坚持下去，就一定能改变。

乐观赢得好运气

乐观是一种性格倾向，是成功的一大要诀。乐观使人能看到事情有利的一面，期待更有利的结果。而失败者遇到挫折时，常常运用悲观的方式解释事物，无意识中就丧失斗志，不思进取。

也许有些孩子天生就比较乐观，有些孩子则相反。但心理学家发现乐观性格是可以培养的，即使孩子天生不具备乐观品质，也可以通过后天的努力来实现。儿童期是心理发展最为迅速的时期，对孩子一生的成长和发展至关重要。家长应当重视孩子的乐观主义教育，使孩子得到健康、全面的发展。

孩子的乐观首先来自家庭和谐、幸福的气氛，来源于父母的乐观、自信、幽默、豁达，来源于父母能够切实地帮助孩子正确对待并战胜他们面临的困难，用自己的乐观精神感染孩子。这样，即使在他们以后的生活中碰到困难挫折，也能始终保持健康的心态，具备心理承受力，克服困难，实现既定的目标，因为父母已使他相信在困难和挫折后，还存在许多美好的东西。一个有着童年的幸福与温馨回忆的人，心中会永远充溢着幸福。那么，如何培养孩子这种正面性格呢？

首先，乐观的父母更易于培养出乐观的孩子。父母在教育孩子的过程中，自己首先要是乐观的人，每个家长在工作、生活中也会遇到各种困难，父母如何处理困境会直接影响孩子的做法。如果父母能以身作则，在面对困境、挫折时自信、乐观，奋发向上，孩子也会受父母的影响，在遇到困难时，乐观地去面对。

平时，父母应该多向孩子灌输一些乐观主义的认识，让孩子明白，令人快乐的事情总是永久的、普遍的，一旦有不愉快的事情发生，那也只是暂时的，不具普遍性，只要乐观地对待，生活仍然是美好的。以下是两个妈妈不同的做法：

一、明明的妈妈周末要去加班，于是，她非常不满地对明明的爸爸说："该死的，周末还要加班，这日子真没意思！"孩子听了，心里也替妈妈愤愤不平。

二、君君的妈妈周末也去加班，她把家里的事情交代清楚以后，对君君说："因为最近公司的事情多，妈妈要去公司加班，你在家里要听乖乖听爸爸的话呦！"君君听了，懂事地点点头说："妈妈放心吧，我会听话的！"

比较以上两位妈妈的做法，我们可以看出第二位妈妈的说话方式比较能让孩子受到"乐观"情绪的影响，他不会觉得妈妈不想去加班却不得不去加班；而是因为公司忙，离不开妈妈，妈妈是很能干的！这样，孩子今后做一些可能不是很乐意做的事情时，便不会表现得非常不快乐。

其次，当孩子遇到苦难，家长要及时伸出援手。每个孩子都会碰到不称心的事情，即使天性乐观的孩子也是如此。当孩子遇到困境时，父母要多留心孩子的情绪变化，如果孩子闷闷不乐，父母无论自己多忙，也要挤出一点儿时间和孩子交谈，教育孩子学会忍耐和坚强面对，鼓励孩子凡事多往好的方面想，不要净往

消极的方面想。

6岁的乐乐已经上幼儿园大班了。一天，妈妈从幼儿园接乐乐回来时，就发现乐乐有点儿闷闷不乐。妈妈问道：

"乐乐，今天幼儿园有什么高兴的事呀？"

"今天一点儿都不好玩。"乐乐不高兴地回答。

"为什么呀？出了什么事吗？"妈妈问道。

"今天幼儿园来了一个新同学，他很会说话，老给同学讲搞笑的事情，同学们都不理我了！"原来，乐乐今天在幼儿园受到冷落了。

"那不是很有意思吗？以后，你每天都可以跟这样一个会说笑话的人玩了，你不高兴吗？"妈妈引导乐乐。

"可是，同学们都不理我了呀！"乐乐有些着急了。

"只要你和同学们一样与那位新同学一起玩，你们不是都可以玩得很开心吗？其他同学还是跟你一起玩的呀！是不是？"妈妈问道。

"嗯，好像是。"显然，乐乐同意了妈妈的看法。一路上，乐乐又恢复了往常的快乐。

父母一定要注意观察孩子的情绪，只要孩子愿意与父母沟通，父母就要引导孩子把心中的烦恼说出来，这样，烦恼很快就会消失，孩子也会恢复心情。当然，父母也可以帮助孩子克服一些困难，教给孩子以正确的态度和措施来保持乐观的情绪，这些都是促使孩子摆脱消极情绪的好方法。

对于孩子乐观精神的培养，美国儿童教育专家塔尼可博士提出如下建议。

1. 营造欢乐祥和的家庭氛围

家庭的气氛、家庭成员之间的关系在很大程度上会影响孩子性格的形成。研究表明，孩子在咿呀学语之前，就能感觉到周围的情绪和氛围，尽管当时他还不能用语言来表达。可以想象，一个充满了敌意甚至暴力的家庭，是绝对不可能培养出快乐的孩子的。

2. 不要对孩子过分严格，事事干涉

作为家长，当然不能对孩子不加管教、听之任之，但，"控制"过严又会压制儿童天真烂漫的童心，对孩子的心理健康产生副作用。不妨让孩子在不同的年龄段拥有不同的选择权。例如，对于两三岁的孩子，允许他自己选择早餐吃什么，什么时候喝牛奶，今天穿什么衣服：对于四五岁的孩子，允许他在家长许可的范围内挑选自己喜欢的玩具，选择周末去哪里玩；对于六七岁的孩子，允许他在一定的时间内选择自己喜欢看的电视节目，什么时候学习等；对于上小学的孩子，允许他结交朋友，带朋友来家玩等。

3. 告诉孩子怎样与伙伴融洽相处

与他人融洽相处有助于培养快乐的性格，因为与他人融洽相处者，心中的世界较为光明、美好。但要与他人融洽相处也并不容易。家长可以带领孩子接触不同年龄、性别、性格、职业和社会地位的人，让他们学会与不同的人相处。当然，首先要学会跟父母和兄弟姐妹融洽相处，然后再学会跟亲戚朋友融洽相处。此外，家长自己应与他人相处融洽，做到热情待客，真诚待人，不势利，不卑下，不在背后议论他人，给孩子树立一个好榜样。

4. 为孩子创造机会多交朋友

父母要鼓励孩子多交朋友，多为孩子创造与同龄人交往的机会，例如，带孩子到邻居家串门，邀请其他孩子到家里来玩，让孩子多到同学家去玩等。另外，父母可多搞一些活动（如带孩子外出游玩）；也可让孩子做一些创造性的活动（如利用废物制作小作品），通过丰富孩子的精神生活，让孩子在各种活动中体会到生活的乐趣，增强对生活的信心，培养孩子乐观的性格。鼓励孩子多交朋友，特别是同龄朋友。本身就性格内向、抑郁的孩子更应多交一些性格开朗、乐观的同龄朋友。

5. 培养孩子广泛的兴趣爱好

开朗乐观的孩子心中的快乐源自多个方面。一个孩子如果仅有一种爱好，就很难保持长久快乐。只爱看电视的孩子如果当晚没有合适的电视节目，他就会郁郁寡欢。相反，如果孩子爱好广泛，当孩子看不成电视时却能读书、看报或做游戏，同样可以乐在其中。对只有一种擅长的孩子来说，鼓励孩子爱好广泛更为必要，以免他们对某项爱好过分关注，而对其他活动兴趣索然。父母要鼓励孩子广泛地阅读，让孩子在阅读中增加知识、升华思想，可以选择阅读伟人的故事、童话、小说等文学作品。

6. 不要给孩子过分奢侈的物质生活

千万别以为源源不断地为孩子提供高档玩具、美味食品和名牌时装就会给他们带来快乐。实际上，物质生活的奢华反而会使孩子产生一种贪得无厌的心理，而对物质的追求往往又难以满足，这就是为何贪婪者大多并不快乐的真正原因，相反，那些过着普通生活的孩子往往只要得到一件玩具，就会玩得十分开心。

自私毛病要纠正

孩子以自我为中心，或通常所说的自私是当下许多孩子普遍存在的性格。自私往往表现在只顾自己，不管他人，一切以自我为中心，有所谓"各人自扫门前雪，莫管他人瓦上霜"的性格特征。

孩子自私不是天生的，而是教育与环境影响了他们，尤其是父母的言行举止，教育内容以及方式对孩子有着更直接的影响作用，因此，防止或纠正孩子的自私心理和行为最重要的是父母从自己做起。

1. 家长应该取消孩子在家中的"特殊"地位

要纠正孩子自私自利的毛病，家长应该取消孩子在家中的"特殊"地位，别总是给孩子开"小灶"，好吃的先让孩子吃，"特殊化"待遇只会助长孩子的自私心理。把自身享受到的某些"特殊"待遇视为理所当然。这对孩子的成长不利。家长应该通过各种方式使孩子懂得世界上的一切事物都需要分担与共享，并使其懂得应该经常关心他人，而不能放任孩子以自我为中心的心理。同时应帮助孩子建立群体思想，使孩子以自我为中心的行为逐渐减少。

2. 要从小给孩子"立规矩"，避免孩子任性、无理取闹

家长可以定一些规矩，并耐心、详细地向孩子讲解这些规矩，让孩子在遵守这些规矩的过程中明白，他是家庭与社会的一员，遵守规矩是必须的。需要特别提醒的是，不管孩子如何哭闹，规矩一旦设立，家长就一定要坚持原则，只有这样才能让孩子明白

无论如何，他必须遵守这些规矩。如果家长轻易地因为孩子的哭闹而将规矩抛到一边，那么，这些规矩就会形同虚设，同时家长的威信也会在孩子眼里大打折扣。

3. 发现孩子自私的行为要及时纠正

在家庭生活中要随时发现孩子的一些无礼行为，并及时教育、纠正。如一盘好吃的菜上桌后，有的孩子一下就先拉到自己面前，不肯礼让他人。对这样的问题，不可娇惯，要抓住时机，进行礼让他人的教育，一旦放过，就助长了孩子的自私心理。

4. 鼓励孩子与同伴分享自己的玩具和零食

父母要做孩子的表率。孩子从小一般都受到过有玩具大家玩，有苹果分着吃的"分享"教育，家长要注意随着孩子的成长巩固这种行为，使之"泛化"到集体主义、助人为乐的社会行为规范中去。另一方面，家长切不可教孩子自私或用自私的行为影响孩子，要为孩子起好表率作用。

5. 鼓励孩子参加集体活动，培养孩子共同协作的意识

对于小学阶段的孩子来说，集体就是小组、班级、学校等。孩子在这些集体中学习和生活，与其他同学团结互助，共同完成集体活动，从而逐渐形成共同协作的集体意识。一般情况下，以自我为中心、自私的孩子在集体中，往往与他人格格不入，做事斤斤计较，影响与他人的合作能力。因此，父母应与学校老师保持一定的联系，了解孩子在集体中的表现，耐心倾听孩子在集体活动中的感受，支持孩子踊跃参加集体活动，为他人服务，培养孩子谦让、守礼、乐于助人的良好行为。

当然，任何时候都不要把孩子的自私自利作为一种很了不得

的错误，孩子的这种行为与心态可以纠正。只要家长循序渐进，因势利导，就能把孩子培养成为一个大方、懂得关心他人的人。

教孩子克服胆小

有些孩子在公众场合不敢发言，在面对陌生人或在一个不熟悉的环境中时，他们往往会害羞，显得局促不安，不能与人坦率自然地交往；在学习和生活上，这些胆小的孩子总是缺乏主动性、勇气和信心，可能错过了原本属于自己的成功和机会。可以说，胆小是孩子成长、成功道路上的绊脚石。

事实上，作为家长只要方法得当，便能帮助孩子克服胆小的性格弱点，使其勇往直前地走在成长、成功的道路上。

教育心理学家认为，要改变孩子胆小的性格，家长可以从以下几个方面入手。

1. 家长要以身作则，以自己良好的个性情操去感染孩子、影响孩子

我们说过"父母是孩子的第一任老师"，父母的一言一行都会对孩子起到潜移默化的影响，因此，孩子性格的发展是受父母性格影响的。孩子来到世界以后，首先接触的就是父母和家庭环境。一般来说，从出生到学龄前这个阶段，孩子和父母接触的时间比较多，他们对父母的行为耳濡目染。父母不仅是孩子的长辈，也是他们在实际生活中模仿的榜样，父母的举止、坦途、待人接物都会给孩子的性格发展打下深深的烙印。

因此，要从小培养孩子勇敢的性格。让孩子学会控制和改善，

这样才能逐渐改变自己怯懦胆小的性格。

2. 家长应当多抽时间带孩子见识外面的世界

许多孩子胆小是因为他们不知道如何和家庭以外的人和事相处。如果是这样，家长应当多抽时间带孩子见识外面的世界。可以带孩子走走亲戚，或是在小区内帮孩子找同龄的玩伴，鼓励孩子多和同龄人游玩。在这个过程中，家长不要干预太多，在一旁多观察孩子的行为，如果孩子表现出不合群、哭闹的现象，家长应当多安慰孩子，不要用语言指责孩子。"你真是个胆小鬼""你胆子太小了"之类的话语，都容易给孩子造成心理阴影，反而让孩子因为害怕挨骂而更加不愿意和外面的世界接触。此外，对待胆小的孩子不能激进，不要逼他们快速地学会与别人交往，要允许孩子有一个慢慢习惯的过程。

3. 家长要鼓励孩子积极地参与同伴的活动

家长不要过分保护孩子，要鼓励孩子积极参与各种活动。同时，家长可以多让孩子与生人交往。有的孩子在家里能说会道，出门就显得拘谨胆小，因此，家长要给孩子与生人交往的机会，可以在繁忙中抽出时间带孩子去公园玩，鼓励孩子和其他小朋友一起玩。带孩子逛商店时，不妨让孩子主动跟营业员提出购物需要；经常带孩子串门，到朋友家做客时可事先告诉孩子，让孩子有心理准备，并提一些适当的要求，比如让孩子与朋友家的孩子一起和睦玩耍等。

4. 当孩子表现不如意时，父母应耐心给予安慰和鼓励

有的孩子遇到父母的熟人总不愿意主动打招呼问好，不是低下头，就是躲到爸爸妈妈身后。有的家长便向别人"解释"："这

孩子有点儿胆小、害羞，见人总是别别扭扭的。"父母不可以给孩子扣上"没用""胆小鬼"之类的帽子，这样做只会更加打击本就自卑的孩子。当孩子表现不如意时，父母应耐心给予安慰和鼓励，如"这次没完成没关系，下次继续努力，爸爸妈妈相信你能行""加油""相信自己"之类的语言，或在尴尬时给孩子一个温暖坚定的眼神，孩子的信心就会慢慢增长，直到把过度的羞怯抛到脑后。

5.家长要鼓励孩子去做力所能及的事情，让孩子学会独立

平时注意培养孩子的独立性、坚强的毅力和良好的生活习惯，鼓励孩子去做力所能及的事情，让孩子学会自己照顾自己。当孩子遇到困难时，不要一味包办，而要让他自己想法解决。当然，开始时父母要予以必要的指导，使孩子慢慢学会处理各种事，父母不能一下子就不问不管让孩子手足无措，更加胆小。

6.家长要充分肯定孩子的长处，认真帮助孩子分析错误的原因

对犯错误的孩子动辄就严厉惩罚往往也会引起孩子的紧张和恐惧。当孩子犯了错误时，有的家长不是大呼大叫，就是一顿棍棒，他们总以为棍棒底下出孝子。结果却恰恰相反，打骂只能使孩子的胆子变得越来越小，甚至最后不敢和家长说实话。家长这种粗暴的行为最终没能解决问题。古语云："教子十过，不如奖子一长。"跟孩子讲道理，充分肯定孩子的长处，认真冷静地帮助孩子分析错误的原因，对孩子的过错予以纠正。今后孩子再犯错误，就会如实地、大胆地讲给家长听，求得家长的帮助，使自己减少犯错误的机会。

7. 家长要鼓励孩子根据自己的喜好学习一技之长

因为胆小内向的孩子生活空间相对较小，这使他们的精力相对集中，观察事物仔细认真，做事情有耐心，喜欢做一些深入思考，而且往往感情细腻。家长可以充分利用孩子气质中这一积极的方面，鼓励他根据自己的喜好学习一技之长，如书法、下棋、演奏等。一有机会，让他们在众人面前展现自己的特长，以达到锻炼胆量的目的。

8. 家长要帮助孩子树立自信心

树立自信心是战胜胆小的重要因素，胆小退缩的人在做一些事情之前就应该为自己打气，相信自己有能力发挥正常水平，然后去努力就可以了，正所谓谋事在人，成事在天，抱着这种平常心去面对一些挑战，不管结果怎样，也不会给我们留下什么遗憾了。

总之，要想使孩子变得胆大和自信，这是一个长期努力的过程，特别对于一个胆小害羞的孩子来说，要使自己成为一个敢于尝试、勇于挑战的自信、乐观的人，还要有很多勇气和持久的恒心！

让孩子克制冲动

《青少年法律知识读本》曾刊登过这么一篇文章：一个常常登台领奖的小学生竟成了杀人犯，就是因为他的一时冲动——

杨明是个小学六年级的学生，他的学习成绩顶呱呱，老师和家长都表扬他，以至于杨明养成了骄傲自满、不可一世的个性。稍有不称心的事，他就骄横无理，一触即跳。

在一次文艺演出时，拿着表演用的大刀的李东不小心把杨明最爱穿的阿迪达斯衣服划破了，两人发生了争执。杨明被愤怒冲昏了头脑，抄起旁边的铁棍将李东打得头破血流，倒地不起。最终，杨明受到法律的严惩。

孩子偶尔冲动在所难免。但如果经常冲动逆反，就会影响身心健康，尤其易使孩子性格偏离和行为异常。故事中的杨明就是因为冲动害了别人，也毁了自己的一生！这样的代价过于惨痛。因此，家长应帮助孩子克制冲动，学会驾驭自己的情绪。

让孩子克制冲动，学习驾驭情绪，家长要从下面几点着手。

1. 引导孩子学会管理自己的情绪

有时候，孩子喜欢通过激烈的肢体或语言活动来表达内心的情感。不管是哪种形式，对待这种孩子，父母可以引导孩子学会情绪控制，管理好自己的情绪对孩子的成长和以后的发展有非常大的帮助。要想让孩子快乐成长，关键就是帮助他们学会调整情绪。对情绪的认知和表现，会影响到孩子的做事方法。面对孩子的种种不良情绪，家长要做的，就是帮助孩子把不良情绪释放出来。给孩子一个发泄和倾诉的空间，也就把握了调适情绪的杠杆。

从前，有个脾气很坏的小男孩。一天，他父亲给了他一大包钉子，要求他每发一次脾气都必须用铁锤在他家后院的栅栏上钉一颗钉子。第一天，小男孩共在栅栏上钉了 37 颗钉子。

过了几个星期，由于学会了控制自己的脾气，小男孩每天在栅栏上钉钉子的数目逐渐减少了。他发现控制自己的坏脾气比往栅栏上钉钉子要容易多了……最后，小男孩变得不爱发脾气了。

他把自己的转变告诉了父亲。他父亲又建议他说："如果你能坚持一整天不发脾气，就从栅栏上拔下一颗钉子。"经过一段时间小男孩终于把栅栏上所有的钉子都拔掉了。

父亲拉着他的手来到栅栏边，对小男孩说："儿子，你做得很好。但是，你看一看那些钉子在栅栏上留下那么多小孔，栅栏再也不会是原来的样子了。当你向别人发过脾气之后，你的言语就像这些钉孔一样，会在别人的心中留下疤痕。你这样做就好比用刀子刺向了某人的身体，然后再拔出来。无论你说多少次对不起，那伤口都会永远存在。其实，口头上对人们造成的伤害与人们肉体上受到的伤害没什么两样。"

家长应该像那位父亲一样，把发脾气的危害性告诉孩子，让孩子一步步地改正这种不良情绪。

2. 家长要告诉孩子，无法控制情绪时可以用不会伤害自己与他人的方法来解决

虽然孩子应该自由地发泄心中的不快，但是，有时候孩子的情绪表达方式难免会有些不当，从而做出对自己和他人都不利的过激行为。

美国钞票公司的总经理伍德赫尔在年轻的时候曾经是一个小公司的职员，他得不到重视，得不到提升，总是觉得这不对，那不好，愤怒、不满总是缠绕着他。

他说："有一个时期，我这种感觉非常厉害，并渐渐扩大，

以至于我觉得不得不离去。但是在我写辞职信之前，我去拿了一支笔和一瓶红墨水——因为黑墨水不足以发泄我的愤怒——坐下来把我对公司中每级职员和经理的评判，都写出来。

　　写完以后，伍德赫尔一下子就冷静下来，决定继续留下来工作。后来，面对愤怒和不满的时候，伍德赫尔总是用这种办法来解决。伍德赫尔说："以后，当我忍不住的时候，我便坐下来把我所要说而不敢直说的话都写出来。这实在是一种很好的方法。我写完了之后，便觉得一身轻松。我把这些东西收藏起来，不给人看。一年之后，别人都感觉到我有一种自制的能力。我劝告那些管理别人的人，无论年轻年老的，都学着写这种红墨水纸条，以约束自己的情绪。"

　　孩子因发脾气与别的孩子争吵、打架，结果既伤着自己，又伤着对方。有些孩子喜欢顶撞长辈，有些孩子则习惯于通过摔东西等方式来表达不满的情绪。

　　遇到这些情况，家长当然不能视而不见，应该加以严厉劝告，让孩子明白，情绪的发泄也应该有一定的限度。

　　父母要告诉孩子，遇到问题时要讲道理，不要动不动就闹情绪，发脾气。如果实在是无法控制，不妨用一些不会伤害自己与他人的方法来解决。

　　3. 家长应坚持要求孩子用语言而不是用动作来表达愤怒

　　当孩子生气时，鼓励他大声讲出来，并尽可能说出原因。接着，引导孩子把他们过剩的精力用到户外活动上，让他们到户外去大叫大嚷。只要父母因势利导，孩子的情绪就能渐渐平静下来。

在艾森豪威尔 10 岁的时候，他的父母让他的两个哥哥在圣诞节前去远行，但坚决不同意他去。

艾森豪威尔对此非常愤怒，他冲到屋外，捏紧拳头在苹果树上猛击，他一面哭一面打，直到双手血肉模糊。

最后，艾森豪威尔被父亲拖回了家中，但是，倔强的艾森豪威尔又倒在床上大哭了 1 个小时。后来，母亲进来给他涂上止痛药，扎上绷带。等艾森豪威尔平静后，母亲对他说："能控制自己感情的人要比能拿下一座城市的人更伟大。"母亲告诫艾森豪威尔，发怒是自我毁伤，是毫无用处的。

艾森豪威尔对此深有感触，在他 76 岁的时候，他这样写道："我经常会回想起那次谈话，把它看作是我一生中最珍贵的时刻。"

一般来说，孩子对自己的情绪的控制能力比较差，他们时不时地发些"小脾气"很常见，有时候不见得是什么异常的现象，家长不需要特别地控制孩子。

如果家长采取视而不见的冷处理，孩子的不良情绪可能很快就会烟消云散，所谓来得快，去得也快。只要孩子的不良情绪不过分，对别人不造成伤害，不妨让孩子自由发泄，这样，孩子自己就会发现，发脾气并没有什么好玩之处，最后，孩子的脾气会越来越小，甚至很少会发脾气。

4. 让孩子多想想发脾气的后果

为了一点小事就大发脾气，容易伤害别人的感情和自尊心，这也是不懂得尊重他人的行为。不尊重别人，就不能得到别人的尊重。此外，发脾气不但于事无益，而且还会越闹越僵，一发不可收拾。

当孩子发脾气时，不妨让他换位思考，如果别人对他发脾气，他心里会有何感觉。其次，想想发脾气的后果，学会"三思而后行"，脾气就会平息下来。

5. 家长可以鼓励孩子培养健康的兴趣爱好，来帮助他们排解压力

在美国有些中小学，在课程中加入冥想的练习，让孩子坐下，闭上眼睛，意念集中静坐 20 分钟。而最近的实验发现，静坐冥想有助于降低一个人的焦虑感，而且能够强化注意力的集中，进一步地提升学习效率。像这些设计得当，适合孩子的放松技巧，早早学会，对他们未来的抗压能力就会有所帮助。

另外，家长也可以鼓励孩子培养健康的兴趣和爱好，来帮助他们排解压力，例如带孩子一起体育锻炼、画画、唱歌等。心理学上的研究显示，做运动是极佳的疏压方法，持续做有氧运动 20 分钟以上，会促进大脑中脑内啡的分泌，因而起到舒缓压力的作用。

6. 家长应该时刻注意自己在生活中的表现，力求做个耐心的典范

家长应该时刻注意自己在生活中的表现，力求做个耐心的典范。当碰上塞车或是排在蛇形的长队中等待的时候，不要发怒、不要抱怨。当你觉得不耐烦了，就将此当成一个机会展示给孩子看，你是怎么做的，相信孩子能从中受益。

心胸宽广成大器

生活中有这么一些孩子，他们锱铢必较，生怕自己吃亏。因为过于追求完美，他们的眼里容不下一粒沙子。别人有一点的毛病，他们都要横加挑剔、指责，甚至故意疏远、嫌弃。遇到一点点小问题他们就耿耿于怀，闷闷不乐。这样的孩子不能虚心接受他人的批评和意见，不能容忍他人的缺点和过失，不仅自己活得辛苦，与他们相处的人也不会轻松。因此，他们的人际关系相当恶劣，个人发展也受到阻碍。

那么，家长应如何帮孩子改变心胸狭窄的毛病呢？

1. 父母要以身作则，为孩子营造一个和睦温馨、相互宽容的家庭环境

家里人遇到矛盾或冲突时能宽宏大量，不计较得失，能够高姿态，不怕吃点儿亏，能饶人处且饶人，以此让孩子受到熏染与教育，孩子才能在相应处境下做到宽容他人。

人与人相处，难免会有误会或摩擦，只要有忍耐、包容、体谅的心态，不斤斤计较、患得患失，将心比心，多从对方的角度考虑问题，要把度量放宽、眼界放远，才能化解矛盾。

2. 多给孩子讲"宽容"的故事，让孩子理解宽容的真谛

幼儿园阿姨让班上的孩子们玩一个游戏。她让孩子们每人从家里带来一个塑料口袋，里面要装上土豆，每一个土豆上都写上自己

最讨厌的人的名字，讨厌的人越多，口袋里的土豆数量也就越多。

第二天。每一个孩子都带来了一些土豆。有的是2个，有的是3个，最多的是5个。

老师不动声色地告诉孩子们，无论到什么地方都要带着这个土豆袋子，即便是上厕所的时候也一样。

日子一天天过去，孩子们开始抱怨，因为发霉的土豆散发出难闻的味道。一周后，游戏结束了。孩子们终于解放了。他们大大地松了一口气。只是不明白老师为什么要他们这么做。

这个时候，老师问他们："在这一周里，你们对随身带着土豆有什么感觉？"

孩子们纷纷表示，带着土豆袋子行动不方便，还有土豆发霉散发的气味很难闻。

这时，老师说："这就和你们心里记恨着自己讨厌的人一样。记恨的毒气将会侵蚀你们的心灵，而你们无论到什么地方都要带着它，如果你们连腐烂土豆的气味都无法忍受一个星期，你们又怎么能忍受记恨毒气占据你们的一生呢？"

孩子们听了，似懂非懂地点了点头。

这个聪明的老师，正是通过生动的生活实例告诉孩子，要想让自己过得开开心心，不被"记恨的毒气"占据自己的生活，就应该放下"发霉的土豆"轻轻松松地生活。这样的教育方式生动而有趣，更让孩子一生铭记。作为家长，也可以通过这样的方式教育孩子，让孩子学会宽容。

3. 告诉孩子：有宽大的度量容人，不念旧恶，才能让自己变得更加快乐

父母要了解孩子的能力、爱好、性格和心态，有意识地教孩子学会发现错误，唤醒孩子的责任心，让孩子学会自我反省，承认错误，化"敌"为友，抛弃积怨。尤其要疏导、转移孩子对矛盾结果的注意力，只有这样，才能反思起因，检讨自己的过失，宽容别人的缺点与失误，帮助别人改正错误，从而增进友谊。

4. 告诉孩子宽容是一种美德，宽恕别人就是善待自己

许多孩子在与同伴发生矛盾，或者在与同伴交往受到不公平待遇，通常都会产生报复的心理。报复心理是一种以攻击方式对曾经给自己带来不愉快的人发泄怨恨和不满的情绪。有报复心理的人容易误解他人的意思，对他人经常有戒备防范心理。任其发展的话，心胸会越来越狭窄，与人相处较难，内心非常痛苦。一旦发现，父母应及时予以疏导和心理辅导。

（1）交流沟通，学会换位思考。告诉孩子：和人发生矛盾时不妨进行一下心理换位。

（2）学会宽容、感动和关爱。人人都有无法克服的缺点，但我们要试着去发现别人的优点，试着从小事中学会感动，就会发现身边的人不那么讨厌。与人相处融洽先要会欣赏对方，善于发现别人的闪光点。宽容是一种美德，宽恕别人就是善待自己。人心如同一个容器，当爱越来越多的时候，怨恨就会被挤出去，不要一味刻意地去消除怨恨，而是要不断用爱和关怀来充满内心，这样怨恨就没有容身之处了。

改变自卑为自信

自卑是一种因过多地自我否定而自惭形秽的情绪体验。一般来说，自卑感主要表现为对自己的能力、品质等自身素质评价过低；心理承受力脆弱；经不起较强的刺激；谨小慎微、多愁善感，常产生疑忌心理；行为畏缩、瞻前顾后等。

事实上，自卑的感受人人都有，只是程度不同而已。轻度的自卑能让一个人看到自身的不足，从而更加奋发图强；但如果过于自卑，反而会影响到学习和工作，阻碍其获得成功。因此，家长要帮助孩子走出自卑的阴影。具体地说，家长应做到：

1. 家长要认识到，人各有所长，也各有所短，不要过分苛责孩子

不要使用"真笨""无能"等字眼评价孩子，这些用语除了刺伤孩子自尊心之外，毫无帮助作用。家长要认识到，人各有所长，也各有所短，避短扬长，就会使人不断增强信心。即便是短，也要正确归因，看如何转化为长。这样，就会防止在评价上，给孩子造成消极情绪。

2. 要对孩子进行表扬、鼓励，提高孩子心目中的自我形象

不断成功的孩子才会有信心去追求更大的成功。家长要根据孩子的情况量力要求，孩子做的事，争取的目标要力所能及，在孩子取得成功之后，要其表扬、鼓励，同时再提高一些要求，这就可以提高孩子心目中的自我形象，也就不会给自卑心理留下可

钻的空子。

3. 帮助孩子调整努力方向，扬己之长，避己之短

人不可能在各个方面都出类拔萃，有长有短是大多数人的正常情况。当孩子在某一方面落后于人时，家长看用一些方法能否促其赶上去，如果可以，就努力帮助，使其进步。如果孩子没有这个"天分"，就应调整努力方向，扬己之长，避己之短。没有好嗓音的孩子也许有好体育；没有美术之才也许有组织能力。让孩子分别在运动场上，在班级工作中施展自己的才能，就会避免碰上"自卑之墙"，正所谓"失之东隅，收之桑榆"。

4. 孩子即使没有进步，家长也应该寻找机会进行鼓励

如果孩子确实有了进步，家长就应该及时夸奖他们"进步挺大"。这样一般都可以调动孩子的积极因素，促使孩子期望自己取得更大的进步，孩子就有取得"事半功倍"的奇效。

5. 家长提前让孩子掌握一些必要的知识和技能，帮助信心不足的孩子树立自信心

俗话说"笨鸟先飞""勤能补拙"。家长提前让孩子掌握一些必要的知识和技能，等到与同伴一起学习的时候，他就会感觉到"这很好学"，在别的孩子面前扬眉吐气，孩子可能比别的孩子还学得快，自然就会信心百倍了。

6. 家长一定要正确、理智地对待孩子的失败与挫折

当孩子考试失败或遇到其他挫折时，他们需要的绝对不是家长劈头盖脸的一顿训斥，或者阴阳怪气的嘲讽。他们也不需要家长无原则的安慰与同情。他们最需要的是最重要的人的理解、支持与鼓励。

很多家长，在孩子考试失败时，会因为"孩子给自己丢面子"而生气。在这种情绪下，家长往往会失去理智做出一些伤害孩子自尊心的行为，这对正承受失败打击的孩子来说，无疑是雪上加霜。因此，家长一定要正确、理智地对待孩子的失败与挫折，具体做法是：

（1）冷静地对待孩子的挫折与失败，心平气和地和孩子谈心，找出孩子失败的原因。

（2）理解孩子的心情与苦恼，让孩子知道，失败与挫折是人生必不可少的内容，是一个人成功之前必不可少的过程，并且作为父母，不会因为此事就减少对孩子的爱。

（3）鼓励孩子继续努力。父母必须首先对孩子有信心，孩子才能对自己产生信心。当父母满怀信心和热情地鼓励孩子时，会极大地激发孩子克服困难的勇气，恢复孩子的自信心。

7．适当在孩子面前示弱，让他们感到自己有时也很能干

家长太"强"会让孩子觉得自己"无能"，反之，如果我们成人能偶尔在孩子面前示弱一下，让他们感到自己有时也很能干，也能帮助大人做很多事情，相信孩子会慢慢自信起来。

兵兵刚上幼儿园时，妈妈每次接他回家走到楼下时总会说："妈妈，我好累！"妈妈一开始还真以为儿子刚上幼儿园中午休息不好，回家时会感到疲劳。因孩子年龄小，加上心疼儿子，妈妈毫不犹豫地就背起他爬上六楼。可接下来好几天只要一走到楼下，儿子就喊累，慢慢地，妈妈明白了儿子说累的真正原因：因为家住六楼，他怕累不想自己上楼。

有一天，快走到楼下时，妈妈灵机一动：何不在儿子面前示弱一下？于是妈妈学着儿子平时撒娇的样子说："儿子，今天妈妈也好累，你在妈妈心中是一位小小男子汉，作为小男子汉你能帮我做些什么吗？"儿子听妈妈这么一说，上下打量了妈妈一下，用手挠挠头，迅速将妈妈手里的包接过去说："妈妈，我来帮你提包，我拉着你上楼吧！"

说完就提着妈妈的包，拉着妈妈的手"一瘸一拐"地上了楼。妈妈在后面装出很没劲的样子，一边上楼一边喊着："儿子，慢点儿，我上不去了。"儿子一副很照顾妈妈的样子说："我拉着你呢，你可以慢点儿！"以后的日子，妈妈时不时在儿子面前示弱，总是能收到意想不到的效果。

当然，帮助孩子克服自卑心理，变得自信的方法还有很多，作为家长，无论我们采取什么样的方法，其出发点都是为了帮助孩子摆脱自卑的阴影，走向自信。

改掉孩子坏脾气

场景一：

一次，舟舟妈妈领着6岁的舟舟逛商场，她打算给自己选衣服，舟舟却吵着要去买玩具。妈妈说买完衣服，再去看玩具，可是，舟舟非要坚持现在就去，还坐到地上号啕大哭，弄得妈妈十分难堪。

场景二：

丁丁爸爸在家赶写一篇文章，丁丁非要爸爸陪他玩。爸爸不答应，丁丁就不停地哭喊，还乱扔东西，让爸爸发火。这时丁丁的爷爷赶紧过来袒护孙子，丁丁更是闹翻了天。要爷爷给他当马骑，爷爷说腰疼不答应。丁丁又大声哭号起来，爷爷只好趴在地上让他骑。

像舟舟和丁丁这样无理取闹、喜欢乱发脾气的孩子生活中经常可见。这是很多家长为此困扰不已的问题，因为，孩子的无理取闹、乱发脾气会影响他人际交往等各方面能力的发展，从而不利于孩子今后的成长。教育专家指出，孩子乱发脾气，主要是由以下原因造成的。

1. 孩子自身的原因

3 岁以后，孩子的独立性和自我意识有了明显的增强，有了自己的一些主见，但思维的刻板性和片面性，语言发展的不成熟，不能很好地表达自己的愿望和需求，只能以"发脾气"的方式达到目的。

2. 家长平常过分纵容孩子

一些家长平常过分纵容孩子，孩子要什么就给什么，导致孩子不懂得怎么控制情绪，如果遭到拒绝，他们就乱发脾气，以此达到自己的目的。尤其是当孩子第一次发脾气没有引起大人的重视，从而一而再，再而三，就成了习惯和手段。

3. 家长的虚荣心、攀比心太强

由于爸爸妈妈的虚荣心，总想孩子在任何物质享受上超过别人。别的孩子有的自己孩子要有，别的孩子没有的，自己孩子也要有。爸爸妈妈省吃俭用，给孩子买钢琴、电子琴，即使自己的孩子没兴趣，也要满足爸爸妈妈的虚荣心，在不知不觉中孩子滋生了自高自大的心态，总以为自己高人一等，在家中不服爸爸妈妈管教，在学校不听老师教导，形成了以"我"为中心，一切按"我"的意愿去做，否则便会执拗起来的性格。

4. 家长对孩子的教育方式过于粗暴

一些家长对孩子的教育方式比较粗暴，动不动就训斥孩子，孩子对各种事情没有任何解释和发言权，这样会使孩子减少或缺乏学习用语言正确表达情感的机会，也就有可能最终学会粗暴待人等不良习惯，这会对孩子的未来造成消极影响，不利于孩子以后的生活和事业。

要想让孩子有个好脾气，养成好的生活习惯。专家认为，关键是在日常生活中注意对孩子进行教育。分析孩子的需求，树立家长威信。家长对孩子的需求进行分析，合理的需求要分轻重缓急，有的情况应立刻给予满足，有的则可以暂缓。不能立刻满足的事情家长应用语言讲清道理。具体地说，家长可采取以下的教育措施：

（1）孩子发脾气的时候最好的办法是冷落孩子，发完脾气后说教孩子。"妈妈不喜欢你发脾气，你哭就哭吧，什么时候不哭了，妈妈才理睬你"。一定不要因为心疼或别的原因而放弃原则。

由于孩子对自己情绪的控制能力较差，时不时地发"小脾气"是常见的事情，也不需要特别地加以"控制"，大人采取视而不见的冷处理办法，孩子的脾气可能很快就会烟消云散，正所谓来得快、去得也快。

（2）孩子能够充分地、合理地表达自己的情绪，正是孩子心理发育基本健康的标志。但毕竟是孩子，他的情绪表达方式难免会有偏颇，有时会发生对己和他人都不利的情绪过激现象，例如孩子因发脾气与别的孩子争吵打架，可能伤着自己和对方，冲着长辈和老师发脾气，或者脾气上来碰头捶胸、摔砸物品等都是不合情理的。

（3）把握一切机会，对孩子进行教育。家长要经常对孩子说：人的很多愿望是无法实现的，有的时候，我们必须学会控制自己的欲望。当孩子放弃自己不合理的要求时，家长给予表扬和鼓励，让他的心里产生一种愉快感，促使他产生更多的积极行为。

（4）如果孩子之间发生了争吵打闹，最好的办法是引导他们辨明是非后自己去解决问题。如果吵得不可开交，只要不出现危险或伤害，家长就不要去阻止，而要先让孩子安定下来，再让他们各自讲出自己的理由。

家长可以通过孩子的诉说，观察孩子的交往行为，了解孩子的社会交往处理能力，以便发现问题及时纠正，并引导孩子设身处地地去理解对方的理由、接纳对方的意见，最终达到互相谅解、握手言和的目的。

（5）当孩子固执乱发脾气时，家长应立即指出他的错误，并态度冷淡下来，不理睬他，直到孩子"软"下来，再给他讲道理。而当孩子有所进步，如同样一件事，孩子在以前会乱发脾气，现在不再乱发脾气了，家长要及时表扬和鼓励，希望孩子坚持下去。长此以往，孩子正确的行为得到巩固，错误的行为会逐渐消除。

（6）引发孩子良好的行为。从行为治疗的观点来看，如果孩子某方面的行为不好，父母则要设法引发他另一方面的良好行为。当孩子的良好行为出现时，应及时鼓励他，称赞他，以强化孩子的这种行为。说得具体一点，就是当霸道的孩子表现出礼让温和的行为时，要不失时机地给予他奖赏和鼓励。

（7）帮助孩子建立良好的人际关系。霸道的孩子认为发脾气是一种获得满足的方式，在孤单的环境里他们的这种行为显得更为强烈，因此，不妨多带孩子参加孩子间的社交活动，如生日聚会等，让孩子在欢愉的氛围中产生建立良好人际关系的欲望。

第六章

培养孩子好
的社交习惯

曼恩说：「习惯仿佛一
根缆绳，我们每天给它缠上
一股新索，要不了多久，它
就会变得牢不可破。」

礼貌是一种习惯，走到
哪里都能彬彬有礼，以礼相
待的人一定深受欢迎，拥有
这种习惯的人容易成功，相
反，失礼就是一种坏习惯。

微笑是一种习惯，可以预先
消除许多不必要的怨气，化
解许多不必要的争执，而老
是板着面孔的人走到哪里都
会制造紧张气氛。所以说，
习惯决定命运。

社交礼仪很重要

社交礼仪是指在人际交往中，以一定的、约定俗成的程序、方式而表现的律己、敬人的过程。从个人修养的角度来看，礼仪是一个人内在修养和素质的外在表现。一个懂礼仪的人，展现给他人的是一种高雅的仪表风度、完善的语言艺术、良好的个人形象和气质修养。它是一个人赢得尊重与成功的基础。

优秀的口才从来都不能缺少良好的礼仪，对孩子来说，礼仪是他们成长过程中不可缺少的素质，是与他人沟通感情，获得信任与支持的保证。一个有良好礼仪习惯的孩子，他的"口才"更加出众。

那么，作为家长，我们应该教孩子掌握哪些社交礼仪呢？

1. 家长要有意识地向孩子强调注重个人礼仪的重要性

在平时生活中，家长要有意识地向孩子强调注重个人礼仪的重要性，并从以下几方面来培养孩子的个人礼仪：

（1）仪容仪表给人第一印象。教育孩子保持仪容仪表的整洁，要把脸、脖子、手都洗得干干净净。勤剪指甲勤洗头；早晚刷牙，饭后漱口，注意口腔卫生；经常洗澡，保证身体没有异味；衣着要干净、整洁、合体。一个仪容仪表整洁大方的孩子，会给他人留下一个好印象。

（2）行为举止是无声的名片。主要从站、坐、行以及神态、动作提出要求，目标就是"站如松，行如风，坐如钟，卧如弓"，优美的站立姿态给人挺拔、精神的感觉；身体直立、挺胸收腹、脚尖稍向外呈 V 字形。要避免无精打采、耸肩、塌腰，千万不能半躺半坐。走路要昂首挺胸，肩膀自然摆动，步速适中，防止八字脚、摇摇晃晃，或者扭捏碎步。

行为也是一种语言，是一种表达信息的身体语言。在与人交往的过程中，保持良好的行为举止，能够帮助孩子拉近与他人之间的距离，使表达更加轻松。

（3）表情亲和的孩子更受欢迎。教育孩子在神态表情上表现出对人的尊重、理解和善意。与人交往要面带自然微笑，千万不要出现随便剔牙、掏耳、挖鼻、搔痒、抠脚等不良习惯。友好与善意的表情，能打动他人、感染他人，让他人更愿意亲近自己、信赖自己。

（4）礼貌用语使人与人之间关系融洽。日常生活中，家长要让孩子学会使用礼貌用语，如您好、谢谢、请、对不起、没关系等。教育孩子无论碰到认识的或不认识的，都要学会主动地和人家打招呼，"哥哥好、姐姐好、弟弟妹妹好、阿姨好、奶奶好"等。对人说话彬彬有礼是有教养的表现，也更受到其他小朋友的欢迎。

为了让孩子更好地使用礼貌用语，家长应在日常生活中给孩子以指导和示范。

从儿子 2 岁开始，小丘就特别注意教儿子说礼貌用语。

儿子不会做的事情，需要大人帮忙时，小丘会教他说："爸爸（妈妈），帮我一下好吗？"帮完后，教他说："谢谢！"同时，大人也回以礼貌用语："不客气。"

同样，有时她有意让儿子帮忙拿东西，然后大声说："谢谢！"儿子也会说："不客气。"

在儿子做错事情的时候，小丘会让他承认错误并说："对不起。"等儿子把自己想说的话说出来后，小丘才会对他说："没关系。"而当小丘和丈夫犯错误时，他们也会主动对儿子说："对不起，爸爸（妈妈）做错了。"并表现出道歉的诚意，儿子也会礼貌地回答："没关系。"

久而久之，小丘的儿子不但口齿伶俐很会说话，而且习惯了有礼貌地说话。

可见，孩子的礼貌用语习惯应该从小培养。只要家长有意识地对孩子进行引导，时间久了，孩子自然而然就能彬彬有礼、大方得体了。

2. 对交往对象要表示尊重，不能失礼于人

具体来说需要做到：

（1）说话态度要和蔼。谈话力求简洁，抓住要点。语气要诚恳，使对方感到有被尊重、被重视的感觉。说话时态度要诚恳亲切，声音的大小也要适当，不能大声嚷嚷。

（2）不要无故打断他人的讲话，要认真听他人的说话，不能心不在焉，做自己的事情。

不要在背后议论他人，也不要打听别人的秘密和隐私。

（3）接受了别人的帮助应该及时表示感谢。在道谢时，除了用"谢谢"等词语外，还要两眼看着对方，且态度真诚。

（4）做错了事、打扰了别人，应该主动道歉，它体现了一个

人的素质修养。道歉时态度要真诚，恳请对方的原谅。

（5）要准时。准时主要是靠言传身教的一项基本礼仪。即使因为各种原因而迟到，也是对等候人的不尊重。如果成年人经常迟到，就会使孩子形成别人时间不重要，为他人着想不值得的错误理念。"言必信，行必果"，孩子如果从小就在此氛围下成长，就会形成准时、守信、负责的好品质。

（6）在公共场合不要吵吵闹闹，也是应该从小学会的社交礼仪之一。

如果说孩子的良好的社交能力是他们在社会立足的硬件的话，那么孩子的得体的礼仪就是孩子立足社会、建立良好关系的软件。两者缺一不可，没有礼仪的交往也永远不可能成功。

因此，家长们要重新认识礼仪在家庭、在与孩子相处中的影响力。在鼓励孩子积极发表自己想法，积极与家人、朋友沟通的同时，也不能忽视对孩子礼貌习惯的培养，这样才能使你的孩子真正学会与人交往。

团结协作力量大

林格伦曾说过："在文明世界中的人们，真正需要学会的本领是有成效的合作本领，以及教会别人也这样做的本领。"善于协商与合作既是一种精神和态度，也是一种能力和修养。孩子虽然年纪小，但协商与合作的重要程序却丝毫不减，无论是拥有现时的快乐童年，还是顺利地适应未来的社会生活，都需要他们具备良好的合作精神及必要的行为经验。欧洲心理学家阿德勒说："假使一个儿童未曾学会合作之道，他必然走向孤僻之道，并产生牢固的自卑情绪。"因此，家长要在孩子的日常学习和生活中逐渐培养孩子的协商与合作能力，为孩子将来拓展自己的人生打下基础。

如何培养孩子的协商与合作能力呢？

1. 教育孩子团结协作

如果孩子学习比较优秀，或者在某个方面有突出的特长，就要教育他不能骄傲，在集体中更要善于合作，不能总是处处想表现自己。

2. 培养孩子良好性格

心理学家研究发现，一般情况下，有良好性格的孩子合作意识与合作能力都比较强，这种良好性格包括开朗、自信、友爱、平等以及探索精神，具有这种品质的孩子会主动与别人合作，而且会合作得很好。所以，培养孩子良好的性格是迈向合作的必备条件。

3. 鼓励孩子的爱心互助

如果孩子因为帮助别人而耽误了自己的学习时间，甚至损失了一个获得荣誉的机会，则要给他鼓励和支持。善于合作与协商的孩子情商很高，将来会是一个受欢迎的人。

4. 让孩子学会悦纳别人

所谓悦纳别人，是指自己从内心深处真正地愿意接受别人。从实质上来讲，合作是双方长处的珠联璧合，也是双方短处的相互遏制。因此，只有相互认识到了对方的长处，欣赏对方的长处，合作才有真正的动力和基础。所以家长要常和孩子讲"金无足赤，人无完人"这个道理，不能因为别人有这个缺点或那个毛病，就嫌弃他、疏远他。在日常生活中，家长要教育孩子多看并善于发现别人的长处，对于别人的长处要诚心诚意地赞美。此外，家长自己平时在工作和生活中，也应坚持这种态度来对待他人，成为孩子的表率。

5. 鼓励孩子参加集体活动

家长可以让孩子玩一些诸如共同搭积木、拼图等需要协作的活动，鼓励孩子参与如足球、篮球、排球、跳绳等体育活动。这些活动既有团体之间的对抗与竞争，又有团体内部的协调与一致，更有利于培养参与者的合作精神。

6. 帮助孩子形成合作态度

一般地，在体育游戏和角色游戏中，孩子们的合作都比较好，但是在建构游戏中，往往会出现合作的不愉快。究其原因，便是合作态度的问题，因为矛盾往往发生在游戏材料比较缺乏时，孩子们会将一部分游戏材料据为己有，担心一合作，就没自己的份儿了。这时候，就需要家长与老师及时引导，帮助孩子消除顾虑，必要时家长或者老师可以参加到游戏中，示范合作，引导拒绝合作的孩子与自己一起游戏，让孩子逐步形成良好的合作态度。

7. 指导孩子如何有效合作

合作不是一个人的事情，不能随心所欲。为了让孩子更好地学会合作，家长应在具体的活动中教给孩子正确的合作方法。

有一位幼儿老师是这么教孩子的：

在一次教学活动延伸中，我让孩子们分组合作作画，给一棵大树添画树叶，结果只有一组孩子在真正地合作，他们在商量分工，分别完成大树的某一部分。而其余几组幼儿虽然都在同一棵树上作画，却在各行其是，并未真正合作。我便让合作得较好的孩子向大家介绍他们的方法，然后再进行示范合作，结果孩子们马上明白该怎样和别人合作了。

由此可见，在活动中教给孩子正确的合作方法非常重要，这能让孩子更好地学以致用，以在今后的活动中懂得如何合作。

8. 协助孩子解决合作问题

如果孩子在游戏活动中遇到纠纷得不到很好的解决时，不是告状就是吵闹，这时就需要家长帮助孩子解决矛盾。解决这样的问题时，需要采取一种孩子喜欢并乐于接受的方式，不要伤害孩子的自尊心。

9. 帮助孩子展示合作成果

家长应充分肯定孩子的每一次合作，哪怕是一点点成果，也要展示给孩子，让他们体验合作的快乐和成功，激发孩子们还想合作的愿望，在家长与老师的积极引导和充分肯定中，孩子的合作意识和能力才能得到有效的培养。

10. 创造协商合作家庭环境

家长应创造善于协商与合作的家庭环境，使孩子在日常生活中得到熏陶。家庭或学习上有什么事情，父母多与孩子商量，不主观武断地帮助其做决定，让孩子感受协商与合作的过程。

协商与合作能力在孩子发展中起着非常重要的作用。因此，家长应积极地创造条件引导孩子学会协商、学会合作，多启发他们，让孩子从小与同龄孩子接触，适应集体生活，使孩子具备积极向上的心理，活泼、快乐、健康地成长！

怎样拥有幽默感

幽默是一种涵养，更是一种魅力。大家都喜欢有幽默感的人，因为幽默的人常常可以妙语如珠，使原本枯燥无味的语言变得活泼有趣，让听者身心放松，心情愉悦。

一天，英国著名的文学家萧伯纳在街上行走，被一个骑自行车的冒失鬼撞倒在地，幸好没有受伤，只是虚惊一场。

骑车的人连忙扶起他，向他道歉。可是萧伯纳却惋惜地说："你的运气不好，先生，你如果把我撞死了，你就可以名扬四海了。"

萧伯纳的这一句幽默的话语，把他和肇事者双方从不愉快、紧张的窘境中解放了出来，使得这场事故得到友好的处理。

德国诗人歌德以幽默著称。有一天，歌德在公园里散步。在一条只能通过一个人的小道时，他迎面遇到了一个曾经对他的作品提出过尖锐批评的评论家。这位评论家高声喊道："我从来也不给傻子让路！""而我则正好相反！"歌德一边说，一边满面笑容地让在一旁。笑声中，歌德把"傻子"的头衔还给了批评家，批评家也无言以对，只好笑纳。

歌德运用的这种幽默战术，就好比中国太极中的以柔克刚，不仅能达到反击的目的，还显示了自己的智慧，从而留下了千古佳话。

这就是幽默的魅力和珍贵之所在，它的妙处无与伦比。

适度地使用幽默的口才，不但可以淡化消极情绪、消除人际矛盾、缓解紧张气氛，还能表达人与人之间的真诚友爱，沟通心灵，拉近人与人之间的距离，填平人与人之间的鸿沟。所以，懂得幽默很重要。

同样，幽默感在孩子的人际交往中起着举足轻重的作用。有幽默感的孩子，能让自己有一种无形的亲和力，从而缩短孩子们之间的距离，比那些不具备幽默感的孩子更受到大家的喜欢。对于孩子而言，教会了他幽默，也就是教会了他快乐面对挫折和失败的本领，培养了他与人相处的能力。

一个孩子犯了一个小错误，妈妈生气地扬起了巴掌："看我不打得你屁股开花。"孩子瞪着眼睛看着妈妈，突然哈哈大笑了起来："真的吗？我的屁股会开出什么花？你快打打看啊。"妈妈听了一愣，也忍不住笑出了声，和孩子乐成一团。

孩子从一句很平常的俗语中感受到了幽默，并营造出了有趣、轻松的氛围，化解了妈妈的怒火，融洽了彼此之间的关系。这是孩子对有趣、可笑事物的一种愉悦的心理反应。

滑稽常常被看作是幽默。会说调皮话的孩子，会说笑话的孩子，常常被看作是有幽默感的人。其实这并不是真正的幽默。所谓幽默感，就是通过语言或肢体语言，让与自己互动的对象感到愉快。它是情商的重要组成部分，是智慧的体现，也是人际交往的润滑剂，能融洽关系、化解矛盾。

幽默感是一种生活态度，必须从小训练，严肃紧张的孩子长大成人之后也一样严肃紧张。从小事训练，从小处训练，目的在于把幽默感变成孩子的生活习惯，并内化成孩子的性格。那么，该如何培养孩子的幽默感呢？

1. 把握好孩子成长阶段，提早对孩子进行幽默的启蒙

孩子是最富有幽默天性的，他们的幽默是最自然、最坦率、最美好的语言。孩子在不会说话走路时，父母就可以用扮鬼脸、做各种夸张的表情、用手绢蒙住脸等来吸引孩子的注意，激发孩子的乐趣。刚开始，孩子可能只是对幽默刺激做出反应，时间久了，孩子会发出"咯咯"的笑声，甚至模仿这种做法，这可说是幽默的启蒙。

2. 想让孩子具备幽默感，家长首先要让自己学会幽默

想让孩子具备幽默感，家长首先要让自己学会幽默，父母的幽默，能起到说教无法比拟的作用，能潜移默化地影响孩子成为一个乐观的人。

有几位妈妈带着自己的孩子到郊外春游，其中一个女孩被蜜蜂蜇了一口，顿时脸上起了一个小包，小女孩哭个不停，任凭其他人怎么劝也无济于事。

正在大家束手无策时，她妈妈赶过来，一边搂着女儿一边说："宝宝，别哭了，谁叫我的宝宝长得跟花儿一样漂亮！你看，你把蜜蜂都弄糊涂了！"小女孩听了，"扑哧"乐了，又高高兴兴地和其他小朋友玩去了。

这位妈妈以幽默的表达让孩子停止了哭闹，这对孩子的语言与思维能力也有很多的促进。

如果家长懂得营造一种幽默的语言风格，不但能让孩子显得轻松快乐，更能让孩子在潜移默化中学会幽默的表达方式。

孩子的幽默感来自父母，比如，三四岁的孩子，会因为听到大人说好玩的话，或看到某个不协调的动作，便笑个不停，这表示孩子的幽默感正在形成，此时，父母的协助很重要。有幽默感的父母可以比孩子笑得更夸张，从而强化孩子的幽默感。

3. 教育孩子在与人交往时愉悦相处、宽容待人

幽默的心理基础是愉悦、宽容的心态，要教育孩子在与人交往时愉悦相处、宽容待人，用幽默解决矛盾纠纷、用幽默提出与对方分享的要求、用幽默提出批评建议。

4. 陪孩子一起笑

一个幽默的孩子肯定是爱笑的孩子，爱笑的孩子往往善于发现幽默和制造幽默。在日常生活中，家长可多跟孩子玩一些有趣的情境游戏，如躲猫猫、扮鬼脸、找宝贝，让孩子在游戏中充满开心的笑声。

富有幽默感的语言应当以不伤害他人为原则；幽默感的语言要以礼貌为基础；幽默感的动作应以不涉及危险动作为原则。家长与孩子说笑话或表演滑稽的动作时，要考虑孩子的年纪。因为大人认为好笑的语言或动作，孩子不见得有同感。但孩子认为好笑的语言或动作，即使大人觉得不好笑，也应该陪孩子一起笑。

5. 给孩子自由的空间，让他们寻找生活的乐趣

孩子最快乐的事情就是做自己喜欢的事情，因此，给孩子自由的空间，让他们寻找生活的乐趣，消极的孩子也会变得幽默乐观。

6. 对孩子的幽默行为要予以鼓励

当孩子哭闹时，父母要懂得在一旁营造气氛，抱抱他、拍一拍他、安抚他。"怎么了，妈妈的小宝贝，为什么哭得跟小花猫一样？有什么事妈妈可以帮你的忙吗？"温柔、幽默的表达方式，有助于孩子停止哭泣，破涕为笑。因此，当孩子说出一些好笑的笑话和语言，或是做出一些有趣的动作时，别忘了给他一些掌声和鼓励，建立他的自信心，让自己和孩子轻松一下。

父母要用艺术的眼光，将孩子的幽默故事加以扩大并提炼，让它们在合适的场合加以重现，以强化幽默感，让孩子意识到这就是幽默。

总之，一个富有幽默感的孩子是家长培养起来的。如果你希望自己的孩子赢得更多人的喜爱，那么，请从小培养孩子的幽默感吧！

与人分享是美德

我们发现，在实际生活中，最受欢迎的孩子往往不是最漂亮的，也不是最能说会讲的，而是有好东西能够和朋友分享的孩子，也就是表现比较"大方"的孩子。因为孩子们对分享很在意，如果有人对他们以分享的方式示好，那个人将会受到欢迎，反之亦然。

孩子们一起玩的时候，独占甚至争抢玩具是经常发生的事情，因此不能武断地说自己的孩子"自私自利"。孩子们争抢玩具，

这说明他们还没有建立良好的分享规则，还不具备对分享美德的认知。这就需要父母平时有目的、有意识地进行培养。那么应该怎样培养孩子的分享行为呢？

1. 鼓励孩子与人分享

在孩子主动与别人分享玩具或者其他东西的时候，家长给予适当的物质或者精神上的帮助和鼓励，能让孩子感到分享对他不是一种剥夺，而是一种增添更新、更多的乐趣的机会，它能给自己带来快乐。

从孩子懂事开始，家长就要让孩子学着与别人分享东西。如家长可以让孩子学着给长辈夹菜，鼓励孩子给爸爸妈妈拿东西，教孩子给客人让座，让孩子做这些力所能及的事，从中体会到这些事带来的喜悦。

有位母亲是这样教育孩子与人分享的：

周末，妈妈带小小去公园游玩。小小又累又渴，要求坐在路边的凳子上喝点儿东西。

妈妈给小小拿出了一袋饼干和牛奶。这时，妈妈看见一个小女孩也坐在旁边，正看着小小吃饼干。妈妈知道，小女孩也饿了，也许和她一起来的大人去给她买吃的了。

妈妈对小小说："儿子，给小妹妹吃点儿饼干。好吗？"

"不，我要自己吃！"小小显然有点儿不乐意了。

妈妈耐心地引导小小："宝贝，如果妈妈有事不在这儿，这位小妹妹有饼干吃，你想不想吃呢？"

"想吃。"小小几乎是毫不犹豫地回答道。

"这就对了，现在你拿一些饼干给小妹妹吃，下次妈妈不在你身边的时候，小妹妹也会把好吃的东西分给你吃的。"

小小看了看妈妈，又看了看小妹妹，终于把自己的饼干送到了小妹妹的跟前。

大多数孩子不愿意把自己的东西分给别人，却希望能够分享到他人的东西。家长应该充分了解孩子希望获得他人东西的心理特征，通过换位思考，让孩子站在他人的角度去思考问题，引导孩子与他人分享自己的东西。

2. 鼓励孩子结识大方不计较的朋友

大人有大人的世界，孩子有孩子的世界。与其说大人的榜样很重要，那么同龄人的带领就会更加实在。孩子会下意识地向同龄人学习和比较。如果孩子身边的朋友大都是大方不计较的孩子，那么自己的孩子也不会太差！因此，环境是很重要的因素。

3. 让孩子主动与同伴分享玩具和零食

有一个妈妈为了让孩子学会更好地分享，是这么做的：

只要给孩子买了他喜欢的玩具、画片或者图书，这位家长都鼓励孩子带到学校去，并且鼓励他与其他孩子交换自己的玩具、画片或者图书。妈妈教育她的孩子说："只要你把自己喜欢的玩具借给别人玩，那么，别人也会把好玩的玩具传给你玩，这样你们就有很多玩具可以玩，也有很多的图书和画片可以看。"

慢慢地，这个孩子尝到了分享的甜头，以后，不用妈妈提醒，他都会把新买的玩具带到学校，跟其他小朋友分享。

4．对孩子分享的行为要接受并赞扬，不要拒绝或打击

日常生活中，许多家长宁可自己受苦也不愿让孩子吃苦，好吃的、好玩的、好用的统统都让孩子享受。

我们经常会看到这样的一幕：孩子诚心诚意地请爸爸妈妈或者爷爷奶奶一块吃好东西，家长却坚决推辞，说："你吃，你是孩子，我们是大人，大人不吃！"或者说："让你吃你就吃，装什么样子！"就这样，孩子与人分享的好意被父母给扼杀了。久而久之，孩子也就没有了谦让与分享的习惯了。

因此，要想培养孩子与他人分享的习惯，家长首先要学会坦然地与孩子分享，成为与孩子分享的伙伴，让孩子接受和别人分享的事实，让孩子去发现分享过程中的乐趣和成就感。比如在家里，父母可以让孩子为每个家庭成员分苹果、分橘子等，教孩子学会尊老，先分给爷爷奶奶等长辈，再分给爸爸妈妈，然后才分给自己。在这分东西的过程当中，孩子不仅学会了与人分享，而且明白了应该尊敬长辈、关心父母的传统美德。

5．家长可以有意识地训练孩子的分享行为

当孩子较小时，家长不妨就对孩子进行这方面的"分享训练"。比如，当孩子手中拿着画册时，家长可以拿着一个玩具，然后温柔地、慢慢地递给他玩具，并从其手中取走画册。这样通过反复训练，孩子便学会了互惠与信任。此外，家长还可以从侧面出发，想一些比较特别的点子，让孩子体验到与人一同分享玩具时可以玩出一些新的花样，可以体验到更多的快乐，这样做能吸引孩子自动尝试与小伙伴分享。

教孩子友好睦邻

这天，小杰又哭着回家了："晔晔与丽丽不让我与他们一起玩。"小杰的妈妈可是个急性子的人，她当即拉过小杰就问："怎么回事？是不是他们又欺负你了？你为什么要和那些坏孩子一起玩？"这还不够，她推开窗户对着楼下的孩子们喊："我警告你们，不准再欺负小杰。"当然，大人的话孩子们是会听的，但小杰却当了很长一段时间的"寂寞的鸵鸟"。

人们常说"远亲不如近邻"，邻里之间的和睦相处像温馨的春风吹拂着人们的心田。引导孩子与邻里和睦相处，可以帮助陶冶孩子的性情，塑造孩子高尚的人格。但是，如果邻里关系处理不好，不仅影响了人们正常的工作与生活，还会让孩子产生一种不健康的心理。

因此，家长应让孩子学会与邻居和睦相处，与邻居及其孩子建立深厚、持久的友谊，这不仅能树立起自己的形象，还能帮助孩子赢得他人的喜爱。

1. 教育孩子对人要宽容

要鼓励孩子和邻居家小朋友交流，提供一起玩的机会，并告诫孩子要有吃亏精神，能够容忍，特别应该谦让比自己小的孩子，主动把自己的书、玩具等借给小朋友。懂得"礼尚往来。往而不来，非礼也；来而不往，亦非礼也"的道理。与小朋友在一起玩时，不攀比父母的职业与工资，要比一比小朋友的学习，达到相互学习与促进的目的。

如果孩子在外面玩受了委屈回家向你诉苦时，你要告诉孩子，你非常理解他此时的感受。如果他不停地诉苦，那么你需要转移他的注意力了。你要问他："你们不打架时是什么样子？玩得愉快吗？"你这样问是帮助他把眼界放宽，而不是只盯在不愉快的事情上。这样做有助于使他回想起过去的美好时光，让他发现以前玩得很好。

2. 教育孩子见到邻居中的长辈要主动问好

家长应经常教育孩子，见到邻居中的长辈要主动问好，打招呼，学会谦让，不能置之不理或抢到前边。特别是对年纪较大的老爷爷、老奶奶，应主动上前搀扶或帮助提重物；如果想向邻居家借东西，借后一定要保管好，而且一定要按时归还；如有损坏必须赔偿并要得到别人的谅解。

3. 教育孩子乐于助人

当邻居家有困难要主动帮助，如邻居不在家，主动代收信件，代替邻居招待客人；如果遇到刮风下雨，还应主动为邻居代收衣物；如果邻居家有病人，应主动探望；如果邻居家中有急事，可尽自己最大的力量，帮助出主意、想办法，给予人力、物力的援助；如邻居家遇有不幸，要表示慰问。

4. 教育孩子体谅别人

在邻居休息的时间里，尽量把录音机、电视机的音量放小，在楼道里不随便跳皮筋、跳舞、打球，以免影响他人的学习与休息。

5. 树立榜样影响孩子

某学生在日记中写道："别人都说我的妈妈是个热心肠。记得有一次，邻居家的阿姨因擦玻璃而失足坠落摔伤。妈妈二话没说立即打电话叫救护车，日后，又照顾了阿姨家小妹妹的一切生活……我为有这样一位助人为乐的好妈妈感到骄傲……"

让孩子懂得倾听

莎罗曾经说过："良好的谈吐有一半要靠聆听。"加普兰教授也指出："人与人之间相互对谈之缺失、弊端，不一定来自谈话本身的技巧，而是由于彼此急于表达自己，缺少耐心去倾听对方的叙述。"可见，在人与人交往的过程中，"倾听"十分重要。

首先，有效的倾听能帮助孩子博采众长，弥补自己考虑问题的不足；也能使孩子触类旁通，萌发灵感。

善于倾听的孩子一般学习能力都强，成绩都比较优异。而一个总在他人说话时插嘴的孩子，通常没有听课认真的习惯，注意力不集中，所以总在老师真正问起问题的时候，什么都不知道。这样的孩子，通常学习成绩都比较差，思路跟不上课堂的进度。

其次，善于倾听的孩子能获取朋友的信任，是一个人真正会交际、有教养的表现。

善于倾听的人能够给别人充分的空间诉说自己，帮助他人减轻心理压力。每当人们遇到不如意的事，总想找个人一吐为快。我们的倾听，往往会起到意想不到的缓解作用。同时，善于倾听，还可以了解到他人的心理想法与需求，能够提出合适的建议。从而得到友谊与信任。

一个不善于倾听别人说话的人，人际关系通常都很失败。他们总喜欢滔滔不绝，别人的话还没有说完，他们就插话；别人的话还没有听清，他们就迫不及待地发表自己的见解和意见；可是，当对方兴致勃勃地与他们说话，他们却心不在焉，手上还在不断拨弄这个那个。这样的人，没有人愿意与他交谈，更不会有人喜欢和他做朋友，给人的印象是浮夸、不值得信任，没有教养。

英国作家萧伯纳是个很聪明、很健谈的人。少年时，他总是习惯于表现自己，无论到哪里都说个没完，而且出语尖刻。一次，他的一个朋友忠告他："你说起话来真的很有趣，这固然不错，但大家总觉得，如果你不在场，他们会更快乐，因为他们都比不上你。有你在场，大家就只能听你一个人说话了。加上你的言辞锐利而尖刻，听着实在刺耳，这么一来，朋友都将离你而去，这样对你又有什么益处呢？"

朋友的提醒给了萧伯纳很深的触动，他从此立下誓言，决心改掉"自话自说"的习惯，最终，他重新赢得了朋友的欢迎和尊敬。

对于谈话者来说，倾听是褒奖对方谈话的一种方式，是对人尊重的体现，是安慰别人的一剂良药。它有些时候比"说话"更为重要。要做到会倾听，多聆听，了解对方的真正意图，不要在别人还没说完的时候就插嘴或者就打断别人的话。

在《听的艺术》这本书中，曾讲述了这样一个故事：

美国知名主持人林科莱特一天访问一名小朋友，问他说："你长大后想从事什么工作？"

小朋友天真地回答："我要当一名飞机驾驶员！"

林科莱特接着问："如果有一天，你的飞机飞到太平洋上空所有的引擎都熄火了，你会怎么办？"

小朋友想了想："先告诉机上所有的乘客都系好安全带，然后我挂上降落伞跳下去。"

当时在场的观众都笑得东倒西歪，林科莱特先生继续注视着孩子，想看看他是不是个自作聪明的家伙。没想到，孩子的两行热泪夺眶而出，林科莱特这才发觉这孩子的悲悯之情远非笔墨所能形容。于是，林科莱特问他："为什么这样做？"

小孩的答案透露出一个孩子真挚的想法："我要去拿燃料，我还要回来的！"

听别人谈话时，应等别人把话说完再发表意见。这就应该做到：听话不要听一半；更不要把自己的意思投射到别人说的话上。只有这样，才算是会"倾听"。

家长应怎样让孩子学会倾听呢？

1. 可以按指令行事的方法来发展孩子的倾听能力

好动是孩子的天性之一，也是身心发展的一个阶段。为此，家长可以按指令行事的方法来发展孩子的倾听能力。如：要求孩子听指令做相应动作；在日常生活中给孩子一些任务，让其完成，以锻炼孩子对语言的理解能力；让孩子根据某种音乐或节奏，一边看着大人的手势，一边完成某些动作或相应的行为等。

2. 应有目的地让孩子在日常生活中去判断语言的对错，吸引孩子注意倾听，并让其加以改正生活中，有的孩子听一件事时，只听到其中的一点儿就听不下去了，说明倾听的质量不高，听得不仔细、不专心和不认真。因此，家长应有目的地让孩子在日常生活中去判断语言的对错，吸引孩子注意倾听，并让其加以改正。说"玉米棒结在地下，葡萄结在树上"等错误语句，让孩子倾听后，挑出毛病并纠正。

3. 要端正对孩子的态度，让孩子安静地听别人把话说完

有些孩子在听他人讲话时要么心不在焉，要么目标转移，要么到处走动，这种行为使说话者受到伤害，谈话不但无法收到较好的效果，还会影响双方关系。

家长一定要端正对孩子的态度，孩子是一个独立的人，也是一个与大人平等的人，如果孩子养成以自我为中心的不良习惯，想让孩子倾听他人讲话是不太可能的。因此，父母要重视孩子的自尊心，但不能把孩子当成全家的中心，什么事情都围着他转。应该让孩子懂得在听别人讲话时，要尊重他人，可以自然地坐着或者站着，眼睛看着说话的人，不要随便插嘴。安静地听别人把话说完是一种礼貌。

4. 告诉孩子认真倾听别人讲话是一种美德

告诉孩子，在听别人说话的时候，认真、专注是对他人最好的嘉奖。如果能在听的过程中提出自己的问题，就更好了。当然，这里的问题不是故意刁难，更不是挑毛病。在听的过程中要边听边想。一个懂得倾听的孩子才能让自己的语言彰显无穷的魅力！

第七章

好习惯受
益终身

马斯洛说："习惯改变，你的性格跟着改变；性格改变，你的人生跟着改变。"

习惯不可能根除，只能被替换。换句话说，你只能替换、而不能抹去一个坏习惯。替换，而非抹去，二者之间的区别很重要！

因此，我们在着手改掉坏习惯之前，必须仔细地思考究竟应该选取哪些好习惯来替换它们。

投机取巧要不得

每个人都很容易耍一些自以为是的小聪明，孩子也不例外。

佳佳是小学四年级的学生，成绩中等。爸爸妈妈工作忙，没有时间照顾她学习，"家校联络本"也是看都没看就直接签名。时间久了，佳佳萌发了投机的心理。比如，有一次听写，因为晚上回家没有复习功课，她的听写考了30分，不敢给妈妈签名，就把30分改成了80分，她想，反正妈妈也不会注意到。果然，妈妈看都没看就签名了。此后，佳佳屡试不爽，觉得自己实在很聪明。

后来，她想，班上那么多作业，老师怎么可能一份份作业认认真真看过去呢？于是，每次做写字作业时，她都会有意无意漏写一点儿，数学题不想算，就随便写个答案，反正有写答案就不会受到处罚，而写错答案的，等老师发回来以后，再借别人的答案抄一下。因此，佳佳的学习别说多轻松，而她的成绩也是一路下滑。

生活中像佳佳这样喜欢耍小聪明，做事投机取巧的孩子并不鲜见。好逸恶劳是人的劣根性，谁都希望不劳而获，或少劳而获。但现实生活中，这是不可能实现的，因为我们都知道，农夫只有在春耕的时候努力播种，秋天才能愉快收割，付出与收获永远平衡。而我们也很清楚，成功是需要很大付出的，尤其在这个竞争日益激烈的社会里，稍不留神、稍微怠惰，就被这个世界淘汰了，更何况是什么都不做，只想等着收成呢？

因此，家长应纠正孩子投机取巧的心理。那么，怎样改变孩子投机取巧的心理呢？

1. 私下向孩子的老师同学了解情况

不是要你不信任自己的孩子，但一个真正负责的家长在看到平时功课疏懒的孩子成绩突进时，不要盲目沾沾自喜，最好私下向老师或者他（她）的同学了解情况。

2. 面对犯错的孩子要克制自己的情绪

看到孩子的成绩时，无论多糟糕，最好还是尽量克制自己的情绪，哪怕只是沉默。告诉他（她）："虽然没有考好，但你没有因为一个及格分数作弊，我很高兴，我为你骄傲。那么现在来谈谈这次考试……"接下来的分析原因还是必不可少的。

3. 批评孩子要含蓄委婉

日常生活中对孩子贪小利存侥幸心理要及时提出批评，当然最好采取委婉的方式。例如："我觉得很可惜，这次你的作文又不是自己写的，我还以为你会把我们旅游的事写给你的同学们看呢！我觉得你一直写得不错呀！"

4. 坚定立场，明确态度

告诉孩子："你这样做，我很失望，也很伤心。"

5. 教育孩子做事要脚踏实地

告诉孩子，一分耕耘，一分收获，每一分付出，都一定会有收获。虽然有些收获必须等待，但只要付出了，就不怕任何挑战。

香港实业家霍英东在谈到他自己成功的秘诀时说："刻苦耐劳占了95%。"他小时候做过加煤工、搬运工，当过船上的铆钉工，实验室的制糖工。他既非建筑行业的工程师，也不是原房地产业的商人，完全是半路出家，却很快成为香港房地产业的巨子，原因何在？靠的就是吃苦耐劳的精神。

小孩子容易崇拜英雄人物，家长们可以推荐一些人物传记给他们看，让他们从具体事例中认识到通过艰苦的劳动才能获得成功的道理。

6. 让孩子明白没有人可以不劳而获

家长可以告诉孩子，这个世界上确实有人投机取巧，再加上一时幸运暂时得到了好处。但投机取巧只能靠一时运气，并不能让一个人永远地安乐无虞，而等到大环境不佳，谁都没有运气的时候，后果就难以想象了。因此，要想无论在什么环境，都有实力好好活下去，就不要投机取巧，对于自己该做的事，该学习的东西，不能松懈，不要做不读书也能考高分的白日梦。

总之，家长应让孩子明白，投机取巧是做人的大忌，因为没有人可以不劳而获。暂时因为投机取巧而得到的好处，在未来会成为负担。

感恩之心很重要

"感恩"的定义是："乐于把得到好处的感激显露出来且回馈他人。"一个人在感恩的时候，他的内心在承受更大的恩，这恩来自他自身的善意，因此，他会活得快乐而坚定，勇敢而有力量。

而一个懂得感恩的孩子更会快乐、幸福、乐观且容易满足，他们不会因为小小的不如意就怨天尤人，不会因为一点点的失落就烦恼不已。一个懂得感恩的孩子内心是温暖的，他们始终觉得自己是被喜爱、被帮助、被关怀的，孤独感因此而驱散，对世界的怀疑和对抗也因此而消弭。这样的孩子更热爱生活，珍惜生命，心态也更平和。

然而，在现实生活中，却有这么一些孩子，他们花样翻新地讲吃，极尽考究地讲穿，理直气壮地讲用，时尚休闲地讲玩。他们习惯父母无微不至的爱而不知道感恩，习惯接受他人的帮助而不说"谢谢"，习惯充足的物质享受而不懂得珍惜。他们多数人记不住父母的生日；把来自父母的照顾视为理所当然；攀比心理强，不懂得珍惜幸福生活；不服父母、师长的管教……这样的孩子，只懂得索取，不懂得回报，其情感是匮乏的，内心更是贫瘠的，他们哪怕遇到一点点的不顺都会怨天尤人，把自己的"不顺"归结于他人对自己的不公平。这对孩子的成长极为不利。这样的孩子更经不起风雨。

以下就是这么一个案例。

王邱的学习成绩很好。妈妈每天在家里为他端茶倒水，伺候得他如同少爷一般。

有一天早上，妈妈因为忙忘记给他装水了，结果王邱走出门发现水壶没装水，又退回来，狠狠地对他妈妈讲："都是你害的，害得我要迟到了！"

还有一次，王邱要参加朗诵比赛，妈妈忘了把他的笔记本带来，他当着大家的面冲妈妈大发脾气，一定要妈妈回家把笔记本拿来才肯上台，因为有一句重要的台词记在笔记本里了。等妈妈把笔记本拿来，比赛已经结束了，而他因为发挥不好没有取得名次，这下更是责怪妈妈"服务"不到位，如果不是因为她忘记带笔记本，肯定会取得第一名。说着说着，索性在大家面前对妈妈又推又打。

这时候，王邱的妈妈才意识到平日对孩子溺爱过多而教育不够，愣是把孩子的事情当自己的事来做，以致孩子把妈妈为他做的事情视为理所当然，丝毫不懂得尊重妈妈，不懂得感谢妈妈的付出。

事实上，父母爱孩子是一种发自内心的情感，这种情感驱使父母愿意为孩子做很多很多的事。而他们忽略了一个问题：对孩子进行感恩教育，即教育孩子对于别人的付出一定要表示感谢，心怀感激。孩子只有心怀感激，才能把这种感激转化为成长的动力。

有一位名叫尹礼远的孩子，他家境贫寒，父亲左手残疾，母亲痴呆。因为从小知道父母的艰辛与不易，小小年纪的尹礼远显得比他的同龄人更加的成熟懂事，除了更加勤奋刻苦地学习，以此来报答亲人对他的期望之外，还想方设法地减轻家里的负担。

为了节省作业本，他写了擦，擦了写，至少写三遍；为了节省鞋子，暮春时，他就光脚，一直到立秋才穿鞋。若是遇到下雨、下雪天，即便是冬天，他也要脱下鞋走路。假期还去工地赚学费。

他的故事感动了千千万万的人，因此，大家给他捐款、捐物，资助他学习。而他对于大家的帮助始终心怀感激，更加努力地学习，不负众望，取得了好成绩。他说，他要把这种爱传播出去，要做更多的事情回报这个关爱他的社会。

这就是感恩的力量。那么，我们如何才能让孩子懂得回报与感恩呢？

1．反思自己的行为

孩子缺乏感恩之心，与父母有很大关系。有的家长对待亲人、朋友很吝啬，不施以爱，而是一味索取，比如对老人不孝；对家人不好；得到朋友帮助，不知道感谢。所以，在教育孩子时，父母先反省一下自己：当接受别人的关怀、帮助、祝贺时，是否表示真诚的谢意？此外，淡化甚至忽略对孩子感恩意识的培养，孩子感受不到父母的关爱，将孩子萌芽的感恩之心扼杀掉，也是孩子不懂感恩的重要因素。

2．身体力行，让孩子看到你对长辈的孝道

孝顺长辈是日常生活中让孩子体会感恩的最基本做法。平时多帮父母做家务，并告诉孩子：爷爷奶奶年纪大了，煮饭、打扫都很辛苦，平常没有帮到忙，所以回来时要多为父母尽点儿力。这样一来，孩子看到了父母的行动，也了解到感恩的意义，以后也会帮父母做家务。

3．让孩子知道爱是双向的

滴水之恩，当涌泉相报。一个只懂得向他人索取而不懂得回报的孩子，长大后将不仅不懂得孝道，不知回报亲人。更不会帮助他人，自然也不会得到他人的相助。

4．让孩子学会感谢自己身边的人

家长在与身边的人乃至不认识的人相处时，都要给以积极的帮助，并且在得到他们的帮助时，要把自己的感恩之心传递给孩子，让孩子知道授人以恩，不能忘却。要培养孩子的感恩之心，家长应让孩子学会感谢身边的人。

（1）感谢自己父母。母亲既给了孩子生命，又哺育孩子成长。母亲应该多向孩子讲述他们成长的故事，使孩子从小意识到自己并不是从石头缝里蹦出来的，也不是山上拾来的，而是妈妈含辛茹苦养大的。当然妈妈在讲述时要自然，感情要真挚，不可让孩子觉得你在"居功自傲"，要让孩子体会到无私和高尚的母爱。

做父亲的心要细致些。孩子们都很重视自己的生日，早早就在策划自己的生日怎样度过。很多父亲给孩子做生日很大方，花很多钱把孩子的伙伴请到酒馆开一个晚会，烛光闪闪，笑语欢歌，好不热闹。可是心细的父亲不应该忘记在给儿子切生日蛋糕前，告诉儿子应该送一枝鲜花给妈妈，感谢妈妈在这一天带他来到这个世界上。

所有的母亲要教育孩子尊敬和热爱他们的父亲。告诉孩子父亲的辛劳，父亲为这个家庭所做的种种牺牲和努力。

父亲是家庭这艘大船的船长，感谢他给了我们安全和温暖的家。教育孩子好好学习，好好做人，以报答父亲的辛勤。

（2）感谢自己的朋友。有不少父母因对孩子的世界漫不经心，所以常常会忽视孩子之间的友情，结果造成对孩子的伤害。事实上，做父母的应该重视孩子们之间的友谊。在孩子的世界里自有一种父母无法想象的"法则"和相互之间不可忽视的影响力。

（3）感谢自己的老师。学校从父母怀中把孩子接过去，将孩子变成了强健善良勤勉的少年。父母常常谆谆告诫孩子在学校要听老师的话。但是要真正让孩子听话，首先要让孩子尊敬老师，细心体会到老师的辛勤教育而感谢老师。家长不能当着孩子的面批评老师或学校，一旦老师和学校在孩子心中失去了威信，那么你孩子教育的危机也就来了。他不再听从老师的教导，你也无计可施。因此，父母们千万要维护老师的威望，这是为您的孩子着想。

"感恩"之心是一种美好的感情，没有一颗感恩的心，孩子永远不能真正懂得孝敬父母、理解帮助其他的人，更不会主动地帮助别人。让孩子知道感谢爱自己、帮助自己的人，是家庭教育中的一个重要内容。

让孩子远离虚荣

茉莉是个漂亮的小女生，圆圆的大眼睛，笑起来还有一对可爱的小酒窝，可讨人喜欢了。叔叔阿姨们看到茉莉，都不禁想捏一捏她粉粉的脸蛋。慢慢地，茉莉越来越喜欢听别人的赞美了。只要听到其他孩子受到表扬，茉莉就老不高兴了！她觉得只有她一个人才配得到别人的表扬。

在学校里，茉莉总喜欢出风头，抢着发言，抢着做好事。只要老师笑眯眯地摸着她的小脑袋，夸她真乖，她就高兴得什么都忘记了！除此以外，茉莉还喜欢穿漂亮的新衣服，衣服稍微旧一点儿，她就觉得穿出去不漂亮，很丢脸……

像茉莉这样的行为方式就是虚荣的表现。事实上，每个人都或多或少地有点儿虚荣心，这是正常的，因为大多数人都渴望自己被人尊重、被人敬仰，都希望自己能做得更好、更理想。恰到好处的虚荣心能够激发一个人的潜能，使其得到更好的发展，但是，如果虚荣心太重，就会影响心理健康，影响正常的学习和生活。聪明、好强的鑫鑫就深受其害——

鑫鑫今年上初中一年级，从小到大，她都是班里的佼佼者，学习成绩没得说，在市里举办的各类竞赛中还频频获奖。为此，同学羡慕她，老师喜欢她，同一个小区的很多叔叔阿姨也都认识她，让自己的孩子以她为榜样。可是，这么一个从小在荣誉与掌声中成长起来的孩子，最近却一蹶不振。先是在市里举行的中学生作文竞赛中没有取得名次，后来又在一次期末考试中跌出三甲之外。尽管爸爸妈妈安慰她"胜败乃兵家常事"，但鑫鑫依然难以接受如此"残酷"的事实。她开始怀疑自己的能力，甚至拒绝参加各种比赛……

老师问其原因，鑫鑫的回答是，觉得很丢脸，很没面子，怕比赛再次失败让同学嘲笑，让老师和家长失望。

人人都有自尊心，都希望自己能在社会生活的群体中得到别人的尊重和赞赏，从而产生对个人的声誉、名望、威信的强烈需求。鑫鑫也不例外，但因为她的自尊心过强，过于好胜、虚荣，导致其很难从失败的阴影中摆脱出来，从而变得一蹶不振。正因为如此，所以，有人说，虚荣心是一种扭曲了的自尊心，如果孩子沾染上"过于虚荣"的毛病，对其有害无益。因此，家长发现自己的孩子有过于虚荣的毛病，就应该及时采取相应的对策对他们进行教育和开导。

虚荣心强的人，会因为一个羡慕的眼神神舒心悦；会因为一句大而无当的恭维眉开眼笑；还会因为一句言过其实的赞誉沾沾自喜，更会因为一个毫无实质意义的头衔引以为荣……

虚荣心强的人以追求个人荣誉为奋斗目标，为了"出人头地"，可以置社会道德规则和规范于不顾，违背社会道德，窃取他人的劳动成果。他并不能从与他人交往中获取愉悦和帮助，反而时常和他的邻居、同事、好友，甚至亲人发生冲突。这种人一旦得到荣誉，就会表现出骄傲自满的情绪，趾高气扬，独断独行，听不得周围同行或朋友的意见。这些人在得不到虚荣的甘霖滋润时，便会想方设法谋取自己的荣耀。不少罪犯，便是在虚荣心驱使下，走上了犯罪道路。更有一些人喜欢盲目攀比富人，最终让自己的生活陷入窘境。

一般来说，孩子过强的虚荣心往往表现在以下几个方面：

（1）对自己的能力水平估计过高，常常在别人面前炫耀自己的特长和成绩。听到表扬就得意忘形，而对于批评则不以为然、拒不接受。

（2）常在同学和伙伴面前夸耀自己父母的地位或者家境的富足，以突显自己的优越感。

（3）不懂装懂，喜欢班门弄斧，自以为是，如果别人指出了他的错误，就恼羞成怒，拼命要自圆其说。

（4）讲阔气赶时髦，特别注重穿着打扮，不关心衣服是否适合自己的体貌，只关心衣服是不是名牌。

（5）对别人的才能从不称赞，反而鸡蛋里挑骨头，说长道短，搬弄是非。

对于孩子过于虚荣的心理，家长应给予正确的引导，采取必要的方法加以纠正。

第一，父母应加强自身修养，以身作则。父母是孩子的第一任老师，一言一行都会影响孩子，因此，父母应加强自身修养，以身作则，不卑不亢，给孩子树立一个好榜样。

第二，教孩子正确对待自己的缺陷，同时又要看到自己的优点。虚荣心太重的孩子要么过于自尊，要么过于自卑，总是不能客观地正视自己。所以，要教会孩子别欺骗自己，要正确对待自己的缺陷，同时也要看到自己的优点。

第三，教孩子学会调节情绪，经受失败的考验。如果孩子做事总比别人做得快、做得好，就要交给他有一定难度的任务，使他感到自己能力不足，需要别人指导和帮助。进行受挫折训练，教孩子学会调节情绪，经受住失败的考验是很必要的。

第四，适度表扬优点，及时指出缺点。家长不能过分夸大自己孩子的优点，也不要掩盖孩子的缺点。对那些符合道德规范的行为，家长应给予适度的表扬。对于孩子的缺点要及时指出，帮助其分析原因，并鼓励他逐渐克服。

第五，要帮助孩子正确认识自己。虚荣的一种表现就是沽名钓誉，喜欢追求表面上的东西。家长要帮助孩子正确认识自己，告诉孩子，对荣誉、地位、得失、面子要持有一种正确的认识和态度。一个人应该有一定的荣誉感，但面子"不可没有，也不能强求"，如果"打肿脸充胖子"，过分追求荣誉，显示自己，把华而不实的东西作为追求的目标，就会使自己的人格受到歪曲。

家长应有目的、有计划地加以引导，逐步纠正孩子追求穿戴、羡慕虚荣的坏习惯。

让孩子学会节俭

于文是一名小学三年级的学生，长得乖巧，学习又好，深得全家人的喜爱。但是她有一个改不掉的坏毛病，就是喜欢浪费纸张。往往不到学期结束，一本好好的笔记本就被她撕得只剩下两张皮。老师对她的这种做法非常反感，常常告诫她不要这么浪费，可她却不以为然："这有什么，反正我爸爸、妈妈会给我买，浪费几张又怕什么？何况，他们也不怕我浪费呀！"

　　随着社会生活水平的提高，越来越多的家长对"节俭"的概念也开始淡漠了。他们认为"节俭"不过是过时的词。事实上，家长们忽视了非常重要的一点，"节俭"是一种美德，美德是永远不会过时的。正如左丘明说的："俭，德之共也；侈，恶之大也。"孩子如果从小习惯了过铺张浪费的生活，久而久之，他们对"物质"的需求就会越来越膨胀，以致深陷堕落奢靡的生活陷阱不能自拔。
　　这是一个真实的故事：

　　男孩小丁因家境富有，爸爸妈妈宠爱，过惯了"奢侈"的生活，为了在同学面前有面子，他花钱如流水，动不动就请客吃饭。
　　后来，家里发生了意外事件，财产几乎损失精光。就在爸爸妈妈一筹莫展的时候，小丁却对爸爸说："爸，明天，是我们班长的生日，他和我的关系特别好，给我500块钱，我请他到卡拉OK包厢过生日。"
　　儿子的话，让他的爸爸大吃一惊。一个小小年纪的孩子，竟然要拿钱给同学包厢过生日？爸爸对孩子说："儿子，咱家最近出了意外，你是知道的，爸爸哪有钱给你请同学过生日？再说，同学过生日，你为何非要请他到那种场所消费？"
　　小丁不以为然："我知道你最近没钱，可500块总拿得出吧？再说，请班长过生日，我是想让别的同学看看，我们哥们儿多酷多帅。"
　　听着小丁理直气壮的回答，爸爸哀叹不已，面对家庭困境，当儿子的不仅不闻不问，而且还理直气壮地跟父亲要钱去消费。这只怪自己以前对孩子花钱不加控制，才导致孩子有这样的消费观念。

那天，为了给孩子一个教训，爸爸硬下心肠没有给小丁钱。小丁在家里又哭又闹，没有得逞，最后连课都不想去上了。

因为怕同学嘲笑，小丁动了"偷"的心思，他趁爸爸妈妈不注意，偷了家里仅剩的500元钱跑出去给班长过生日。

这一故事让人唏嘘不已，当家里的生活陷入困境时，作为家庭中的一员——小丁非但不能理解父母的苦衷，依然贪图虚荣、讲究排场，为了所谓的"面子"，甚至偷钱给同学过生日，这样的情况是多么让人伤心！可是，孩子之所以会有这样的不良行为，追根溯源，是家长忽视金钱教育，没有让孩子养成良好的消费习惯。

因此，要想孩子走出金钱的旋涡，家长应重视孩子培养孩子节俭的品质。

1. 家长要以身作则，用自己的节俭行为影响孩子

在日常生活中，用自己艰苦朴素的作风感染孩子。

美国的山姆·摩尔沃尔顿是个拥有85亿美元的富翁，但是他却住在一座小镇上的普通房子里，平时开一辆旧福特车，穿着工作服，像一名普通工人，其生活也同样乐趣无穷。他的后代常以此为荣，并继承着这一良好的家风。

2. 让孩子在日常生活中养成节约的习惯

首先在使用学习用品上要讲节约，不要因为写错一两个字就撕掉一大张纸，不要老是碰断铅笔芯。同时要在生活上节约，如夏天空调开26度以上，又节约又划算；节约用水，洗菜的水可以

冲厕所；用完电器一定要把插头拔掉；用电脑打印材料，最好两面都用，这样省纸；抽水马桶里放块砖头，更省水；出门随手关灯，学习用品用完再买，不要乱花钱。

3. 父母要教会孩子量入为出

教会孩子量入为出，父母要经常给孩子讲勤俭持家的道理，让孩子懂得一粒米、一滴水、一度电来之不易，都是人们辛勤劳动换来的。要让孩子学会利用废旧物品。比如可用易拉罐做个花篮，将旧凉鞋剪成拖鞋，将破皮鞋当柴烧。这样既可培养孩子的节约习惯，又是一种手工劳动练习。

4. 家长应该教育孩子不与别人攀比，不爱慕虚荣

要想让孩子养成节约的习惯，家长还应该教育孩子不与别人攀比，不爱慕虚荣；购买物品不要追求品牌，要看实际价值；看到特别喜欢的东西，也要三思而后行，不要看到了就买。

5. 让孩子自己挣钱，培养其自力更生、勤俭节约的习惯

美国一些百万富翁的儿子，常在校园里拾垃圾，把草坪和人行道上的破纸、冷饮罐收集起来，学校便给他们一些报酬。他们一点儿也不觉得难为情，反而为自己能挣钱而感到自豪。有的家庭经济并不困难，但要让八九岁的孩子去打工送报挣零花钱，目的是培养孩子自力更生、勤俭节约的习惯。

6. 家长要用节俭的故事教育孩子，让孩子知道节俭是美德

在教育中，父母要赞赏节俭的行为，批评奢侈浪费。父母要让孩子理解生活的艰难，理解人在生活中难免会遇到各种困难，而节俭则可以做到有备无患，帮助人渡过难关。

学会节俭对于孩子的健康成长影响极大。节俭可以使人集中精力，把身心投入学习和事业上来，关系到一个人一生事业的成败。节俭可以培养一个人坚强的意志和战胜困难不屈不挠的精神，是

人生的巨大财富。节俭有助于体察他人的疾苦，培养对他人的爱心，有利于健康人格的形成，这对于孩子的成长极为重要。

让孩子从小学会节俭，就要让孩子适当尝尝"苦"头，没有吃过苦、在蜜罐里泡大的孩子根本不知道财富来之不易，也根本不知道珍惜自己拥有的幸福。许多孩子没有经历过艰难困苦，根本不懂得"节俭"二字，只要求吃好的、穿好的，玩具也是越多越好，越高级越好，如果达不到要求就会生气。有的孩子随便抛撒浪费粮食，不爱护衣物，对玩具随意搞坏，乱丢乱扔，弄得残缺不全，浪费严重。他们不知道粮食和玩具的来之不易，更不知道珍惜自己拥有的东西。

许多"以俭养德"的事例告诉我们：要把孩子培养成有志向、有追求、有出息的人，勤俭节约、艰苦朴素的教育是不可或缺的，这是父母能够给孩子的永久财富。

教孩子信守承诺

当今社会，对孩子的诚信教育已经成为了家庭教育和社会教育中一个重要的组成部分。如果我们的孩子能从小养成守信用的好习惯，必定能为自己的人生铺垫更加平坦的道路，获得更多成功的机会！

那么，怎样使我们的孩子做到信守承诺呢？

1. 不要随意对孩子许诺，许过的诺言一定要兑现

不要随意对孩子许诺，在向孩子许诺之前一定要三思，不能言而无信。在日常生活中，一旦允诺给孩子什么，就要努力兑现。

曾子是我国著名的思想家。有一次，他的妻子要出门，儿子

要跟着一起去。她觉得孩子跟着很不方便，想让孩子留在家里，于是对儿子说："好儿子，你别哭，你在家里等着，妈妈回来杀猪给你炖肉吃。"儿子听说有肉吃，就答应留在家里。曾子把这一切看在眼里，记在心里。

当曾子的妻子回到家时，看到曾子正在磨刀。就问曾子磨刀做什么。曾子说："杀猪给儿子炖肉吃。"妻子说："那只是说说哄孩子高兴的。怎么能当真呢？"

曾子语重心长地对妻子说："你要知道，孩子是欺骗不得的。如果父母说话不算数，孩子长大后就不会讲信用。"于是。曾子与妻子一起把猪杀了，给儿子做了香喷喷的炖肉吃。

我们经常会听到妈妈这样警告孩子："如果你再撒谎，我就用针把你的嘴缝起来。"但有人问这位母亲："如果孩子真的撒谎了。你真会缝上他的嘴吗？"显然，这位妈妈对孩子说的话本身就是不现实的，用这种方式来教导孩子不要撒谎非常不可取。

要想孩子养成守信的品质，妈妈首先要做到言行一致。如果妈妈言行不一，不履行承诺，孩子就会受到暗示，跟着模仿。例如，妈妈如果答应了孩子星期天带他到公园去玩，就一定要去。如果兑现不了，应及时给孩子解释，向孩子道歉，并自我批评，让孩子从内心理解和原谅父母，事后父母应设法兑现自己的承诺。

2. 父母要给孩子树立一种诚信为人的观念

孩子的思想是单纯的，父母要给他们树立一种诚信为人的观念。教育他们与小伙伴交往要真心，对老师、父母不说假话，作业不抄袭，考试不作弊，对待他人要懂得"己所不欲，勿施于人"的道理，答应别人的事情就要做到，做不到就要道歉，接受惩罚。

3. 父母要尊重信任孩子，不要疑心重重，事事监督

我们经常会看到这样的父母：他们要求孩子吃完饭在房间里学习半小时，然后每隔五分钟进去看一下孩子是否在偷懒；他们要求孩子去买件东西，也总担心孩子用多余的钱买零食吃。

父母的这些行为，往往导致孩子用撒谎来对抗，而父母们却认为自己的怀疑是有根据的，这就更加滋长了孩子的不诚信。苏联伟大的教育家马卡连柯非常注意对孩子的信任，他认为，信任可以培养孩子的诚信。

有一次，马卡连柯派一个曾经是小偷的学生去几十里外取一笔数额不少的钱。这位学生由于曾经是小偷，在同学的眼中被视为另类，没人与他来往，他非常渴望得到信任。

接到马卡连柯的任务后，这位学生简直不敢相信这是真的，他问马卡连柯："校长，如果我取了钱不回来了，你会怎么办呀？"马卡连柯平静地回答："这怎么可能？我相信你是一个诚实的孩子，快去吧！"当这位学生把钱交给马卡连柯的时候，他要求马卡连柯再数一遍。马卡连柯却说："你数过了就行。"于是，随手把钱扔进了抽屉。

事后，这位学生是这样描述自己的心情的："当我带着钱在路上，一路上我在想，要是有人来袭击我，哪怕有十个人，或者更多，我也会像狼一样扑上去，用牙咬他们，撕他们，除非他们把我杀死！"

马卡连柯就是运用信任的方法培养了这位学生诚信的行为。因为，用信任才能换来诚信。

4．多向孩子讲诚实守信的故事

多向孩子讲一些诚实的故事，从小对孩子以正确的引导和教育，使孩子在潜移默化中认识到诚实的孩子受人喜欢，说谎的孩子不受人喜欢。

5．让孩子明白诚信在日常生活中的重要性

进行诚信品质教育，家长需要借助实例、故事的形式讲给孩子听，让孩子明白诚信对一个人来说是非常重要的，不诚信会带来什么恶果，诚信会有什么收获。

在美国华盛顿州塔科马市，10岁的汉森正在与小朋友在家门口的空地上玩棒球。一不小心，汉森将球掷到了邻居的汽车上，把车窗玻璃打坏了。

其他小朋友见闯了祸，都吓得逃回了家。汉森呆呆地站立了一会儿，决定亲自登门承认错误。刚搬来的邻居原谅了汉森，但还是将这件事告诉了汉森的父母。当晚，汉森向父亲表示，他愿意将替人送报纸储蓄起来的钱赔偿邻居的损失。

第二天，汉森在父亲的陪同下，又一次去敲邻居家的门，表示自己愿意赔偿。邻居听了汉森的话，笑着说："好吧，你如此诚信，又愿意承担责任，我不但不怪罪于你，而且从心里佩服你，希望你经常到我家里来玩，我喜欢诚信的孩子。"

由此可见，诚信自有它的报偿。如果你的孩子付出诚信，他就会收获信赖；如果你的孩子付出虚伪，他就会得到欺骗。

6．培养孩子面对现实，认清现实

孩子有时表现出的不守信用的现象，是由于对事物认识不清，总把希望、幻想当成现实存在的，因此容易造成孩子做出不守信用的事情。所以教会孩子面对现实，认清现实，减少对现实的夸大，这是减少一些不守信用现象发生的重要手段。

7．对于孩子不诚信的行为应该谅解并施以鼓励和监督

孩子不是生来就会撒谎的，说谎的重要原因之一是受到父母的不良影响，或者是父母对孩子不守信用，或者是孩子害怕说真话受到父母责骂，或者孩子只是即兴而为。发现孩子撒谎，正确的做法应该是耐心地启发孩子，让孩子认识到自己的错误，如果孩子承认了错误，父母应该谅解孩子并施以鼓励和监督。

8．家长应鼓励孩子不管在什么时候都要做到说话算话、讲诚信

例如，孩子答应了要把自己心爱的玩具送给小伙伴，并且真的做到了，这时家长应给予表扬，而不要心疼玩具被孩子送人而斥责他。

此外，家长还应该告诉孩子，在承诺别人之前一定要慎重，考虑自己确实能够做到再答应别人，不然就失信于人了。也就是说承诺与应诺都应该适度，留有余地，不要心血来潮胡乱答应。一旦答应了别人的事情，没有做到，就等于食言，一个经常食言的人，是谈不上有诚信的。

一定要告诉孩子的那些事

贺特山 /编著

应急管理出版社
·北京·

图书在版编目（CIP）数据

赢在正面管教：全五册／贺特山编著 . -- 北京：应
急管理出版社，2020

ISBN 978 - 7 - 5020 - 7822 - 5

Ⅰ . ①赢… Ⅱ . ①贺… Ⅲ . ①家庭教育 Ⅳ . ①G78

中国版本图书馆 CIP 数据核字（2019）第 270394 号

赢在正面管教（全五册）

编　　著	贺特山	
责任编辑	高红勤	
封面设计	月婷设计	
出版发行	应急管理出版社（北京市朝阳区芍药居 35 号　100029）	
电　　话	010 - 84657898（总编室）　010 - 84657880（读者服务部）	
网　　址	www. cciph. com. cn	
印　　刷	北京一鑫印务有限责任公司	
经　　销	全国新华书店	

开　　本	880mm×1230mm$^1/_{32}$	印张　25	字数　600 千字		
版　　次	2020 年 3 月第 1 版　2020 年 3 月第 1 次印刷				
社内编号	20192974		定价　125.00 元（全五册）		

版权所有　违者必究

本书如有缺页、倒页、脱页等质量问题,本社负责调换,电话:010 - 84657880

前　言

　　家庭教育是一种基本的教育形式，自从人类社会产生了家庭，它便也随之产生了。这种教育与学校教育、社会教育一起，构成了人类所接受的全部教育。家庭教育是在家庭成员之间进行的，这就决定了它的初始性、持久性和施教者与受教者之间的关系的亲密性。所以家庭教育对人的影响之大就不言而喻了。

　　纵观历史，我们可以看到良好的家庭教育可以使人终身受益，而不良的家庭教育则会贻误终身。

　　家庭是维系父母子女间的血缘关系、抚养关系、情感关系的一根纽带。子女在伦理道德和物质生活需求方面对父母长辈的依赖性，家庭成员根本利益的一致性，都决定了父母对子女有较大的制约作用。父母的教育易于被孩子接受和服从，家长合理地利用这一特点，对孩子良好品德和行为习惯形成是很有益处的。

　　之所以强调家庭教育的重要性，是因为父母在孩子幼年时代始终扮演着双重角色：既是孩子安全生存的保护者，又是人生启蒙的向导。良好的家庭教育应该采用刚柔相济的方法。父母双方在教育子女的态度上应协调一致，并相互配合，应宽则宽，应严则严。一个慈祥而威严的形象，有助于孩子接受父母的教育。

在孩子的成长过程中，家长需要及时给予教育和指导，告诉孩子哪些是应该做的，哪些是不应该做的；哪些是需要发扬的美好品质，哪些是需要改正的不良习惯；怎样与人交往，怎样丰富人生；等等。

本书分为六章，分别从自我意识、品质性格、人生体验、学习方法、社会交往等不同方面探讨了孩子成长过程中需要家长协助指导的问题，希望可以为孩子的成长助力护航！

编　者

2019 年 10 月

目录 CONTENTS

第六章　鼓励孩子体验丰富精彩的人生

第一章

获得自我意识是孩子成长的第一步

中国革命家和教育家徐特立说过："任何人都应该有自尊心、自信心、独立性，不然就是奴才。但自尊不是轻人，自信不是自满，独立不是孤立。"

自我意识的形成是孩子成长的第一步，作为家长，一定要鼓励并有意识地培养孩子的自我意识，使其拥有独立自主的人格。

每个孩子都是独一无二的

　　每个孩子因各自的个性气质、智力结构、认知水平、知识经验、心理特点等的不同而呈现不同的状态。加之孩子所受周围环境、成人施加教育影响的不同，不同的孩子也会展现出不同的特性。就像没有两片叶子是一模一样的，每个孩子也都是独一无二的。

　　美国哈佛大学教授指出人有八种智能：语言文字智能、数学逻辑智能、视觉空间智能、身体运动智能、音乐旋律智能、人际关系智能、自我认知智能、内省智能。不同的孩子有不同的智力结构和侧重点。这就是为什么有的孩子在交际场所中如鱼得水却不擅长写作；有的内向害羞但写起文章妙笔生花；有的唱歌会跑调数学却很好，有的不喜欢画画却偏爱体育运动等。总之，孩子之间不同的智力结构与侧重点造就了他们的不同。所以，作为家长的我们怎么能要求自己的孩子要与别的孩子一样，或者一定要超过别的孩子呢？

　　操之过急，期望过高，除了让自己徒增烦恼和焦虑不安外，还会因为自己的负面情绪做出对孩子打骂、发脾气、唠叨不停、反复无常甚至歇斯底里的行为来。不管是你的不良情绪还是行为，都会影响到孩子心理的健康发展，最后只能让孩子离你的期望越来越远。

家长们要做的就是多去认识和了解自己的孩子，发现他的长处，仔细观察孩子的特点和优势，积极寻找孩子身上的闪光点。找到孩子的最佳才能区，再适当地提供条件去培养他在这方面的长处。

那么，如何才能做到真正认识与了解自己的孩子呢？专家建议：

1. 描述你的孩子

如果你有一张孩子的照片，把它放在你的前面，然后集中你的注意力。在第一张卡片上请写下所有的你能想到的可以用来描述孩子的形容词（包括褒义词和贬义词）。请想一想，孩子是什么样的呢？

2. 找出孩子的兴趣爱好

你的孩子喜欢做什么？这可能和你的喜好会有很大的差别，但是请仔细思考一下。如果你的孩子可以任意地做选择，他（她）会选择去做什么事情？他（她）在平时的空闲时间都干些什么？现在他（她）是否在做他（她）痛恨的事情，或者至少是他（她）不愿意做的事情呢？

请悄悄地走到孩子的房间看一看，尝试去了解他（她）真正喜欢什么，了解孩子真实的一面。

3. 描述孩子的气质类型

请想一想你的儿子或女儿的气质类型是哪一种呢？是冲动还是冷静？喜欢社会交往还是比较孤僻？容易满足还是比较苛刻？悠然自得还是紧张不安？外向开朗还是内向害羞？喜欢学习还是

喜欢运动？自我激励还是需要外部驱动？机智灵活还是固执僵化？敏感还是迟钝？只关注自己还是会去关心他人？独立还是依赖？如果让孩子自己做选择，他（她）更喜欢待在家里，还是到户外活动？孩子做事情时，常常很安静还是很活跃？他（她）喜欢与别人待在一起还是喜欢自己独处？

4. 选择你最喜欢的孩子的特质

在你的心目中，孩子的哪些特质可以使他（她）能讨人喜欢？孩子哪些可爱的特质是你此刻最想记住而且永远也不会忘记的？请写下孩子所有积极的特质。

写完后，请花几分钟思考一下：这些特质有多少和你不一样？有多少和你相同？和你爱人的特质又有多少是一致的？

5. 明确孩子的优势智能

不同的孩子，具有不同的优势智能。请了解你的孩子的优秀智能。

（1）语言智能占优势的孩子：喜欢阅读、写作以及讲故事。他们通过看文字进行学习，而且他们掌握了相当多的信息，词汇量大，可以快速地记忆知识。

（2）身体运动智能占优势的孩子：可以自如地控制身体，保持身体平衡，擅长体育活动，可以熟练地运用肢体语言表现艺术性的活动，善于完成小肌肉活动任务（精细动作任务）。

（3）内省智能占优势的孩子：具有很强的自我理解能力，独创性强。他们喜欢按照自己的兴趣和目标独自工作，具有明确的是非标准。

（4）人际智能占优势的孩子：善于理解他人，具有很强的领导和组织能力。有许多孩子，善于做决定和调解纠纷，喜欢参加社团活动。

（5）音乐智能占优势的孩子：具有较好的节奏感、音高感以及旋律感，并且伴随音乐会做出反应。他们善于记忆各种旋律，能准确把握时间，喜欢唱歌或是哼唱曲调，甚至可以演奏乐器。

（6）数理逻辑智能占优势的孩子：擅长理解数字、模型以及逻辑关系，喜欢科学和数学。他们善于分类、提问、做实验以及计算出结果。

（7）空间智能占优势的孩子：喜欢绘画、设计以及创造，而且喜欢想象和幻想。他们能清楚地记得自己看过的、读过的地图和图表，擅长使用颜色和图片进行工作。

（8）自然认识智能占优势的孩子：喜欢户外活动，好奇心强，会把环境按照某种特征进行分类。

6．正视孩子的缺点

孩子的哪些弱点或者"颇具挑战性的特质"可能会阻碍他（她）获得快乐、满足或是成功呢？孩子的这些消极特质可能会有损他（她）在老师、同伴或是同伴父母心目中的形象，同时也会打击孩子的自尊心。这些缺点可能正是你应该对孩子关注或担忧的地方。比如说，孩子是否会因过分敏感而变得很容易哭、轻易放弃或是变得自私呢？孩子的注意力持续时间是否很短暂？他（她）是否具有攻击性或者脾气急躁呢？

在真正了解孩子之后，家长所要做的便是针对孩子的特点，施以正确的、个性化的教育。以下的做法可供参考：

（1）尊重孩子的身心发育规律，不要揠苗助长。意大利教育家蒙台梭利说："每个人的成长都有一个程序，他在某个年龄特征段该领悟什么样的问题，其实是固定的。人为地加以干涉只会毁了他。"

正因为孩子的成长顺应自然发展规律，所以，家长应顺着它的"长势"让孩子自由地发展。像农作物必然要经过一定的时间才能成熟一样，孩子也是需要一定的时间才能长大，这个过程不能超越，只能等待，用时间等待孩子的成长。

若孩子不适合做奥数题，就别强逼孩子去学。因为如果孩子跟不上，就容易打击孩子的自信心，使孩子对学习产生畏惧心理。要注意让孩子置身于适合自己的学习环境中，这样有利于激发孩子的竞争意识，既不至于因同伴太过优秀而产生压抑和失落感，也不至于因同伴太差而懈怠。

（2）善于发现孩子的潜能并重点加以培养。家长要善于发现孩子的潜能并重点加以培养。但要注意，小学和中学阶段是孩子打基础的阶段，所以不能一味地追求"专长""特长"，要扬长补短，利用孩子的长处和优势尽可能去弥补他的短处和不足，以达到全面发展。

（3）根据孩子的兴趣爱好找准切入点，正确引导孩子。对于喜欢追星的孩子，家长们可通过给他们讲解明星们是如何成功的来激发孩子积极上进之心；对于个性强，自制力也相应强点儿的孩子，可让他们自己制定自我准则，让孩子感受到对他的尊重。

也就比较能自觉地遵守了；而对于自控能力相对较弱却喜欢"戴高帽子"，也相对比较听话的孩子，则可用表扬与惩罚相结合的方式，给予适度的监督，以养成孩子良好的习惯。

（4）营造有利于孩子个性化学习的心理环境。要尊重孩子的个性和人格，尊重孩子的兴趣和爱好，营造一种民主和谐，充满人文关怀，崇尚个性，追求独特风格与创新精神的文化氛围，让孩子在一种愉悦的心理状态下进行个性化学习。不要为了自己的虚荣心，盲目跟风，把自己的意愿强加在孩子的身上，逼迫孩子去参加各种兴趣班，学习各种特长。

（5）不要总拿自己孩子的短处和其他孩子的长处比。要善于发现孩子的闪光点，适时、适度地肯定孩子的长处。因为每个人都有各自的长处和短处。比如说，有的孩子聪明活泼、兴趣广泛，但不够刻苦；而有的孩子稳重刻苦，做事情一丝不苟，却没有掌握好的学习方法；有的人文科好，有的人理科强。父母要有一双善于发现的眼睛，对孩子的考试成绩要全面客观地进行评价，根据具体情况制订个性化的学习方案。

此外，家长还应该积极等待，主动寻找教育时机，尝试多种办法。"没有教不好的孩子，只有不会教的父母"。当一种方法不行时，再采用另一种方法。在积极等待的同时，要有一双善于发现契机的眼睛，要有一个积极思考的大脑，多想一种办法，多设一种情境，调动孩子的积极性，让他朝着你预设的目标前进。要让孩子实施自己的计划，一步一个脚印地走向自己的目标。

所以，每个孩子都是不同的、独一无二的。父母们不要总是拿孩子和别人比，期望值不能太高。孩子样样出色，成为全能手是不现实也不可能的。过早地给孩子盖棺定论，容易失却客观的判断标准，容易偏离正常的教育轨道。

教育孩子正确认识自己

自我意识是指一个人对自己的认识，包括对自己和周围人的关系的认识。自我意识在人的心理活动和行为中起着调节作用，是行为的强烈动机，对孩子的心理发展意义重大。自我意识对儿童的心理发展意义同样十分重大。孩子怎样认识自己，怎样安排和处理自己同周围世界以及同别人的关系，怎样评价自己的能力，具有什么样的自我价值观，树立什么样的自我形象，直接决定他们能否积极地适应社会、能否保持心理健康、能否在学习和生活中顺利前进和发展。

培养孩子的自我意识，可以有效地促进其学习与心理健康水平。一个具有良好自我意识的孩子，会在各方面表现出优秀的才能，容易取得成功。反之，如果孩子在自我意识的发展中出现了不良倾向，又没有及时调整，他的个性和行为发生偏异，以后矫正就困难了。所以家长应当注意培养孩子良好的自我意识。

要培养孩子良好的自我意识，家长应该做到以下几个方面：

1. 培养孩子的自我认识

通常来讲，小学生要清楚准确地认识自我是比较困难的。尽管如此，家长们也要逐渐引导孩子认识自己，因为童年时期的自我认识是成年后自我认识的雏形。家长引导孩子进行正确的自我认识，主要是要引导孩子解决两个矛盾：孩子自己心目中的"我"与实际的"我"的矛盾；自己心目中的"我"与他人心目中的"我"的矛盾。

若要引导孩子认识实际的"我"，可以通过一些比较，使孩子逐渐对自己有准确的认识。家长可以让孩子同过去的"我"比较，用笔记、摄影、录音记录下孩子的成长过程，过一段时间拿出来让孩子看看、听听，让孩子知道"我"的进步、退步或停滞。让孩子与同龄的孩子比较，认识自己的发展状况和能力水平，了解自己的长处和短处。让孩子与优秀人物比较，认识自己与他人的差距，提高孩子努力和进取的意识。让孩子同活动前后的"我"比较，给孩子布置一些做起来吃力，但经过努力可以完成的任务，使孩子了解自己潜在的能力。

引导孩子认识他人心目中的"我"，需要家长及时把听到、看到的别人对自己孩子的评价和印象，以适当的方式告诉孩子，让孩子知道他人对自己的看法。孩子一般不易了解到这些看法，所以家长要做有心人，当好孩子的"耳目"。

2．培养孩子的自我评价能力

实验研究表明：我国儿童形成自我评价能力的年龄为3至4岁之间。4岁的孩子开始有一定的自我评价能力，能够根据一定的行为规则来评价自己。5、6岁的儿童已经能够进行自我评价。自我评价是自我意识的核心，它对儿童道德品质的形成、道德行为的培养是极为重要的。家长应当为孩子创设自我评价的情境，促进孩子自我评价能力的发展。孩子最初的自我评价能力是根据成人对他的评价而形成的。

因此，家长对孩子的评价应当比孩子的实际情况略高一点儿，需要孩子经过努力才可以达到，这样有利于培养孩子的自尊心和自信心，让孩子能够用积极的、向上的要求来评价自己。另外，家长要努力安排一些孩子经过努力能够取得成功的活动。成功的次数越多，孩子对自己成功方面的评价越高；成功的范围越广，孩子对自己的全面评价也就越高。培养孩子自信、自我接受、勤奋、乐观的个性，使自我意识中积极的成分占主导地位，从而促使孩子获得更多、更大的成功。

3. 教育孩子积极地接受与悦纳自我

悦纳自我是发展健全的自我意识的核心和关键。一个人先应该自我接纳才能被别人所接纳。在自我悦纳的基础上，培养孩子自信、自立、自强、自主的心理品质，才能促进其发展自我和更新自我。

4. 创造条件、培养强烈的自信心

自信心是对自己积极、肯定又切合实际的自我评价与自我体验，它在儿童日常生活中的重要性是不言而喻的。自信与自卑都存在着一种循环性，愈自信的孩子，愈容易成功，愈成功就会愈自信。反之愈自卑的孩子则愈会导致更大的自卑。

（1）通过集体活动逐渐培养。任何人都有被激励的愿望，这愿望像一扇反锁的门，孩子的自信心钥匙在每个孩子的心中，而教育者只有采用一定的措施让孩子主动参与，才能使孩子打开心门，这些措施之一就是集体活动。利用周末让孩子多参加集体性的活动，这些活动可大可小，因地制宜，能做到"让每个孩子都抬起头来走路"，那当然是对集体活动的最好奖赏。

（2）让孩子体验成功。从个人发展的角度来说，要创造一些可以达到成功的机会，让孩子相信自己的能力。这要从孩子的实际出发，用"低起点、小步子"的方法逐步实施。所谓"低起点"就是根据孩子的相关准备知识基础和学习能力的水平，把孩子努力一下就可以达到的水平，确定为起点。我认为实验小学的期中、期末考试题目难易度就很好地体现了这一点，它使绝大多数学生在考完后都产生了一种积极的、成功的体验。"小步子"就是把事情要求按由易到难、由简到繁的原则，分解成循序渐进的层次系列，把产生挫折事件的频率减少到最低程度，从而使孩子层层有进步，处处有成功，不断提高自信心和学习的能力。

金无足赤，人无完人，无论是家长还是教师都可以通过古今中外的伟大人物在对待不足与缺陷时的事例，启发孩子思考如何对待自己的不足与缺陷。应该让孩子懂得：积极悦纳自我就是要无条件地接受自己的一切，无论是好的或坏的，成功的或失败的，有价值的或无价值的，凡是自身现实的一切都应该积极地悦纳，并且平静而理智地对待自己的长短优劣和得失成败，做到乐观开朗，以发展的眼光看待自己。

成长关键在于独立思考

在现实生活中，许多家长在管教孩子的时候，常常会出现这样一种情况：一方面要求孩子自己解决学习和生活中的问题。另一方面却对孩子没有信心，当孩子遇到问题的时候，总是怕孩子没有经验，自己不能解决问题，因而就想方设法帮助孩子解决。家长的这种"舍不得"让孩子独立思考、自己解决问题的做法，不仅会让孩子养成过分依赖的习惯，而且阻碍了孩子独立性的培养。独立地分析和解决问题的能力对孩子的发展是很重要的，它是孩子在社会上生存以及进行创造性活动必备的心理品质，是孩子成才的基本前提。一个没有独立思考能力的孩子，不具备独立性，更谈不上在今后的事业中有所发展。因此，培养孩子独立思考与解决问题的习惯很重要！

那么，家长应如何培养孩子独立思考与解决问题的能力呢？具体做法如下：

1. 参与到孩子的"思考"中

要培养孩子独立思考问题的能力，首先要善于发现孩子的问题。在孩子遇到问题、并表达给家长的时候，家长要积极参与。

独立思考能力强的孩子，往往具有较强的好奇心。家长应该尊重孩子的好奇心，千万不要因为孩子提的问题过于幼稚而加以嘲笑，不然可能会伤害孩子的自尊心。随着家教观念的发展，有一些具有现代家教观、教子有方的家长，创造机会，从小培养孩子独立生活和独立思考的能力。家长可以给孩子讲一些科学家、发明家成长的故事，激励孩子从小立志，培养孩子对学习新知识、探索新问题的兴趣。

5岁的晨晨是个爱问问题的孩子。有一次，他从幼儿园回来，神秘地问他的妈妈："妈妈，你知道唾沫是什么味儿吗？"

"不知道。"晨晨的妈妈坦白地说。

"唾沫是臭的！"孩子肯定地告诉妈妈。

"你是怎么知道的？"妈妈好奇地问道！

"我把唾沫舔在手心上，一闻，真臭！"说着，他还做了个示范。

晨晨的妈妈煞有介事地闻一闻，皱着眉头说："果然很臭，这是一个重大发现！唾沫在我嘴里待了这么多年，我怎么就不知道呢？可能是'久闻不知其臭'吧！"

晨晨一听妈妈这么说，非常得意。

"可是，唾沫为什么会这么臭呢？"妈妈不解地问晨晨，"妈妈也不知道，你说该怎么办？"

晨晨歪着脑袋想了想说："那我们上网查一查吧！"于是，母子俩忙开了……

从此，每次从幼儿园回来，他都要问妈妈一些莫名其妙的问题。

长大后，晨晨很有创意，做事也有自己的主张，从来不会人云亦云。

一个成功的家长，总是善于引导孩子去思考的。晨晨的妈妈无疑就是这么一位成功的家长。她在参与的过程中，充分调动了孩子"思考"与"发现"的积极性，让孩子从思想上先独立了起来。

2. 让孩子自己独立去思考、去判断

培养孩子的独立思考能力，就要提供一些机会给孩子去独立思考、去判断：什么是对，什么是错，什么应该做，什么不应该做。一个人的与众不同有许多方面，其中最有意义的方面是能够展示并表达其独具特色的思想。一个成功人士，也许在很多方面独有建树，但最引人注目的应该是他那极具个性的思想，以及独立思考与判断的能力。能不能全面而深入地思考问题，决定了一个人的思维深度和广度，也决定了结论的正确性。

3. 给孩子创造机会，培养孩子独自选择和处理问题的能力

让孩子在尝试的过程中感受失败、碰钉子。这样，孩子就会从失败中吸取教训而逐渐成长起来。

杰克在上四年级，班里组织同学们到山里参加为期两天的野营。杰克骄傲地告诉妈妈说能自己准备行李，然而出发前，妈妈发现他没有带厚衣服，可是山里的温度要比平原低很多。杰克拒绝带厚衣服，妈妈也没有坚持。

两天后杰克回来了，大家问他玩得怎么样，他说："我该听妈妈的，山里很冷。"

妈妈问："下个月我们要去佛罗里达，也带同样的衣服吗？"

杰克想了一下说："那不用，佛罗里达很热。"

妈妈说："对了，外出前你应当先了解一下当地的天气情况，再做决定。"

杰克说："我知道了。我下次野营时应该先列个单子，就像爸爸出差前一样，这样就不会忘带东西了。"

与其说教，不如让孩子亲身体验。只有在"亲身体验"之后，孩子才能更客观地评价自己，更充分地思考问题。

因此，培养孩子独立思考的能力，就要让孩子自己去想办法解决问题。在训练孩子独立思考的能力时，家长可以给孩子一些

提示，让他自己去动手、动脑，让孩子在不知不觉中养成独立思考的能力。

4. 鼓励孩子自主学习

在孩子第一次自立学习时，父母就应该让孩子养成自己学的习惯，遇到问题让孩子学着自己去思考；对已经养成依赖性的孩子，父母抱着逐渐放手的原则，不能指望孩子一下子就摆脱依赖。在学习的整个时间里，给孩子独立的时间和空间，不要只看学习过程，还要看结果。

在鼓励孩子独立思考方面，家长有很多事情可以做，最简单的就是倾听孩子的想法。尽管孩子的想法是天真的、幼稚的，甚至是可笑的，家长一定要按捺住想纠正他的想法，而抓住他谈话中有趣的、有道理的论点，鼓励他深入"阐述"，让他尝到思考的乐趣，增强自我探索的信心。

自主性是孩子成长的表现

处于生长发育期的小孩，其生理心理年龄逐步成熟，他的自我意识也在不断增强，他需要有更多的私人空间、更多的个人自主权。作为家长如果过多地干涉孩子的生活，非但不会得到孩子的理解与尊重，还可能让孩子产生逆反的心理，使亲子之间的关系恶化。因此，给孩子一定的"自由"不但有利于孩子个性的成长、心理的成熟，还能促进亲子之间的关系。

对于每个孩子来说，唯有自由，才能让他（她）们有足够的时间与空间感受"自己"，才能明白自己的需要，遵照自己的内心，做自己想做的、正确的事情。

这是一个母亲写给13岁女儿的信。母亲告诉女儿"永远用心而不单是用眼去看人生"，我们来读一读这封信。

亲爱的玛嘉：

昨天我们把你小时候用过的东西都搬走了。你已经快13岁了，而且你也说是应该这样做的时候了。因此，你的娃娃屋、摇篮、游戏器具和所有能让人知道"这是个小女孩的房间"的玩具，全都放进储藏室了。你要在房间内贴上海报、堆放一些录音带，使它看起来像大人的房间。

你是我们的第三个女儿，因此你父亲和我对你的决定一点儿也不觉得惊愕。唯一令我们感到诧异的是，这来得太快了。你不是才出生不久吗？你什么时候开始不怕黑的？我们最后一次玩捉迷藏是在多久以前？我还记得当时你曾大声喊道："准备好了没有？我来啦！"

而现在，你不管我们准备好了没有，说来就来了——你这个说小不小、说大不大的女孩，内心充满着矛盾，渴望踏出那安全而熟悉的环境，进入一个新鲜而刺激的世界。

我的玛嘉啊，在未来几年你可能会觉得奇怪，为什么你父亲和我对潮流竟然知道得那么少。我们所喜欢的，很可能你会觉得讨厌；当我们跟你的朋友闲谈时，很可能你会感到尴尬；当我们说"不许"做某件事时，很可能你会立刻告诉我们说，所有其他的青少年都获准做这件事。

有时你会认为我们是全世界最愚蠢、最小气、最不公平的父母。我认为这并不要紧，因为我们那么爱你，即使你有时不喜欢我们，我们也不介意。有时，当你父亲和我感到特别厌烦时，我们很想说："那你就去做吧，你喜欢怎样就怎样吧。"

不过，一想到那些得不到父母关心的孩子会变成怎样，我们就会不寒而栗，把到了嘴边的话硬吞回去。我们都是思想守旧的人，认为生命是上天赏赐而需加以培育的礼物，而培育子女正是父母的天职。

有时，父母之所以觉得要承受那么重的职责，是因为我们知道成长之路是无人可以陪伴的，我们无法牵着你的手把你从这里带到安全地那里，这条路必须你自己去走。

我们能够向你许诺的，只是对你提供坚定不移的支持——即使在你希望我们走开的时候。我们会给你指引，把我们的经验告诉你，向你提供意见，但你接受与否，就要由你自己决定了。因为做出选择是你自己的责任。

有时候，人是想快一点儿成长的。玛嘉，不管你相不相信，你这个年老的妈妈还记得她当年的心情。踏入13岁，就是得到了一个即将实现的承诺。前面尽是等待实现的梦想和将要认识的新朋友，而独立的生活就在向你招手。你要记着，虽然你很希望一切都在一夜之间发生，但这是不可能的。

就在不久前，在你希望我全神贯注地听你说话而又感觉到我心不在焉的时候，你会用手捧着我的脸提醒我说："妈妈，用你的眼睛听我说话，用你的心来看我呀。"

你教会我们的东西实在太多了。你一向都是梦想家、诗人和寻找雨后彩虹的人。

玛嘉，谢谢你给我们的生命带来了快乐和美好。愿你永远用心而不单是用眼去看人生。

爱你的妈妈

我们的父母一直在教我学会判断，学会自立自主，让我们知道只有让自己强大起来，才能更好地面对今后的人生。

那么，家长应如何给孩子足够的"自由"呢？

1. 充分相信你的孩子

家长要尽量相信自己的孩子，相信他能分清主次，相信他能正确处理他自己的事。

一位父亲在儿子的房间里给他放了一台电视、一台电脑（可以上网），并对儿子说："你自己灵活安排时间，想看电视就看，就上网就上；不过有一点，你要知道你的主要工作是什么、要知道适可而止。"结果怎么样？电视基本成了摆设，因为他忙着做作业（老师布置的和自己布置的），根本没有时间。有时也看，也不过是看看新闻、看看科技博览等。电脑呢？他只是周末上午玩两个小时，并没有出现家长所担心的一玩而不可收的情况。

这也许只是个案，但从某方面提醒我们做家长的，是不是该给小孩更多的尊重？是不是该给小孩更多自由的空间？要知道，得到自由和尊重就意味着承担责任。一个肩负着责任与他人信任的人是有自制力的，小孩也是如此。

2. 给予孩子交友的自由

给孩子选择朋友的权利，不仅可以让孩子感觉到父母对他的尊重而更加信赖父母，而且还可以促进孩子之间的友谊和交往，促使他们互相学习，克服自己的缺点。

毛小丹有一个坏毛病，就是自己的东西总乱扔一气，结果到用的时候怎么都找不到。后来，她认识了邻居家一个叫芊芊的小女孩，两个人经常在一起玩。小丹的妈妈发现芊芊非常爱干净，自己的东西从来都整理得井井有条。于是，妈妈问小丹："你和芊芊是好朋友吗？"

"当然是啊！"小丹回答妈妈。

"好朋友就应该互相学习，你看芊芊多爱干净，总是把自己的东西收拾得整整齐齐，你能做到吗？如果你做不到，芊芊可能就不会和你做好朋友喽。"

后来，小丹果然改掉了乱扔东西的坏习惯，自己的东西也收拾得整齐多了。

其实，孩子之间的互相学习跟大人在交往中互相学习是一样的，孩子之间的交流有利于解决他们生理与心理方面的不适，缓解精神负担，对孩子的成长很有帮助。如果担心孩子交上一些不良的朋友，家长事先可以给孩子定几条交友原则，讲清道理，但不能采用专制手段，替孩子选择朋友，限制他们的自由交往。

3. 给孩子学习的自由

对于孩子的学习，家长无须频繁的督促、激励，即使有些科目成绩较差，也要采取除了频频"唠叨"以外的办法。有些家长因担心孩子学习跟不上，不惜付出自己的全部业余时间，为孩子"伴读"，想从精神上给孩子以鼓励和安慰。但这样做无论是对孩子当时的学习效率，还是孩子的学习习惯，都没有益处。家长过于关注他们的学习，还会加大其心理负担，或者产生依赖心理，丧失了自主学习的意识，以致后患无穷。所以，家长应有意识地培养孩子自主学习的能力。包括针对自身情况，制订学习计划、时间安排；有选择地进行课外阅读等。家长应尽量避免频繁地督促孩子学习，有意地留给他充足的自主学习的空间，让他体会到自己是学习的主人，满足他学习的成就感。

4. 给予孩子休息、娱乐的自由

孩子天性爱玩，但是对于孩子来说，娱乐与睡眠同样重要，适当的娱乐可以调剂精神状态，使紧张的心理放松些，同时刺激大脑处于兴奋状态，有利于提高学习效率。睡眠直接影响着情绪、胃口以及学习效率。充足的睡眠，为大脑提供充足的氧，有益于大脑的工作。所以，适当调整学习状态，劳逸结合，给孩子休息与娱乐的自由是必要的。

5. 给孩子时间上的自由、自主

父母不要总是把孩子的时间排得满满当当的，要给孩子充足的时间让孩子自己决定要干什么。如果父母给孩子的时间排得毫无空隙，慢慢地，孩子就会养成一些不好的习惯。比如，有的父母把孩子的周末就排得很满，星期六下午要把作业做完，星期天上午要去学画画，下午又要弹钢琴，一点儿时间都不留给孩子做自己想做的事。有的父母在孩子放学之后，也不让孩子有一点儿空闲，只是一味地给孩子安排任务。

父母要知道，毕竟孩子还小，他的承受能力是有限的。如果父母不让他休息，他就可能会在完成任务的过程中施行拖延政策，养成做事拖拉的习惯。

当然，给孩子自由不并意味着放纵不管，家长的教养权利不能放弃，关键是得法、有效。作为家长，我们不必担心失去孩子对自己的依赖，不要因担心孩子受挫就不敢放手让孩子独立生活，只要一面关注孩子的需求，在尊重的基础上，加以控制、引导，一面给他足够的自由，去探索成功与失败，体验责任感，在亲身经历中总结教训，这就不会使教育失控。

为孩子保留自由空间，既培养了其责任心、心理承受力，也为孩子性格、意志的健康发展提供了保障。要相信，有"自由"的孩子，才有可能成为最好的"自己"！

其实，先不去说儿女有没有自己所期望"特长"、所需要的素质，就从不顾孩子的意愿来安排他们未来这一点上说，对孩子就有失公平。生活中像萧衍这样的家长很多很多，他们总喜欢以爱的名义替孩子选择。小到孩子今天穿什么衣服，大到孩子报考什么学校，今后走什么路他们都替孩子安排好了……总之，他们把孩子可以自己奋斗的一切权利都剥夺了。结果，吃力不讨好，家长自身疲惫不堪，而孩子非但没有买家长的账，反而走上了与家长的意愿相悖的路。

那么家长应如何做到让孩子自主选择呢？

1. 父母要给孩子自由发展的空间

父母要知道，每个孩子都是一个独立的个体，他们有自己的观念和判断。或许他们没有足够的生活经验，在某些事情上可能会出现错误的判断。但这种错误是可以理解，也是必要的，他们需要从这些错误中吸取教训。如果孩子没有足够的自由发展空间，没有足够的实践，那么，将来他们在需要做出自主选择的时候就很可能会束手无策。

2. 好吃的自己收着，给她自主的权利

孩子爱吃的东西，家长替他们收着，反而会增加孩子对"吃"的欲望，导致他们想方设法要吃到那些东西。最好的办法就是，干脆家长把保管权交给孩子自己，可以给孩子腾出一个位置，让他们无论是吃的喝到都收到自己那里，并跟他们约法三章。这种做法让孩子有一种"自我"的意识，当他们吃"自己"的东西时，自然而然就会想到："我是不是应该让爸爸妈妈、爷爷奶奶跟我一起分享呢？"

3. 给孩子权利，让他自己去选择

孩子的自主性在他的自主选择上表现得最为明显。但有些家长怕孩子选择错误，从来不给孩子选择的权利。这样的孩子长大后就不可能适应竞争激烈的社会生活。其实，家长应主动给孩子选择的权利，在把选择的权利交给孩子前，家长可以先为孩子提供有关情况，帮他们分析各种可能，并且还要教育他（她）如果是自己选错了，自己就要负责任。

有一位妈妈带孩子去少年宫报名，妈妈本来的意愿是让孩子学钢琴，可是却发现她在舞蹈组门口看得出了神，原来孩子更想学跳舞。妈妈尊重孩子的选择，但她慎重地告诉孩子："既然你选择了舞蹈，你就要对自己的选择负责，一定要坚持，不管吃多少苦，都要把舞蹈学好。"孩子点头答应了。而事实上，她也确实很努力，很有天赋。从来不对妈妈抱怨说学习舞蹈很苦。

家长对孩子的尊重亦能换来孩子对家长的尊重与信任，从某种意义上来说还培养了孩子的责任心与独立意识，这对孩子的成长是很有帮助的。

4．父母要适时为孩子提供必要的帮助

自主选择并不是让孩子进行盲目的选择，而是在孩子进行重大决定时，父母可以帮助孩子收集资料，了解和熟悉各项选择，有助于孩子进行科学选择。如果孩子没有很强的自主选择能力，父母也可以和他一起分析资料，找出各项选择的利弊，最后了解孩子做出选择的动机。如果孩子有较强的自主能力，父母则可以让他自主完成选择。父母只要在重大的事情上帮助孩子把好关，避免出现重大的错误即可。

教育不能强人所难，一个人成功的标准不是别人眼中最有价值的，而是他自己选择的那一个。人生会有无数个选择的路口，每一个孩子都将独立地去面对以后的生活，独自承担好和不好的结果。在他面临很多选择的时候，没有哪一位父母能够永远代替他做出选择。因此，作为家长，我们应该尊重孩子的意愿，让孩子自主选择自己想要的。只有这样，孩子才能最大限度地发挥自己的才能。

有主见的孩子走得更稳健

一个不懂得拒绝别人的孩子，在别人眼里永远都是唯唯诺诺、没有想法的。所以在日常生活中，妈妈要鼓励孩子说出自己的想法，敢于对别人不合理的要求说"不"。

现实生活中，那些富有影响力的人，通常是那些既能为人着想，又不失有自己主见的人。没有主见、做事犹豫不决是一种性格上的缺陷，对孩子的成长不利。

（1）那些没有主见的孩子，在心理上是自卑的。即对自己的知识、能力、才华等做出过低的评价，进而否定自我。自卑的人在交往中，虽有美好的愿望，但总是怕别人的轻视和拒绝，因而对自己没有信心。很想得到别人的肯定，又常常很敏感地把别人的不快归因于自己的不当，所以总一味地责备自己，讨好别人。

（2）没有主见的孩子因为对自己没有信心，所以在某些事情上难以下决定，总喜欢瞻前顾后，犹豫不决，也容易受他人影响。

（3）没有主见的孩子遇事优柔寡断，拿不定主意，是意志薄弱的表现。他们在做一件事情之前往往要经过反复比较，反复动摇，结果错过了成功的时机，最后一无所获。

（4）没有主见的孩子的口头禅是"我再想想""我先问问我妈妈""我不知道对不对"……也因为如此，很多人不喜欢与没有主见的人交往。

总之，一个人遇事反反复复，犹豫不决，总拿不定主意的现象，是意志薄弱的表现，它直接影响着一个人的选择能力，而选择能力的强弱又对人的成功与否起着至关重要的作用。人是在各种各样的选择中度过人生的每一步的，其中有些选择会直接影响自己或他人一生的命运，而优柔寡断、犹豫不决，正是选择的大敌。

在孩子将来独立面对纷繁复杂的社会局面时，身边没有大人的话可听，而自己又拿不定主意，那可能要误事吃亏的。因此做父母的要尽早教会孩子有自己的主见，教会孩子学会对自己负责，锻炼他们"拍板"的能力。

晓晓今年5岁了，无论在幼儿园还是邻里间，大家都夸她是个乖巧、听话的好孩子。在家里，大人让她做什么，她就做什么，让她怎么做，她就怎么做，表现得十分听话；和小朋友一起玩时，晓晓也总是按别人的意愿做事，顺从别人的领导，很少有自己的想法。刚开始的时候，家长们觉得非常欣慰，因为孩子这样的表现，让他们省了不少心。但最近，晓晓的爸爸妈妈从老师那里了解到：当老师教了一种解题的方法时，孩子从不懂得尝试其他的方法解决问题，这让晓晓的爸爸妈妈非常担心。

孩子听话、乖巧可以省却父母许多力气，而且不用担心他们在外面和小朋友闹矛盾。但如果孩子表现得过于顺从，凡事没有主见，总是模仿别人，就不是一种好现象了，这对孩子今后个性的健康发展是不利的。

解决这个问题最关键的一点，就是给孩子"无条件的关注和爱"，建立孩子的自信心。孩子之所以时时刻刻要询问妈妈，就是希望自己表现得更好，他想讨父母的欢心，想做得更"正确"，想尽力做个好孩子。却不料自己做"好孩子"的努力，反倒让妈妈生气了，这就会让孩子左右为难。只有让孩子知道自己无论做得好还是不好，父母都是爱他的，即便做了错事，父母也不会过分怪罪他，他才敢去尝试自己的想法。有了成功的经验，孩子自然会越来越有主见：

1. 给孩子做主，并获得成功的机会

一位妈妈曾这样介绍了她培养女儿有主见的方法：

女儿从幼儿园一直到上小学，她的事情都是我包办，她乐得逍遥自在。可是，在学校这个大集体里，孩子的弱点很快就显现出来了，老师说什么，她就做什么；同学讲什么，她也就信什么。

为了让女儿对事情有自己的见解，我为她提供了许多实习的机会。买衣服时，让她自己选择款式、颜色；买书包时，无论是米奇卡通公主系列的，还是史努比减负系列，都由她自己决定；买文具、课外书等都是如此。

开始时，她动不动就问我哪一种更好，我会告诉她："自己的事情自己决定，自己喜欢哪一种就要哪一种。"

就这样从买东西开始，女儿渐渐有了自己的主意。每当我们母女俩的眼光出现差异时，她都会对我说："妈妈，我认为我选的这个样式比较好，因为……"而且还会像个小专家似的说得头头是道。

可见，要想培养孩子有主见的个性，妈妈就应该给孩子提供更多自己做主的机会。

1）吃的自主

在不影响孩子饮食均衡的情况下，妈妈可以让孩子自己选择吃什么。例如饭后吃水果时，妈妈不必强迫孩子今天吃苹果，明天吃香蕉，而让孩子自己挑选想吃什么。

2）穿的自主

妈妈带孩子外出玩耍时，在保证安全的前提下，可以让孩子自己决定穿什么衣服，不要只顾自己喜好而不顾孩子的感受。

3）玩的自主

有些孩子在玩游戏时，并不想让大人们教给他们游戏规则，更愿意自己决定游戏的方式，并体验其中的乐趣。妈妈可让孩子自己选择玩具和玩的规则，这样做可以极大地满足孩子的自主意识，帮助他成为一个有主见的人。

2. 帮助孩子建立自信心

自信心是一个人对自身力量的认识和充分估计，它是自我意识的重要组成部分。有的孩子看不到自己的能力，认为自己干什么都不行，总觉得不如别人，对自己力量的认识和可能达到的成就估计很低，并且不稳定，完全听信于别人的评价。然而对孩子来说，无论什么时候一定要对自己有信心。

3. 不要让孩子觉得你的回答是唯一标准的答案

开启、激活孩子的大脑需要家长有足够的耐心，面对孩子一次次的询问，家长可表现得"无知"一些，让他立即从你那儿得到正确答案的欲望被延迟。例如，可以这样反问孩子："你想怎么做？"或者多给他几个选择喝水可以用杯子喝，也可以用碗喝，还可以用嘴对着瓶子喝，"你想怎么喝？"

4．提高孩子分辨是非的能力

我们一般是按自己喜爱和厌恶的情绪来判断人物和事物的是与非。控制能力差的孩子往往会看别人怎样做，自己就跟着别人学，难免会出现没有主见的表现。所以孩子们要通过成人对其行为、言语的评价，逐步认识到自己行为的是非，从而提高分辨是非的能力。

5．让孩子有参与的机会

孩子做事缺乏主见，通常与家长缺乏和孩子的沟通，做事武断，不注意尊重他们的要求有关。因此，妈妈应该给孩子充分表达自己愿望的机会，给孩子独立思考的机会。

6．为孩子提供及时的帮助

让孩子有主见并不是鼓励他去盲目地做事情，而是让孩子在掌握了事情的发展趋势的情况下再去做事情。

如果孩子平时自主性很差，家长也可以和他一起分析各种情况、找出各选项的利弊，最后了解孩子做出选择的动机。如果孩子平时就很有主见，家长则可以让他自主完成选择。当然，不同年龄阶段的孩子具有不同的自主能力，家长对于该尺度的把关也应该不一样。

7．让孩子学会说"不"

一位妈妈曾写下了下面一段话：

慢慢地，我意识到，儿子已经是大孩子了，应该有自己的想法了。于是，我找了一个合适的时间，开始与孩子聊天。

"如果你吃饱了，妈妈还让你吃饭，你会怎么做？"我问孩子。

"我告诉妈妈我已经吃饱了，不吃了。"孩子说。

"如果你正在写作业，妈妈过来和你聊天，你会怎么做？"

"我会告诉妈妈我正在写作业，请不要打扰我。"孩子认真地说。

"儿子，今天你的回答都很正确，都很精彩。你要记住，不要盲目地相信大人，有自己的想法就要大胆地说出来，大人们不会因为你的拒绝而不喜欢你。相反，我们会认为你是一个很有主见的孩子。"

后来的很多事情都证明，我鼓励孩子学会说"不"是正确的。

从此以后，孩子变得不再盲从。

当然，值得注意的是，培养孩子有主见不是让孩子不听劝告、一意孤行，而是希望孩子在面临选择时，保持清醒的头脑，不人云亦云，有自己的思考和判断。这样，可以有效避免或减少成长过程中那些不必要的损失或失败。

第二章

社交活动在孩子的
成长中必不可少

每个孩子成长的过程，都是一个社会化的过程。在这个过程中，伙伴起着非常重要的作用。首先，伙伴是孩子童年时期最重要的陪伴者，在群体中成长起来的孩子，比那些只生活在个人小圈子里的孩子往往更健康、更活泼，也更加开朗、自信；其次，孩子需要在与朋友的交往中成长、学习，在与朋友的交往中缓解压力，获得愉悦的心理感受。

最后，孩子需要与伙伴一起合作与分享，竞争与分担。对于他们来说，伙伴是他们成长的重要元素。有了伙伴，他们的心情有地方倾诉，他们的需求得到更多的认可与理解。

不要忽视同伴的力量

现代社会，人际交往能力已经成为个人事业成功、生活幸福的重要因素。实践证明，凡有大成就的人都具有良好的人际交往能力。这种能力，其实就是理解他人的能力，比如如何去感知别人的情绪、了解他人，然后在此基础上进行沟通与合作等，达到自我提高、自我发展。

宁夏有一位叫王希（化名）的高才生，从小就绝顶聪明，得到全国中学生化学大赛宁夏赛区理论和实践技能测试一等奖，数学和物理成绩也非常好。后来，王希被保送到北京大学化学系。

这是一件何等荣耀的事情，王希的父母自然也觉得脸上有光。可是，在王希读大学三年级的时候，不幸的消息传来了，他因故意杀人罪被判处有期徒刑 11 年，剥夺政治权利 3 年。消息传到王希的家乡，他的父母一听就晕了过去。多优秀的孩子呀，怎么会犯故意杀人罪呢？

原来，从小就生活在父母羽翼下的王希，在小学、中学阶段，每天除了吃饭、睡觉，其他的时间几乎都花在学习上了，和别人没有什么交往，也不懂得怎样与别人交往。

到了大学以后，环境发生变化，王希觉得没有朋友的日子过不下去了。他希望有朋友，可他不会交朋友。后来，他和同宿舍的一个男同学形影不离，这个男同学到哪儿，他就跟到哪儿，非要跟人家交朋友不可。那个男同学怕男生之间走得太亲近会被人议论，所以不愿意跟他这么接近，后来索性不理他了，这让王希非常失落。

他就偷偷弄来一种有剧毒的化学品——铊，投到了这个同学的水杯里。这个同学没有防备，喝下了铊水，疼痛难忍。这时候王希良心发现，赶紧把同学送到了医院抢救。在医生的追问下，王希承认自己往同学的水杯里放东西了。经过抢救，这个同学的命保住了，但是需要休学一年住院治疗，因此花了不少钱。

出院后，这个同学就把王希告上了法庭。

于是就有了开头的那一幕。

王希的悲剧为广大父母拉响了警钟，对于孩子来说，学会交往往往比学习成绩更重要。一个不懂得与人交往的孩子，即便学习成绩很好，也不可能获得成功。从某种意义上说，这个世界上与成功有关的"好东西"，大都是给人缘好的人准备的。反之，一个人如果不善于与人交往，人缘差，他即便拥有再高的才华，也只会错失成功的良机。

此外，善于与别人交流、交往的孩子，可以得到更多的感情交流和更多的快乐。心理学家发现，善于交往的孩子容易形成快乐健康的性格。如果孩子总是被抛弃、被拒绝于集体之外，就会产生孤独感，感情会受到压抑。久而久之，他们会不愿意开放自己的内心，易于感到寂寞、空虚和无聊，始终处于孤独、封闭、退缩的状态，如同置身于一个"孤岛"之上。这种状态对孩子的身心发展会产生十分不利的影响。

在生活中，出于"近朱者赤，近墨者黑"的现象普遍存在，再加上现今社会上，小团伙、黑社会及青少年犯罪问题日益严重，很多家长在孩子结交朋友一事上都甚为担心，生怕他们交上坏人，影响一生。因此，他们千方百计地撮合孩子与那些自己认为是优秀的孩子玩，而自己认为不好的孩子，总是百般限制、阻挠孩子与之交往。

这种情况令人忧虑是可以理解的，但是家长因自己惶恐而盲目限制孩子交朋友的做法是不明智的，更不能从根本上解决问题。因为，孩子需要通过与朋友学习、分享及适当地竞争而提高自己。而青春期的子女，更需要通过与朋友相处建立起自我形象。因此，要求孩子放学后立刻回家或禁止孩子在假日与朋友交往，都剥夺了他们学习独立、建立自我及磨炼社交技巧的机会。再者，青少年渴望独立，也需要从生活中积累经验，从而为将来进入成年期奠定基础。若父母过分压抑他们，只会引来更大的反叛及更多的依赖。

首先，让孩子自己选择朋友，可以培养孩子的社会适应和交际能力。

在孩子们的游戏中，常常通过"手心、手背"的方法决定由谁"当皇帝""当大将""将解放军""当坏蛋"……这是一种简单的机会均等的民主手段，却可以培养孩子们"少数服从多数"的民主思想。孩子们常在一起玩"过家家"的游戏，扮演不同的角色，再现家庭生活中的各种情境，买菜、做饭、睡觉、扫地以及娶媳妇、走亲戚等。这是成人社会现象在儿童社会中的折射，孩子们在"过家家"中了解了很多社会知识，也锻炼了初步的社交能力。再如，孩子们常常为了一个问题争论得面红耳赤，不可开交。但是不管问题解决得是否合理，他们的认识总会前进一步，这也是学习社会交往的一个过程。如果孩子没有朋友，这一切都是不可能实现的。

其次，让孩子选择自己喜欢的朋友，可以克服孩子过强的个体意识。

朋友之间的群体生活可以帮助孩子改掉以自我为中心的毛病，让他们遵从群体活动规则，认识到每个人的权利和义务。如果只顾自己，就会受到朋友的排斥，小朋友会看不起他，不跟他玩，这将会促使孩子最终向群体规范"投降"。合群是人的一个非常重要的品质和能力，这是家长无法口授给孩子的。

总之，在孩子成长的过程中，"朋友"起着非常重要的作用。在孩子交朋友的时候，家长不妨从以下几个方面进行帮助：

1. 不要刻意地为孩子选择朋友

父母为自己的孩子选择的朋友多半是老实、听话、胆小的孩子，和这些孩子玩，父母似乎可以放心一些，不必害怕什么石头砸伤了脑袋之类的事故。但是如果自己的孩子遇到了那些胳膊粗、力气大、甚至是好欺负小孩子的大孩子时，他们会怎样呢？他们会不知所措，不知如何保护自己。而且会因此对外界的环境感到害怕，有的孩子甚至会因此封闭自己，不敢结交小伙伴，宁愿自己一个人玩或请大人陪自己玩。

2. 要让孩子自己结交伙伴

在成人社会中，和朋友的关系以及友谊的形成代表着一个人是否适应社会，是否成熟。如此说来，孩子就更要从小学习结交小伙伴。父母应该引导他们加入一个愉快而又适宜的团体，而不要代替他们。当孩子在与小伙伴们发生纠纷时，父母不要代替他们思考，代替他们分析，代替他们和伙伴"算账"，这样无疑是让自己的孩子处于孤立的地位，使孩子产生依赖性，觉得有父母做坚强后盾，遇到什么麻烦都可以回到父母身边寻求庇护，这对孩子极为不利。

3. 要欢迎孩子的朋友到家里来玩

把孩子的朋友当成自己的朋友一样，采取热情欢迎的态度。当小朋友来家里时，家长应该说"我们家来客人啦，欢迎欢迎"，或者说"真高兴我的孩子有你们这样的朋友，你们能来太好了"！而且要鼓励孩子认真接待，让孩子的朋友感觉到你对他们的支持和喜欢。孩子缺乏朋友的时候，可以带孩子一起外出旅行或者一起参加某项活动来扩大孩子的交友范围。

4. 给孩子多一点关心

当孩子在结交朋友时受到了冷淡的对待，遭到嘲笑、排斥时，父母应该及时地给予关心，并解决孩子心理上的障碍等，让孩子勇敢地再次接触小伙伴，并从结交朋友的过程中增长才智！

5. 相信你的孩子

其实，好孩子自然会交到好孩子，如果你的孩子与坏孩子来往密切，必然自己身上也有问题。所以，如果你没有发现孩子有什么品行不端的表现，就相信孩子的眼光，让他们用自己的方式与人交往。在此基础上，家长可以为孩子提一些宝贵的意见，引导孩子学习朋友身上的优点，但要防范养成别人身上的坏习惯。

对于孩子来说，交往和其他任何能力一样，应该从小培养起。如果错过了童年这个关键期，孩子缺乏一个深厚的交往经验的积累，养不成一个很好的交往习惯，那今后就是一个麻烦事。因此，作为孩子的第一个交流对象——家长，应懂得积极、主动地与孩子进行交流，及时满足孩子的各种需要，协助、引导孩子与人交往。

沟通合作是人际交往重要环节

培养孩子的沟通与合作能力对孩子一生的发展至关重要。孩子只有学会沟通与合作，才能走出孤独的阴影，才能摒弃内向的性格给个人发展带来的障碍，由些逐渐变得外向，愿意与人亲近。正因为如此，家长要激发孩子合作兴趣，为孩子创造沟通与合作的机会，指导孩子掌握沟通与合作的技巧，为孩子良好个性发展奠定扎实的基础。

首先，良好的沟通能力能够提升孩子的自信。

在与人沟通、交往的过程中，孩子慢慢认识到自己的沟通能力，体验到自身的魅力。他们的自我意识在他人的认可中慢慢建立起来，变得越来越自信。因为善于沟通，孩子还可能排除孤独感和脆弱心理，克服愤怒、恐惧、害羞等有害情绪，变得越来越擅长交际、理解他人、善解人意，也因此得到他人的喜欢。相反，一个孩子如果不喜欢与人交往，不擅长沟通、交流，就会因为困惑变得越来越自闭，他们不能公正地评价自己，更不能很好地与人交际，导致自尊心受损及以自信心不足。

其次，良好的沟通能力，能促进孩子与他人的关系，减轻孩子的心理压力。

在与人沟通的过程中，孩子在与他人互相了解的同时，逐渐迈出了自己的"狭窄个人天地"而不再孤独、压抑；他们能从与人交往中找到生活的乐趣。不会沟通的孩子，因为难过的心情无人疏导，只会变得越来越孤独、压抑；他们会觉得没有人了解自己！

再次，良好的沟通能力，是孩子学得新知识的基础。

对于孩子今后事业的发展来说，良好的沟通能力同样有极大的帮助。有效的沟通，能节省时间和精力，减少重复劳动，提高生产效率。相反，缺乏沟通，只会孩子在工作的过程中四处碰壁。因此，我们认为沟通是必要的，为人父母，我们一定要教孩子学会与别人沟通。只有通过恰当的沟通，孩子才能够融入新的环境当中；只有通过沟通，孩子才能够从别人身上学到更多的知识，更快地成长。

家长可以从以下几个方面培养孩子的沟通能力：

1. 创设良好的空间

沟通从心开始，人只有在意识到自己是安全的前提下才可能敞开自己的心扉。让孩子学会与人沟通，首先要让孩子愿意与人沟通。宽松、和谐、民主的氛围是实现人与人之间良性沟通的前提，家长要改变观念，学会"蹲下来看孩子"，尊重孩子的兴趣、爱好、个性和人格，以一种平等、宽容、友善、引导的心态对待孩子，允许孩子错误和失败，接纳与鼓励孩子发表不同的见解。

2．增强孩子的自信心

一个孩子不善于沟通，与他的自信心缺失有关。如果孩子在集体中不被重视，没有表现自己能力的机会，或者受到太多的批评、职责、甚至讽刺、挖苦，或者受到某种挫折后得不到应有的指导和具体的帮助，都会伤害自己的自尊，从而影响自信。在这种心境下，孩子难免表现不佳，由此招致新的压抑，形成恶性循环，渐渐地，孩子会越来越退缩，躲避人群不善沟通。

任何人都有自尊和被人尊重的需要，孩子也不例外。而自尊和被人尊重，是产生自信的第一心理动力，它能让孩子自信地过一生，活得有价值、有尊严。自信是沟通的第一步。要学会成功的沟通，就要让孩子树立与人交往的信心，让孩子正确地估价自己。

3．鼓励孩子表达自己的想法

鼓励孩子说出他的想法、表达自己的感受。让别人知道自己在想什么，是进行沟通的第一步。对于那些羞涩、内向的孩子，应鼓励他们平时多说话，多发表自己的观点，也要学会与人争论。

4．鼓励孩子以友善的态度对待别人

在生活中，有些动作代表着攻击性和不友好，比如叫喊、皱眉和紧握拳头等；有些动作，比如微笑、握手、拥抱等，则表示出友善的意味。鼓励孩子多做出一些友善的行为，而不要总是一副盛气凌人、高人一等的架势，那样的话会把朋友都吓跑。

5．提供沟通的机会

家长们在日常生活中要将时间和空间留给孩子，给孩子提供沟通的机会。这里应该提倡"五给"："给孩子一个条件，让他自己去锻炼；给孩子一点时间，让他自己去安排；给孩子一个问题，让他自己去解决；给孩子一个空间，让他自己去活动；给孩子一个权利，让他自己去选择。"家长要让孩子成为家庭事务的参与者和决策者，给孩子充分表达意见的机会，实行家庭民主，耐心听取孩子的正确意见。如果学校和家庭都能做到这一点，孩子不但得到了沟通的机会，还提高了与人合作的能力，提高了实践能力、增强了自信心。

6. 丰富沟通的内涵

沟通不是无目的、无意义的聊天，沟通应当有丰富的内涵。除了参与各类交流之外，还要引导孩子博览群书，不断拓宽自己的知识面，使孩子言之有物。可以利用家庭的图书室和网络资源，开设阅读课，举办家庭读书交流活动；鼓励孩子利用多种渠道进行资料的收集和整理。

7. 鼓励孩子多参加集体活动

特立独行的孩子很可能会缺少朋友、沟通能力差。所以，家长们应该鼓励孩子多参加学校的各种社团活动。兴趣小组、公益活动、旅游、团体性的体育锻炼等都是促进孩子与别人沟通的好途径。父母应该鼓励孩子与别的伙伴交往，也让其自己解决矛盾，这样孩子才会在无形中增强自己的沟通能力。

林格伦曾说过："在文明世界中的人们，真正需要学会的本领是有成效的合作本领，以及教会别人也这样做的本领。"合作交往是人类活动的基本形式之一。21世纪是竞争激烈的时代，对人的合作能力提出了更高的挑战。因合作而安身立命，因合作而改变人生的经历，相信每一位年轻的家长都曾亲身体验过。虽然孩子年纪小，但合作的重要性却丝毫不减，无论是现时的快乐童年，还是未来的社会生活，都需要他们具备良好的合作精神及必要的行为经验。欧洲心理学家阿德勒说："假使一个儿童未曾学会合作之道，他必然走向孤僻之道，并产生牢固的自卑情绪。"

现在的孩子大多是独生子女，家长的过分宠爱容易让孩子养成以自我为中心的习气，这不利于他们今后的发展。因为，一个缺乏合作精神的孩子不仅在事业上不会有所建树，就连适应社会都很困难。作为家长，应从小培养孩子的合作意识和合作能力，使他们在"合作中学习，在合作中快乐成长起来"。

那么，家长应如何培养孩子与人合作的习惯呢？

1. 激发孩子兴趣，培养合作意识

每个孩子天生就有很强的好奇心，家长要充分利用孩子的这一好奇心，让孩子感觉到与人合作是一件有趣的事，从小培养他们合作的意识。

2. 注意培养孩子良好的性格

心理学家研究发现，一般情况下，有良好性格的孩子合作意识与合作能力都比较强，这种良好性格包括开朗、自信、友爱、平等以及探索精神。具有这种品质的孩子会主动与别人合作，而且会合作得很好。所以，培养孩子良好的性格是迈向合作的必备条件。

3. 培养孩子的爱心、友爱互助等品德

家长的溺爱、娇惯导致许多孩子处处以自己为中心、且任性、攻击性行为较多，不愿与人合作。有的孩子受家长不良教育思想的影响对小朋友不友善，如家长告诉孩子别人打你就打他，以致孩子在与人合作中处处逞强、霸道。所以，发现孩子这方面存在问题，家长们就要及时采取恰当的方法，配合纠正孩子的不良习惯。

4. 让孩子学会悦纳别人

所谓悦纳别人，是指自己从内心深处真正地愿意接受别人。从实质上来讲，合作是双方长处的珠联璧合，也是双方短处的相互遏制。因此，只有相互认识到了对方的长处，欣赏对方的长处，合作才有了真正的动力和基础。所以家长要常和孩子讲"金无足赤，人无完人"这个道理，不能因为别人有这个缺点或那个毛病，就嫌弃他、疏远他。在日常生活中，家长要教育孩子善于发现别人的长处，要诚心诚意地赞美别人的长处。此外，平时在工作和生活中，家长们也应坚持这种态度来对待他人，成为孩子的表率。

5. 让孩子多参加有利于产生合作关系的活动

家长可以让孩子玩一些诸如共同搭积木、拼图等需要协作的活动，还要鼓励孩子参与如足球、篮球、排球、跳绳等体育活动。这些活动既有团体之间的对抗与竞争，又有团体内部的协调与一致，这就更有利于培养参与者的合作精神。

6. 帮助孩子形成很好的合作态度

一般地，在体育游戏和角色游戏中，孩子们的合作态度都比较好，但是在建构游戏中，往往会出现合作的不愉快。究其原因，便是合作态度的问题。因为矛盾往往发生在游戏材料比较缺乏时，孩子们会将一部分游戏材料据为己有，担心一合作，就没自己的份儿了。这时候，就需要家长与老师及时引导，帮助孩子消除一些顾虑，必要时家长或者老师可以参加到游戏中，示范合作，引导拒绝合作的孩子与自己一起游戏，让孩子形成良好的合作态度。

7. 教给孩子正确的合作方法

合作不是一个人的事情，所以不能随心所欲。为了让孩子更好地学会合作，家长应在具体的活动中教给孩子正确的合作方法。

8. 帮孩子解决合作中遇到问题

在游戏活动中，孩子遇到纠纷时得不到很好的解决方法，不是告状就是吵闹，这时就需要家长帮助孩子解决孩子之间的矛盾。解决这样的问题时，需要采取一种孩子喜欢并乐于接受的方式，避免伤害孩子的自尊心。

9. 向孩子充分展示合作的成果

家长应充分肯定孩子的每一次合作，哪怕是一点点成果，也要展示给孩子，让他们体验合作的快乐和成功，激发孩子们继续合作的愿望。在家长与老师的积极引导和充分肯定中，孩子的合作意识和能力才能得到有效的培养。

沟通是人与人之间情感交流，彼此了解的最好方式。上级与下级、同事、家人、朋友或者情人都是需要沟通的。良好的沟通是创造和谐环境的前提条件。它不但能够化解人们的冲突，创造和谐的人际关系；还能够让人们在沟通的过程中，使情感得到纾解，思想得到交流。良好的沟通能力对孩子的生活有着重要的意义。

朋友需要互相尊重

洛克曾经说过："天性的粗暴，使得一个人对别人没有礼貌，因而不知道尊重别人的倾向、气性或地位。这是一个村野夫的真实标志，他毫不在乎什么事情可以使得相处的人温和，使他尊敬别人，和别人合得来。"

专家分析，孩子之所以不懂得尊重他人，原因是多方面的：

1. 家长过分纵容，导致孩子不懂得尊重人

孩子出现问题首先要归因于家长。太过溺爱孩子，家庭对孩子教育方式的不正确乃至缺失致使孩子目无尊长，不懂得尊重他人。

2. 家长过分灌输自己"高人一等"的观念，让孩子不屑于尊重他人

很多家长，因为家庭背景比较好，经济条件相对优越，就对那些"弱势"的群体百般鄙薄，认为人家没有能力，动不动就嘲笑、挖苦别人。孩子在这样的环境中，体会到的是家长的刻薄，又如何能懂得尊重人呢？

孩子的效仿能力强，很容易就能把家长的这些行为运用到自己的日常生活中，欺负自己的同学、辱骂比自己差的人等现象就是这样发生在孩子身上的。要想你的孩子能够尊重他人，父母需要以身作则，给孩子树立一个良好的榜样。

3. 自我感觉良好，导致孩子不会尊重他人

自我感觉良好，觉得自己脑子灵活、优秀，所以就傲气、霸气，看不起别人。总要求别人应该这样或者那样。达不到自己理想的效果，就会用素质差或者笨来概括，却不知这种按照自己的意志去勉强他人改变的行为，是对人的不尊重，也是一种伤害。懂得尊重有各种不同弱点和缺点的人，包容他人的弱点和缺点同样也是帮助孩子尊重他人的一种表现。

4. 家长给予孩子的尊重不够

就精神世界而言，孩子们渴望得到尊重，得到承认，享有赞誉。没有喝彩的人生是残缺的人生。在研究中，我们发现孩子不仅渴望得到同龄人的尊重，也渴望得到成年人的尊重。孩子也希望大人能够尊重自己、完全理解自己，不过分严格，也不过分放纵。尊重孩子不仅是两代人的交流与合作的需要，也是孩子学会尊重他人的重要前提，因为孩子是从生活中学习的。成年人会在生活中，自觉或不自觉地向孩子表达自己的生活态度和价值取向。

因此，要让孩子学会尊重，家长需要做到：

1. 以身作则，给孩子尊重他人的示范

要求孩子尊重他人，家长首先要先学会尊重。如，尊重自己生活中的每一个人，同情弱者，不嘲笑、讥讽别人。不随便指责别人。注意自己说出的每一句话。

现实生活中，有些家长会跟孩子抱怨他（她）们的老师，很快孩子便也会对老师做出相同的议论。虽然并不是我们接触到的所有人都是正直的、和蔼的和值得特别尊重的。但是，当我们成

年人在孩子面前抨击一些人或事的时候，我们发出的信号就会是"不尊重权威是可以的"。这对孩子的教育是不利的。因此，家长应留意自己对老师、朋友、祖父母和其他对孩子影响较大的人物的即时评论，要坚决停止说他们的坏话，因为即便孩子不完全理解你的话，你语气里的不尊重成分也会慢慢渗入他的心灵。

2. 尊重孩子说的话

作为家长，没有查实是没有发言权的。只有做到充分地尊重孩子，查证孩子说的话才做出判断，这样才是解决问题的关键。

3. 信任孩子

作为家长一定要记住，诚实的语言需要用信任的耳朵来倾听，更需要用善良的心来领会。对孩子的信任就是对他最大的尊重，如果你的孩子学会了从小就不信任他人，你想想，他又如何做到尊重他人呢？

4. 要求孩子的说话方式要表现出尊重

有的父母认为自我表达是一种健康行为，便会允许孩子通过大哭大闹的手段，来随便发泄情绪。这绝不是什么好的教育方式。多数孩子在打了父母，或者用言语顶撞了父母之后，会感到愧疚甚至害怕，因为他意识到自己伤害到了爱自己的人。但如果父母对孩子的无理行为无动于衷，慢慢地，他便不再有不好的感觉，并且不再关心自己的行为是不是影响到了别人。

5. 明确表达出你的希望

向孩子表达"应该尊重他人"这一想法的最好时机，是在他每次发作的间隔。从孩子两岁半开始，你就应该反复表明你的观点，比如说"我不赞成拳打脚踢","我不喜欢你用言语伤害别人",或者"我们应为你说过的伤人的话表示道歉"。在孩子小的时候就要明确地给他树立一些基本的价值观念,这会为他童年的健康发展奠定一个坚定的基础。研究发现,父母对孩子的期望表达得越清楚,孩子出现危险举动的可能就会越小。

6. 从尊重父母开始

尊重他人需要从尊重自己的父母开始。美国心理学家尤尼斯提出的德育实践活动理论,注重在道德实践活动中培养青少年尊重他人的情感,而不是注重提高学生的道德认识。我认为仅仅只是告诉孩子你应该尊重他人是不够的,而应该在生活实践中,从每一件小事中,让孩子学会什么是尊重,学会应该怎样尊重他人。

7. 让孩子看到各种表达尊重的方式

从语言上表现出你的感激之情是表达尊重他人的强有力的方法。比如当着女儿的面,称赞她的舞蹈老师演出组织得很好,你还可以联合其他父母一起为生病的老师制作问候卡,并叫孩子们都签上名。这些细微的表示和认可,传达的意思是孩子们心中的权威人物都是为了他们好而努力工作的,他们值得被尊重。

8. 遇到解决问题时,通过合作来解决

当孩子回家抱怨老师的时候,不要随口附和,更不要跟他一起攻击"敌人"。你应该客观地了解事情的来龙去脉,然后找到礼貌的解决办法,不要提出对抗性的办法。如果确实是老师有问题,你可以去跟她说:"我希望我们可以一起努力解决这个问题。"这种方式不仅会有好的结果,也会教会你的孩子一个最重要的道理：如果他尊重别人，他也必然会得到尊重。

9. 明确指出孩子的无理行为

很多孩子并没有意识到自己的言行是不合适的。这时，你需要明确地告诉他："你刚才说的话非常不好，再也不要这样说了。"

10. 让他尝到直接的后果

提前制止他与小伙伴继续玩耍，或者把已经放在购物车里的糖果退回到货架。如果当时的情况不允许让他尝到直接的后果，就让他稍后再体会到。比如说："你刚才的无礼行为，让我们在超市浪费了很多时间，所以今天晚上我们只能少玩一会儿了。"在行使惩戒职能的时候，一定要记住言出必行。

懂得尊重他人，不光是一种礼貌的行为，更是孩子健康发展的关键组成部分，是孩子今后真正得以立足的根基之一。一个懂得尊重他人的孩子，必定能赢得他人的尊重。

礼貌待人才能赢得友情

孩子礼貌的行为素养，是在家长有意识的监督下培养起来的。因此，家长应将其落实到生活的细节处，从小让孩子养成待人有礼貌的习惯。

要培养孩子礼貌的行为习惯，家长应做到以下几点：

1. 家长以身作则，用自己的行动告诉孩子礼貌的重要性

在日常生活中家长一定要注意自己的言行举止，不在孩子面前骂人、说粗话、不争抢、给老人让座等，这些行为的影响远比

语言更有力。孩子耳濡目染家长礼貌的言行和举止，不但受到了熏陶，还会更加地服从和尊重家长。

2. 在生活中多给孩子讲一些礼貌规则

在日常生活中，让孩子了解一些起码的礼貌规则是很有必要的。家长应从小就让孩子知道哪一种行为是有礼貌的，而哪一种行为是没有礼貌的。比如，在公共场合，安静是礼貌的，吵闹、奔跑是无理的；买东西的时候排队是有礼貌的，反之就是没有教养没有礼貌的行为……让孩子学会礼貌用语和举止，这样才能慢慢成为一个有礼貌、知书达理的好孩子。

3. 注重孩子个人礼仪的培养

在平时生活中，家长要有意识地向孩子强调注重个人礼仪的重要性，并从以下几方面来培养孩子的个人礼仪：

1）仪容仪表，给人留下好印象

教育孩子保持仪容仪表的整洁，要把脸、脖子、手都洗得干干净净。勤剪指甲勤洗头；早晚刷牙，饭后漱口，注意口腔卫生；经常洗澡，保证身体没有异味；衣着要干净、整洁、合体。一个仪容仪表整洁大方的孩子，会给他人留下一个好印象。

2）行为举止，优雅无声的语言

主要从站、坐、行以及神态、动作提出要求，目标就是"站如松，行如风，坐如钟，卧如弓"。优美的站立姿态给人以挺拔、精神的感觉，身体直立、挺胸收腹、脚尖稍向外呈 V 字形。要避免无精打采、耸肩、塌腰，以及半躺半坐。走路要昂首挺胸，肩膀自然摆动，步速适中，防止八字脚、摇摇晃晃，或者扭捏碎步。

行为也是一种语言，是一种表达语言信息的身体语言。在与人交往的过程中，保持良好的行为举止，能够帮助孩子拉近与他人之间的距离，使表达更加轻松。

3）表情亲和，让孩子更有吸引力

教育孩子在神态表情上表现出对人的尊重、理解和善意。与人交往要面带自然微笑，千万不要做出剔牙、掏耳、挖鼻、搔痒、抠脚等不良习惯动作。友好与善意的表情，能打动他人、感染他人，让他人更加愿意亲近自己、信赖自己。

4）注意使用礼貌用语

一个懂得礼貌用语的孩子才算有"货真价实"的好口才。家长在培养孩子口头表达能力的同时，还要让孩子学会使用礼貌用语，如您好、谢谢、请、对不起、没关系等。为了让孩子更好地使用礼貌用语，家长应在日常生活中给孩子以指导和示范。

孩子的礼貌用语习惯应该从小培养起。只要家长能有意识地对孩子进行引导，时间久了，孩子自然而然就能变得彬彬有礼，大方得体了。

4. 多表扬和鼓励孩子，少一些批评和指责

当孩子做出一些有礼貌的行为时，家长尽量鼓励和表扬去强化他的行为，让孩子认识到"嘴巴甜"的好处。如果孩子有一些不尽人意的举止，尽量与孩子开诚布公地交谈，告诉他这样的行为是会让人不高兴的。让孩子将心比心，体会别人的感受，可问孩子："如果别人也这么说你，你会不会很难过？如果会，就不要这么说。"也要提醒孩子，说这种话会得罪人，没有人喜欢跟

他做朋友。和孩子讨论他的情绪感觉，建议他使用其他文雅有礼的语句，而不是纯粹的斥责。

5．让孩子学会做小主人

比如客人来了要打招呼问候。让孩子请客人坐到椅子上，给客人倒茶、送水果等。孩子从他人激赏的目光中意识到"礼貌"的好处，自然就更喜欢表现了。

6．带孩子做客时，家长应该教育孩子做客的基本知识

让孩子明白好东西要分享。无论做客也好，做主人也好，给孩子打支讲礼貌的预防针是十分必要的。学会讲礼貌，是为孩子以后的人际交往打下良好的基础。

7．让孩子在分析与比较中认识到什么是礼貌

分析、比较他人的行为，从而得出结论，什么样的做法是正确的，什么样的行为又是没有礼貌、不正确的。

一个举止得体、待人彬彬有礼的孩子，展现给他人的是一种高雅的仪表风度、完善的语言艺术、良好的个人形象和气质修养。这样的孩子，必定能受到他人的欢迎。反之，一个举止粗俗、满嘴脏话的孩子，即使学识渊博、满腹经纶，也得不到他人的尊重与信任。因此，要想孩子建立起良好的人际关系，就应该让他们先学会礼貌待人。

有效社交需要掌握技巧

从小善于与人交往的孩子，不仅容易与人相处得融洽，而且可以从其他人那里学到一些更广阔的知识。

反之，那些过于封闭自己、不爱与人交往、在同学中的人缘不好的孩子社会性较差，他们无法适应复杂多变的社会，更有甚者，因长期缺乏交往，不懂得与人交往，形成孤僻、抑郁、偏执等心理问题。

荷马·克洛维并不是一个年轻又英俊的人，也不是一个拥有巨额财富的人，但是，他却能够让人在 15 分钟内就对他产生好感。

这是为什么呢？因为他是一个善于与人交往的人。

荷马·克洛维对人从来不矫揉造作，并且总能让别人感觉到他对别人的喜欢、关心是发自内心的。每当他遇到一个陌生的人，他总有办法与对方就像是老朋友一样攀谈起来。

他的秘诀就是与人交谈尽量少谈自己的事情，多谈对方的事情。通过谈对方的事情，荷马·克洛维不仅可以更多地了解对方是做什么的、有什么爱好等，更重要的是，荷马·克洛维让对方感觉到了尊重，他们会感觉到荷马·克洛维对自己的兴趣和关心，这就是荷马·克洛维与人交往的秘诀。

美国加州大学心理学家在对一些孩子进行长达 10 年的追踪调查中仔细观察了这些孩子们是怎样生活的，哪些孩子喜欢与人交往，哪些孩子喜欢独处，并对这些孩子的学习进行了跟踪调查。最后的研究结果表明，那些善于与人交往的孩子智商较高，往往比较聪明活泼，而且上学以后学习成绩一般都比较好。

因此，家长应教给孩子一些交往的技巧，帮助孩子得到同学的友谊。这些交往技巧有：

（1）使用礼貌用语，如"谢谢""再见""对不起""没关系"等，不对别人说粗话、做不礼貌的动作；

（2）孩子主动和同学打招呼问好，帮助打开友谊大门；

（3）在与同学的交往中，宽容同学的缺点和过错，不为一些小事而斤斤计较；

（4）与人交往要注重给予，而凡事不注重回报；

（5）不无故打断他人的讲话，要认真听他人说话，不要心不在焉或只顾做自己的事情；

（6）不在背后议论他人，也不打听别人的秘密和隐私；

（7）真心诚意待人，讲信用，不欺骗说谎；

（8）不用捉弄、嘲笑的方式吸引别人注意，这样反而会引起别人的反感；

（9）在与同学的交往中，善于发现别人的优点和长处，多赞美别人，不因为自己的某些特长而处处炫耀自己；

（10）与他人说话，尽量讲一些两人都感兴趣的话题，不独自一人说个不停而不考虑他人的感受；

（11）同学之间交往尽量不要有过多的物质往来；

（12）不对自己的成绩得意忘形，要体谅他人的感情；

（13）学会带领其他同学参与到集体交往中来，组织大家围绕主题进行交流。

当然，要想孩子真正掌握人际交往的技能，就需要他多实践，多练习。

在日常生活中，家长可以鼓励孩子带同学回家，并且帮助孩子热心地招待他的同学朋友，提高孩子在同学朋友中的形象。家长的热心会让孩子的同学和朋友增加对孩子的好感，从而愿意与孩子保持良好的朋友关系。

值得注意的是，家长不要规定孩子交什么类型的朋友，应该允许孩子结交一些年龄不同、性格不同或者特长不同的朋友。

例如，孩子结交了在写作、绘画或者音乐上有特长的朋友后，就等于找到了一位好老师，孩子在这方面的才能也会得到相应的提高，与不同类型的人打交道的能力也会不断提高。

让孩子独自到同学或邻居家去串门，也是一个锻炼孩子交际能力的机会。串门做客，牵涉到寒暄、问候、交谈和有关礼物等的问题。孩子一个人去就成了主角，与对方的一切接触都得由自己来面对，这无疑把孩子推到了前线，促使其考虑如何交际。

家里来了客人，不妨让孩子出面接待，特别是当客人或朋友与孩子年龄相仿时，家长千万不要包办代替。

交往与其他技能性的活动一样，也讲究技巧。一个善于交往的人，懂得如何表达自己的关心，如何聆听他人的话，如何与人合作、分享，如何用和平的、对话的、协商的、非暴力的方法处理矛盾，解决冲突。因此，善于交往的人，往往能赢得好人缘。

第三章

美好的品质是孩子
立足于世的根基

戴尔·卡耐基说：「人格成熟的重要标志是宽容、忍让、和善。」

一个懂得宽厚仁爱的孩子，更容易受到别人的接受和欢迎，也更容易融入周围的环境。家长要从小培养孩子美好的道德品质，使孩子更好地融入社会，立足于世。

善良宽容的孩子更受欢迎

善良和宽容的品质必须在孩童时细心培养，否则难有效果。因此，父母对周围人应表现出真挚的感情，并帮助身边正遭受痛苦和不幸的人。如果父母都能以自己的善良感染和陶冶孩子，在孩子的心中撒播善良的种子，那么他（她）就能成长为一个健康、善良、富有同情心的孩子。

5岁的汉克和爸爸妈妈哥哥一起到森林干活，突然间下起雨来，可是他们只带了一块雨披。

爸爸将雨披给了妈妈，妈妈给了哥哥，哥哥又给了汉克。

汉克问道："为什么爸爸给了妈妈，妈妈给了哥哥，哥哥又给了我呢？"

爸爸回答道："因为爸爸比妈妈强大，妈妈比哥哥强大，哥哥又比你强大呀。我们都会保护比自己弱小的人。"

汉克左右看了看，跑过去将雨披撑开来挡在了一朵风雨中飘摇的娇弱小花上面。

孩子生性善良，会同情别人，家长若加以正确的疏导与教育，孩子因为善良得到的收益是无穷的！可以说，郑板桥对孩子的"善良教育"，堪称中华美德教育的典范。

那么，如何培养呢？空洞的说教和良好的愿望是远远不够的，具体应从以下几个方面入手：

1. 为孩子创建一个健全的爱的环境

研究证明：培养善良的心，需要给孩子一个健全的爱的环境。孩子在这种环境中，能享受到他人给予自己的关怀，培养出一颗善良的心。

（1）子女之爱。孩子对父母的爱是对他们所感受到的父母之爱的回应。他们自尊、自爱、孝顺、负责任等品质都是从父母的行为中效仿来的。所以，作为家长，我们要给孩子正确的爱，正确的榜样作用。

（2）同伴之爱。看到家长爱他们的同伴，孩子也会学着爱自己的朋友。家长要多创造机会让孩子和他的同伴在一起。因为，与人相处本身就是一种教育，孩子能从与人交往中学会理解、分享、团结、帮助。

（3）夫妻之爱。夫妻关系的和谐美满，对孩子也是一种教育。孩子可以从父母之间相互关心和爱护中学会理解、接纳、欣赏、真诚和肯定等美好的品质。夫妻之爱给孩子传递的忠诚的观念，也是培养孩子"善良"心灵的关键。

（4）父母之爱。当孩子在接受了以上三种爱的教育以后，他们就会成为一个善良、有健康品质的人。当他们成为父母时，他们就能把正确的爱、善良的心传递给自己的孩子。所以说，善良的教育生生不息地传递下去。

2. 让孩子明白什么是善良

让孩子懂得如何才是善良，为什么善良令人满意（不必通过说教的方式）。父母需要在某些特定的场合下见机行事，简单地、随意地向孩子表达一下，让他知道所有的人都非常喜欢善良的人。向他介绍一些友好待人和表达善意的简单的办法，让他学会考虑周全，并让他懂得，若帮助了某些人，自己也会感到莫大的欢乐。

3. 为孩子营造表达善意的实践机会

孩子们受到了别人的友善相待会感到非常愉悦，这清楚地告诉他善行是一件多么令人愉快的事，但更为重要的是，通过这样一个机会，让孩子懂得只要与人为善自己也会获得快乐。孩子在与一些小动物友好、善良和亲近中，能感觉到感激、忠心，真正懂得善行的好处。

4. 赏识孩子"善意"的举动

如果孩子做的事得到了肯定和表扬，那么他还会继续这么做。因此，当你的孩子帮了别人一些小忙，或者替别人着想时，你要告诉他你赞成他的这一举动，鼓励他多做一些令人愉快的事情。若他因为善良的行为违背了父母的规定，受到别人的嘲讽，你也应该说："孩子你做得对，我们为你骄傲！"

当孩子为了善良而失去了名誉和利益，不要埋怨他，而应去赏识他的善良。告诉孩子："这件事比名誉更为重要，你所获得的远远大于你所失去的！"

每个孩子的本质都是善良和真诚的。如果父母对他们的善良给予支持和赏识，那他们这种善良的行为就会强化；如果父母误解了他们的善良，那他们的善良行为就有可能弱化。因此，赏识孩子的善良、肯定他们正确的行为，有利于培养孩子正确的人生观和价值观。

5. 注意自己的言语

如果希望你的孩子善良，家长千万不能说这样的话打击孩子：

如果你希望孩子善良，请不要这样说——

■你怎么这么蠢呀，老是上当受骗，都已经跟你说了，外面的骗子多，要小心。

■好心是不会有好报的，你管好自己的事情就可以了！

■好心帮倒忙，现在吃亏了吧？活该！

■就你能做出什么好事情呀！

■那只小猫脏兮兮的，别碰，说不定有什么病菌呢！

■那个老太婆就爱装可怜，不要理睬她！

著名教育学家魏书生也说："有了比天空更广阔的胸，人才能装得下事，拿得起，摞得下，不斤斤计较，不愤懑牢骚，不悲观失望，才能把自己的脑力用在更有价值的大事上。"对于孩子来说，拥有一颗宽容的心尤其重要，因为宽容别人，其实就是宽容自己。懂得宽容的人在给别人一个宽松环境的同时，也给自己一片广阔的空间。有宽容的人生路上，才会有关爱和扶持，才不会有寂寞和孤独；有宽容的生活，才会少一点风雨，多一点温暖和阳光。

你宽容别人，实际上是在宽容自己。而你的宽容除了给自己带来美好的友情以外，还丰饶了自己的内心，让生命因此变得充实。一个人如果拥有了宽容之心，他将一生无敌！因此，作为家长，应从小在孩子的心里播撒下宽容的种子。

1. 让孩子除去自我中心意识，与人友好相处

让孩子知道"我"与"他人"的含义，懂得蛮横不讲理、任

性和霸道是行不通的，必须学会与人相处的方法。具体有：

（1）让孩子懂得家庭中"人人为我，我为人人"的道理，做到心中有他人，不娇惯、溺爱。

（2）让孩子理解和尊重父母，体谅父母的辛苦和劳动成果。

（3）让孩子体验到只有宽容谦让，才能与别人享受共同的快乐。必要时让孩子体验一下吃亏的感受，以锻炼孩子的克制能力。

2. 让孩子敢于承认错误，抛弃积怨

告诉孩子：以宽大的度量容人，不念旧恶，才能让自己变得更加快乐。父母要了解孩子的能力、爱好、性格和心态，循循善诱，有意识地让孩子学会发现错误，唤醒孩子的责任心，让孩子学会自我反省，承认错误，化"敌"为友，抛弃积怨。尤其要疏导、转移孩子对矛盾结果的注意力，只有这样，才能反思起因，检讨自己的过失，宽容别人的缺点与失误行为，帮助别人改正错误，有利于增进友谊。

3. 冷静处理孩子遭受的不公平待遇，教孩子学会宽容他人

一本杂志曾刊登过这样一个故事：

一天，在一个"儿童俱乐部"的活动现场，一位满脸歉意的工作人员，在安慰一个大约4岁的小孩。原来那天小孩较多，这个工作人员一时疏忽，就将这个小孩留在了网球场。等工作人员找到孩子后。小孩因为一人在偏远的网球场，受到惊吓，哭得十分伤心。

不久，孩子的妈妈来了，看到哭得惨兮兮的孩子，她没有因为心痛孩子而责备那个工作人员，而是蹲下来，一边安慰受惊的

孩子，一边很理性地对她说："已经没事了，那个姐姐因为找不到你而非常紧张，并且十分难过，她不是故意的。现在你必须亲亲那个姐姐的脸颊。安慰她一下。"

4 岁的小孩听了妈妈的话，停止了哭泣，踮起脚尖，亲了亲蹲在她身旁的工作人员的脸颊，并且轻轻地告诉她说："不要害怕，已经没事了。"

这位妈妈是智慧的，她知道怎样爱孩子，怎样培养孩子的宽容之心。

孩子的宽容心是一种非常珍贵的感情，它主要表现为对别人过错的原谅。富有宽容心的孩子往往心地善良，性情温和，惹人喜爱；而缺乏宽容心的孩子往往性情怪诞，易走极端，不易与人相处。

4. 用故事感化孩子，消除孩子的仇恨心理

"人非圣贤，孰能无过。"每个人都会犯下这样那样的错误，作为当事人要以博大胸怀宽容对方，避免怨恨等消极情绪的产生，消除人为的紧张，愈合身心的创伤。这样的性格对孩子的未来发展有着至关重要的作用。

真正的强者是善良，充满爱心，富有责任感的。责任让他将事做完整，爱促使他将事情做得更好，而善良可以让责任与爱圆满。因此，我们在善良孩子那里感受到的是"感动"，是"体贴"，是内心的葱郁与情感的丰盈。这样的孩子难道不幸福吗？而一个缺乏"善心"的人，他的内心将永远荒芜、贫瘠。这样的人，即便拥有再高的智商，也很难有所作为。因此，作为父母，要用自

己的爱，教育孩子"从善如流"，让孩子从小培养起博爱、同情、宽容等品质。

诚实守信才能走好每一步

高尔基说过："走正直诚实的生活道路，必定会有一个问心无愧的归宿。"

培养孩子诚实的品质是我们每一个家长的责任。专家建议，家长可以从以下几个方面培养孩子诚实的品质：

1. 以身作则，言传身教

父母是孩子最早的老师，一言一行都会影响孩子的成长。所以，父母不要把一些无关要紧的小谎当玩笑，或为哄孩子乱许诺而又不兑现。有错误要大胆承认，为孩子树立正确的榜样。不要认为向孩子认错有损自己的威严。

2. 多与孩子交流沟通

平常要多与孩子交谈，通过交谈了解孩子的内心希望、要求。对孩子提出的问题，在孩子能够理解的程度下，耐心解答，并肯定孩子的求知欲。同时，通过与孩子的交谈，告诉孩子父母对他的希望和要求。

3. 从小对孩子进行诚实教育

多向孩子讲一些诚实的故事，从小对孩子以正确的引导和教育，使孩子在潜移默化中得知诚实的孩子受人喜欢，说谎的孩子不受人喜欢。

4. 要满足孩子合理的愿望和要求

对孩子提出的合理要求要尽量满足，如一时无法满足，必须向孩子说明理由。如果对他们的愿望与要求不分青红皂白地一律不予理睬或一味拒绝，就容易使他们说谎或背着家长干坏事。

5. 正确对待孩子的错误

孩子或因自制力弱，或因年幼无知，或其他偶然的原因，常会出现差错。对此，家长要冷静对待。孩子犯了错误，家长要本着关心爱护的原则，态度温和地鼓励孩子承认错误，帮助孩子找出错误的根源，改正错误。这样，孩子会信赖你，亲近你，勇于跟你说真话。

6. 忌打骂与不分场合的批评

孩子正是因为担心惩罚才说谎的，你的打骂只会让孩子更加不敢说真话。只有做到心怀宽容，对于孩子的诚实多鼓励、表扬，才能让孩子敢于承认错误，敢于说真话，也才能真正领略到说真话的好处。而不分场合的批评将严重伤害孩子的自尊心。这样，孩子以后在人前将抬不起头来，更会因此失去他人的信任，遭到伙伴的嘲笑。

总之，要想让孩子养成诚实的品质，家长应给予正确的教育。

她是穷人家的女孩儿，父母举债供她读完大学，就在她刚刚走出校门的时候，积劳成疾的父亲被查出肺癌。

女孩儿欲哭无泪：工作尚未着落，家里一贫如洗，即便是卖血，也凑不够住院费。医学院护理系毕业的她只能将父亲安顿在家里，叮咛母亲悉心照料，然后一家家医院去应聘。

后来，有一家医院破例未经考试便留下了她，说是试用一个月。

女孩儿拼命地工作，只要能顺利通过试用，她的父亲还可能有生的希望。她的勤恳努力终于赢得了信任，半个月后，护士长便分配她做高级病房的责任护士，独立承担一位肝癌患者的治疗护理。

执行医嘱时，女孩儿惊呆了，医生曾经给父亲开出的，就是这样一张相同的处方：一种进口的化疗药物，300多元1支，每日1支。女孩儿镇静地忙碌着，谁也看不出她心里掀起了怎样的惊涛骇浪，那种粉末状的药物溶入生理盐水后仍然是无色透明的，一瓶澄净的液体，谁也看不出配药前后的区别！而治疗室内，只有她一个人。

3支药被紧紧地攥在女孩儿的手里，她觉得那就是父亲的性命。只要她每天下班后回家执行化疗，她那慈爱的父亲，就有活下去的希望。而一切，都可以神不知鬼不觉。

但她很快就清醒地意识到自己如果这样做，将会践踏自己清白的良心。只是几分钟，却仿佛挣扎了一个世纪。最后，女孩儿终于战胜了自己的心魔，她坦然地为病人注射了药水。

不远处，护士长静静地看着眼前的一切，脸上绽开了欣喜的笑靥。

女孩儿的试用期就在那一天提前结束了，院方与她签订聘用合同的同时，还预支了半年的工资让她父亲治病。女孩儿欣喜若狂、热泪盈眶，向着决定她命运成全她孝心的人们，深深地鞠躬致谢！

如果一个人放弃正直、放弃良心，他不但要经受良心的拷问，更失去了赢取成功的机会。正直的人不但能赢得他人的信任，还能赢得成功的机遇。

曾经有人在企业经理人员中做过一个调查，调查问卷的题目有两个：一是"你最愿意结交什么样的人"；二是"你最不愿意结交什么样的人"。调查结果是：在"最愿意结交"的人中，"正直诚信的人"排在了第一位；在"最不愿结交"的人中，"不守信的人"排在了第一位。可见，"诚信"是主事之根、为人之本。

正所谓"人无信不立，企业无信不长"。重诺言，守信用不仅体现着相互信任，而且也体现着道德的教养。

那么，怎样使我们的孩子做到信守承诺呢？

第一，父母应对孩子讲诚信。

不要轻易对孩子许诺，在向孩子许诺之前一定要三思，不能言而无信。在日常生活中，一旦允诺给孩子什么，就要努力兑现。

曾子是我国著名的思想家。有一次，他的妻子要出门，儿子要跟着一起去。她觉得孩子跟着很不方便，想让孩子留在家里，于是对儿子说："好儿子，你别哭，你在家里等着，妈妈回来杀猪给你炖肉吃。"儿子听说有肉吃，就答应留在家里。曾子把这一切看在眼里，记在心里。

当曾子的妻子回到家时，看到曾子正在磨刀。就问曾子磨刀做什么。曾子说："杀猪给儿子炖肉吃。"妻子说："那只是说说哄孩子高兴的。怎么能当真呢？"

曾子语重心长地对妻子说："你要知道，孩子是欺骗不得的。如果父母说话不算数，孩子长大后就不会讲信用。"于是。曾子与妻子一起把猪杀了，给儿子做了香喷喷的炖肉吃。

在日常生活中，我们经常会听到妈妈这样警告孩子："如果你再撒谎，我就用针把你的嘴缝起来。"但有人问这位母亲："如果孩子真的撒谎了。你真会缝上他的嘴吗？"显然，这位妈妈对孩子说的话是不现实的，用这种方式来教导孩子不要撒谎是非常不可取的。

要想孩子养成守信的品质，妈妈首先要做到言行一致。如果妈妈言行不一，不履行承诺，孩子就会跟着模仿。例如，妈妈如果答应了孩子星期天带他到公园去玩，就一定要去。如果兑现不了，应及时给孩子解释，向孩子道歉，并做自我批评，让孩子从内心理解和原谅父母，事后父母应设法兑现自己的承诺。

第二，要培养孩子树立诚信观。

孩子的思想是单纯的，父母要给他们树立一种诚信为人的观念。教育他们与小伙伴交往要真心，对老师、父母不说假话，作业不抄袭，考试不作弊，对待他人要懂得"己所不欲，勿施于人"，答应别人的事情就要做到，做不到就要道歉以及接受惩罚。

第三，给予孩子充分的信任。

父母尊重信任孩子，孩子才会反过来更加尊重、信任父母，信任父母的孩子是不会说谎的，因此，和孩子相互相任，孩子说谎的原因就不存在了。

然而，在现实生活中，我们经常会看到这样的父母：他们要求孩子吃完饭在房间里学习半小时，结果却每隔五分钟进去看一下孩子是否在偷懒；他们要求孩子去买件东西，也总担心孩子把多余的钱买零食吃。

父母们的这些行为，往往导致孩子撒谎，而父母们却认为自己的怀疑是有根据的，这就更加促进了孩子的不诚信。苏联伟大的教育家马卡连柯非常注意对孩子的信任，他认为，信任可以培养孩子的诚信。

第四，通过实例让孩子明白诚信的重要性。

进行诚信品质教育，家长需要以实例、故事的形式教育孩子，让孩子明白诚信对一个人来说是非常重要的，不诚信会带来什么恶果，诚信会有什么收获。

在美国华盛顿州塔科马市，10岁的汉森正与小朋友在家门口的空地上玩棒球。一不小心，汉森将球掷到了邻居的汽车上，把车窗玻璃打坏了。

其他小朋友见闯了祸，都吓得逃回了家。汉森呆呆地站立了一会儿，决定亲自登门承认错误。刚搬来的邻居原谅了汉森，但还是将这件事告诉了汉森的父母。当晚，汉森向父亲表示，他愿意将替人送报纸储蓄起来的钱赔偿邻居的损失。

第二天，汉森在父亲的陪同下，又一次去敲邻居家的门，表示自己愿意赔偿。邻居听了汉森的话，笑着说："好吧，你如此诚信，又愿意承担责任，我不但不怪罪于你，而且从心里佩服你，希望你经常到我家里来玩，我喜欢诚信的孩子。"

由此可见，诚信自有它的报答。如果你的孩子付出诚信，他就会收获信赖；如果你的孩子付出虚伪，他就会得到欺骗。

第五，还要注意提高孩子的认识水平。

有时孩子表现出的不守信用的现象，是由于孩子对事物认识不清，总把希望、幻想当成现实存在的，因此容易造成孩子做出不守信用的事情。所以培养孩子面对现实，认清现实，减少对现实的夸大，是减少一些不守信用现象发生的重要手段。

第六，切忌不问情由惩罚孩子的"撒谎"。

孩子不是生来就会撒谎的，说谎的重要原因之一是受到父母的不良影响，有的是因为父母对孩子不守信用，有的是因为孩子害怕说真话受到父母责骂，而有的孩子只是即兴而为。发现孩子撒谎，正确的做法应该是耐心地启发孩子，让孩子认识到自己的错误，如果孩子承认了错误，父母应该谅解孩子并施以鼓励和监督。

第七，对孩子讲诚信的言行要及时表扬和鼓励。

例如：孩子答应了要把自己心爱的玩具送给小伙伴，并且确实做到了，这时家长应给予表扬，不要心疼玩具被孩子送人而斥责他。家长应鼓励孩子不管在什么时候都要做到说话算话、讲诚信。

当今社会，对孩子的诚信教育已经成为了家庭教育和社会教育中一个重要的组成部分。如果我们的孩子能从小养成守信用的好习惯，必定能为自己的人生铺垫更加平坦的道路，获得更多成功的机会！

勤俭节约是一种美好的品行

随着社会生活水平的提高，越来越多的家长对"节俭"的概念淡漠了。他们认为"节俭"是过时的词。事实上，家长们忽视了非常重要的一点，"节俭"是一种美德，美德是永远不会过时的。正如左丘明说的："俭，德之共也；侈，恶之大也。"如果孩子从小习惯了过铺张浪费的生活，久而久之，他们对"物质"的需求就会越来越膨胀，以致深陷堕落奢靡的生活陷阱里不能自拔。

这是一个真实的故事：

男孩小丁因家境富有，爸爸妈妈宠爱，过惯了"奢侈"的生活，为了在同学面前有面子，他花钱如流水，动不动就请客吃饭。

后来，家里发生了意外事件，财产几乎损失精光。就在爸爸妈妈一筹莫展的时候，小丁却对爸爸说："爸，明天，是我们班长的生日，他和我的关系特别好，给我500块钱，我请他到卡拉OK包厢过生日。"

儿子的话，让他的爸爸大吃一惊。一个小小年纪的孩子，竟然要拿钱给同学包厢过生日？爸爸对孩子说："儿子，咱家最近出了意外，你是知道的，爸爸哪有钱给你请同学过生日？再说，同学过生日，你为何非要请他到那种场所消费？"

小丁不以为然："我知道你最近没钱，可500块总拿得出吧？再说，请班长过生日，我是想让别的同学看看，我们哥们儿多酷多帅。"

听着小丁理直气壮的回答，爸爸哀叹不已，面对家庭困境，当儿子的不仅不闻不问，而且还理直气壮地跟父亲要钱去消费。这只怪自己以前对孩子花钱不加控制，才导致孩子有这样的消费观念。

那天，为了给孩子一个教训，爸爸硬下心肠没有给小丁钱。

小丁在家里又哭又闹，没有得逞，最后连课都不想去上了。

因为怕同学嘲笑，小丁动了"偷"的心思，他趁爸爸妈妈不注意，偷了家里仅剩的500元钱跑出去给班长过生日。

这一故事让人唏嘘不已，当家里的生活陷入困境时，作为家庭中的一员——小丁非但不能理解父母的苦衷，依然贪图虚荣、讲究排场，为了所谓的"面子"，甚至偷钱给同学过生日，这样的情况是多么让人伤心的呀！可是，孩子之所以会有这样的不良行为，追根溯源，是家长忽视金钱教育，没有让孩子养成良好的消费习惯造成的。

因此，要想孩子走出金钱的旋涡，家长应重视孩子培养孩子节俭的品质。

1. 营造节俭的家庭生活氛围

在日常生活中，家长要以身作则，用自己的节俭行为影响孩子，用自己艰苦朴素的作风感染孩子。

2. 让孩子从小事做起，养成节约的习惯

首先在使用学习用品上要讲节约，不要因为写错一两个字就撕掉一大张纸，不要老是碰断铅笔芯。同时要在生活上节约，夏天空调开26度以上，又节约又划算；节约用水，洗菜的水可以冲厕所；用完电器一定要把插头拔掉；用电脑打印材料，最好两面都用，这样省纸些；抽水马桶里放块砖头，更省水；出门随手关灯，学习用品用完再买，不要乱花钱。

3. 要经常给孩子讲勤俭持家的道理

教会孩子量入为出，父母要经常给孩子讲勤俭持家的道理，让孩子懂得一粒米、一滴水、一度电来之不易，都是人们辛勤劳动换来的。要让孩子学会利用废旧物品，比如可用易拉罐做个花篮，将旧凉鞋剪成拖鞋，将破皮鞋当柴烧。这样既可培养孩子的节约习惯，又是一种手工劳动练习。

4. 杜绝孩子虚荣攀比的心理

要想让孩子养成节约的习惯，家长还应该教育孩子不与别人攀比，不爱慕虚荣；购买物品不要追求品牌，要看实际价值；看到特别喜欢的东西，也要三思而后行，不要看到了就买。

5. 让孩子自己挣钱，培养其自力更生、勤俭节约的习惯

美国一些百万富翁的儿子，常在校园里拾垃圾，把草坪和人行道上的破纸、冷饮罐收集起来，学校便给他们一些报酬。他们一点儿也不觉得难为情，反而为自己能挣钱而感到自豪。有的家庭经济并不困难，但要让八九岁的孩子去打工送报挣零花钱，目的是培养孩子自力更生、勤俭节约的习惯。

6. 帮助孩子理解节俭的价值

家长要用节俭的故事教育孩子，让孩子知道节俭是美德，也是生活的必须。在教育中，父母要赞赏节俭的行为，批评奢侈浪费。的行为父母要让孩子理解生活的艰难，理解人在生活中难免会遇到各种困难，而节俭则可以做到有备无患，帮助人渡过难关。

学会节俭对于孩子的健康成长影响极大。节俭可以使人集中精力，把身心投入学习和事业上来，关系到一个人一生事业的成败。节俭可以培养一个人坚强的意志和战胜困难时不屈不挠的精神，是人生的巨大财富。节俭有助于体察他人的疾苦，培养对他人的

关心，有利于健康人格的形成，并且这对于孩子的成长极为重要。

持之以恒才能有所作为

漫漫人生路，每个孩子都会遇到很多的困难，只有在困难面前不轻言放弃，奋力拼搏，才能让孩子的潜能得到最大的发挥。

罗伯特和妻子玛丽经过千难万险终于攀到了山顶。站在山顶上极目眺望，远处城市中白色的楼群在阳光下变成了一幅画。

蓝天白云，柔风轻吹，这真是一次难得的旅行。

但是罗伯特突然一脚踩空，高大的身躯打了个趔趄，随即向万丈深渊滑去。周围是陡峭的山石，没有手抓的地方。玛丽明白发生了什么事情，下意识地，她一口咬住了丈夫的上衣，当时她正蹲在地上拍摄远处的风景。同时，她也被惯性带向岩边，在这紧要关头，她抱住了崖边的一棵树。

罗伯特悬在空中，玛丽牙关紧咬。你能相信吗？两排洁白细碎的牙齿承担了一个高大魁梧身体的全部重量。

他们像一幅画，定格在蓝天白云大山峭石之间。玛丽的长发像一面旗帜，在风中飘扬。

玛丽不能张口呼救，一小时后，过往的游客救了他们。而这时的玛丽，美丽的牙齿和嘴唇早被血染得鲜红鲜红。

有人问玛丽如何能挺那么长时间，玛丽回答："当时，我头脑里只有一个念头，我一松口，罗伯特肯定会死。"

几天之后，这个故事像长了翅膀飞遍了世界各地。人们发现，死神也怕咬紧牙关。

因此，培养孩子坚持不懈的意志品质应从小做起。以下是培养孩子坚持力的一些建议。

1. 让孩子懂得坚持不懈的重要性

家长应经常告诉孩子，坚持就是胜利，坚持就能成功。对孩子坚持做事的习惯，家长应给予及时鼓励，要求并督促孩子将每一件事情做完。家长要有决心和恒心，锻炼孩子的意志，要舍得让孩子吃苦。

2. 通过身边小事让孩子养成做事坚持的习惯

在平时的生活中，家长可以多利用身边的小事加强对孩子坚持力的培养。比如，让孩子学会自己叠被子，自己收拾自己的房间。刚开始，孩子也许会因为感觉新鲜而去做，但是过一段时间，孩子就会腻了，不想做了，这时候，父母就要督促孩子，让孩子用心去做，直到把一件事做完为止。要让孩子明白，坚持就是胜利。

提高孩子的坚持力，仅仅让孩子做一些生活中的小事是远远不够的，还要有意识地给孩子设置一些障碍，让孩子在克服困难中学会坚持，在克服困难中养成坚持的习惯。每一个人的坚持力都是在困难中磨炼出来的，越是在困难里长大的孩子，坚持力就越强。

3. 引导孩子独立活动

家长应尽可能让孩子独立活动，如让孩子自己穿衣，自己收拾玩具，自己完成作业等。孩子在进行这些活动时，要克服外部困难和内部障碍，正是在克服这些困难的过程中，其意志得到锻炼。

倘若孩子不能完成这些活动，也不主动去帮助，而就该"先等一会儿"，让他自己克服困难去解决。当他战胜了困难，实现其目的，会得到一种经过努力终于胜利的满足感。在这个过程中，孩子克服困难的勇气和信心也就随之增强。

4. 让孩子从克服小困难开始，善始善终

家长应严格要求孩子，让孩子克服困难，做事善始善终，而且必须坚持到底，直到实现目的为止。如，父母可以带着孩子坚持早上跑步，持之以恒，久而久之，也会逐渐培养起孩子坚持不懈的品德。当孩子出色地完成一项工作后，家长要给予及时的表扬，强化孩子坚持做事好习惯。

5. 让孩子制订计划

培养孩子坚持不懈的精神，是一个循序渐进的过程。

一开始，家长可帮助孩子制订计划任务，但应征事先求孩子的意见。待孩子有了初步的计划意识，就可以逐渐让孩子自己学着安排自己的事情。在此活动中，关键是让孩子坚持，及时发现孩子的兴趣，培养孩子的毅力。

例如，家长可以这样给孩子制订计划：每天背5个单词，或每天读一篇短文，每天做五道题等，并让孩子将这些成果每天记录在一张纸上，贴在墙上。（这很关键，一定要让孩子看到自己的成绩，他会大为惊讶。哇，这么多呀！）或是将每天写的积累，用夹子整理在一起，等一段时间，他会看到他的成绩。潜移默化地告诉孩子一个道理，日积月累，积少成多。不怕少，就怕坚持，坚持了就会有收获。当孩子有了收获，取得了成绩，他会认同这种做法。以后，自觉的学习习惯就养成了，不用再让家长督促完成了。

6．和孩子一同制订目标

家长应该指导和帮助孩子制订短暂和长远的目标，让孩子有努力的方向。孩子心中有了目标，有了"盼头"，他就会为实现目标而去努力，表现出坚毅、顽强和勇气。但制订目标时必须注意：

（1）定的目标一定要具体、切实、可行。只要自己努力就可以达到。如每天跑200米，或300米，500米，可依孩子的年龄与体力而定。定下的目标，必须是只要坚持就一定能做得到的。不要定那些诸如考试、比赛拿第几名之类的目标，因为名次不只决定于你自己，还有许多外在的不定因素，别人的成绩不可能由你来把握。

（2）定目标前要与孩子商量。任务的难度，让孩子真心接受，并有足够的思想准备克服困难。商量时允许孩子提出自己的意见，并尽可能尊重孩子的意见。不可勉强，更不能强加给孩子。

（3）目标如果是合理的，那就应当要求孩子坚决执行，直到实现为止，不可迁就，更不能半途而废。

成功青睐勇敢的孩子

对于孩子来说，勇敢不仅能为人他们赢得成功的机会，更蕴含着生的希望。因为"勇敢减轻了命运的打击"。

有两只小鸟蜷缩在鸟巢中，等待着外出觅食的妈妈回来，可是几个小时过去了，妈妈还没有回来，它们饿得直叫，其中一只小鸟说："我要展翅高飞，出去觅食。也许开始有些困难，但我不会失败，因为我们生下来就是要飞的。"

它的弟弟不放心地说："你千万不要飞，因为你的羽翼还不丰满。"语音刚落，小鸟哥哥已经蹦到了枝头，展开了双翅，一开始它差点儿跌到地上，但又振翅飞了起来。它在高空对弟弟喊道："你看并不像想象中的那么困难吧！加油吧！飞起来吧！"

小鸟弟弟叹了口气，无精打采地缩在鸟巢中，两小时过去了，哥哥叼了几只小虫回来了，还向弟弟讲述了外面的精彩世界。

小鸟哥哥讲完后说："如果你愿意，就跟我一起飞吧！"弟弟回答说："我的翅膀肯定不如你的硬，我会摔在地上，被别的动物吃掉的，我很害怕。"

第二天，有一条蟒蛇惊醒了小鸟弟弟，它开始靠近小鸟弟弟，但小鸟弟弟并没有想逃跑，蟒蛇问道："你为什么不飞？"小鸟弟弟回答说："我以前错过了飞的机会，现在想飞，已经晚了。"就这样，小鸟弟弟被无情的蟒蛇吃掉了！

试想一下：如果小鸟弟弟能跟哥哥一样勇于挑战困难，还会产生这种悲剧吗？

这一切足以向我们证明，勇敢是一个人处于逆境中的光明，勇敢能帮我们扫除一切障碍获得成功，勇敢能铲除一切荆棘直至把我们送向成功。如果家长想要让孩子拥抱成功，那么，请帮孩子克服怯懦，变得勇敢。

对于孩子来说，培养他们勇敢的性格意义重大。

首先，勇敢能让孩子摆脱"害怕"的心理困扰，使他们能够大胆积极地投入生活，与人交往。

其次，勇敢的孩子不怕失败，更不怕嘲笑。他们能积极踊跃地在班上发言，即使错了，也全然没有负担。

再则，勇敢的孩子独立性强，能承担起许多责任。他们不依赖大人，遇到事情更不会畏畏缩缩。

此外，勇敢的孩子喜欢据理力争，只要是认为自己对的，便会遵循原则，毫不退让。

可以说，孩子拥有了勇敢，就拥有了成功的先机。当然，要想让孩子变成一个勇敢的人不是一件易事。因为人并非天生就具备勇敢的品质。勇敢的获得需要培养，需要锻炼，需要在生活的基础上一点一点积累。

那么，家长应如何培养孩子勇敢的品质呢？

1. 创造一个温馨祥和的家庭气氛

温馨祥和的家庭气氛，能让孩子产生心理上的安全感。这样孩子就不会一遇到事情就惊慌失措，害怕担心。

2. 培养孩子的独立性

日常生活中，家长要处处注意培养孩子的独立性、坚强的毅力和良好的生活习惯，鼓励孩子去做力所能及的事情，让他们学会自己照顾自己。当孩子遇到困难时，不要一味包办，而要让他们自己想法解决。当然，开始时父母要予以必要的指导，然后让孩子慢慢学会自己处理各种事，而不要一下子就不管不问以致孩子手足无措，更加胆小。

3. 给孩子成长的空间

在蛾子的世界里，有一种蛾子名叫"帝王蛾"。帝王蛾的幼虫时期是在一个洞口极其狭小的茧中度过的。当它的生命要发生质的飞跃时，这天定的狭小通道对它来讲无疑成了鬼门关。它娇嫩的身躯必须拼尽全力才可以破茧而出。太多太多的幼虫在往外冲杀的时候力竭身亡，不幸成了"飞翔"这个词的悲壮祭品。有人怀了悲悯恻隐之心，企图将那幼虫的生命通道修得宽阔一些。他们拿来剪刀，把茧子的洞口剪大。这样一来，茧中的幼虫不必费多大的力气，轻易就从那个牢笼里钻了出来。

但是，所有因得到了救助而见到天日的蛾子都不是真正的"帝王蛾"。它们无论如何也飞不起来，只能拖着丧失了飞翔功能的累赘的双翅在地上笨拙地前行！原来，那"鬼门关"般的狭小茧洞恰是帮助帝王蛾幼虫两翼成长的关键所在，穿越的时刻，通过用力挤压，血液才能顺利送到蛾翼的组织中去；唯有两翼充血，帝王蛾才能振翅飞翔。人为地将茧洞剪大，蛾子的翼翅就失去充血的机会，生出来的帝王蛾便永远与飞翔无缘。

现在的孩子需要的就是这种磨炼，他们惧怕那黑黑的隧道，总是渴望有一双援助的手将他们一路护送。现在的家长也多是"怀了爱怜之心"的父母，总是怕孩子吃苦受累，于是把孩子的"生命通道修得特别宽畅"，殊不知，这样培育出来的孩子永远也学不会勇敢与坚强。

4. 家长胆大，孩子才能大胆勇敢

培养孩子的胆量，家长自己首先不要害怕，然后抓住一切能让孩子锻炼的机会，让孩子自己去尝试做一些他们认为不可能做成的事情，孩子慢慢就能树立起做事情的自信，从而纠正胆小的毛病。

5. 鼓励孩子与人接触交往

多带孩子到各种集体场合，他人对孩子的友好尊重，能使他感到快乐，孩子也会愿意与人交往。最主要的是要孩子和同龄伙伴多接触，有意识地邀请一些小朋友到家中来，让他体验到做小主人而感觉。

6. 丰富孩子的视野

家长应该带孩子到大自然中去，丰富孩子的视野，要让孩子多接触外界的事物，多认识世界，鼓励孩子去探索与尝试，从实践中培养孩子的勇敢精神。

7. 对孩子进行性别勇敢教育

家长在对孩子进行性别角色教育时，应多鼓励男孩子勇敢刚毅的表现。家长应该对孩子的勇敢精神给予赞赏，但同时要培养孩子的安全意识。

勇敢的品质对孩子的成功尤为重要。纵观历史，为什么有些人的人生道路越走越宽，而有的人越走越窄？为什么有的人会在失败中奋起，而有的人却在胜利即将来临时退却？因为上天偏爱勇敢的孩子，偏爱敢于冒险的孩子。一个勇于冒险，勇于接受挑战的孩子，往往敢说敢做，意志坚强，锐意进取，富于激情，敢于创新。在他们漫长的人生历程中，会以压倒一切的魄力和勇气去解决一切困难和阻力，争取事业的成功，创造人生的辉煌。

因此，当孩子大胆地去做一些有风险的事情时，父母应该宽容和鼓励。对于那些明显有些胆小的孩子，父母更应该给他们创造锻炼的机会，让他们大胆地去做一些力所能及的事，培养他们遇难直进的勇气。

要培养孩子勇敢的精神品质，建议家长做到：

1. 孩子的事切忌包办代替

许多情况下，父母的过分照顾、担心和保护，成了孩子的沉重负担。因为怕摔着，孩子十多岁了，还不会骑自行车。特别是许多母亲，孩子一离开自己的视线，就会想象出各种危险可怕的情景：在路上让汽车撞了，游泳给水呛了。孩子出门在外，总是一百个不放心。

古人说，世上不会有怕孩子摔跤而不让孩子学走路的妈妈。然而，如今真有不少因噎废食的父母。因为怕孩子碰着、撞着，遭遇车祸和走失，于是给孩子设置了许多禁区，不许摸电器，不让碰炉灶，不许单独外出，不许单独坐公交车，不许自己去公园等。

在过度保护中长大的孩子，往往会优柔寡断，胆小怕事，没有勇气面对困难，也缺乏独立处理实际事务的能力。

只有独立自主的孩子，才能拥有冒险的精神与勇气。

2. 家长自己应该表现得很勇敢

大人遇到困难或带有危险的活动就害怕，便很容易想象这样的家长会带出什么样的孩子。有时家长仅仅是为孩子的安危担忧，却因此剥夺了孩子锻炼的机会。事实上这是一种很自私的行为。

3．增长孩子的见识

孩子的胆识，不仅仅包括勇敢，而且还有智慧和谋略。因此，做个有胆有识的人必须以见识做基础。增长孩子的见识是培养孩子胆识的一个重要前提。

4．培养孩子的闯劲

对孩子，一是要管，二是要放。什么时候要管？不好好学习，品德不好，要管。什么时候要放？吃苦耐劳的事情，经风雨见世面的事情，都要放手让孩子去干。虽然可能要跌些跤，但只有这样才能使他们得到锻炼。孩子的胆识只有在现实生活中磨炼才能增长，如果孩子要去运动怕他摔着，要去游泳又怕他淹着，要去探险又怕他吓着，把他像笼中鸟一样关着，孩子哪来的胆识呢？

因此，当孩子们自己组织野炊、登山活动时，除了告诉他们应该注意一些危险情况外，父母应尽可能放手让他们去干，让孩子去闯，才能培养孩子战胜困难的勇气。

"勇敢"是有勇于敢为人先的精神或气质。只有那些有勇的人，有勇气敢为人先的人才能被称作勇敢的人。纵观古今中外，但凡事业成功者，都是具有超常胆识之人。这些人个个处变不惊，纵败不馁，目标一定下来就勇往直前……而性格怯懦、胆小怕事者，很难体验到成功的喜悦。

第四章

持续学习使思想
之花永不枯萎

汉代刘向有一句很有名的话：

「少而好学，如日出之阳；壮而好学，如日中之光；老而好学，如秉烛之明」。意思是：人少小时好学，就像初升的太阳一样，光明鲜亮；壮年时好学，就像中午的太阳，光线强烈；老年时好学，就像燃烛照明一样，在黑暗中闪光。培根在他的《论学习》中说：「读书足以怡情，足以傅彩，足以长才。」

让孩子懂得学习的重要性，对其一生都具有十分重要的意义。

怎样让孩子爱上学习

许多研究表明，对学习有浓厚兴趣、自觉性强的孩子，大都能专心听讲，注意力集中，认真做笔记，肯动脑筋，爱提问题，按时完成作业，主动阅读有关的课外书籍，并且有克服困难的顽强毅力。而那些没有目标、缺乏学习兴趣的孩子，在学习上往往很被动，学习不专心，对待学习任务敷衍了事，遇到困难易产生消极、畏难情绪，把学习看成是一种负担。所以，怎样让孩子爱上学习呢？可从以下几方面着手：

1. 家长言传身教

家长的学习兴趣对孩子有着潜移默化的影响。很多的音乐世家、书香门第都是这样产生的。实际上，兴趣教育比强迫孩子去做家长自己都不感兴趣的事情更容易，效果也好得多，所以培养孩子的学习兴趣，家长的言传身教是非常重要的。

所谓"言传"就是家长尽可能早地读书给孩子听，会弹琴的家长在孩子面前弹琴，会习字画画的，就多在孩子面前展示自己的学习成果，交流自己的学习心得等。孩子在耳濡目染的情况下，慢慢体会到了"学习"的魅力，渐渐产生了学习的兴趣。

2. 为孩子创造一个愉悦的学习环境

孩子一般都爱听故事，不管是老师或父母讲故事，还是广播电台或电视台播放故事，孩子们总是专心致志地听，特别是绘声绘色地讲故事最能吸引他们的兴趣。当你讲小人书中的故事时，你会发现孩子常常是一边听一边很想认识书上的字，这种主动要求学习的精神是非常可贵的。父母可以因势利导，适当教孩子认认字，不要求孩子写，更不要求孩子能记这些字，只要他们能认识，能把一个小故事读下来就行。孩子听得多了，读得多了，自然而然地掌握了这些字。时间长了父母发现，孩子已经能把书上的故事很连贯地读出来。当孩子在阅读课外书刊时，家长可将读物内容，作为与孩子对话的内容。这样，孩子在一个宽松愉悦的学习环境中受到启迪，并逐步养成主动学习、主动探索知识的兴趣与习惯。再者，给孩子一个安静的学习环境。孩子学习时父母不要一会儿送水果，一会儿与他说话，打断孩子的思维。还可以让孩子多与爱学习的小朋友接触，在于别人的交往中，对学习产生兴趣。

3. 让孩子从学习中寻找快乐

学习若能给孩子带来快乐，那么孩子一定会喜欢学习。年龄越小的孩子，学习兴趣越是以直接兴趣为主。例如：有的孩子喜欢画画，因为他喜欢用五彩的蜡笔在纸上涂抹，看着五彩的线条在纸上延伸、扩展，他的思维、想象也跟着任意遨游、旋转。也虽然他画得并不怎么样，但是老师经常鼓励他，那么，怎样才能使学习变为快乐的事呢？

首先，多表扬，少批评。要善于发现每个孩子的优点。有些家长开口闭口就是"这么简单都不会，光知道玩"，本是恨铁不成钢，却不知好钢已在批评中钝化了，这样下去孩子总觉得自己很差，总有错，在学习中有压抑感，于是厌恶学习。

其次，让孩子一开始就有成功的体验。每一门学科都有它自己的特点，里面都蕴藏着无穷的奥妙和无尽的乐趣。家长们要尽可能引导孩子掌握好知识，当孩子弄清一个问题或者懂得一个道理的时候，家长要懂得与孩子一起分享这种快乐的感觉，这样既能增强了孩子的自信心，使孩子有探索的积极性，又能让孩子产生学习的兴趣。

最后，家长应该指导孩子读书。父母和孩子一起学习，当孩子解答出难题后，与孩子分享快乐。当孩子不懂时，与孩子共同探讨。让孩子觉得学习是件愉快的事。另外，家长的情绪、学习的环境等也会影响孩子学习的情绪体验。

4. 发展孩子多方面的兴趣

一些孩子由于受家庭和周围环境的影响，三岁左右就开始对画画或乐器产生兴趣。特别是孩子进了幼儿园以后，在老师的教导下，他们的兴趣爱好出现了第一次飞跃。最先使孩子产生兴趣的一般是画画、唱歌和表演等爱好，当然这些都是模仿性的。对钢琴、电子琴、手风琴的兴趣都可以在幼儿期唤起，不是要求孩子能达到什么水平，而是以引起他们对各种乐器的兴趣。下棋也是如此，很小的孩子就喜欢跟大人下棋，当然更喜欢和小朋友们一起下游戏棋。父母只要做有心人，为孩子们提供一些条件，准备一些简单的器具，多给孩子讲讲自己的见闻，多与孩子一起玩，孩子就会逐渐培养起多种学习兴趣。

5. 积极鼓励适当引导

在学习的过程中，对于孩子所取得的每一点儿成绩，不管家长还是老师，都应该采用多种积极形式给予适当的鼓励，让他们得到一种被人承认、被人接受的感觉。水滴石穿，量的积累达到了一定程度，就会发生质的变化。同样，鼓励这个助推剂，积累到了一定的程度也会得到意想不到的效果。孩子对某一问题、某一学科的兴趣也就在这一次次的鼓励中得以形成、得以发展。但另一方面，我们也应该看到，孩子接受新事物的能力比较强，世间的万事万物都能引起他们的兴趣，而他们由于缺乏生活阅历，对真善美、假恶丑的分辨能力有限，不良的学习兴趣和学习习惯也会乘虚而入。这时候，作为家长或老师，就应该适当地加以引导，告诉他们哪些是对的，哪些是错的，哪些该做，哪些不该做。

6. 挑战困难循序渐进

学习是个循序渐进的过程，对学习既要知难而进，又要做到从易到难。在学习中遇到困难是很正常的现象，关键是要处理好它。有的孩子喜欢向困难挑战，在战胜困难时感到其乐无穷，这样就形成了自己的学习兴趣；有的孩子不喜欢困难重重的感觉，家长便可以引导他们在学习中选择从易到难的方法，不要急于求成，让孩子在每一步中都体会到一种成就感，这同样也能培养他们学习的兴趣。

每个孩子对知识的学习和掌握，都是被兴趣牵引着一步一步地实现的。作为父母，应当培养孩子求知的兴趣，并积极地给予保护和鼓励，从小引导孩子在自主求知中快乐学习。既要顺其自然地培养孩子的学习兴趣，同时又要循序渐进，正确引导。这样，就可以收到很好的效果。

　　每个人体内都有非凡的潜力，都有一座奔涌澎湃的火山，这座火山一旦喷发，人生将会因此更加绚烂多姿。这一非凡潜力的激发需要的正是热情。

　　热情是成功的发动机，潜能的触发器，孩子学习成绩的好坏，往往取决于孩子对学习的热情程度。一个拥有学习热情的孩子能做到废寝忘食地学习，即使在嘈杂混乱的环境中，也可以全身心地专注于自己的学业，从而最大限度地提高学习效率，取得更好的成绩。在热情的支配下，孩子会主动约束自己摒弃不利于目标实现的各种不良习惯，以积极的心态面对未来，以坚持不懈的努力克服各种困难，以顽强的意志将奋斗坚持到底，直到目标实现为止。有学习热情的孩子面前，永远有一个看得见的靶子。

　　美国教育学家布卢姆说过："一个带着积极的情感学习课程的孩子，比那些缺乏热情、乐趣和兴趣的孩子，或者比那些对学习材料感到焦虑和恐惧的孩子，学习得更加轻松、更加迅速。"作为家长，我们有责任让孩子热爱学习，并将学习的热情保持下去。但如何去激发孩子却没有定式，针对每个孩子个性与特点，家长应因材施教，以最大限度地发挥孩子的能量。

　　教育学家经过长期的分析、观察得到，一个优秀的家长，同时也是优秀的导师，他必能在家长与师长之间巧妙地互换角色，从而在不知不觉中激励着孩子进步。具体来说，一个优秀的家长在激发孩子的学习热情，促进孩子上进时，应该做到以下几点：

　　1. 和孩子讨论将来，激发孩子学习的热情

　　每个孩子，都会有对自己未来的憧憬。做父母的，不妨让孩

子表达出他们对将来的希望，尽管是多么不切实际的想法。父母和孩子一起讨论为了实现自己的理想需要具备哪些知识，让孩子知道，目前辛苦读书是为了自己的将来，从而激发孩子学习的积极性。

没有哪个孩子自甘落后和不求上进，孩子都希望自己在学习上出类拔萃，只是因为种种原因造成了他们暂时的落后。一旦找到了学习的方法，每个孩子的学习愿望被强烈激发之后，他的进步也许会出人意料。

2. 正面引导，提出目标，激发孩子的学习热情，强化孩子的进取心

孩子的进取心大多是由外在的要求转化为自己的愿望的。因此，目标教育是必需的。目标可以树立孩子的雄心，雄心可以引导孩子追求，拿破仑的名言"不想当元帅的士兵不是好士兵"，实际上是有激励作用的。

应该注意的是：短期目标应按照孩子的能力来定，长远目标是明天的，短期目标则是今天的。目标定得太高实现不了时，会打击孩子的积极性，从而也影响上进心。

最恰当的短期目标是稍微高于学生的能力，让学生经过努力能达到的目标。例如，学生过去一直考 15 ~ 20 名，那么短期目标可以定在考到 10 ~ 15 名之间。

3. 做孩子的榜样，父母自己积极进取

人们常说孩子把父母当作一面镜子，对父母的一言一行、一举一动都会有意无意地去模仿。因此，家长要培养孩子的求知欲，

自己必须先做出榜样，这是教育孩子的一条捷径。

4．对孩子进行危机、挫折教育

日本非常重视对小孩子进行危机感教育，让孩子从小就知道，日本地少人多，资源缺乏，只有靠人，靠高素质的人，才能幸福地生活，否则就没饭吃，就没水喝。

在 20 世纪五六十年代，我国如果没有危机感，就不会那么快地制造出原子弹、氢弹，就不会有人造卫星上天。孩子也是这样，没有危机感，躺在安乐窝中是难以激发出强烈的上进心的。

5．让孩子认识到学习的终极意义

生活中，有很多孩子会问："人到底是为了什么而学习？"为了什么呢？为了考上好的学校？为了过上好的日子？很显然，这些答案对于孩子来说都缺乏说服力，更不可能激发他学习的斗志和热情。因为，我们和孩子都看到，一些没有上过大学的人，赚了很多钱，而即便是一些名牌大学的毕业生，很多还在为找工作而发愁。名牌大学的毕业生，为没有上过大学的老板打工。这样的事情在现实生活中并不少见。

这难道是学习的终极目的？无怪乎很多孩子觉得学习没有意思，觉得人生缺乏憧憬。特别是那些生活条件优越的孩子，就更加不知道为了什么而学习了。

而一个成功的商人是这样告诫他的孩子的："让我告诉你，你是为什么要学习的吧！为了在班上没有人嘲笑你，为了你的老师善待你。为了以后更多的人尊重你！因为，你不单有钱，你还有素质！"

是的，努力学习，从功利上来说，是为了得到尊重，获得做人的自信与生存的能力。而从个人素质提升上来说则意义更大，因为，我们今天所拥有的一切，都有可能在瞬间消逝——财富、荣誉、地位，这些都是我们所不能绝对把握的。唯有一样东西，永远与我们同在，那就是自己的素质，这才是我们唯一可以依靠的。所以，我们必须学习。

只有知道了为什么学，学什么，你的孩子才能对学习产生真正的热情。

心理学研究表明，兴趣能驱使人接近自己所喜欢的对象，驱策人对事物进行钻研和探索，从事创新的、有趣的或个人爱做的事，乐此不疲，进而促使一个人取得成功。

兴趣能变无效为有效，化低效为高效。孩子只有对学习内容有足够的兴趣，才会产生强烈的探索欲望和饱满的情绪状态，才会自发地调动全部感观积极、主动地参与到学习中去，学习就不再是枯燥的事情，学习效率就会提高，也能取得较好的学习效果。可以说，学习兴趣是推进孩子进行自主学习的源动力，而充分激发孩子的学习兴趣是家长培养孩子学习主动性的有效途径。

让梦想成为孩子学习的动力

有梦想才可能创造出奇迹，遗憾的是，今天的孩子离梦想是那么遥远！

《知心姐姐》杂志在"知心调查"问卷中设计了一个问题：

"今后你想做什么？"来自北京、上海、安徽、云南等 8 个省市的 2855 名小学生参加了调查。

杂志社的编辑以为，几千名的孩子给出的答案一定是五花八门、充满了激情与想象的。但令人失望的是，编辑们仅能从 7.29% 的答案中看到激情和想象的影子，这些答案中有"周游世界，飞越万里长空，研究奇形怪状的生物、宇宙、外星人，到别的星球去工作……"而 92.71% 的小学生的回答几乎千篇一律："上一个好大学，找到一份好工作。"

小学生本应充满童真与热情，幻想与憧憬。未来对他们来说，也本应该是多姿多彩，有着无限的可能的。可是面对问卷，为什么有这么多的孩子有着超乎想象的"务实"与"沉重"呢？"知心调查"得出的结论是：孩子的想法受成人功利的思想影响颇深。

很多家长对自己的孩子的要求是：

好好学习，事事争做 No. 1。

出国留学。

好好学习，取得优秀成绩，为爸爸妈妈争口气。

努力学习，将来找个好工作。

…………

家长过早地把这种生存的压力传播给孩子，孩子自然也开始压制自己内心的激情与渴望，变得功利而现实。对他们来说，梦想即"幼稚"的代名词。小小的孩子就如此"成熟"，让人不能不为之叹息。

事实上，梦想才是人生最宝贵的财富。人的一生能走多远，很大程度上取决于童年的天地有多大。有梦想的人，天地就广阔。梦想一旦萌发，就有了方向，无论能不能实现，始终是一种激励。因此，家长应珍惜孩子的愿望和童真，鼓励孩子展开想象，大胆幻想属于自己的美好未来。具体的做法如下：

1. 保护孩子的童心，永远不要嘲笑他（她）的梦想

1969 年 7 月 20 日，阿姆斯特朗和另外一名宇航员一道乘坐"阿波罗 11 号"登上月球，完成了人类历史上首次载入登月任务。这位 6 岁时就坐过飞机，未满 18 岁就取得了飞行执照的宇航员讲了小时候的一个故事：

有一次，他在院子里玩耍，弄出了很多古怪的声音，妈妈在厨房里听到了，便问他："你在干吗？"小阿姆斯特朗说："我要跳到月球上！"妈妈没有像别的母亲那样泼他冷水，骂他胡说八道，而是说："好啊，不要忘记回来呦！"

正因为阿姆斯特朗的父母从小就注重保护他的"梦想"，所以，小小年纪的阿姆斯特朗就对"月球"充满了幻想，最终，他达成了自己的愿望，成为人类登月"第一人"之一。

这个故事给我们的家长带来什么样的启发呢？孩子的梦想可能是丑陋的，可能是荒唐的，可能是怪异的，但它是童心上长出的灵芝草。家长如果能给孩子的梦想一份欣赏，一份呵护，一份引导，它可能就长成了一棵参天大树。

2. 为孩子树立正面榜样

由于孩子最初的道德理想是从英雄榜样身上得到的，再加上少年期孩子较强的模仿性，因此为孩子树立正面的榜样十分重要。

在现代社会中，因为我们的社会和家庭没有树立正面榜样，加上流行文化的无孔不入，导致许多青少年把港台歌星作为偶像，孩子的愿望和追求出现了较大的盲目性。因此，为了给孩子树立一个正面的榜样，家长可以引导孩子阅读英雄模范、先进人物的书籍，观看有关影视剧，让这些英雄模范和先进人物成为孩子的榜样，因此立志要成为这样一个人，进而努力学习。

3. 对于孩子的梦想多一点"赞许"

在绘画课上，老师对怎样画苹果做了一番精心的指导后，便安排学生进行绘画，交作业的时候，老师发现有个学生画的苹果是方形的，觉得很奇怪，便问这位学生："苹果都是圆形的，为什么你要画成方形的呢？"

学生回答说："因为妈妈把苹果放在桌上时经常会滚到地上，如果苹果是方形的，那就不会掉到地上了。"

这位学生就是根据"不让苹果再掉地上了"这个目的和希望创造出了方形的苹果。这个时候，作为老师是允许孩子创新还是喝止孩子的"胡思乱想"呢？明智的老师可能会说："你真是个有想法的孩子，我相信经过努力，有朝一日你一定可以发明出方形苹果的！"而一个缺乏创新意识的老师可能就会责备孩子："苹果怎么可能是方形的呢？这个世界上从来都没有方形的苹果！"两种老师教育结果也是我们可以想象得到的。前者教出的一定是一个富有创新精神的，有理想的孩子；而后者，他是孩子创新能力的刽子手，只会把孩子的创新能力扼杀在"襁褓"里！为了让你的孩子更富有创新精神，在今后的社会中更有竞争力，请给孩子的梦想以赞许吧！多一份赞许，将多一种可能！

4. 给孩子灌输梦想一定成真的信念

世上每一本宗教典籍都是在诉说信仰和信心能够带给人类力量和影响。只要孩子相信梦想会成真，就会充满动力，充满自信。因为自信对孩子来说非常重要。树立自信其实就是一个人战胜自己心理障碍的过程。有了自信，他就会主动参与一切活动，主动跟人交往，在机遇面前善于争取。信念犹如汽油，可推动人迈向卓越之境。同时，父母也必须与孩子保持一致的观点和理念，要相信孩子一定能梦想成真。

福勒是美国一个黑人佃农的七个孩子中的一个。他在五岁时开始劳动，在九岁以前，以赶骡子为生。但他的母亲是一位敢于想象的女人，不安于这种仅够糊口的生活。

她时常同福勒谈论她的梦想："我们是穷，但我们为什么贫穷呢？我不愿意听到你说：我们的贫穷是上帝的意愿。我们的贫穷不是上帝的缘故，而是因为你的父亲从来就没有产生过致富的愿望。我们家庭中的任何人都没有产生过出人头地的想法。"

我们应该有致富的憧憬。这个观念在福勒的心灵深处留下了深深的烙印，以至于改变了他整个一生。他想走上致富之路，致富的愿望就像火花一样萌发出来，并且，他相信自己能够致富。如今，他不仅拥有一个肥皂公司而且在其他七个公司，包括四个化妆品公司、一个袜类贸易公司、一个标签公司和一个报馆，都实现了他强大的商业梦想。

福勒梦想致富的故事，告诉我们，敢于想象，你就可能会有不一样的人生。并且，家长的鼓励很重要。不要因为孩子想得天花乱坠就责备孩子不理智、不务实、不用心做好眼前事情。如果你希望孩子做好眼前事，不如用"遥远的未来"激励现在的孩子。

5. 在亲身经历中培养孩子的理想

对于孩子来说，再没有什么比自己亲身体验，亲身经历更有说服力了。因此，要让孩子实现远大的理想，家长应该让孩子亲身去体验实现理想带来的荣耀与震撼。

毕加索 3 岁半时，父亲的朋友、欧洲著名画家安东尼奥抵达他们所在的马拉加市，连国王都出动为他举行了盛大的欢迎仪式。作为市立博物馆馆长的父亲专程带上了小毕加索参加欢迎仪式。从此画家的神圣地位在小毕加索心中留下了深刻印象，他因此喜欢上了绘画。

6. 增强孩子的抗挫能力

几乎所有的父母都在担心孩子遭受打击，陷入困境，害怕他有挫折感。但大多数成功的人都经历过挫折，而且正是他们当初的坦然面对，才成就了今天的事业。只有经历困难挫折之后，才会得到真正的成长，而曾经的那些苦难经历反倒成为人生一笔难得的财富。它磨炼了人的韧性，焕发人的潜能。因此，当孩子失败时，父母应教导他如何接受失败。因为任何参与竞争的人都必须学会面对失败，学会如何从失败中走出来并继续前进。从失败中可以学到很多东西，没有失败，就等于从未尝试。

梦想是花朵的色彩，是小鸟身上的羽翼，是人类创造美好新生活的心灵动力，是一个人"虽九死而不悔"的生活向往，它会最大限度地激发一个人的热情与潜能，使其为实现自己的目标投入全部的努力。

确定目标让学习更有方向

有目标的孩子更懂得努力的方向，孩子只有从小了解目标的好处，养成确立目标，不达目标誓不罢休的好习惯，才能在人生的道路上突破一个又一个障碍，获取成功。

一只新组装好的小钟被放在了两只旧钟当中。两只旧钟"嘀嗒"，一分一秒地走着。

其中一只旧钟对小钟说："来吧，你也该工作了。可是，我有点担心，你走完三千两百万次后，也会像我一样。"

"天哪！三千两百万次，"小钟吃惊不已，"要我做这么大的事？我办不到，办不到。"

另一只旧钟说："别听它胡说八道。不用害怕，你只要每秒钟'嘀嗒'摆一下就行了。"

"天下哪有这样简单的事，"小钟将信将疑，"如果是这样，我就试试吧。"

小钟很轻松地每秒钟"嘀嗒"摆一下。不知不觉中，一年过去了，它摆了三千两百万次。

潜能大师博恩·崔西就曾说过："成功等于目标，其他都是这句话的注释。"对于任何一个人来说，做事情有计划、有目标，必然事半功倍。反之，就如无头的苍蝇一样毫无头绪，也找不到做事情的动力。

没有目标,孩子在学习的过程中就会像航海时没有灯塔一样,很容易迷失了方向。相反,如果他们有了明确的学习目标,就很容易获得较好的成绩。一般来说,那些学习成绩好的孩子,其学习的计划性都很强,学习的目标也很明确,正因为有目标,懂计划,所以,他们比那些缺乏目标的孩子容易获得成功。

培养孩子的目标习惯,家长可从以下几个方面入手:

1. 教孩子如何给自己定计划、目标

有一位聪明的妈妈,发现孩子在学习弹琴的时候总是没有计划,刚想弹琴,不一会儿又去看动画片了。

有一天,妈妈对孩子说:"你每天得弹半小时的钢琴,刚回家的时候弹也行,吃完晚饭弹也行,但是,弹的时候你不能半途而废,一定要弹足半小时。"孩子考虑了一下,因为晚饭前有一个他喜欢看的动画片要播放,于是他选择了吃完晚饭再弹。结果,他确定自己的计划后,一直执行得非常好。

过了一些时候,妈妈告诉他:"你计划每天练习半个小时的钢琴这件事情做得很好,但是我不知道你打算用几天的时间把一首曲子弹得熟练呢?"

孩子想了想,很有把握地说:"照我目前练习的情况来说,我觉得一周练习一首曲子,而且把曲子弹好是没有问题的。"

妈妈听了,欣慰地笑了。

事实上,这个孩子有了目标与计划以后,学习与弹琴这两件事情都做得非常好。因为他懂得制订计划、确定目标的好处了。

2. 让孩子养成把计划和目标写在纸上的习惯

美国著名的商业大学哈佛大学，在 1979 年对应届毕业生做了一个调查报告。在调查中，他们询问在应届毕业生中有多少人有明确的人生目标，结果只有 3% 的人有明确的人生目标并且写在了日记本上。他们把这些人列为第一组；另外有 13% 的人在脑子里有人生目标但没有写在纸上，他们把这些人列为第二组；其余 84% 的人都没有明确的人生目标，他们的想法是完成毕业典礼后先去度假放松一下，这些人被列为第三组。

10 年后，哈佛大学又把当初的毕业生全部召回来做一次新的调查，结果发现第二组的人，即那些有人生目标但没有写在纸上的毕业生，他们每个人的平均年收入是那些 84% 没有人生目标毕业生的两倍。而第一组的人，即那些 3% 的把明确人生目标写在日记本上的人，他们的年收入是第二组和第三组人的收入相加后的十倍。也就是说如果那 97% 的人加起来一年挣一千万美元，那么这 3% 的人加起来的年收入是一个亿。

这个调查很清楚地表明，确定明确人生目标并写在纸上的重要性。白纸黑字，具有巨大的开发潜能的力量。如果你不把目标写下来，并且每天温习的话，它们很容易被你遗忘，它们不是真的目标，只是愿望而已。实践证明，写下自己目标的人比没有写下目标的人更容易成功。制订一个详细达到目标的计划是很重要的。如果没有一个切实可行的计划，你的目标只能是空中楼阁、海市蜃楼。

3. 教孩子按计划办事，实现自己预定的目标

在日常生活中，父母要向孩子强调计划的重要性，并给孩子

的各项行为制订一些计划。当然，应该让孩子参与进来，与父母一起来制订计划。

当计划制订了以后，孩子必须按计划办事，不能半途而废。对年幼的孩子来讲，父母应该要求他们自己把玩具拿出来玩，玩完以后自己收好。看书做作业的时候要认真，写完以后才能去玩。做事还应该有计划，自己把握做事的进度。

一位小学生做事非常磨蹭，本来没有多少作业，却非要拖到很晚，熬得妈妈又气又急。

有一次，妈妈想了一个办法。她跟儿子约定，做作业的时间只有半小时。然后，妈妈把闹钟上好，同时，儿子开始做作业。半小时一到，闹钟就响起来，儿子还差两道题目没做完。儿子向妈妈投来求助的眼神，但是，妈妈毫不犹豫地说："时间到了，你不要做了，睡觉吧。"

第二天，妈妈把儿子没做完作业的原因告诉了老师，老师也支持妈妈的做法。这天晚上，妈妈又上好了闹钟，儿子一开始做作业就很抓紧时间，效率明显提高，居然顺利地在半小时内做完了作业。

从这以后，儿子做作业的速度和质量都提高了。而且，做其他事情的时候，他都会有意识地给自己设定一个时限，有计划地去做了。

4. 告诉孩子在奋斗中要不断瞄准新的目标

家长是不是有过这样的经验：带孩子登山时，我们总会指着前面某一处说："加把劲爬到那里歇一会儿。"孩子一听此话就跃跃欲试，往往话音未落他们就勇往直前，直冲向目标。这就是目标带来的动力，学习同样需要有目标。

在孩子每一次写作业、考试、比赛之前，家长都可以按照孩子的实际水平，给孩子制定一个可行的目标。这样，不但能提高孩子的学习效率，给孩子一定的学习动力，还能让孩子在学习的过程中体验到成功的快感！

除此之外，家长们在帮助孩子养成制定目标的习惯时还应该注意以下几点：

（1）尊重孩子的意见，设立目标是帮助孩子提高他自己的，不要硬要求孩子做什么，要给孩子留有自己的想法和意见的空间，因为目标最终要靠孩子去实现。切忌把大人的想法强加给孩子。

（2）在给孩子制定目标后，也要让孩子学会把大目标分解成许多个小目标，这样更利于孩子实现目标，鼓励孩子在去实现小目标的过程中完成大目标。

（3）制定了目标，就要坚持去实现。对孩子来说，坚持实现目标的恒心要比制定目标困难得多，所以，家长要多鼓励孩子，把目标制定下来，就要坚持下去，放弃目标意味着失败。

（4）制定目标也要富有一定的弹性，任何一成不变的学习目标和计划都是不科学的，再好的计划也会被淘汰。随着孩子年龄的增长，孩子的学习和生活情况也在发生很大的变化，所以，制定的目标也要适时调整，使目标始终保持在合理的状态，这样也便于孩子更有信心去实现目标。

（5）制定了学习目标，也要给孩子留出休息娱乐的时间，目标项目太多，就会使孩子非常疲倦，所以，每天一定要给孩子留出玩耍的时间，让孩子有一片舒展的天空。

（6）家长还应该做到不要随意给孩子增加负担，比如孩子按照家长的要求在规定的时间内完成了作业，可家长不但没有因此鼓励孩子，还让孩子多做几道题才可以休息。这样做的结果，只会让孩子觉得自己努力了反而会有更多的作业等着我，与其这样，不如边学边玩。

作为家长，要想孩子取得较好的成绩，保持较好的学习状态，就应该引导孩子制订可行的学习计划、确定某一个奋斗的目标，并让孩子养成良好的习惯。让孩子学会制订计划，明确目标，带着目的去学习，学习起来才会更有动力，效率才会更高。

爱读书是孩子成才的关键

纵观古今中外，但凡杰出成就者，无一不是博览群书、学识渊博、才智过人的人。我们无法想象：诸葛亮如果没有广泛阅读的习惯，何以知天文、晓地理，战胜心怀妒意的周瑜。

名人成才的故事揭示着一个道理：一个人孩提时的阅读习惯与长大后的成就有着必然的联系。因此，从小重视培养孩子的阅读习惯，等于为他（她）将来走向社会打下了一个坚实的基础。一个知识渊博、思维敏锐的孩子不仅更容易从人群里脱颖而出，还能赢得他人的羡慕与青睐，为自己赢得更多的发展空间与成功的机遇。相反，如果你的孩子知识浅陋，注定只能成为一个庸碌无用的人。

对于孩子而言，良好的"阅读"习惯有以下的好处：

1. 阅读能弥补个人经验的不足，增添生活感受

通过阅读，可以把孩子引入一个神奇、美妙的图书世界，使他们的生活的丰富多彩、乐趣无穷。同时，阅读还能让孩子学到课本上学不到的知识，取得长远的知识效益。一本好书，就是一个好的老师，不仅会让孩子学习到更为广阔的书本知识，更重要的是还可以让孩子从书中获得人生的经验。对孩子来说，不可能事事都去亲身体验，书中的间接经验，将有效地补充孩子经历的不足，为孩子的学习和生活增添新的感受。

2. 阅读能丰富孩子的想象力

孩子在上学的时候想象力是最丰富的，而想象的过程又是孩子对大脑中已经存在的表象进行加工改造形成新形象的过程。因此，想象的产生离不开表象的积累，表象的积累又多来源于文学作品。一般来说，孩子可以从文学作品中积累各种各样的人物形象和景物形象，孩子的表象积累得越多，想象也就有了原料，联想起来也更加容易。因此，阅读书籍可以大大提高孩子的表达能力，而文字没有固定的形象，孩子在阅读时，可以充分展开想象的翅膀，这也就是我们常说的"一千个读者心中就有一千个哈姆雷特"。

3. 提高孩子的语言表达能力

孩子只有多读书，才能让自己的语言逐渐积累起来，才能拥有丰富的语言能力，才能提高口语表达能力和作文能力，才能出口成章。叶圣陶先生曾经说过："小学生今天做某篇文章，其实

就是综合表达他今天以前的知识、思想、语言等方面的积累。"
叶老先生的话很明确地指出写作与积累的关系：阅读多了，积累
也就多了，作文的表达也就强了，语言自然也就丰富多了。这些
都要归功于阅读，孩子书读得多了，就会把读过的知识内化为自
己的语言，随着阅读量的增加，他的语言积累也就会越来越丰富，
下笔自然也有"神"了。

读书是孩子成才的必经之路，每一个父母都希望孩子成为有
用之才，将来会在竞争中占得一席地位，展现孩子的天赋和才能，
造福于社会乃至全人类。从主观上看，成才的要素可归纳为知识、
能力和素质。因此，不论在什么情况下，对孩子来说，读书的目
的就是积累知识、培养能力和增强素质。

少儿时期是孩子读书的重要时期，更是人一生潜能发展的最
佳时期，所以，父母要抓住关键时期，培养孩子阅读的习惯。以
下是具体的办法：

1. 言传身教

父母的读书兴趣对孩子有着潜移默化的影响，那些音乐世家、
书香门第等正是这样产生的。实际上，兴趣教育比强迫孩子去做
连家长自己都不感兴趣的事更容易，效果也好得多，所以，培养
孩子读书的兴趣，父母的言传身教至关重要。

所谓"言传"就是尽可能早地读书给孩子听并让其养成习惯。
因为要培养孩子读书的兴趣，就得把书的魅力展示给孩子，就像
要让孩子喜欢吃梨，得先让其看到尝到一样。随着孩子年龄的增长，
还要在读完书后进行思想引导，如："书可以给我们打开一扇窗口，

发现另一个美丽的世界。""世界上谁的力气最大？有智慧的人。有智慧的人是无法战胜的。那智慧从哪里来？从书里。""将来我们都会变老，无论长得美的丑的，老了大家都差不多，不同的是什么呢？用一生积累智慧财富的人，也就是一生都在读书的人，即使老了，也是美的。"在思想引导之后，孩子自然会更喜爱读书了。

2. 利用孩子的好奇心让孩子与书交朋友

6岁的枫枫好奇心很强，对什么都有兴趣，无论走到哪里，他都喜欢这儿摸摸那儿看看，然后问别人，"这是什么？""为什么会这样呢？"他一天有一千个为什么！

一天，妈妈带他到动物园去玩，他这里看看，那里摸摸，一双好奇的大眼睛忙碌个不停。

"狮子吃蛇吗？"

"企鹅为什么生长在寒冷的地方？"

"大熊猫为什么是国宝呢？"

枫枫的妈妈微笑着告诉他："你问的这些问题书上都有，等我们回家以后去查查这些问题好不好？"

回到家后，枫枫迫不及待地要求妈妈给他拿书看。妈妈拿出有关动物的书给枫枫看，枫枫高兴极了，"哇！里面有这么多动物呀！"书上的动物图片使枫枫看得入了迷，他一边看，一边要妈妈读书上的文字，枫枫就这样开始了读书识字。以后，他只要在外面看到什么，听到什么，就要妈妈给他找有关的书，不知不觉中，枫枫读书的兴趣越来越浓了。

孩子好奇的提问是一种借助成人的力量对周围环境进行认识

上的探究行为，是孩子求知的萌芽。这个时候，家长可以抓住孩子好奇的契机，让孩子去读书，通过读书寻找答案。慢慢地，孩子的读书兴趣培养起来了，其探索的兴趣亦会欲加浓厚。一个喜欢探索与求知的孩子，怎么可能不爱读书呢？

3. 利用孩子爱听故事的特点引起孩子阅读的兴趣

每个孩子都喜欢听故事，特别是童话故事，因此妈妈可以利用故事来引起孩子的阅读兴趣。对孩子来说，故事无论讲多长，也没有尽头他希望妈妈永远讲下去。他们会经常问妈妈："后来怎样了？""白雪公主现在在哪里？"这时，妈妈可以针对孩子的心理，先将故事讲一半，在孩子急欲知道故事结局时，再借此时机把书给他看。未知的故事勾着孩子的魂儿，促使他迫不及待地想着看书。

为了让孩子始终保持阅读的热情，家长千万不能急功近利。要尽量满足孩子的阅读要求，不要让自己的世俗想法扼杀了孩子的读书兴趣。

另外，家长不能把读书、学习看成是一种得到某种荣誉的途径和工具，而应把它作为生活和生命的一部分。这样，才能用正确的心态教孩子去阅读。

4. 教孩子把阅读看作是一项消遣活动

在轻松的氛围下，家长可以跟孩子一起看一些有趣的漫画书，谈论书上的内容。也可在外出时，带上一两本书，在公园里，在郊外，在河边，在清新的空气下，鸟语花香的环境里，与孩子一起读上几本书。

高尔基说过"书籍是人类进步的阶梯"，而"阅读"则是开启智慧之门的一把金钥匙。博览群书，不仅能让一个人增长见识、明白事理、练就心智，更能帮助其开阔视野、陶冶情操、敏锐思维。

敢于提出质疑才能深入思考

读书如果不疑，就像刀不磨会生锈不锋利乃至氧化变质一样，不可能有伟大的成就。可以说，"怀疑"是学习的钥匙，是读书求知的起点，是增长智慧的阶梯，是创新思维的启蒙。如果我们的孩子能够做到不唯书、不唯师，敢于对书本知识和老师的观点进行质疑。那么，他就一定能够成为适应社会发展变革的时代新人。

这是一件真实而又引人深思的小事。

不久前，一位法国教育心理学专家，给法国的小学生和上海的小学生先后出了下面这道完全一样的测试题：一艘船上有 86 头牛，34 只羊，问：这艘船的船长年纪有多大？

法国小学生的回答情况是，超过 90% 的同学提出了异议，认为这道测试题根本没办法回答，甚至嘲笑老师的"糊涂"。显而易见，这些学生的回答是对的。上海小学生的回答情况恰恰相反：有 80% 的同学认真地做出了答案，86–34=52 岁。只有 10% 的同学认为此题非常荒谬，无法解答。做出正确回答的同学竟然只有 10%！

这位法国教育心理学专家很惊讶，两国的小学生为什么会出现这么大的差别呢？事实上造成这种现象的原因跟孩子长久以来接受的教育有很大的关系。

（1）对他人（尤其是权威）的唯信，学生认为老师说的都是正确的，只有回答了问题，老师才会给分，老师怎么会问错误的问题呢？所以，不敢提出自己的想法。

（2）有的学生在学习上存在依赖心理，依赖老师，依赖同学；有的满足于一知半解不愿生疑；有的学生不知道怎样质疑，阅读中发现问题、提出问题有一定的困难。

（3）对自己缺乏自信，对问题的思考不深入，所以害怕自己的质疑会遭到老师的批评，同学的耻笑，索性"不懂装懂"。

这位法国教育心理学专家在总结这两次实验的时候，引用了下面的几句话：

第一句话是笛卡尔说的：怀疑就是方法。

第二句话是法拉第说的：在学术上不盲从大师，他应当重事不重人，真理应当是他的首要目标。

第三句话是爱因斯坦说的：科学发现的过程是一个由好奇、疑虑开始的飞跃。

然后，他颇有感触地讲道："应当教育孩子敬重老师，但更要教育孩子敬重真理。怀疑并不是缺点，总是没完没了的怀疑才是缺点。只有敢于怀疑，才能减少盲从。有怀疑的地方才有真理，真理是怀疑的影子。"

家长要培养孩子质疑问难的勇气。以下的做法可供借鉴：

1. 鼓励孩子多思多问

当孩子向我们提出问题时，应尽量给孩子以较圆满、正确的答案，并不失时机地肯定、表扬孩子爱动脑筋。

答案和表扬一方面满足了孩子的求知欲，另一方面更激发了孩子的好奇心。如果孩子提出的问题较深奥，家长自己也弄不明白，或者有些问题的答案可能不健康，不便于直接告诉孩子，遇到这种情况，也要及时理，不能打击孩子质疑的积极性。正确的做法应该是，谦虚地告诉孩子："你提的问题真好，但这个问题我也不懂，等我查完书再回答你，或者你自己查书找答案，好吗？"

2. 激发孩子质疑的兴趣

在日常生活中，家长除了尽量满足孩子的各种提问外，还应主动地、经常地向孩子提一些问题，引导孩子观察事物，发现问题，激发孩子的质疑兴趣和欲望。我们向孩子提出的问题，要符合孩子的年龄和知识范围，问题不能提得过难或过易，不然都会挫伤孩子思考的积极性。

3. 区别对待孩子的问题

孩子的问题，家长应注意区别对待，不要一一作答。有的问题只要孩子自己动脑或者查阅书籍就可以得到解答的，家长应鼓励自己解决，并教给他（她）解疑的方法。这样既教给了孩子解疑的方法，又提高了孩子质疑的能力。

4. 不要嘲笑孩子的问题

许多时候，孩子会问出一些很荒诞、很幼稚的问题，这时候，家长不能嘲笑孩子，责骂孩子："好好学习吧，别胡思乱想了，书上说的怎么会是错的呢？""老师怎么说你就怎么做吧，你这孩子怎么这么烦呢？""你比老师更厉害，还学习干什么呢？"对于孩子来说，类似的言语不仅会伤害他的自尊，更可能浇灭他们质疑的火花，因此丧失求知的欲望和兴趣了。

　　提出质疑，才能引发思考。而世界的进步正是不断推翻错误思想，建立正确思想的过程。鼓励孩子对知识提出质疑，不仅关乎孩子的个人成长，更关乎整个世界的发展进步。

第五章

心灵强大给孩子
行走于世的力量

黑格尔说过："一个拥有真正美的心灵的人总是有所作为的，并且是一个实实在在的人。"

家长要注重培养孩子强大的心灵，只有心灵强大起来，才能无所畏惧地直面学习与生活中的一切苦难，勇于挑战未知的风险，直达成功的彼岸。

有爱心的孩子生活更温暖

古话说："爱吾者，吾恒爱之；敬吾着，吾恒敬之。"爱是相互的，只有对他人付出爱，才会得到别人的爱。作为家长，如果在孩子小的时候就深谙此道理，并给予孩子正确的爱心教育和培养，等到孩子长大以后，自然就懂得用自己的爱心来赢得他人乃至全社会的爱。这样的孩子，将会生活得更幸福、美满。可以说，爱心教育，是家长给予孩子最珍贵的礼物。

作为父母，应该让孩子知道，每一个人都是平等的，要获得别人的关心帮助，首先要学会关爱他人。有这样一句话："投之以桃，报之以李。"一个懂得关照他人的人，才能得到他人的关照，才能获得更多的机会，也才能取得更大的成功。

家长帮孩子养成关心别人的好习惯，可以从以下几个方面做起：

1. 爱心培养要从小抓起

婴幼儿期是心理品质形成的关键时期，爱心的形成也是在婴幼儿时期。因此培养孩子的爱心，要从小抓起。在婴儿时期，父母要经常爱抚孩子，对孩子微笑，让孩子感受到父母对他的爱，这是孩子萌生爱心的起点。随着孩子一天天长大，父母要成为孩子的伙伴，陪孩子游戏、聊天、学习，让孩子感受到家庭的温暖，感受到被爱的幸福，为孩子奉献爱心打下基础。

2. 父母要富有爱心

家长是孩子的第一任老师，举手投足中都会给孩子留下深刻的印象，要让孩子有爱心，家长就要做出有爱心的行动。比如要孩子爱父母，家长就爱孩子的祖父母，为孩子做好表率。孩子的心是洁白无瑕的，从小在孩子的心中种下爱的种子，孩子必将成为爱父母、爱他人、爱社会的人。

3. 培养孩子的移情能力

所谓移情能力是指能设身处地地为他人着想、感受他人情感的能力。比如当看到别人生病疼痛时，要让孩子结合自己的疼痛经验体谅他人的痛苦，进而为他人提供力所能及的物质或精神上的帮助。

4. 为孩子提供奉献爱心的机会

许多父母只知道一味地疼爱孩子，却忽略了给孩子提供奉献爱心的机会。其实施爱与受爱是相互的，如果让孩子只是接受爱，渐渐地，他们就丧失了施爱的能力，只知道索取，不知道给予，并且觉得父母关心他是理所当然的。有的父母以为给孩子多点关心和疼爱，等他长大了，他就会孝敬父母、疼爱父母。其实这是一种误解，你没有给孩子学习关爱的机会，他们怎么会关爱父母呢？还有的父母认为孩子的任务就是学习，其他的都不重要，只有学习好了，将来才会有一个好的前程，于是什么事都为孩子着想，孩子衣来伸手，饭来张口。学习固然重要，但是孩子的性格、习惯、品质、心理对孩子的成长、成才更重要，并且这些都是需要在生活、学习中慢慢培养的，不会一蹴而就。

5. 可以通过让孩子自己照顾宠物或者种植植物来表达自己的爱心

有条件的家长可以在家中喂养一些小鸡、小鸭、小猫、小狗等，让孩子养成爱惜小生命的品德，培养孩子的爱心。人们发现，幼年时期饲养过小动物的孩子，感情比较细腻，心地比较善良。相反，从小没有接触过小动物的孩子感情比较冷漠，与同学发生矛盾冲突时表现为冲动易怒，出口伤人，行为粗鲁，并且会欺负弱小的同学。

所以，只要孩子愿意养小动物和植物，父母尽可能允许他去养。在家中养一些小狗、小猫、金鱼等小动物，或者养一些花花草草，让孩子去照顾，这样有利于培养孩子的爱心。

6. 保护好孩子的爱心

父母由于工作忙或其他原因，对孩子表现出来的爱心视而不见，或训斥一番，把孩子的爱心扼杀在萌芽之中。比如有个小女孩为刚下班的妈妈倒了一杯茶，妈妈却着急地说："去去去，快去写作业，谁用你倒茶。"再如有个小孩蹲在地上帮一只受伤的小鸡包扎，小孩的妈妈生气地说："谁让你摸它了，小鸡多脏呀！"孩子的爱心就这样被父母剥夺了。事实上，在很多情况下父母并不知道自己的行为会在不经意间伤害或剥夺孩子的爱心。

7. 利用电视等设备，对孩子进行爱心教育

多给孩子讲些有关爱的故事，多让他看和爱有关的短片来激发孩子的爱心。就如2008年发生的汶川大地震中，涌现了多少爱心人士，他们捐钱、捐物，甚至以他们宝贵的生命来救助灾区的人们。正是全国各族人民的共同努力，才使得灾区人民渡过难关，重新建立美丽的家园。这类的故事和短片对孩子都有很大的教育意义。此外，家长还可通过动画片引导孩子认识"爱心"。让孩子在看动画片的过程中，受到爱心教育。

　　生活中有这么一群孩子，因为过于内向，不善于表达自己的感情，因此会给他人留下"冷漠、无情"的印象。

　　首先，"冷漠"导致孩子交往不畅。冷漠的外表会让孩子给他留下拒人于千里之外的感觉，因为不善于与人沟通交流，不能深入学校的集体生活中去，不能和老师、同学、同伴心灵相通，看不到集体生活的真谛，看不到人的心灵深处那些高尚美好的东西，看不到真正的生活和真正的人生，看不到未来的希望和曙光，看不到挚友和知音，内心深处充满孤寂、凄凉和空虚，对其身心健康是极为不利的。

　　其次，冷漠的孩子易走极端。

　　再次，冷漠让孩子变得更加孤僻、内向。

　　最后，冷漠使孩子缺乏爱心。

　　冷漠标志着孩子心灵的麻木和责任感的消失。父母们要意识到，冷漠的孩子，他的人生难有幸福；对于他人，冷漠是伤人的利剑；对于国家，由冷漠者组成的民族肯定是没有希望的。因此，我们呼吁关注孩子健康成长的家长们，应该十分关注孩子冷漠心态的滋生与发展。那么，家长应怎样来融化孩子的冷漠心呢？下面的方法不妨试一试：

　　（1）营造互相关心的家庭氛围。充满温情的家庭氛围对培养孩子的爱心起着潜移默化的作用。父母间经常争吵、谩骂甚至大打出手，使孩子时常处在恐惧、忧郁、仇视的环境里，又怎能要求孩子去关爱别人呢？所以家庭成员之间要互相关心，特别是夫妻之间要恩爱、相互体贴，营造一个良好的家庭氛围。

　　（2）鼓励孩子关心帮助他人。在自身能够帮助别人的情况下，而别人又有事相求的时候，家长可以教孩子帮助别人解决困难，也可带孩子参加一些募捐活动，当然要在经济条件许可的范围内进行。孩子会通过实际活动和父母的思想启发去认识问题，逐渐养成良好的助人为乐的精神。

（3）强化孩子的"热心"行为。当孩子扶起倒在地上的自行车，当孩子给上坡的三轮车助了一把力，当孩子把自己的新书送给贫困地区的友伴，当孩子为正在口渴的奶奶送上一杯茶……当孩子出现这些"热心"行为的时候，爸爸妈妈要及时地给予表扬、鼓励。这样，在强化孩子热心行为的同时，就抑制了"冷漠"心态的产生。

（4）让孩子多与外界接触。让孩子多接触大自然，如平时邀几个亲朋，到郊外去转一转，呼吸几口新鲜空气，这些都有利于将情感融入山水之中、田野之上，让自然之美来消除胸中的苦闷和抑郁。爸爸妈妈还可以通过引导孩子欣赏艺术，忘却自身的苦恼，从而在心理上得到某种程度的放松。这些都是改变孩子冷漠心态的有效方法。

因此，要改变孩子冷漠的心态，家长应该带孩子到生活中感受"热心"的暖流。唯有温暖才能驱走寒冷，给孩子的心灵带来明媚的春天。

抗压能力决定孩子能否优秀

乐观是光明的使者，是孩子成长过程中希望的引领人。让孩子拥有乐观的心态，就能让他们在黑暗中看到光明，在逆境中找到出路，在绝望后重新燃起对生活的信心和希望，走出悲观的心灵阴霾，走向美好的未来。

从小到大，他都是一帆风顺。

直到大学毕业后的第三年，他创业失败了。

深受打击的他从大城市回到老家的山上，失魂落魄，萎靡不振。

父亲看在眼里，急在心里。一天，父亲要他跟自己上山伐树。

在锯断一棵棵的大树之后，父亲便让他去清理那些枝枝杈杈。结果他手里的斧头陷在了一个木结处，拔都拔不出来。

"爸，这个木结怎么这么硬，我的斧头被卡住了。"他说。

"哦，因为那里受过伤。"父亲回答道。

"哦？"他有点儿发愣。

"树受了伤，就会在受伤的地方结成木结，这木结往往要比其他地方坚硬许多。"父亲顿了一顿又说，"人也一样，多摔几跤才能变得坚强。"

父亲的这句话如同闪电一般一下照亮了他的心。他愣住了，自言自语地说道："我不能被这个木结卡住前进的脚步。"

任何一个人生活在这社会上，都会遇到这样或者那样的压力、困难和挫折。内心坚强者，即便备受挫折与磨难，也照样能够坚持自己的目标，沿着成功的方向前行。而内心脆弱的人，往往一遇到困难就退缩，一遇到挫折、失败、打击就一蹶不振。

而要培养孩子的心理承受能力，家长应该以良好行为习惯的养成为基础，以心理健康教育为主要内容，循序渐进地开展起来。正确的做法是：

1. 尽可能地让孩子自己决定和处理自己的事

作为家长，应尽量地让孩子自己决定和处理自己的事。只要不是坏事，只要孩子能够做到，就让他们自己拿主意，自己去做。

2. 尽量少奉承孩子

许多孩子是在充满奉承的环境中长大的。即使孩子做了一些他应该做的事，周围的人总是赞不绝口孩子犯了错误，家长怕"刺激"孩子，千方百计地帮孩子找借口，致使孩子任性，虚荣。不奉承孩子，就是不单纯地去讨孩子的欢心，就是善于让孩子承担他应该承担的义务，就是让孩子清楚什么是对，什么是错，什么应该做，什么不应该做，从小就正视自己遇到的每一个问题。

3. 培养孩子的适应能力

在日常生活中，家长要从现实出发来引导孩子，让孩子坦然地面对现实经历各种情感体验，无论是快乐、自信、希望还是痛苦、失望、拒绝，都让孩子真实地去体验，开放地去经历。像林娜，如果她父母从小就注意从现实出发，让她能像别的孩子那样多经受几次失望、痛苦，孩子在新环境中遇到困难时，和孩子一起分析原因，改进方法，使其尽快适应新环境，她也不至于走极端。

4. 父母要经常关心鼓励孩子

父母每天要抽出一些时间，在轻松自如的气氛中，和孩子推心置腹地谈谈学习、生活，鼓励孩子谈谈自己遇到的困难，遭受的挫折；同时，父母也应该谈谈自己平时在工作、生活中遇到挫折时是如何对待的；当孩子遇到困难时，父母千万不能大声呵斥或粗暴责问，而应施以更多的关爱，给孩子安慰，使他紧张的情绪得以缓解；或与孩子坐在一起，跟他谈心，让孩子主动诉说自己的不幸与委屈，父母认真地听其倾诉，父母充满爱的信任和鼓励，就一定会鼓起孩子的勇气，激发他的自尊和自信，使其尽快摆脱不愉快的情绪，高兴地投入学习、生活中去。

5. 让孩子学会公平竞争

现在的孩子好胜心强，什么都想得第一。如林娜，由于她所处的环境比较优越，再加上她本人小学时成绩也确实不错，人们把她的优点过分夸大，缺点忽略不计了。在她的印象中，不管在什么方面，别人都不如她。其实，在孩子小时候就应该让她明白，一个人有成功的地方，也会有不如人的地方，样样都是你第一是不可能的；对孩子的薄弱环节应鼓励她多练习，提供给孩子一个公平竞争的机会，让孩子意识到自己会成功，也会失败，不管是成功还是失败，只要是经过自己努力，都应觉得自豪，而不是只接受成功，拒绝失败。

6. 及时地排解孩子的心理压力

有时孩子会面对一些他自己无法承受的心理压力。这时就特别需要教师和家长进行积极的排解和疏导。常用方法是：

（1）跟孩子谈心，解开他们思想上的疙瘩。

（2）给孩子做出某些承诺，消除顾虑。

（3）帮助孩子分析原因，解决问题。

（4）鼓励孩子坚强，自信，化解心理压力。

（5）善意地关心孩子的事，不论与心理压力的成因有无直接关系，都会使孩子获得信任感。

（6）从事一些文体方面的活动，转移其注意力。

7. 有目的地进行"心理操练"

心理和生理一样，必须通过一定的锻炼活动来促进其健康。为培养孩子的承受能力，可有目的有计划地开展一些"心理操练"。

比如，可在体育活动中有意识地培养孩子的意志品质；通过组织各种活动来树立孩子的自信心；开展"生活自立能力比赛"等，使孩子树立正确的竞争意识；在孩子取得成绩的时候可出点儿难题，在他们失败、失意的时候给予鼓励，教育孩子"得之不喜，失之不忧"，始终以平和自然的心态面对生活和竞争，才能够经得起成长路上的风风雨雨。

那么，如何才能让孩子变得乐观起来。心理专家建议，家长需做这样的努力：

1. 做心态乐观的家长

要让孩子变得乐观，家长首先要有乐观的思维方式。父母在处理自身问题和家庭问题时的乐观态度，对孩子具有重要的示范作用。如果这会儿下雨了，父母不要说："该死的天，又下雨了。"因为这样说并不能改变下雨的事实。如果说："瞧，太好了，又下雨了！小鸟在歌唱，小草也在歌唱，它们都得到了雨水的滋润。"这样就会把快乐传递给孩子，让他无论面对何种环境，都保持一种愉悦的心情。

2. 不要对孩子控制过严

作为家长，当然不能对孩子不加管教、听之任之，但相反，"控制"过严却又会压制儿童天真烂漫的童心，对孩子的心理健康产生副作用。不妨让孩子在不同的年龄段拥有不同的选择权。例如，对于两三岁的孩子，可以允许他自己选择早餐吃什么，什么时候喝牛奶，今天穿什么衣服。对于四五岁的孩子，可以允许他在家长许可的范围内挑选自己喜欢的玩具，选择周末去哪里玩。对于六七岁的孩子，应该允许他在一定的时间内选择自己喜欢看的电视节目，什么时候学习等；对于上小学的孩子，可以允许他结交朋友，带朋友来家玩等。

3. 生活不宜过分优裕

不要以为源源不断地为孩子提供高档玩具、美味食品和名牌时装就会给他们带来幸福。而实际上，物质生活的奢华反而会使孩子产生一种贪得无厌的心理，而对物质的追求往往又难以自我满足，这就是为何贪婪者大多并不快乐的真正原因。相反，那些过着普通生活的孩子往往只要得到一件玩具，就会玩得十分开心。

4. 家长要注意自己的批评方式

父母批评孩子的方式正确与否，决定着孩子日后性格是乐观还是悲观。因此，父母对孩子的批评应该恰如其分，不要把几次错误夸大成永久性的过失，应让孩子体会到自己所犯的错误是可以改正的，并知道从何处着手改正。孩子对自己的评价很大程度上是建立在父母对他们的评价之上的，因此父母对孩子的言行应以欣赏鼓励为主，并善于发现孩子身上的优势和亮点。

平时，父母要多引导孩子看到自己的进步和成绩，鼓励孩子想象自己的美好未来，让孩子对自己的未来充满希望。只要孩子对未来充满了希望，孩子必定会以乐观的心态去面对生活中的事情。

有责任心的孩子方能担大任

责任心，是指一个人对自己、对家人乃至对社会应尽的责任的认识和态度。它是一个人成长路上必不可少的品质，更是当今人才选择的一项重要指标。加强孩子责任心的培养，对孩子将来事业成功、生活幸福是有很大帮助的。苏联教育家马卡连柯就曾明确指出："培养一种认真的责任心，是解决许多问题的教育手段。"

　　一个有责任心的孩子，才会去努力，也才会有发展。有了责任心，孩子做事才会善始善终，不会因一点儿小挫折就产生懈怠的心理，从而导致半途而废。这对于培养孩子的独立性，具有举足轻重的作用。然而，责任心的缺乏却是现在孩子在成长过程中普遍存在的问题。

　　赵乐乐是家中的独生子，在家百般受宠，从小过惯了"饭来张口，衣来伸手"的日子。

　　现在，乐乐已经是小学四年级的学生了，可是，他依然什么事情都不会做，连削铅笔、整理书包、穿衣服、系鞋带这样的小事都还由妈妈和奶奶代劳。

　　乐乐把这种"恶习"带到了学校中，班里的事情，他从来都不管、不顾。同学们有什么事情问他，他也总是一问三不知。有些时候，甚至不知道自己当天的作业是什么。轮到他做值日，可他还没放学，就已经跑得不见踪影了，老师批评他，他也总是摆出一副满不在乎、不负责任的模样，翻了翻白眼，漫不经心地说："关我什么事情呢？我是来学校学习的。"

　　由于乐乐太没责任心，所以同学们都不喜欢他，而他的成绩更是差得让人吃惊……

　　对此，爸爸妈妈困扰极了，他们不知道为什么自己的孩子会是这个样子。

　　故事中的乐乐之所以缺乏责任心，与他的家庭的教育有很大的关系。家里的大人出于"爱护"的心理，把乐乐的生活安排得面面俱到，孩子要什么有什么，根本不劳自己费心。久而久之，他不但丧失了独立生存的能力，还养成做事不负责任的习惯。这样的孩子往往没有礼貌、不懂得珍惜。

其实，作为孩子的家长，能给予孩子的最好的礼物，应该是"根"和"翼"，也就是责任之根与独立之翼。如果孩子缺少了这两样东西，不但会给自己惹来烦恼，还会给家庭带来负担与悲剧。因此，家长应从小培养孩子的责任心，让孩子自己负责自己的事，养成自己解决问题的习惯。具体的做法如下：

1. 放手让孩子自己做自己的事

家长要了解孩子在各个年龄阶段普遍具备的各种能力。知道在什么年龄，孩子应该会做什么事情，那么就可以放手让孩子自己做自己的事情，而不依赖别人。比如，自己穿衣服，自己洗袜子，自己削铅笔，自己整理书包等。如果孩子从小养成了自己的事情自己做的习惯，他们自然而然就能把这些自己的事情视为应该完成的责任，这是培养孩子责任心最初的一步，也是最基本的一步。

2. 在家里要给予孩子参与劳动的机会和岗位

家长要培养孩子劳动的习惯，通过劳动培养孩子的责任意识。让孩子在家里有固定的工作，如洗碗、扫地、拖地板、擦玻璃、取牛奶、拿报纸等天天都要做的事情，分几件给孩子干，并且负责到底，这样做有利于帮助他们了解生活，了解父母。更重要的是，让孩子明白自己是家里的一分子，需要承担一定的家庭责任。

3. 给孩子一个好的榜样

孩子有对自己喜欢和崇拜的人进行模仿的心理倾向，而父母在小孩子心目中一般都具有绝对的权威。父母的言行举止对孩子的影响是深远的、巨大的。家长的一些所作所为，孩子看在眼里、记在心上，长期的耳闻目染不由得孩子不受影响，父母在生活中严以律己，给孩子做好表率，可以更好地去影响和教育孩子。

4. 约定责任内容

家长应该和孩子约定责任的内容，让孩子明白该做什么、怎样做，否则将会受到哪些惩罚。孩子做事往往是凭兴趣的，要让孩子对某件事负责到底，必须清楚告诉他做事的要求，并且与处罚联系在一起。如把洗青菜的家务活承包给孩子，要是没做好，便不能吃所有的菜。这样，孩子才知道一个人是要对自己的行为负责的。

5. 让孩子品尝挫折学会承担

孩子处于成长之中，对一些事情表现出没有责任感也是正常的，因为许多时候他不知道责任是什么，所以为了培养孩子的责任感，家长可以适当地让孩子品尝一下办事情不负责任的后果，教孩子如何去面对并接受这次失败的教训，从中获得成长。如孩子在学校违规受罚，一定要支持老师的做法，不要想方设法去替孩子解围。孩子接受惩罚的后果，同时承担能力也就增强了。

6. 让孩子养成"自己想办法"的习惯

从小让孩子自己去解决自己的事情，遇到问题要自己想办法，不要总想让别人替自己解决问题。当孩子没有办法解决自己的困惑时，才给孩子一些建议，多沟通与指导，不要把自己的某种愿望强加给孩子。

7. 不要让孩子逃避推卸责任

要培养孩子的责任感，家长应当要求孩子勇于对自己的言行负责，不论孩子有什么样的过失，只要他具备承担责任的能力，就要让他去勇敢地面对，不能让他逃避和推卸，更不能由大人出面解决。比如孩子损坏了别的孩子的玩具，家长就应要求孩子自己去帮人修理或照价赔偿。孩子一时冲动打伤了人家，家长就应要求孩子自己去登门道歉，并鼓励孩子去照顾被打伤的孩子等。让孩子明白，任何人都别想推卸自己的责任，让别人替他们收拾残局是不可能的。

8. 要求孩子做事有始有终

良好的责任心是要靠坚强的意志力和持之以恒的态度来维持的，而这恰恰是许多孩子所缺失的。孩子好奇心很强，兴趣爱好很广泛，但是缺乏坚持性、自制力，遇到一点儿困难和挫折就打退堂鼓，不愿意再坚持下去。这是孩子在成长中的问题，需要家长给予引导。因此，为了增强孩子的责任心，家长平时就应当有意培养孩子做事有始有终、负责到底的良好习惯。

总之，责任心并不是与生俱来的，它需要在长年累月的生活中逐渐培养。无论在何时、何地，家长都要学会在点点滴滴的小事中培养孩子的责任心，让孩子充当一些有意义的角色，使他们知道自己的行为对集体所产生的重要性，增强孩子的主人翁感。这样，孩子才会变得越发有责任心起来！

心胸开阔才能"轻装"上阵

心胸豁达能让孩子正确地对待失去的东西。"不要为碰翻的牛奶哭泣"，说的就是我们应该如何去面对已经失去的东西。失去的终究是失去了，不管如何哭泣它们都不会再回来了。有了平常心我们便不会因为一些无关紧要的事情而哭泣,因为我们知道,世界上不管什么东西都不是永恒的,即便我们对它们有多么的留恋,也不能制止这种逝去。因此,平常心在这个时候往往扮演的是一种协调剂的作用,能让我们很快地从失去的阴影中走出来,去追求下一个目标。

杨一帆是个好学上进的女孩子,她学习成绩非常优秀,而学习也非常自觉、努力,从来不用别人督促。为此,爸爸妈妈以她为荣,经常在朋友面前夸赞自己的女儿。

但最近一帆却一蹶不振,先是在学校的作文比赛没有取得较好的名次,后来又在一次期末考试中跌出三甲之外。尽管爸爸妈妈安慰她"胜败乃兵家常事",但一帆依然难以接受如此"残酷"的事实。她不明白为什么自己这么努力却没有得到应有的回报,为什么老天对自己这么不公平。她甚至开始松懈了下来,反正努力也是白费。为此,她的爸爸妈妈非常苦恼!

一帆之所以变得如此,与过强的"好胜心"及过于追究"结果"的心理有关!因为长期精神绷得太紧,这个时候,孩子放松自己也未尝不可!家长不妨纵容一下暂时的松懈,但若长此以往,家长就不能不加以重视了!

与一帆不同的是,刘彤不但没有因为一次的失败而气馁,反而愈战愈勇,从来不放弃!这些均归功于她的爸爸妈妈的教育!

刘彤也是一个学习用功的孩子,成绩一直在班里名列前茅,但平时,爸爸妈妈总是对她进行平常心的教育,告诉她,做事要积极,但心态应该豁达,失败成功都是平常的事情,所以要坦然地面对一切荣誉与失败。

妈妈总是对刘彤说："凡事自己尽力就可以了，不要跟别人比！这样就永远是心理上的胜利者！"刘彤把妈妈的话牢记在心里！

有一次，刘彤参加"奥数"比赛，没有获得好的名次！来学校接刘彤的妈妈知道情况以后，不但没有责备刘彤，还安慰她说："输赢不要紧，重要的是参与。"

类似的话，让刘彤拥有了一颗看待荣辱的"平常心"。所以，她做什么事情，都没有过重的"得失"心理！老师们都说："这孩子很难得，很从容，也很淡定！"

"平常心"可以让他们以正常的心态看待同伴取得比自己杰出的成就，冷静地看到自己的成绩和不足，从而找准方向，付出努力。一般来讲，让孩子保持一颗好的平常心可以有以下几种好处：

首先，积极进取的心态能激发孩子成功的斗志，推动孩子顽强地不停地向着未知领域进行探索，促进孩子的智力的发展，强化孩子的坚强意志，使他们不满足现状，不怕困难，不畏险阻，满怀信心地奋勇前进。

而豁达、不计较得失的心理则能让孩子的生活充满快乐。生活并不能一帆风顺，有成功，也有失败，有开心，也有失落。如果孩子把生活中的这些起起落落看得太重，那么孩子永远都不会坦然，永远都没有欢笑。

其次，豁达的心态能让孩子正视自己的缺点和不足，并时时进行反省。拥有平常心的孩子并不会掩饰自己的缺点，相反他们会把一个真实的自己摆在周围人眼前，希望周围人能给他们挑出不足和欠缺的地方，他们懂得要时时进行自我反省，才是真正对得起自己。换句话说，就是能把自己看得很清楚，并不断地进行自我审查，做到诚恳无私地了解自己。

那么，如何才能让孩子做到既积极又豁达呢？

1. 信任孩子，给孩子积极进取的动力

作为父母，可以多与孩子沟通，把对孩子的信任和期望表达出来，并对微小的进步及时给予鼓励，帮助孩子分析困难与挫折，不但可以愉悦心情还可以促进进取。

2. 让孩子做到"胜不骄，败不馁"

在平常生活中，家长可以把"胜利"和"失败"放在同一个领奖台上，孩子成功的时候给予孩子奖励，孩子失败的时候同样也要给予奖励，让孩子平等对待骄傲与气馁，从而能够本着平常心继续前进！

3. 让孩子学会平常心对人对己

要做到一颗平常心对人对己，需要让孩子经常调整自己的心态，不要管得太多，也不要想得太多，走自己的路，不要计较别人说什么。遇事要冷静，忌冲动，看淡得与失，看淡功名利禄。这样，你的孩子在很多情况下反而会表现得更好！

4. 教会孩子客观评价自己

不懂得客观地评价自己，过于好胜，虚荣心过强的孩子要么过于自尊，要么过于自卑，总是不能客观地正视自己。所以，家长要教会孩子别欺骗自己，要正确对待自己的缺陷，同时又要看到自己的优点。只有懂得客观地评价自己，孩子才不会患得患失！

5. 教会孩子正确对待名誉

缺乏"平常心"的孩子一般都喜欢沽名钓誉，好追求表面上的东西。家长要帮助孩子正确认识自己，不能以华而不实的东西作为追求的目标。

当今社会竞争日益激烈，适者生存的观念日渐深入人心，为了让孩子将来在竞争中立于不败之地，许多家长在孩子很小的时候就刻意培养他们的"好胜心"和"竞争意识"。

过强"好胜心"与"竞争意识"也催生了一系列的教育问题与社会问题。因为要"竞争"要"取胜"，我们的孩子学会了嫉妒，更学会了"不择手段"。

其实，适当的竞争当然是好，它能激发一个人的上进心，让人变得有斗志。但过度了，就可能影响到健康人格的形成，这就很可悲。

首先，爱嫉妒，影响个人的情绪。

嫉妒心理会使人产生诸如愤怒、悲伤、抑郁等消极情绪，导致烦恼丛生，并忍受精神的折磨，这不利于身心健康。严重者甚至在妒火中烧时丧失理智，诽谤、攻击、造谣中伤他人，而不能留出足够的时间来提高自己，并因此会陷入一种恶性循环中而不可自拔。

其次，爱嫉妒的孩子容易引起偏见。

嫉妒心理在某种程度上是与偏见相伴而生、相伴而长的。嫉妒有多深，偏见也就有多大。有嫉妒心理者容易片面地看问题。因此会把现象看作本质，并根据自己的主观判断猜测他人。而当客观地摆出事实真相时，嫉妒者也能感到自己的片面、偏激或是误会。

再则，爱嫉妒影响人际交往。

嫉妒心理是人际交往中的心理障碍。首先，它会限制人的交往范围。嫉妒心理强烈的学生一般不会选择能力等各方面比自己优秀的同伴交往。更有甚者，诽谤、诋毁自己身边优秀的同学。其次，它会压抑人的交往热情，交往时总有所保留，不情愿真诚相待。另外，妒忌心理重者，甚至能反友为敌。他们一般不能忍受朋友超过自己，并怀恨在心，展开暗中攻击。它是一种不健康的心理，是心胸狭隘的表现，也是不自信的表现。要帮助孩子消除这种不良的心理，家长必须帮助孩子正确认识自我、减少虚荣心、不要以自我为中心、学会接纳他人、学会理解他人、学会公平竞争等。具体地说，应做到以下几个方面：

1. 家长要让孩子学会正确认识自己，激发孩子的竞争意识和自信意识

首先，要让孩子摆正自己的位置，世界上没有十全十美的人，每个人都有自己的长处和短处，自己在某一方面超过别人，别人又在另一方面胜过自己，这些都是常见的现象。让孩子正确地评价自己，从而找到与他人的差距，扬长避短，开拓自己的潜能。

其次，有嫉妒心的孩子往往有某方面的才干比如争强好胜，家长可以充分利用其争强好胜的特点，激发孩子的竞争意识和自强观念。与孩子一起进行自我分析，帮他找出自己的优缺点和赶超对方的方法。

2. 家长要培养孩子的热情、合群的性格和集体主义观念

让孩子充分认识到集体和朋友间友情的美好和重要，使孩子乐于去帮助别人。

3. 父母不要溺爱孩子，因为溺爱是滋生嫉妒的温床

在日常生活中，父母应经常表现出对别人的宽容大度，这样，孩子在潜移默化中，就会学到如何正确对待比自己更成功的人，使个性朝着健康的方向发展。

4. 教育孩子承认差异，奋进努力

现实中的人必然是有差异的，不是表现在这方面，就是表现在那方面。一个人承认差异就是承认现实，要使自己在某方面好

起来，只有靠自己奋进努力，嫉妒于事无补，而且会影响自己的奋斗精神。

除此之外，父母还可以让孩子充实自己的生活。因为嫉妒往往会消磨孩子的时间，如果孩子学习、生活的节奏很紧张、生活过得很充实很有意义，孩子就不会把注意力集中在嫉妒他人身上。父母应该帮助孩子充实生活，让孩子多参加一些有意义的活动，转移孩子的注意力，使孩子把精力放在学习和其他有意义的事情上。

懂得感恩的孩子更易获得贵人相助

一个懂得感恩的孩子更容易获得快乐、幸福，乐观而容易满足，他们不会因为小小的不如意就怨天尤人，不会因为一点点的失落就烦恼不已。一个懂得感恩的孩子内心是温暖的，因为，他们始终觉得自己是被喜爱、被帮助、被关怀的，孤独感因此而被驱散，对世界的怀疑和对抗也因此而消弭。这样的孩子更热爱生活，珍惜生命，心态也更平和。

然而，在现实生活中，却有这么一些孩子，他们花样翻新地讲吃，极尽考究地讲穿，理直气壮地讲用，时尚休闲地讲玩。他们习惯于父母无微不至的爱而不知道感恩，习惯于接受他人的帮助而不说"谢谢"，习惯于充足的物质享受而不懂得珍惜。他们多数人记不住父母的生日；将来自父母的照顾视为理所当然；攀比心理强，不懂得珍惜幸福生活；不服父母、师长的管教……这样的孩子，只懂得索取，不懂得回报，其情感是匮乏的，内心更是贫瘠的，他们哪怕遇到一点点的不顺利都会怨天尤人，把自己的"不顺"归结于他人对自己的不公平。这对孩子的成长极为不利，这样的孩子更经不起风雨。

事实上，父母爱孩子，这是一种发自内心的情感，这种情感驱使父母愿意为自己的孩子做很多很多的事。而他们恰恰忽略了一个问题，要对孩子进行感恩教育，教育孩子对于别人的付出，一定要表示感谢，心怀感激。孩子只有心怀感激，才能把这种感激转化为成长的动力。

有一位名叫尹礼远的孩子，他家境贫寒，父亲左手残疾，母亲痴呆。因为从小就知道父母的艰辛与不易，小小年纪的尹礼远显得比他的同龄人更加的成熟与懂事，他除了更加勤奋刻苦地学习，以此来报答亲人对他的期望之外，还想方设法减轻家里的负担。

为了节省作业本，他写了擦，擦了写，至少要写三遍。为了节省鞋子，暮春时，他就光脚，一直到立秋才穿鞋。若是遇到下雨、下雪天，即便是冬天，他也要脱下鞋走路。假期还去工地做工赚学费。

他的故事感动了千千万万的人，因此，大家为他捐款、捐物，资助他学习。而他对于大家的帮助始终心怀感激，更加努力地学习，且不负众望，取得了好成绩。他说，他要把这种爱传播出去，要做更多的事情回报这个关爱他的社会。

这就是感恩的力量。那么，我们如何才能让孩子懂得回报与感恩呢？

第一，父母要反思自己的行为。孩子缺乏感恩之心，与父母有很大关系。有的家长对待亲人、朋友很吝啬，不知道施以爱，而是一味索取。比如对老人不孝，对家人不好，得到朋友的帮助，不知道感谢。所以，在教育孩子时，父母首先应该反省一下自己，当接受别人的关怀、帮助、祝贺时，是否表示过真诚的谢意？此外，淡化甚至忽略对孩子感恩意识的培养，让孩子感受不到父母的关爱，将孩子萌芽的感恩之心给扼杀掉的行为，也是孩子不懂感恩的重要原因。

第二，父母应身体力行，让孩子看到你对长辈的孝道。孝顺长辈是日常生活里让孩子体会感恩的最基本做法。平时多帮自己的父母做家务，并且告诉孩子：爷爷奶奶年纪大了，自己煮饭、打扫都很辛苦，平常没有帮到忙，所以回来时要多为父母尽点儿力。这样一来，孩子看到了父母的行动，也了解到感恩的意义，以后也会帮父母做家务。

第三，家长应该让孩子知道：爱应当是双向的，滴水之恩，涌泉相报。一个只懂得向他人索取而不懂得回报的孩子，长大后将不仅不懂得孝道，不知回报亲人，更不会帮助他人，自然也不会得到他人的相助。

第四，让孩子学会感谢自己身边的人。家长在与身边的人乃至不认识的人相处时，都要给以积极的帮助，并且在得到他们的帮助时，要把自己的感恩之心传递给孩子，让孩子也知道授人以恩，不能忘却。要培养孩子的感恩之心，家长应让孩子学会感谢身边的人：

1. 感谢自己的母亲

母亲既给了孩子生命，又哺育孩子成长。母亲应该多向孩子讲述他们成长的故事，使孩子从小意识到自己并不是石头缝里蹦出来，也不是山上拾来的，而是妈妈一点点养大的。当然妈妈在讲述时要自然，感情要真挚，不可让孩子觉得你在"居功自傲"，要让孩子体会到无私和高尚的母爱。做父亲的心要细些，孩子们都很重视自己的生日，早早就在策划自己的生日怎样度过。很多父亲给孩子过生日时很大方，花很多钱把孩子的伙伴请到酒馆开一个晚会，烛光闪闪，笑语欢歌，好不热闹。可是心细的父亲不应该忘记在给儿子切生日蛋糕前，告诉儿子选送一枝鲜花给妈妈，感谢妈妈在这一天送他来到这个世界上。

2. 感谢自己的父亲

所有的母亲要教育孩子尊敬和热爱他们的父亲。告诉孩子父亲的辛劳，父亲为这个家庭所做的种种牺牲和努力。

父亲是家庭这艘大船的船长，感谢他给了我们安全和温暖的家。教育孩子好好学习，好好做人，以报答父亲的辛勤。

3. 让孩子感谢自己的朋友

有不少父母对孩子的世界漫不经心，所以常常会忽视孩子之间的友情，结果造成对孩子的伤害。事实上，做父母的应该重视孩子们之间的友谊。在孩子的世界里自有一种父母无法想象的"法则"和相互间不可忽视的影响力。

第六章

鼓励孩子体验丰
富精彩的人生

我们都知道，孩子所获得的知识有传承和体验两个来源，传承就是前辈对后辈的教育。通过文化知识和家庭美德的传承，孩子会比较系统、快捷地理解和掌握前人积累下来的经验和智慧，知道什么是对的，什么是错的，在成长中可以少走许多弯路。但是，仅仅依靠传承还是很不够的。孩子必须要有亲身的体验和实践。只有经过体验和实践，才能长知识、长才干。

成长需要不断的体验

对于任何一个孩子来说，成长的过程就是一个体验的过程。

每个孩子从婴幼儿时期就开始用眼睛去看，用耳朵去听，用鼻子去闻，用舌头去尝，用手去摸去抓。这都是他们在有意无意地在收集、积累生活中的直接经验。没有"看"，孩子如何知道世界上的五颜六色；没有"听"，孩子如何分辨刺耳的噪声和悦耳的音乐；没有"闻"，孩子如何辨识香臭；没有"尝"，如何知道食物的酸甜苦辣；没有"摸"，孩子如何知道物体的粗糙、孩子柔软与坚硬。孩子的看、听、闻、尝、摸等体验，不仅发展健全了孩子的各种感觉器官，加深了他们对自然、家庭、社会的认识，还对他们动手能力的培养具有非同寻常的意义。

孩子再长大一点儿后就开始学骑车、学游泳、学滑冰、学电脑、学音乐、学绘画、学社交等。这些生活、学习技能仅仅依靠家长、老师的传教是学不会的。必须实地操作、反复练习、反复感悟，只有在体验的过程中，才能学到相关的知识和技能。体验、实践丰富的孩子，往往具有好奇心强，主动性强，自信心强，社交能力强，生存能力强等优势；相反，体验、实践贫乏的孩子，往往会有主动积极性缺失，冒险探究精神缺失，动手动脑能力不足，人际交往能力不足等劣势。所以说，体验越丰富，知道的事情就越多，见识就越广，孩子也就越聪明。反之，则越无知。

因此，别因为担心你的孩子可能会摔倒，就不让他奔跑；别因为害怕孩子可能会感染细菌而不让他栽花种草，挖虫子，踩水洼；

更不要因为孩子把家里的小玩具、小电器拆了没有装上，就制止孩子做类似的体验……其实，即便结果是失败的，在体验的过程中，孩子还是能体味到实践过程带来的成就感的。

很多时候，孩子的体验过程比孩子的体验结果更重要。家长应在心中持这样的价值观："在黑暗中的摸索比等待火炬引路更重要"，"亲身体验比道听途说更可贵，锐意开拓比坐享其成更可贵，说自己亲眼所见比鹦鹉学舌更可贵，打破砂锅问到底比浅尝辄止更可贵"。孩子的童年、少年时代只有一次，得给其体验的机会，就是给其成长的养分。

当然，体验是方方面面的，体验也是随时随地的。虽然我们需要对孩子的某些不健康的体验做些指导、帮助、教育、限制，甚至需要对那些害人的、不可挽回的体验严加禁止，但是，我们更需要对孩子的健康有益、蓬勃向上的体验多加鼓励。

不过，任何体验都不可能是一次完成、一次成功、一次见分晓的，家长和孩子都得有打持久战的思想准备，不仅有广度，也得有深度；不只停留于表面，还得深入就里；不只满足于浅尝辄止，还得长期、深入、持续不断地进行下去。

总之，家庭教育的路程很长，而孩子未来人生路的体验路程更长。作为家长，我们应多给孩子一点儿自我成长、自我体验的空间。不怕孩子去碰壁，鼓励孩子去创造，同时呵护好孩子幼小的心情，便可让孩子健康蓬勃地成长起来。

对于任何人而言，成长都不可能不付出一些代价，相比于孩子的动脑动手能力，相比于孩子对客观事物的兴趣爱好，摔跤这样的小事情又算得了什么呢？摔跤、跌倒、失败了一次，吸取一次教训，只要孩子能吸取经验教训，一次比一次做得好，家长就该鼓励。再则,孩子在体验摔跤乃至失败的同时,磨炼了意志,培养了探索精神,养成了做事有始有终的习惯,这有什么不好呢?

体验成功让孩子更有自信

让孩子体验成功,是孩子走向新的成功的开始,一句话,成功才是成功之母。

要想通过成功感来激发孩子的自信心,家长不妨从以下几个方面入手:

1. 为孩子创造学习成功的预感

心理学研究和生活经验都告诉我们这样一个道理:如果一件事情有很大的价值,我们努力后又可以实现,那么我们肯定会对它产生兴趣,并愿意做出努力。培养孩子的学习兴趣时也应注意运用这个规律——为孩子创造学习成功的预感。

小璐今年上小学五年级,她在五年级上学期末的考试中语文成绩不及格,以前她的语文成绩在班上一般也处于最后几名。小璐为此十分烦恼,所以她讨厌语文课。

妈妈为了改变这种状况给小璐布置了一项作业:每天把《格林童话选》抄写一页,并完成有关的字词任务。家长告诉她只要耐心细致地完成这项作业,就可能取得有益的结果。孩子对这项作业很感兴趣,因为它不同于平时完成的那些练习。她感到,父母对这项新型的作业寄予很大的希望,相信她的读写水平一定能够提高。这就给孩子增添了力量,只过了一个半月的时间,就有了初步的成绩。她在童话原文里发现了自己前几年一直写错的词并学会了许多新的语言表达方法,她现在也开始仔细地阅读其他文艺作品，在里面寻找好的词、词组及句式。这样，小璐终于在语文默写方面取得了满意的分数。这一点更加鼓舞了她，增强了她把语文学好的信心。

2. 积极鼓励孩子从事有兴趣的活动

正常的兴趣与充分的运动，不但有助于调剂学习和生活，更可培养积极健康的人生观。

所以，当孩子在节假日要求父母陪同玩游戏时，父母不该严肃地说："不准玩，快去做功课！"因为，游戏不但能训练个人的思考力与临场反应，亦可提高其理解力，对学习也有益处。反之，若孩子因缺乏理解力的训练而无法领会课业的内容，必将随年级的升高与课程的加深，更难产生学习兴趣了！因此，当父母发现孩子兴趣广泛并喜爱运动时，应当积极地加以鼓励。

3. 让孩子做自己擅长的事

当我们在做自己擅长的事时，心情都比较愉悦，精力也相对集中，能将事情又快又好地完成。因此，让孩子去做他擅长的事，能助其增长自信。教育专家认为："大脑犹如一条包巾：只要提起一端，便可带动全体。为何拥有一技之长的人，通常其他方面也会有优异的表现呢？正因头脑有如包巾般的特性，只要有一端被开启，其他部位也会相对地活跃起来。因此，若对某一课题产生好奇心，集中精力去做，必能促进全脑的活性化。"

4. 鼓励孩子获得成功

对孩子的要求如果太高，孩子就很难实现目标，就很难建立起信心。如果家长针对孩子的实际水平适当地降低标准，孩子就很容易取得成功。成功对于孩子来说，往往会产生意想不到的效果，孩子就会从不难获得的成功体验中获得充分的自信，就会取得更大的进步。

比如，低年级的孩子学会拼音和常用汉字后，可让他们给外地的亲戚写封短信，并请求远方的亲人抽空给孩子回信，让他们尝到学习的实际效用，这样能培养孩子的学习兴趣。

5. 让孩子做老师

家长可以让孩子做老师教自己，试着交换一下教和被教的角色，孩子站在教方的立场，会提高其学习的欲望。同时，为了使双方明白，自己必须深入地学习并抓住学习内容的要点，这对于其自身的学习有很大的帮助。

6. 多鼓励，少批评，保护孩子的积极性

在孩子做错事的时候，不要随意批评，或过多地指责他们做得不对，而是要以鼓励为主，保护孩子的积极性。

7. 对孩子的要求和期望值不要太高

当发现孩子在某些方面不如他人或达不到预期要求时，就要考虑根据孩子的情况和特点进行修改，提出一些适合自己孩子、经过努力能够实现的目标。要一步一步来，不要急。要知道，培养孩子是一个艰苦细致的漫长过程，只有通过正确的、切实可行的教育，尊重孩子，帮助孩子，鼓励孩子，并及时给予指导，让孩子自己去探索、去完成，去体验成功的喜悦，才能引导他们健康愉快地度过人生的启蒙阶段。

一个人只要体验一次成功的喜悦，便会激起无休止的追求意念和力量，强化自己的自信心，弱化自己的自卑感，而一连串的成功则会使这个人的自信心趋于巩固。反之，如果一个人体验到的尽是失败，尝不到一点儿成功的回报，时间长了，势必会像那只备受挫折的梭鱼一样，变得灰心丧气，毫无斗志。因此，我们应充分利用个人成功的愿望，在教育孩子的过程中，让他们体验到成功，使每个孩子在不断获得成功的过程中，产生获得更大成功的愿望，从而促使孩子在原有基础上得到理想的发展。

体验失败让孩子总结反思

现代社会是个竞争激烈的社会，孩子要想在风浪尖上站稳，就必须具备抗拒风浪的能力，也就是能抵挡得住意外或者失败的能力。因此，家长应放手让孩子自己去体味失败的滋味。在心理上鼓励和支持孩子，让他们以积极的心态正视"失败"，培养他们接受挑战的勇气、信心和能力。

一位生物学家和一位心理学家在一起讨论"信心和勇气"这个话题，生物学家做了一个实验给心理学家看：

他给一个很大的鱼缸放上水，然后用一块干净的玻璃板把鱼缸隔成了两半，一半放上一条已经饿了好几天的食肉大鱼，另一半则放上大鱼最爱吃的数条小鱼。

刚开始，饥肠辘辘的大鱼两眼放光，拼命冲击着小鱼所在的区域，可是一次又一次的碰壁之后，它的速度和冲击力都明显地减弱了。

一刻钟之后，撞得鼻青脸肿的大鱼停止了攻击，失望地伏在缸底呼呼喘气。

这时，生物学家轻轻地抽掉了那块玻璃板，让小鱼可以自由自在地游到大鱼嘴边去。

结果，对于近在咫尺的美食，食肉大鱼居然无动于衷，只敢看不敢吃！很显然，是多次的失败经历把大鱼吓住了。

"在动物界，大鱼吃小鱼本是天经地义，当然也是轻而易举。可是这条大鱼却害怕起自己的手下败将来，这不得不说是它的悲哀啊！"生物学家叹道。

"再相信自己一次你就可以吃到美味了！"心理学家对着麻木的食肉大鱼说道，之后又转过身来对生物学家说，"看来，哪怕失败999次，我们也必须在第1000次站起来，因为很可能，这一次就是捅破窗户纸的时候。"

"由此可见，因为一次两次的失败便放弃努力，有时会留下很多遗憾！"生物学家总结说，"我们应该记住这句话：无论何时，都要再试一次。"

在任何时刻都不要放弃自己最初的想法，无论我们失败了多少次，要相信，下一次就会成功。

那么，家长应怎么做呢？

第一，家长们应该端正自己的态度。放开自己过于保护的手，让孩子自己去尝试做一些力所能及的事情。当孩子为失败而难过时，家长不应以怜悯的态度对待孩子，或者在孩子面前唉声叹气，甚至劈头盖脸地责骂孩子。正确的方法是让孩子明白，失败没什么大不了的，学习、活动总有胜负、输赢，人人都会碰到。因此，失败了不要紧，重要的是自己对于失败的态度如何！是后退还是前进？是怨天尤人、自暴自弃还是吸取经验，继续努力？只有懦弱的人才会唉声叹气，怨天尤人，而勇敢、聪明的人一定会正视自己的失败，从失败中吸取教训，继续努力。

第二，家长应该帮助孩子学会处理失败后的情绪。许多孩子在经历失败以后，通常很容易就陷入胆怯和过度的自我批评的情绪之中！这个时候，他们可能一直在会懊悔："如果……可能不会失败。"孩子会因此不断地找理由责备自己，给自己造成很大的心理压力。因此，经验丰富的家长应该帮助孩子处理失败后的情绪，让孩子从失败的消极情绪中走出来。

有个孩子非常热爱足球，有一次在跟别的学校比赛时，裁判误判了他，说他故意撞人，罚他一张黄牌。结果孩子很不服气，和裁判吵了起来。尽管后来比赛得以延续，但这个孩子在后面却发挥得很不好，踢得一塌糊涂，结果这场比赛输了。比赛结束后，其他人都走了，这个孩子在足球场里不肯离开，他的爸爸妈妈一句话也不说，站在场外默默地等待，孩子在足球场上一次又一次狠狠地射门，直到射了101次，然后孩子什么也没说，和他的爸爸妈妈一起回家了。

上面故事中的父母很理性，除了等待，他们没有采取任何行动安慰孩子，因为最终孩子要学会自己处理自己的情绪。当孩子面临失败时，给孩子一段心理的缓冲期和独立时间是必要的，家长不必要急于介入，有些情绪过去了就过去了，不一定要很正式地处理，孩子会学着接受不愿接受的东西。在这个过程中，孩子会变得坚强、宽容。如果孩子无法自拔时，家长则可以稍稍点拨一下。

第三，家长应该帮孩子寻找失败的原因。帮孩子找到失败的原因也很重要，如果不知道原因就会始终存在一种压力。而且，只有找到失败的原因，孩子才有超越失败的可能。

失败的原因可能有很多，可能是自己的能力不足，或者是经验不够，也可能是努力程度不够，环境的条件不成熟等。家长可以帮助孩子分清哪些失败是自己的原因，哪些是外在的原因，哪些失败是可以避免的，哪些是不可避免的。这时候，家长不妨多听听孩子的想法，与孩子一块分析存在的问题和可能。

第四，鼓励孩子进行改进。若找到失败的原因，如果是可以改变的，家长应该鼓励孩子找到至少两种相应的改变措施，然后试着去做，并检验效果。例如，孩子由于粗心大意把本来会做的题做错了，感到很难过，同时还感到不服气，而且会因此难以原谅自己：我考得不好，不是因为我学得不好，而是我不够细心。家长可不能与孩子同样有这种想法，因为粗心大意也是一个很不好的毛病，它反映出孩子比较浮躁，缺乏耐心，学习不够扎实的缺点。改掉粗心大意的方法很多，如临摹、做拼图游戏、做数独游戏等。家长可以根据自己孩子的特点帮助他找到适合他的改进措施。

第五，让孩子学会欣赏胜利者。有些家长为了安慰孩子，有时会不经意中贬低其他孩子或者流露出对结果的不屑、不满。这些细小的行为都会被孩子观察到，从而影响他们遭遇挫折后的心态。因此，家长应该鼓励孩子承认对方的胜利，和孩子一起分析为什么对方取得了胜利，最重要的要让孩子自己说出胜利者获胜的原因。当孩子长大后，他们会遇到各种竞争，学会在各种竞争中从容面对，并且欣赏对手，是他们人格完善、个人魅力的具体展现。

第六，提高自己。家长在教会孩子如何欣赏对方的同时，应根据孩子的状况分析他们的优点和弱点，让孩子在竞争中提高自己。这样，在孩子的眼里，家长不纯粹只是高高在上的家长，而是可以并肩作战的，值得信赖的朋友。并且这样的做法能增进亲子间的感情！

适度的挫折有利于孩子成长

在非洲大草原的奥兰治河两岸，生活着许多羚羊。动物学家们发现了一个奇怪的现象：东岸的羚羊不仅奔跑速度比西岸的羚羊快，而且繁殖能力也比西岸的羚羊强。

为了研究两岸羚羊的不同之处，动物学家们在两岸各捕捉了10 只羚羊，然后把它们分别送到对岸。

一年后，由东岸送到西岸的羚羊繁殖到了 14 只，而由西岸送到东岸的羚羊则只剩下 3 只。这是什么原因呢？动物学家们百思不得其解。

经过反复研究，动物学家们终于找到了原因。

原来，东岸不仅生活着羚羊，在附近还生活着一群狼，为了不被狼吃掉，东岸的羚羊不得不每天练习奔跑，使自己强健起来；而西岸的羚羊因为没有狼群的威胁，过着安逸的生活，结果，它们的奔跑能力不断降低，而体质也随之下降了。

调查结束，动物学家们恍然大悟，原来"物竞天择"说的就是这样一个道理呀！只有在挫折与磨难中艰难生存下来的物种，才能拥有更加顽强的生命力！

此时此刻，家长们是否已经从上面这个故事中理解了"挫折"的真正意义？那么，请反省我们对孩子的教育吧，很多情况下，我们是否就像那个好心的农夫一样，不忍心让孩子吃苦，不忍心让孩子受累，不忍心让孩子遭遇人生的风雨！我们总是像"老母鸡"保护"小鸡"一样，怕孩子受到一点儿委屈，把孩子藏在自己的身后！以为这样做，就能让孩子少遭一点儿罪！殊不知，家长的这种做法，不但让孩子失去了在挫折中成长的机会，而且还对孩子个性、心理起着十分不利的影响。挫折是一种宝贵的财富，孩子要健康成长，应学会乐观面对挫折，接受挫折。因为一个经得起挫折的孩子，才能生存地更好！

1. 对于孩子来说，挫折具有以下的价值：

（1）挫折有助于自信心的养成。一个自信的人通常会表现出勇敢、坚韧、乐观等行为特点，它是一个人走向成功的必备素质之一。当孩子遭遇挫折的时候，就会产生不愉快的情感体验，此时，家长就改用一些鼓励的话语激励孩子战胜挫折，并帮助孩子分析受挫的原因，使他能够充满信心地迎接挫折，战胜挫折，慢慢养成自信的个性特点。

（2）挫折有助于孩子坚强意志力的养成。为培养孩子坚强的意志，家长可以利用自然挫折或人为设置的挫折来磨炼孩子，培养他勇于竞争、勇于拼搏的顽强性格。

（3）挫折有利于增强孩子的心理承受力。遭遇挫折，有的人会沮丧，焦虑，逃避；有的人会积极、勇敢地面对。家长应教育孩子以积极、乐观的心态去面对挫折，战胜挫折。对于那些短时间内无法通过个人努力克服的挫折，应让孩子学会运用自我安慰等方法来缓解自己心中的压力与不快，养成自我缓解心理压力的能力和自信与乐观的品质。

作为家长，我们不但要充分认识到"挫折"的价值，还应该在日常生活中注意培养孩子的抗挫折能力。这样，孩子才会在遇到挫折时表现出坚强、勇敢、自信的精神，用自己的力量和智慧去克服人生中一个又一个困难和挫折，一步步走向成熟，走向成功。

2．当孩子面对挫折时，家长的正确做法是：

（1）不必担忧孩子会因为一次挫败，就一蹶不振。每个孩子内心深处，都有一个"自我帮助系统"，这样的系统会在处理挫折的过程中，接纳各式各样处理不同危机的"方法"。这才是挫折赋予孩子的好处，它可以让孩子从容地应对生活中的挫折与失败。

（2）告诉孩子"挫折"并不可怕挫折未必总是坏的，关键在于对待挫折的态度，同样的挫折既可以产生消极的情绪和心理障碍，也可以磨炼人的意志使其奋发向上，孩子对周围的人和事物的态度常常是不稳定的，在碰到困难和失败时，往往会产生消极情绪，不能以正确的态度对待失败和挫折。这时，家长要及时告诉孩子"失败并不可怕""你要勇敢""你一定会做得更好的"。家长要有意识地将孩子的失败作为教育的契机，引导孩子重新鼓起勇气，大胆自信地再次尝试。同时，还应让孩子明白人人都可能遇到困难和挫折，而困难和挫折是可以克服的，教育孩子敢于面对困难和挫折，要有战胜困难和挫折的勇气与自信心，提高克服困难和抗挫折的能力。

（3）让孩子客观地分析挫折与逆境。让孩子客观分析挫折和逆境，寻找有效的应对方法，养成勇于克服困难和开拓进取的优良品质。让其正确认识生活中的困难和逆境，提高其心理承受力，以保持积极进取的精神状态，这些对孩子形成良好的生活态度至关重要。

（4）适当设置一些困难，让孩子体验挫折。俗话说"穷人的孩子早当家"，生活在穷困家庭的孩子，恶劣的生存环境自然就为他准备了艰苦锻炼的条件。现在生活水平普遍提高了，家长应多想办法给孩子设置一些困难，让孩子去解决。孩子在生活中碰到困难，也要求他自己去解决，从而培养孩子应对未来不确定生活的能力和意志。

（5）教会孩子对待挫折的方法。家长还可以教给孩子一些对待挫折的方法，如自我鼓励："这次虽然没得到第一名，但比以前有进步了。"心理补偿："我跳舞不行，可画画不错，努力画争取参加书画比赛。"对娇生惯养的孩子，不妨让他受点儿冷落。

适应力强的孩子才能搏击风雨

孩子是一个非常敏感的载体，他们的心理承受力弱，情感也比较脆弱。周围的环境事物稍有变化，就会引起他们的注意，如果这一变化是令孩子欣喜的事物，他们会马上被吸引过去；然而，一旦这些变化是孩子难以接受的，他们就会以各种不良的情绪，如焦虑、厌恶、恐惧等来表达自己的感受。更有一些孩子因为这些情绪的影响，使自身的免疫力和抵抗力下降，从而引发一些身体疾病。

专家认为，适应能力是孩子后期智力发展的基础，在孩子的成长发展中起着重要作用。因此，提高孩子的适应能力，才能让孩子的人生之路走得更为顺利。具体表现为以下几方面：

（1）适应能力强的孩子能更快地融入新的环境，从一个环境到另一个环境的转变，他所用的时间要比适应力差的孩子短很多。

（2）适应能力强的孩子，学习新事物的能力也更强，因为能很快熟悉新环境，所以能更多接触到新的事物，学习的机会也大大增加，能更快学习到有用的生活经验和生活知识。

（3）适应能力强，能为孩子将来的学习打下良好的基础。他能在学习中很快接受新的知识，也能接受不同的教学方法，自然能更轻松地汲取到有用的知识。

（4）适应能力强的孩子心智比较成熟，所以遇到不熟悉的事情时，能更快地从惊慌中冷静下来，所以也能更快地解决问题。

（5）适应能力强的孩子能很快适应新事物，自然也能保持愉快的心情，有利于其心理健康发展。

（6）适应能力还会影响到人际关系的发展，孩子若能很快与其他小朋友玩到一起，能让他更快学到更多的社会经验，知道如何才能与他人和睦相处。

适应能力如此重要，那么，家长应如何提高孩子的适应能力呢？

第一，从小培养孩子的独立性，避免过分地保护。在日常生活中，家长不要过分地保持不安全感，担心孩子可能会发生什么危险，因而对孩子的活动过多限制。家长的过多限制只会把孩子试试看的好奇心和勇敢精神在萌芽状态就压制下去了，导致孩子产生依赖心理，缺乏自立精神。反之，如果家长从小就注重培养孩子的独立性，让孩子养成独立的性格与良好的自信心，那么，孩子到了一个新的环境，他也能很快适应并融入新环境。

因此，我们在保证孩子安全的前提下，应该适当地将孩子放开，若有机会，还可以让孩子到亲戚家住上一两天，改变一下环境，锻炼他们的适应能力。

第二，培养孩子的自理能力。教育和指导孩子学会自理，是提高孩子生活能力，培养他们生存和发展能力的基础。

所谓自理，指的是能够料理自己的日常生活，懂得一般的生活常识，能较好地学到生活中经常使用的劳动技能，也包括自我服务和为他人、为集体服务的能力。

自理的关键是让孩子培养自己动手、自己动脑的能力。孩子的自理能力，内容是比较广泛的。怎样培养他们的自理能力呢？要从培养孩子最基本的生活能力着手，如做饭、洗衣服、借文具等，孩子自己能解决的问题要让孩子自己解决，家长要给予必要的辅助、指导和鼓励。

在日常生活中，已经入学的孩子，要让他们从穿衣服、系鞋带、洗手帕等小事做起，逐步学会整理文具、收拾书包，慢慢进步到帮助大人挪椅子、抹桌子、洗碗筷；到中高年级后，还可让他们学会摘菜、洗菜、烧饭等。孩子的自理能力越强，那么他适应社会、适应外来变化的能力也就越强。

第三，平时要多让孩子参加集体活动，多与人交往。家长应鼓励孩子在日常生活中要积极参加集体活动，如参加学校、年级、班级组织的各项活动，在活动中以恰当的方式展示自己的特长，在活动中提高自己，在活动中增进与他人的了解。只有积极拓展自己的人际交往空间，当孩子换了一个新环境时，才能够很快地适应。

第四，在实践中训练孩子的适应能力。家长应放手让孩子去锻炼。让孩子在实践中摸、爬、滚、打，长见识，学本领，增才干，提高适应能力。

在国外，人们更是重视实际锻炼，日本开辟了几十个无人荒岛，专门给中小学生去进行生存磨炼。德国有的州让孩子从 6 岁起参加各种劳动、把学习生活本领写进法律，不执行的视为违法。西方人认为，孩子年龄虽小但是个独立的人，所以他们对孩子的锻炼从一出生就开始——让婴儿单独睡在自己的小床里，而且让孩子单独睡在自己的房间里。教育孩子自己走自己跑，跌跤了自己爬起来。上小学后，家长不但指导孩子自己去挣一些钱，如去送报、推销商品、当小工等，还鼓励他们多干些家务活挣钱。这样培养出来的孩子适应能力就很强。

　　达尔文曾经说过："存活时间最长的物种不是最强大的物种，也不是最聪明的物种，而是能最快适应变化的物种。"事实也是如此，每个人一生中所处的环境和所经历的生活都不可能一成不变，一个能适应外界变化，并能随时做出调整的人才能在这个社会中更好地生存。